suhrkamp taschenbuch 5113

Was rät man jemandem bei folgendem Dilemma: Ein Mann, der einem anderen dessen geliebte Frau ausgespannt hat, schlägt nun vor, mit ebendieser bei ihm einzuziehen – samt seiner eigenen Exfrau. Doch wer hört in Herzensangelegenheiten schon auf die Meinung anderer Leute? Eine vertrackte Vierecksgeschichte nimmt ihren Lauf …

In zweiundzwanzig hinreißenden *Geschichten von der Liebe* zeichnet Isaac Bashevis Singer alle Facetten von Lust und Leidenschaft, von den ersten Momenten des Glücks über Eifersucht bis zu ihren traurigen Enden.

ISAAC BASHEVIS SINGER, 1902 in Polen geboren, emigrierte 1935 in die USA. 1978 wurde ihm der Nobelpreis für Literatur verliehen. Er starb am 24. Juli 1991 in Miami. Zeitgleich mit *Ein Tag des Glücks und andere Geschichten von der Liebe* (st 5113) erscheinen von Singer *Old Love. Geschichten* (st 5112) und *Der Büßer* (st 5111). Zuletzt erschien: *Jarmy und Keila* (st 5061).

Isaac Bashevis Singer

EIN TAG DES GLÜCKS

und andere Geschichten von der Liebe

Aus dem Amerikanischen von
Ellen Otten

Suhrkamp

Die amerikanische Originalausgabe, die dieser Übersetzung zugrunde liegt, erschien erstmals 1985 unter dem Titel *The Image and Other Stories* bei Farrar, Straus and Giroux, New York.

Erste Auflage 2020
suhrkamp taschenbuch 5113

Umschlaggestaltung: Rothfos & Gabler, Hamburg
Umschlagfoto: Nina Leen/The LIFE Picture Collection via Getty Images
Satz: Satz-Offizin Hümmer GmbH, Waldbüttelbrunn
Druck und Bindung: CPI books GmbH, Leck
Printed in Germany
ISBN 978-3-518-47113-5

EIN TAG DES GLÜCKS

DER RATGEBER

In den Jahren, in denen ich als Ratgeber an einer jiddischen Zeitung in New York arbeitete, hörte ich viele phantastische Geschichten. Die Ratsuchenden waren in der Regel Leser, nicht Schriftsteller. Aber einmal war der Ratsuchende ein Dichter, der von Beruf Buchhalter war, den ich oft bei den Versammlungen des Vereins jiddischer Schriftsteller wie auch in der literarischen Cafeteria am East Broadway getroffen hatte. Er hieß Morris Pintschower – ein kleiner Mann mit gelblichen Haarbüscheln um die Glatze. Er hatte eingefallene Backen, ein spitzes Kinn, eine kurze Nase und bernsteinfarbene Augen. Morris Pintschower kleidete sich wie ein altmodischer Künstler aus Europa. Er trug einen breitrandigen Hut, einen flatternden Schlips und selbst im Sommer Gamaschen über seinen Schuhen. Pelerinen – lange Umhänge für Männer – waren schon viele Jahre aus der Mode gekommen, aber Morris Pintschower trug immer eine, wenn er zu unseren literarischen Versammlungen kam. Er hatte sie zu Anfang des Jahrhunderts aus Warschau mitgebracht. Als er mein Büro betrat, sagte er zu mir: »Sie sind erstaunt, was? Ich bin auch einer Ihrer Leser, und ich habe das Recht, Ihren Rat zu erbitten wie alle anderen. Oder nicht?«

»Setzen Sie sich. Was kann ich Ihnen sagen, das Sie nicht selbst wissen?«

»Ach, es ist nützlich, Dinge zu besprechen. Was ist schließlich die Psychoanalyse? Und warum sind Katholiken so begierig zu beichten? Und was ist die Literatur? Eine Anzahl großer Schriftsteller nannte ihre Werke Bekenntnisse: Rousseau, Tolstoi, Gorki. Ich liebe Strindbergs ›Beichte eines Toren‹. Es gibt in allen Bekenntnissen einen törichten Zug, meine ich. Sie haben gehört, was mir zugestoßen ist, nehme ich an.«

Morris Pintschower lächelte traurig und entblößte zwei Reihen gelblicher Zähne. Ich wußte von seinem Fall durch den Klatsch im Café Royal. Seine Frau, Tamara, eine Dichterin, die nie einen Verleger gefunden hatte, hatte Morris verlassen und lebte mit einem Mann namens Mark Lenschner zusammen, einem bekannten Schriftsteller und Kommunisten, dessen Frau drei Selbstmordversuche gemacht hatte, weil er sie dauernd betrogen hatte. Mark Lenschner war als Schnorrer und Zyniker bekannt. Tamara war klein, fett, mit einem hohen Busen. Ihr Haar war in Locken gedreht und karottenfarben getönt. Auf ihrer Oberlippe wuchs ein flaumiger weiblicher Bart. Sie erzählte kleine Anekdoten, über die niemand außer ihr lachte. Seit Jahren führte sie Krieg gegen die Redakteure jiddischer Zeitungen und Zeitschriften und verfluchte sie hinter ihrem Rücken mit den gemeinsten Worten. Was Mark Lenschner an ihr fand, konnte niemand verstehen. Einige Besucher der literarischen Cafeteria behaupteten, was er an ihr finde, sei der Notgroschen von ein paar tausend Dollar, die sie gespart hatte durch den Verkauf ihrer privat veröffentlichten Gedichte, die sie im Café Royal und in den Hotels in den Catskills feilgeboten hatte. Das Paar hatte keine Kinder. Ich hörte mich zu Morris sagen: »Ja, ich habe etwas über die Sache gehört.«

»Dann wissen Sie wahrscheinlich auch, daß Tamara jetzt ganz offen, vor aller Welt, mit Lenschner zusammenlebt«, sagte Morris.

»Ja, auch das habe ich gehört.«

»Es ist so weit gekommen, daß Humoristen Witze über mich in den Zeitungen veröffentlichen.«

»Idioten. Ich lese die Witzseite nie.«

»Mein lieber Freund, ich weiß sehr gut, was die Leute in einem wie mir sehen – einen Schlemihl, einen Hahnrei, einen Mann, dem man Hörner aufgesetzt hat. Sie wissen so gut wie ich: Wenn jemand eine Ungerechtigkeit begangen hat, dann lassen die Leute statt an dem Schuldigen an dem Opfer kein gutes Haar mehr. Es ist nicht das erstemal, daß Tamara mich gegen irgendeinen Scharlatan ausgewechselt hat. Ich habe gelitten und geschwiegen, nicht weil ich glaube, daß man auch noch die andere Wange hinhalten soll, sondern weil ich das Unglück habe, sie zu lieben. Die Liebe ist eine Krankheit – etwas Pathologisches, das nicht zu erklären ist. Wenn ein Mensch einen Tumor hat, so ist er nicht nur damit geschlagen – er muß ihn auch noch nähren. Jedenfalls ist es so, daß ich weder essen noch schlafen kann, seitdem Tamara mich verlassen hat. Ich mache schwere Fehler in meiner Arbeit, und ich fürchte, meine wenigen Klienten auch noch zu verlieren. Seit dieses Durcheinander begann, habe ich nicht eine einzige Zeile schreiben können. Was ich Ihnen sagen möchte, wird Sie vielleicht abstoßen, aber ich hoffe, daß Sie mehr Verständnis für menschliche Schwächen haben als die Kiebitze im Café Royal. Seit sie mich verlassen hat, brennt meine Liebe zu dieser verräterischen Frau mit einem Feuer, von dem ich fürchte, es könnte mich physisch verzehren. Ich habe ein gewisses Interesse für das Übersinnliche. Es sind Fälle bekannt, in denen Menschen sich spontan entzündet haben und verbrannt sind. Natürlich spotten Rationalisten über solche Ereignisse, weil sie nicht in ihre Klischees passen. Wenn Gefühle das Blut ins Gesicht treiben können, Verstopfung, Diarrhöe, Ekzeme und hohen Blutdruck erzeugen können, warum sollten sie dann nicht auch ein Feuer verursachen? Habe ich recht oder nicht?«

»Ich bin bereit, allem zuzustimmen«, sagte ich. »Aber womit kann ich Ihnen helfen?«

»Mein Freund, ich komme nicht zu Ihnen, um mich zu beschweren, sondern um Ihren Rat zu erbitten«, sagte Morris Pintschower. »Wenn Sie hören, was ich Sie fragen möchte, dann werden Sie davon überzeugt sein, daß ich den Verstand vollkommen verloren habe. Aber auch Geisteskrankheit ist menschlich. Die Geschichte geht folgendermaßen. Dieser Mark Lenschner, dieser Auswurf von einem Menschen, und seine Frau Nescha – eine Heilige von einer Frau – hatten eine Wohnung, für die er nie Miete zahlte, außer vielleicht für den Monat, in dem sie eingezogen waren. Fragen Sie mich nicht, wie er das anstellte. Der Besitzer des Hauses war so etwas wie ein Jiddischist und noch dazu ein Linker. Er spielte die Rolle eines Menschenfreundes und Mäzens. Es war ein elende Wohnung. Die Decke war undicht, und wenn es regnete, mußte Nescha Eimer und Schüsseln auf den Boden stellen. Aber was kümmerte das Lenschner. Er war selten da – zog immer mit irgendwelchen Flittchen herum. Solange der Hausbesitzer lebte, blieb es so. Als er gestorben war, prozessierten die Erben gegen Lenschner und verlangten die Miete, und jetzt sind sie dabei, ihn mitsamt seinem Gerümpel hinauszuwerfen. So bösartig er auch ist, er kann Nescha nicht einfach auf die Straße setzen lassen. Außerdem hat er noch seine Bücher und Manuskripte dort. Vor einigen Tagen bekam ich einen Anruf von Tamara. Ich war ganz erschlagen. Sie hat mich nie angerufen, seitdem sie mich verlassen hat. Ich will es kurz machen. Mark Lenschner, dieser Schuft, hat ihr vorgeschlagen, daß er, Lenschner, und Nescha und Tamara zu mir ziehen sollten. Ich habe eine große Wohnung, und er kam auf die Idee, daß wir vier alle zusammenleben sollten. Er möchte, daß wir uns versöhnen, hat er gesagt. Er würde auch gern endlich seine Memoiren oder weiß Gott was noch schreiben. Ich flehe Sie an, sehen Sie mich nicht so ironisch an. Ich weiß genau, daß Lenschner nicht zu trauen ist. Erst hat er mir meine Frau weggenommen, und jetzt versucht er, mir meine billige Wohnung wegzunehmen – ein gutes Geschäft. Andererseits, was habe ich zu verlieren? Da ich ohne Tamara nicht leben kann, kann ich so wenigstens mit ihr unter einem Dach wohnen. Wenn ein Mann unter dem Galgen steht mit der Schlinge um seinen Hals und man ihm die gute Botschaft bringt, daß die Hinrichtung verschoben sei, dann stellt er keine Fragen und auch keine Bedingungen. Nescha ist eine bescheidene Frau, sanft wie eine Taube. Sie wird tun, was er ihr sagt. Was ist Ihre Meinung?«

Eines von Morris' Augen schien zu weinen, das andere lachte.

Ich fragte: »Warum wollen Sie meine Meinung wissen? Sie werden meinem Rat doch nicht folgen.«

»Möglich. Trotzdem möchte ich ihn hören.«

»Meine Ansicht ist die: Eine Liebe dieser Art ist die schlimmste Form der Sklaverei. Ich glaube immer noch, daß der Mensch die freie Wahl hat.«

»Was? Ich wußte, Sie würden etwas Derartiges sagen. Wie auch immer, vielleicht hatte Spinoza recht, daß alles vorbestimmt ist. Vielleicht ist vor Billionen von Jahren die Entscheidung gefallen, daß Tamara, Nescha und Mark Lenschner und ich zusammenleben sollen, ganz gleich wie unsinnig und pervers die Sache anderen erscheinen mag. Vielleicht ist die freie Entscheidung genau das, was Spinoza darin sah, eine Illusion.«

»Wenn die freie Entscheidung eine Illusion ist und alles vorbestimmt ist, warum hat er dann eine ›Ethik‹ geschrieben?« fragte ich. »Was hat es für einen Sinn, die amor dei intellectualis, politische Freiheit und alles andere zu predigen, wenn wir nichts als Mechanismen sind? Dieser Spinoza war so voller Widersprüche, wie der Granatapfel Kerne hat.«

»Und was war Kant?« fragte Pintschower. »Und was Hegel? Und alle die anderen Philosophen? Sie haben recht. Da ich wußte, daß ich nicht auf Sie hören würde, hätte ich nicht Ihren Rat suchen sollen. Aber ein Mann in meinem Geisteszustand kann nicht der Logik entsprechend leben. Sie wissen bestimmt, daß Sehnsucht eine unerträgliche Qual ist. Es ist durchaus möglich, daß die Hölle aus Sehnsucht besteht. Die Bösen werden nicht auf einem Nagelbrett geröstet, sie sitzen auf bequemen Stühlen und werden mit Sehnsucht gefoltert.«

»Nach wem sollen sie sich denn sehnen?«

»Nach denen, die sie auf der Erde zurückgelassen haben – jeder nach seiner Tamara oder seinem Lenschner. Lassen Sie es sich gutgehen, und verzeihen Sie mir.« Morris Pintschower streckte mir eine weiche und feuchte Hand entgegen. Er lächelte, zwinkerte und sagte: »Ich danke Ihnen für Ihren Rat. Adieu.«

Ein Jahr ungefähr war vergangen, und ich hatte gehört, daß Mark Lenschner eine Einladung in die Sowjetunion erhalten hatte, dorthin gereist war und Nescha zurückgelassen hatte.

Stalin war noch am Leben, aber in Interviews behauptete er jetzt, daß Kommunismus und Kapitalismus nebeneinander bestehen könnten. Man wußte schon, daß er die meisten der jiddischen Schriftsteller in Rußland liquidiert hatte, obwohl die kommunistische jiddische Zeitung in New York ihren Lesern versicherte, daß all diese Anklagen von den Feinden des Volkes, den Lakaien des Faschismus verbreitet würden. Die jiddischsprechenden Kommunisten sammelten noch immer Beiträge für die nicht existierende autonome jüdische Region in Birobidschan. Man hatte mir erzählt, daß die Schriftsteller in Moskau Lenschner einen großen Empfang bereitet hatten und daß er von dort nach Birobidschan weitergeflogen war. Das geschah während der Zeit, als die jüdischen Ärzte in der Sowjetunion angeklagt worden waren, mehrere russische Führer vergiftet zu haben. Ich war von New York weggezogen und hatte Morris Pintschower fast vergessen. Ich hatte in Israel, in Frankreich und in der Schweiz gelebt. Jemand in Tel Aviv oder in Paris hatte mir erzählt, daß Morris Pintschower gestorben sei, oder hatte vielleicht einen ähnlichen Namen erwähnt. Als ich nach einigen Jahren nach New York zurückkehrte, ging ich nicht mehr in das Büro meiner Zeitung am East Broadway, sondern schickte meine Manuskripte mit der Post. Ich hatte aufgehört, zu den Versammlungen der Jiddischisten und ihren Vorträgen zu gehen. Eines Tages erhielt ich einen Anruf von der Sekretärin des Redakteurs. Der Setzer hatte eine Seite von einem meiner Artikel verloren, und ich mußte zum East Broadway fahren und die fehlende Seite ersetzen. Um dorthin zu gelangen, mußte ich drei Busse benutzen. Der dritte fuhr vom Union Square zum East Broadway.

Ich fuhr durch eine Gegend, in der sich die Bevölkerung

verändert hatte – Puertoricaner und Neger lebten jetzt dort statt der eingewanderten Juden. Alte Häuser waren abgerissen worden. Neue waren im Bau. Hier und da konnte man noch die Wände der früheren Wohnungen sehen, mit verblichenen Tapeten oder abblätternder Farbe. An einer dieser Wände hing ein Bild von Sir Moses Montefiore. Die Kugel der Abbrucharbeiter schien die Wände durch leichte Berührung niederzureißen. Krane hoben Balken für die Neubauten. An einer der Ruinen hatten sich vier Katzen versammelt und hielten stumme Beratung ab. Ich hatte das Gefühl, unter den Trümmern seien Dämonen beerdigt – Kobolde und Teufelchen, die sich in der Zeit der großen Einwanderung nach Amerika hineingeschmuggelt hatten und durch den Lärm von New York und an dem Mangel an Jüdischkeit eingegangen waren.

Nachdem ich mein Manuskript in der Setzerei ergänzt hatte, entschloß ich mich, nicht mit dem Bus zurückzufahren, sondern zum Union Square zu laufen und von dort die Untergrundbahn nach Hause zu nehmen. Ich ging die Second Avenue entlang. Die literarischen Cafeterias gab es noch, aber das Café Royal, das lange Zeit ein Treffpunkt für Schriftsteller und Schauspieler gewesen war, hatte geschlossen, und an seiner Stelle war jetzt eine chemische Reinigung etabliert. Ich blieb vor einem Schaufenster stehen, das einige längst vergessene jiddische Bücher mit verblichenen Einbänden zeigte sowie Schallplatten alter jiddischer Lieder. Nach einiger Zeit ging ich weiter die Avenue entlang. Und wer kam mir entgegen? Morris Pintschower – klein, gebeugt, eingeschrumpft und schäbig gekleidet. Das wenige Haar, das noch auf seinem Schädel wuchs, war weiß geworden. Eine Spur von Gelb war noch in den Brauen sichtbar. Er schlurfte beim Gehen und stützte sich auf einen Stock. So viele meiner Kollegen waren in Amerika gestorben oder in Europa umgekommen, daß ich nicht wußte, wer am Leben und wer gestorben war. Er streckte mir eine knöcherne Hand entgegen und sagte: »Ich hoffe, Sie erkennen mich.«

»Ja.«

»Wir haben uns viele Jahre nicht gesehen. Obwohl wir in derselben Stadt wohnen, haben wir uns entfremdet. Um die Wahrheit zu sagen, New York ist keine Stadt, sondern ein ganzes Land. Trotzdem, ich war mit Ihnen in Kontakt – geistig, meine ich. Ich lese Sie. Schließlich, was ist denn ein Schriftsteller? Nur seine Werke. Ich habe zwei Gedichtbände veröffentlicht – privat, natürlich. Ich bezweifle, daß Sie sie zu sehen bekommen haben.«

»Wenn Sie sie mir schicken, so werde ich sie lesen. Es gibt ja kaum noch jiddische Buchhandlungen.«

»Ja, wir sind in Schwierigkeiten, aber der schöpferische Instinkt bleibt bis zum letzten Atemzug erhalten. Ich hätte Ihnen meine Arbeit geschickt, aber ich hatte Ihre Adresse nicht. Wenn ich Bücher an Ihre Zeitung schicke, so verschwinden sie. Es scheint, daß es immer noch Leute gibt, die scharf darauf sind, ein jiddisches Buch zu stehlen. Das allein ist ein Wunder.«

»Ja, das ist wahr«, murmelte ich.

»Ich glaube, Sie erinnern sich nicht an meinen Namen. Ich bin Morris Pintschower.«

»Ich erinnere mich sehr gut an Sie. Ich habe oft über Sie nachgedacht«, sagte ich.

»Wirklich? Das ist gut zu wissen.«

Ich wollte ihn nach seiner Frau fragen, aber ich hatte ihren Namen vergessen. Außerdem hatte ich zu oft die gleiche Auskunft bekommen – »gestorben«. Als ob Morris Pintschower meine Gedanken gelesen hätte, sagte er: »Tamara ist nicht mehr am Leben. Sie ist vor zwei Jahren gestorben. Sie bekam Krebs und verließ mich. In der alten Heimat gab es etwas wie galoppierende Schwindsucht. Man könnte sagen, Tamara ist an galoppierender Krebskrankheit gestorben. Eines Tages wurde sie krank, und nach ein paar Wochen war alles vorbei. Sie verließ dieses Tal der Tränen wie eine Heilige. Vielleicht war es gar nicht Krebs. Wenn die Ärzte keine Diagnose stellen können, dann nennen sie es Krebs. Gott schickt mehr Krankheiten auf die Welt, als die Mediziner benennen können. Erst gestern las ich, daß Millionen von Viren in einem Kubikzentimeter Gewebe leben können. Und trotzdem bestehen sie aus vielen Molekülen. Der Mikrokosmos ist noch viel phantastischer als der Makrokosmos. Inmitten all dieser Wunder kommt der Engel des Todes und löscht alles aus. Darf ich fragen, wohin Sie gehen?«

»Union Square«, antwortete ich.

»Gehen Sie zu Fuß?«

»Ja, ich gehe zu Fuß.«

»Darf ich Sie begleiten?«

»Ja, mit Vergnügen.«

Wir gingen, und Morris hielt alle paar Schritte inne. Ich wollte ihn nach Lenschners Frau fragen, aber ich wußte, daß er es mir früher oder später erzählen würde. Er sprach zu mir und zu sich selbst: »Eine ganze Welt ist verschwunden, was? Als ich ein Junge war, hatte die jiddischistische Bewegung erst begonnen. Unsere Klassiker waren alle noch am Leben – Mendele, Scholem Alejchem, Perez. Ich erinnere mich recht gut an die Konferenz in Czernowitz. Was für ein Optimismus! Es war wie ein neuer Frühling. Als ich nach Amerika kam, gab es nicht ein jiddisches Theater, sondern zwanzig.

Diese Gegend hier kochte wie ein Kessel mit Ideen und Idealen. Jetzt ist alles verändert, alles ist anders – die Menschen, die Häuser, Geschäfte und der Stil. Vor einiger Zeit lag ich in der Nacht wach, und mir fiel ein: Wenn es einen Gott gibt und er ewig existiert, was kann er alles in dieser Zeit erlebt haben? Was würde geschehen, wenn er sich entschließen würde, seine Memoiren zu schreiben? Wo würde er beginnen? Würde er eine Billion Jahre zurückgehen? Zehn Billionen? Hundert Billionen? Es ist gespenstisch, über solche Dinge nachzudenken – besonders in der Nacht, wenn man nicht schlafen kann. Ja, und wer würde sein Verleger sein? Er würde sein eigener Verleger sein müssen, genauso wie ich.«

Morris Pintschower lachte und entblößte zwei Reihen neuer falscher Zähne. Er sagte: »Vielleicht würden Sie gern die Avenue B. entlanggehen. Dort wohne ich.«

»Allein?«

»Nein, mit Nescha, Lenschners Witwe.«

»Aha.«

»Sie haben wahrscheinlich gehört, daß Lenschner ohne sie nach Rußland gegangen ist. Er versprach, sie in Stalins Paradies nachkommen zu lassen, aber was bedeutet einem Mann wie Lenschner ein Versprechen? Sie bekam eine Postkarte von ihm – nicht aus Birobidschan, sondern aus Moskau. Die Einladung war nur eine Falle gewesen, um ihn loszuwerden. Was sie gegen ihn hatten, weiß ich nicht. Er diente ihnen treulich. Er verteidigte all ihre Missetaten. Bis zum letzten Tag versicherte er allen in New York, daß die jiddischen Schriftsteller in Rußland eitel Freude erlebten – Bergelson, Markisch, Fefer, Charik, Kulbak. Er beschimpfte uns alle hier in Amerika, weil wir den großen Wohltäter, den Genossen Stalin, verdächtigten. Lenschner wußte wohl, daß er log, aber er hoffte, diese schamlosen Lügen würden seine Haut retten, falls die Genossen in Rußland ihn der Abweichung anklagen sollten. Wer weiß, was in den Gehirnen solcher Schufte vor sich geht? Da er wußte, was ihn dort erwartete, was mußte er dorthin gehen? Im griechischen Drama gibt es das: Der Held weiß, daß er in den Abgrund stürzen wird, aber das Schicksal zwingt ihn dazu, den Tod zu wählen, da er sich nicht helfen kann. Vielleicht erinnern Sie sich daran, daß ich einmal zu Ihnen gekommen bin, um Sie um Ihren Rat zu bitten. Ja, Tamara und Lenschner und Nescha zogen zu mir in meine Wohnung, und ein paar Wochen lang glaubte ich, glücklich zu sein. Ja, Sklaverei. Unsere Gefühle regieren uns. Sie fallen uns an wie Räuber und spotten all unseren Entschlüssen. Meine Nachbarn machten sich über mich lustig und klatschten über mich. War ich wirklich glücklich? Wir stürzen uns in das tiefste Leid und nennen es Vergnügen. Als Lenschner fortging, wurde ich sozusagen der König. Tamara kam, endlich ernüchtert, aus ihrer Verrücktheit zu sich. Wie lange kann man betrunken sein? Ich verzieh ihr. Hatte ich denn eine Wahl? Nichts ist so heftig wie die Heftigkeit der Liebe. Meine Theorie ist, daß der Mensch eine heimliche Liebschaft mit dem Engel des Todes unterhält.«

Wir blieben vor einem heruntergekommenen Haus stehen, und Morris sagte: »Hier wohne ich. In diesem Haus, im dritten Stock. Wir haben keinen Lift. Ich hoffe, es macht Ihnen nichts aus, die Treppen hinaufzusteigen. Jetzt, wo Tamara in der wahren Welt ist, ist Nescha mir alles geworden – Frau und Schwester und Mutter. Natürlich ist alles zwischen uns platonisch. Sie ist eine getreue Leserin von Ihnen.«

Wir betraten einen dunklen Eingang und stiegen die Treppen hinauf; auf jedem Absatz hielt Morris an und keuchte. Er deutete auf die linke Seite seiner Brust. »Die Pumpe will nicht mehr so recht funktionieren«, sagte er. »Sie hat das nun achtzig Jahre lang getan. Wie lange kann sie das noch? Genug ist genug.«

Im dritten Stock läutete Morris an seiner Wohnung, aber niemand kam. Er sagte: »Entweder ist sie nicht zu Hause oder sie hört nicht. Warten Sie. Ich habe einen Schlüssel.«

Wir betraten einen engen Korridor. Morris öffnete die Tür zum Wohnzimmer. Es roch nach Staub, Medizin und etwas Ranzigem. Über einem zerrissenen Sofa, dessen Sprungfedern herausstachen, hing ein Porträt von Lenschner – jung, mit lockigem Haar, einem schwarzen Schnurrbart und leuchtenden Augen, die mit der Arroganz und der Selbstzufriedenheit jener blickten, die ein für allemal die Wahrheit gefunden haben. Morris Pintschower bemerkte: »Das ist er. Was Tamara in diesem Schwindler gesehen hat, werde ich nie verstehen. Aber sie hat ihn bis zu ihrem letzten Atemzug verteidigt. Was Nescha angeht, sie war eine echte Märtyrerin. Aber wo ist sie nun schon wieder hingelaufen? Wir sind nur zwei alte Leute, und sie kauft Lebensmittel ein, als ob wir zehn wären. Dreiviertel von allem wird fortgeworfen. Sie hat eine Art Kaufwahn. Wieviel können wir schon essen? Ein Stück Toast und ein Glas Tee genügt uns für den ganzen Tag. Dank Gott und der Sozialversicherung haben wir mehr als genug von allem. Setzen Sie sich. Was kann ich Ihnen anbieten?«

»Absolut nichts«, sagte ich.

»Nichts? Ein Mensch muß doch irgend etwas wollen.«

Lange Zeit saßen wir schweigend. Dann sagte Morris Pintschower: »Sie hatten recht damals. Ich hätte sie niemals aufnehmen sollen. Aber was würde ich jetzt ohne Nescha machen? Sie ist die einzige, die Tamara wirklich gekannt hat und Zeugin unserer großen Liebe war.«

EIN TAG DES GLÜCKS

1

In allen drei Zimmern, nur nicht in der Küche, waren die Rouleaus heruntergezogen. Denn Mendel Bialer liebte die Sonne nicht. Jetzt, da er älter war, verbrachte er die meiste Zeit liegend. Was hatte er denn zu tun? Er bekam schon seine Pension. Und außerdem schmerzten ihn die Füße. Nachts warf er sich schlaflos im Bett herum, aber den ganzen Tag über döste er. Die Sommersonne war so glühend heiß, daß sie sogar durch die Rouleaus drang. Auf seiner Stirn landete eine Fliege. Er wischte sie fort, aber sie setzte sich gleich wieder auf seine rötliche Nase. Obwohl er halb schlief, machte er sich Sorgen. Die Pension, die er nach fünfunddreißig Jahren als Buchhalter in der Mühle bezog, war zu klein, um davon leben zu können. Er war die Miete schuldig. Außerdem hatte er ein unverheiratetes Mädchen im Haus, seine Tochter Feigele oder Fela, wie man sie in der Schule genannt hatte. Obwohl sie schon vierundzwanzig Jahre alt war, benahm sie sich noch wie ein Mädchen von sechzehn, las dumme Bücher und suchte sich keine Arbeit. Die Heiratsvermittler hatten versucht, einen

Mann für sie zu finden, aber sie war wählerisch und benahm sich, als wäre sie die Tochter eines reichen Mannes und eine Schönheit dazu, während sie in Wirklichkeit keinen Groschen hatte und außerdem noch häßlich war. Mitten im Halbschlaf griff Mendel an seinen grauen Bart und runzelte die Stirn, als ob er fragen wollte: »Was soll werden? Worauf wartet sie?«

Mendels Frau Malka schälte in der Küche Kartoffeln. Das Wasser machte jedesmal ein Geräusch, wenn sie eine Kartoffel hineinwarf. Im Schlafzimmer schrieb Fela einen Brief. Am Morgen hatte sie ein goldgerändertes Blatt Papier gekauft, einen Umschlag und eine neue Stahlfeder mit einer feinen Spitze, die nicht klecksen würde. Seit Wochen hatte sie sich Tag und Nacht den Inhalt des Briefes ausgedacht. Sie wußte jeden Satz auswendig. So lautete der Brief:

»Hochverehrter und geliebter General,

von Gott inspirierter Dichter:

Was ich jetzt tue, ist verrückt oder noch etwas Schlimmeres, aber ich kann mir nicht helfen. Eine stärkere Macht als ich treibt mich dazu, Ihnen zu schreiben. Ich bin fast sicher, daß Sie mir nicht antworten werden. Ich bin nicht einmal sicher, daß Sie meinen Brief lesen werden, denn ich weiß, daß Eure Exzellenz hundert oder tausend solcher Briefe von verlorenen Seelen (haha!) empfängt. Ich möchte Ihnen gleich sagen, daß ich ein jüdisches Mädchen bin, arm und nicht schön (ich lege mein Bild bei). Aber ich liebe Sie mit brennender Liebe, die ich selbst nicht verstehe. Ich bin buchstäblich verzehrt von dieser tragischen – Sie werden sie vielleicht komisch nennen – Liebe. Ich denke die ganze Zeit an Sie, und nachts träume ich nur von Ihnen. Ich könnte Ihnen erzählen, wie dies alles begonnen hat, aber ich habe Angst, Sie ungeduldig zu machen. Ich schneide alle Bilder von Ihnen aus Zeitungen und Magazinen aus. Ich habe sogar Ihretwegen, mein Geliebter – gestohlen, indem ich im Café die Seiten eines Magazins herausriß. Sie sind mein ganzes Leben. Ich kann all Ihre herrlichen Gedichte auswendig. Ich lese immer wieder Ihre Bücher, besonders die über Ihre Tapferkeit an der Front. Ich lebe nur für Sie: um Ihre metallische Stimme am Radio zu hören; Sie während der Paraden zu beobachten.

Einmal, im Café Rzymianska, haben Sie mich angesehen. Das Glücksgefühl, das mir dieser Blick gab, die Inspiration, die mein ganzes Wesen durchdrang, kann keine Feder beschreiben – nur jemand mit Ihrem Talent könnte das tun. Mir ist klar, daß mein Brief schon zu lang ist und daß ich endlich zur Sache kommen muß. Ich weiß, Sie sind nicht nur ein Nationalheld und ein großer Dichter, Sie sind auch ein Mann, der ein Herz hat für die, die Ihre Talente bewundern. Ich bitte Sie daher demütig, mir eine halbe Stunde Ihrer Zeit zu gewähren. Wenn Sie mir das Privileg, einige Minuten mit Ihnen verbringen zu dürfen, bewilligen, so wäre das mein heimlicher Schatz, den ich bis zu meinem letzten Atemzug bewahren und hüten werde. Leider haben meine Eltern kein Telefon, so kann ich Ihnen nur meine Adresse geben. Ich bin gewöhnlich den ganzen Tag zu Hause. Während ich diesen Brief schreibe, bin ich mir bewußt, wie gering meine Chancen sind, wie närrisch ich bin und vielleicht auch egoistisch. Adieu, mein großer Held, Dichter und König meiner Seele.

Mit einer Liebe, die nie sterben wird,

Fela Bialer

P. S. Meine Eltern sind altmodisch und dürfen von der Verrücktheit ihrer Tochter nichts wissen.«

Als das letzte Wort geschrieben war, seufzte Fela. Die ganze Zeit, während der sie schrieb, hatte sie gezittert, einen Fleck auf das Papier zu machen. In der Schule hatte sie eine gute Handschrift gehabt, aber seitdem war sie schlechter geworden: Sie schrieb zu groß, die Linien waren krumm. Sie war in der Schule auch gut im Aufsatz und in der Orthographie gewesen, aber jetzt machte sie oft dumme Fehler. Das kam alles von ihren Nerven. Sie hatte nie ihren Schulabschluß gemacht, da sie an der Mathematik gescheitert war. Zuerst hatte sie nach einer Arbeit gesucht, möglichst in einem Büro, hatte aber keine gefunden. Schließlich hatte sie als Verkäuferin in einem Spielwarengeschäft angefangen, wurde aber schon am ersten Tag entlassen, da sie das Geld nicht richtig herausgegeben hatte. Ihre Mutter nörgelte dauernd an ihr herum, und ihr Vater nannte sie seine »verrückte Prinzessin«. Fela war klein und dunkel, mit breiten Hüften, krummen Beinen, einer Hakennase und großen, hervortretenden schwarzen Augen. In ihrem Tagebuch verglich sie sich selbst mit einer überreifen Frucht. Sie hatte einen Hängebusen, und ihre Arme waren fleischig und wabbelig. Andere Mädchen würden versucht haben, Gewicht zu verlieren, aber in Felas Elternhaus gab es zuviel stärkehaltiges Essen – Kartoffeln, Klöße und Kascha. Außerdem hatte sie ein unbezwingliches Verlangen nach Schokolade. Zudem war sie immer hungrig, als ob sie einen Bandwurm hätte. Wenn sie manchmal des Nachts wach lag, konnte sie ihren Körper anschwellen fühlen, als sei er Teig. Ihre Haut glühte, ihre Brüste strafften sich, als seien sie mit Milch gefüllt. Und obwohl Fela Jungfrau war, fürchtete sie manchmal, sie könne plötzlich gebären. Sie fühlte Flüssigkeiten durch ihren Körper zirkulieren, wie die Säfte einer Pflanze vor dem Aufblühen. Ihr Atem wurde heiß, in ihrem Inneren zog und drückte es sie, und in der Nacht mußte sie dauernd auf die Toilette. Kürzlich hatte sie angefangen, an starkem Durst zu leiden. Ihre Mutter rief oft aus: »Was ist mit diesem Mädchen los? In ihrem Inneren brennt ein Feuer, Gott bewahre!«

Felas Liebe zu Adam Pacholski hatte sie verwirrt. Sie sah alles um sich herum durch einen Nebel. Sie konnte nicht durch das Zimmer gehen, ohne über Stühle, den Tisch und die Kommode zu stolpern. Wenn ihre Mutter ihr ein Glas Tee reichte, so ließ sie es fallen. Sie konnte den Milchtopf nicht auf den Herd stellen, ohne ihn zu vergessen und die Milch anbrennen zu lassen. Keines ihrer Kleider paßte ihr mehr. Ihr Hüftgürtel schnitt in ihr Fleisch. Die Schuhe drückten. Und wie häufig sie auch ihr Haar wusch und kämmte, es sah immer klebrig und unordentlich aus. Ihre Periode war unregelmäßig, manchmal zu spät, manchmal zu früh, und von einer Stärke, die sie erschreckte. Diesen Brief ohne einen Klecks oder Fehler zu schreiben war eine Anstrengung gewesen, die fast ihre Kräfte überstieg. Gott sei Dank war es gutgegangen! Hier und da hatte sie sogar einen Schnörkel zustande gebracht.

Fela las den Brief durch, dann ein zweites und drittes Mal. Nach langem Zögern faltete sie ihn, schob ihn in den Umschlag, schrieb die Adresse, klebte eine Marke darauf und schloß ihn. Ihre Hände flatterten, ihre Knie zitterten. Sie hörte ihren raschen Atem. Im Wohnzimmer war ihr Vater eingeschlafen. Fela wollte das Zimmer unhörbar durchqueren, auf Zehenspitzen, aber die Tür hinter ihr quietschte und ihre Absätze lärmten widerspenstig auf dem Boden. Ihr Vater schreckte auf.

»Warum machst du solchen Lärm, du wildes Geschöpf?«

»Ach, Papa, entschuldige. Ich bin so ungeschickt. Ich habe es doch nicht absichtlich getan.«

»Warum lungerst du so faul herum? Andere Mädchen haben in deinem Alter schon Kinder.«

Tränen stiegen in Felas Augen auf. »Ist das meine Schuld?«

Ein Schluchzen verengte ihre Kehle, als ob sie erbrechen müßte. Sie bedeckte den Brief, damit ihre Tränen ihn nicht naß machten, und flüchtete ins Badezimmer. Dort konnte sie weinen, husten, sich beruhigen. Sie trocknete ihr Gesicht mit Zeitungspapier, das dort als Toilettenpapier hing. Sie zog an der Spülung und sagte laut: »Vater im Himmel, Du kennst die Wahrheit.«

2

Die Ereignisse folgten schnell aufeinander. Am Montag hatte Fela den Brief abgeschickt. Am Dienstag gegen Abend erhielt sie ein Telegramm. Gott sei Dank war niemand zu Hause. Sie wollte dem Boten zehn Groschen geben, fand aber kein Kleingeld und gab ihm statt dessen einen halben Zloty. Sie strich ein Zündholz an und las: »Warten Sie morgen um vier Uhr an der Ecke Marszalkowska-Boulevard und Wspolnastraße.« Fela konnte sich nicht fassen und lief ins Badezimmer. Dort zündete sie eine Kerze, die auf einem Wandbrett stand, an und las das Telegramm wieder und wieder. In der engen Wohnung war dies der einzige private Raum für sie. Sie wollte lachen; gleichzeitig war ihr, als müsse sie erbrechen. Sie hatte keine so schnelle Antwort erwartet. Sie war nicht bereit. Sie hatte kein Kleid, keine Schuhe. Ihr Haar war weder gewaschen noch gelockt. »Es ist ein Traum«, schrie eine Stimme in ihrem Kopf. »Du bist ein Idiot. Du wirst jeden Augenblick aufwachen.« Fela kniff ihre Backen und biß auf ihre Lippen.

Sie hatte angefangen, heftig zu schwitzen, mit dem süßlichen Geruch wie dem eines Pferdes. Wie kann ich zu ihm gehen? dachte sie. Ich bin unrein. Oh, ich werde ohnmächtig!

Sie kämpfte gegen den Schwindel an. Ihr Kopf drehte sich, als sei sie betrunken. Eine widerliche Flüssigkeit erfüllte ihren Mund, und sie spie aus. Sie ging in die Küche. Sie beugte sich zu dem Wasserhahn und trank halb, halb wusch sie sich das Gesicht mit kaltem Wasser, um zu sich zu kommen. Sie erblickte auf einem Brett eine Flasche Essig, öffnete sie, roch daran und trank einen Schluck. »Laßt mich nicht mich vergiften vor zu großem Glück«, flehte Fela die höheren Mächte an.

Gewöhnlich waren ihre Eltern zu Hause, aber heute waren sie einen kranken Freund besuchen gegangen. Was sollte sie zuerst tun? Was konnte sie anziehen? All ihre Kleider waren zerrissen, fleckig, verschossen, zu eng und altmodisch. Die Stangen in ihrem Korsett waren zerbrochen. »Ich werde nicht hingehen. Ich kann nicht. Ich werde Schande über mich bringen«, sagte Fela laut. Sie brauchte jemanden, der ihr half, aber wen? Früher hatte sie Freundinnen gehabt, aber die Studentinnen waren jetzt an der Universität, oder sie hatten geheiratet. Nachdem sie durch das Schlußexamen gefallen war, hatten sie sich entfremdet. Einige der Mädchen hätten viele Cousinen in der Nähe gehabt, aber Felas Eltern hatten schon vor langer Zeit die Provinz verlassen. »Verlier nicht den Kopf«, sagte sich Fela. »Wenn du das tust, wirst du ganz kaputtgehen.«

Sie mußte ein Kleid kaufen. Bei Gebrüder Jablkowski konnte man fertige Kleider bekommen. Aber woher sollte sie das Geld nehmen? Und würde sie ein Kleid finden, das ihr paßte? Und wie sollte sie sich vor den Verkäuferinnen ausziehen, mit ihrem zerrissenen Unterrock und Büstenhalter? Man würde sie anspucken. »Ach, Träume eines abgehauenen Kopfes!« murmelte Fela. »Es ist unmöglich, ich bin verloren – verloren!« Ihr Leib fing an, sich auszudehnen, bis er hart wie eine Trommel war; sie hörte die Säume ihres Kittels platzen; sie bekam einen Schluckauf. »Gott im Himmel, steh mir bei«, betete Fela. »Du hast mir ein Wunder beschert, gib mir noch ein anderes!« Sie schwieg, als ob sie die Antwort Gottes erwartete. Plötzlich fiel ihr ein, daß sie vergessen hatte, die Kerze im Badezimmer auszulöschen. Ein Feuer könnte ausbrechen. Sie lief, die Kerze auszumachen. Als sie im Dunkeln in das Schlafzimmer ging, stieß sie an einen Stuhl und verletzte sich am Knie. Sie warf sich mit solcher Gewalt auf ihr Bett, daß irgend etwas unter ihr zerbrach, wahrscheinlich das Brett, das die Matratze stützte. Sie lag unbeweglich. Plötzlich sprang sie auf. Wo war das Telegramm? Sie hielt es umklammert in ihrer Faust.

Während sie dort lag, machte Fela sich einen Plan. Sie würde ein Verbrechen begehen müssen und die Goldkette stehlen, die ihre Mutter nur zu Rosch haschana und Jom Kippur trug. Sie würde nie herausbekommen, daß Fela sie versetzt hatte. Lange vorher würde sie die Kette ausgelöst haben. Fela stand auf, suchte nach Streichhölzern und zündete die Gaslampe an. Aus der Schublade im Kleiderschrank, einem schweren Möbelstück mit reich geschnitztem Oberteil und Löwenköpfen als Griffe, nahm sie das Holzkästchen heraus, in dem ihre Mutter den Schmuck verwahrte. Obenauf lag die Goldkette mit dem gleitenden Verschluß, ein Erbstück von ihrer Großmutter Jetta. Fela hob sie auf und war erstaunt über das Gewicht. Ich werde nicht einen Groschen weniger als zweihundert Zloty dafür nehmen, beschloß sie.

Die Nacht war ein einziger langer Alptraum. Fela schlief unruhig, wurde wach und schlief wieder ein. Einmal war ihr heiß, dann wieder kalt. In einem Bein zuckte es, eine Hand verkrampfte sich. Ihre Kehle brannte, und sie ging ein Glas Wasser holen; wieder im Bett, mußte sie sogleich auf die Toilette. Ehe sie erneut die Augen schloß, wurde sie von Träumen überschwemmt. Sie erhielt nicht ein Telegramm, sondern einen ganzen Haufen, jedes mit einer anderen Adresse, einem anderen Datum, einige waren mit Adam unterzeichnet, andere mit Pacholski, wieder andere einfach mit General, andere mit Dichter. Was war das für ein Spiel? Wollte er sie verwirren? Hatte es etwas mit militärischen Geheimnissen zu tun? Fela zitterte und wachte auf. Sie suchte unter ihrem Kopfkissen nach der Kette, aber sie war verschwunden. War ein Dieb eingedrungen? Hatte ihre Mutter sie vermißt? Im Traum suchte Fela weiter. Sie wurde gefangen, verhaftet, mit Handschellen in ein Verlies geworfen. Eine alte Frau brachte ihr einen Krug mit Wasser und ein Stück schwarzes Brot, aber als Fela zu trinken versuchte, brannte die Flüssigkeit wie Gift.

Um neun Uhr am nächsten Morgen erwachte Fela. Unten im Hof verkauften die Händler bereits Kirschen, Pfirsiche, geräucherte Heringe und frisches Gebäck. Durch das offene Fenster kamen die Gerüche von Pech, Obst und Abfall. Fela sprang aus dem Bett. Von neun Uhr bis vier – sieben Stunden! In sieben Stunden mußte sie alles erledigen. Um Adam Pacholski zu treffen, mußte sie sich in eine elegante Dame verwandeln – gewaschen, gebadet, gekämmt, mit einem Lächeln auf den Lippen. Ein Geschenk. Was für ein Geschenk sollte sie mitnehmen? Aber nein, es gehörte sich nicht für eine Dame, einem Herrn beim ersten Treffen ein Geschenk mitzubringen. Die Etikette war dagegen. Eine Dame muß sich würdevoll benehmen, selbst wenn sie ein Rendezvous mit einem Engel hat.

Sie hörte ihren Vater im Nebenzimmer schimpfen, wußte aber nicht, weshalb. Sie lief konfus zu ihm. »Papa, du weißt doch, daß ich dich liebe. Es gibt keinen Mann auf der ganzen Welt, der dich ersetzen könnte.« Sie griff nach seinem Bart, hielt ihn fest und küßte ihn, so wie sie es als kleines Kind getan hatte. Auf dem Weg in die Küche hörte sie ihn hinter ihr herrufen: »Verrückt, verrückt! Verrücktes Mädchen!« Sie drehte sich um. »Du kannst mich umbringen, und ich werde dich doch vergöttern.« Wie gewöhnlich begann ihre Mutter mit Vorwürfen. Warum hatte sie so lange geschlafen. Warum ging sie nicht auf Arbeitsuche. Warum hatte sie am Abend vorher nicht das Geschirr gespült. Auf alles antwortete Fela nur: »Wenn du mich nicht magst, so suche dir doch eine andere Tochter. Ich will nur dich.«

Und sie umarmte ihre Mutter, küßte ihre Backen, ihre Nase, ihre Stirn, selbst ihre Perücke.

»Bei meiner Liebe zu Gott, das Mädchen hat den Verstand verloren.«

»Ja, ja, Mutter. Deine Tochter ist verrückt. Ich bin so glücklich, ich wünschte, ich könnte sterben.«

»Laß deine Feinde so reden!«

Fela aß, wußte nicht was, tat Salz in den Tee und rührte ihn mit der Gabel statt mit dem Löffel. Als sie aufstand, stieß sie gegen das Küchenbuffet und verletzte ihre Schulter. Eine Zeitlang stand sie am Fenster. Draußen schien die Sonne, die Vögel zwitscherten. Im Hof führte ein Zauberer seine Tricks vor. Ein als Clown verkleideter Mann schluckte Feuer von einer Fackel und wirbelte ein Glas Wasser in einem Reifen. Ein Mädchen mit kurzgeschnittenem Haar und in Samthosen lag auf dem Rücken und ließ ein Faß auf ihren Füßen rotieren. »Ach, Mutter, es ist so wunderbar zu leben«, babbelte Fela.

»Warum bin ich so glücklich? Ach, warum? Ich bin so glücklich, daß ich aus dem Fenster springen könnte.« Fela hörte ihre Mutter murmeln: »Entweder bist du verrückt, oder du versuchst, dich verrückt zu machen.«

»Ich versuche es nicht, liebe Mutter, ich bin es. Sag mir die Wahrheit. Hast du Papa geliebt? Ich meine mit der Art von Liebe, die wie Feuer brennt?«

»Wen sollte ich denn sonst geliebt haben? Vielleicht den Kaminfeger? Aber sieh nur, wie es geendet hat.«

»Es wird alles gut werden, liebe Mutter. Du wirst noch viel Freude erleben.«

»Wann? Bald werde ich sie nicht mehr brauchen.«

3

Alles ging so glatt, daß Fela lachen mußte. Es war merkwürdig. Jahrelang war sie niedergedrückt gewesen. Plötzlich war ein Tag des Handelns gekommen. Sie ging ins Pfandhaus und verpfändete die Kette ihrer Mutter für einhundertvierzig Zloty. Sie nahm eine Droschke zum Marszalkowska-Boulevard, wo sie ein neues Kleid kaufte, Hut und Schuhe und Unterwäsche. Als sie an einem Bad vorüberkam, ging sie hinein und badete. Gott im Himmel, es war erstaunlich, was man in sieben Stunden tun konnte, wenn man Geld hatte. In ihrem neuen milchkaffeefarbenen Kleid war Fela nicht wiederzuerkennen. Der Strohhut mit dem braunen Band ließ sie damenhaft erscheinen. Die neuen Schuhe waren eng, aber die hohen Absätze und spitze Form sahen elegant aus. Das Korsett beengte sie zwar, aber ihre Figur war dadurch fest und proportioniert. Das heiße Bad hatte das Jucken und die Gerüche beseitigt.

Fela ging wie auf Federn. Ihr Herz flatterte wie ein Vogel in ihrer linken Brust. Sie ging in ein Café und bestellte eine Tasse Kaffee. Als sie bezahlt hatte, blieb von den einhundertvierzig Zloty nur einer übrig, und damit würde sie die Droschke zu ihrem Treffpunkt bezahlen. Fela blätterte in dem Magazin, das der Kellner ihr hingelegt hatte, sie versuchte zu lesen, aber sie konnte die Worte nicht verstehen; sie konnte auch die Bilder nicht klar erkennen. Nun, ein einziger Tag des Glücks ist genug, sagte sie sich. Alle paar Minuten sah sie auf ihre Armbanduhr. Es wäre nicht richtig, zu früh zu sein, aber zu spät zu kommen wäre gefährlich. Sie mußte die Zeit genau beachten, so daß er nicht länger als eine oder zwei Minuten auf sie zu warten hatte. Vielleicht war das Ganze für ihn nur ein Scherz. Er könnte die Polizei verständigt haben, und die würde auf sie warten. Oder er kam mit einer Gruppe von Offizieren, um sie auszulachen. Andererseits, vielleicht würde er ihr Blumen bringen. Alles war möglich. »Dies ist mein Schicksalstag.« Sie saß benommen da. Plötzlich blickte sie wieder auf die Uhr. Es war spät. Sie zahlte eilig und ging auf die Straße. Der Tag, der so sonnig begonnen hatte, war jetzt bewölkt, und es sah nach Regen aus. Vögel flogen niedrig über die Dächer und krächzten. Glücklicherweise kam eine Droschke vorbei. Fela stieg ein und sagte atemlos: »Ecke Marszalkowska und Wspolna.«

Der Kutscher kehrte um, und Fela wurde schwindlig, alles drehte sich, Häuser, Pflaster und Menschen. Der Kaffee war ihr wie Likör zu Kopf gestiegen. Sie war schon spät dran. Er würde nicht nur eine Minute auf sie zu warten haben, sondern mindestens fünf. Nun, er ist ein Mann, und ich bin eine Dame. Soll er warten. Sie war am Rande des Lachens oder der Tränen. Was für ein Abenteuer! Vielleicht hatte ihre Mutter die fehlende Kette entdeckt. Vielleicht hatte sie die Polizei verständigt. Und wenn der Kutscher mehr als einen Zloty verlangte, was dann? Was sollte sie dann tun? – Sich lebendig begraben!

Gott im Himmel, was jetzt. Eine lange Reihe von Trolleybussen versperrte die Straße, Feuerwehrwagen hatten den Verkehr zum Stillstand gebracht. Die Sirenen einer Ambulanz heulten. Brannte es irgendwo? Aber wo? Eine Menschenmenge hatte sich angesammelt. Der Kutscher drehte den Kopf mit der Wachstuchmütze ihr zu.

»Junge Frau, wenn Sie es eilig haben, steigen Sie hier aus. Es ist nicht mehr weit bis zur Wspolnastraße.«

Fela gab ihm den Zloty und stieg aus. Sie zerriß beinahe ihr Kleid an der eisernen Stufe. Sie drängte sich durch die Menge so schnell sie konnte und eilte nach der Wspolnastraße. Sie rutschte fast aus auf ihren hohen Absätzen. Das fehlt mir noch, daß ich im Dreck lande, dachte sie. Adam Pacholski in Zivil stand an der Ecke, ein junger Mann in einem hellen Anzug, das blonde Haar mit Bürstenschnitt. Konnte er das sein? Er lächelte Fela zu und schwang eine Zeitschrift. Er eilte auf sie zu, nahm ihre Hand und küßte flink ihr Handgelenk über dem Handschuh. Er begrüßte sie, als sei sie eine alte Bekannte.

»Sie sind spät«, sagte er. »Aber das ist das Privileg des schönen Geschlechts.«

»Es brannte irgendwo. Die Droschke konnte nicht durchkommen.«

»Folgen Sie mir, bitte.« Er führte sie durch ein Tor und öffnete die Glastür des Haupteingangs mit einem Schlüssel. Sie betraten einen holzgetäfelten Lift. Als sie hinauffuhren, fühlte Fela, die noch nie in einem Aufzug gewesen war, ihr Herz klopfen. Sie wußte wohl, daß ein Mädchen nicht mit einem Mann in seine Wohnung gehen sollte, aber er hatte ihr keine Chance gegeben, nein zu sagen. Ihr Herz hämmerte; sie konnte kein Wort herausbringen. Die Bewegung verursachte ihr Schwindel. Gott im Himmel, flehte sie, laß mich nicht ohnmächtig werden. Adam Pacholski öffnete die Tür zu einem Korridor voller Bilder. Auf einem Bügel hing der Mantel des Generals, die Generalsmütze und ein Säbel. In einer Vase standen Blumen. Goldfische schwammen in einem Aquarium.

Das Zimmer, das sie betraten, war wie ein Museum. Porträts polnischer Helden blickten von den Wänden herunter, da waren Medaillen, Bänder, allerlei Diplome und Belobigungsschreiben. Eine Wand war mit den Köpfen ausgestopfter Tiere bedeckt und mit Pistolen, Gewehren und Säbeln. Es roch nach Leder und nach Mann. Adam Pacholski bat Fela, sich zu setzen, und sie dankte ihm. Er öffnete einen Glasschrank und füllte zwei Gläser mit einem rötlichen Likör.

»In Ihrem Brief schrieben Sie, daß Sie nicht gut aussehen«, sagte er. »Aber Sie sind eine Schönheit.«

»Der Herr General macht sich lustig über mich.«

»Nennen Sie mich nicht Herr General. Ich bin Adam, und Sie sind Fela«, sagte er in vertraulichem Ton. »Auf Ihr Wohl!« Er stieß mit ihr an und lächelte das Lächeln, das man in ganz Polen, vielleicht sogar in der ganzen Welt kannte. Er war zweiundvierzig Jahre alt, aber Fela hielt ihn für nicht älter als dreiundzwanzig. Der Likör war stark. Süßigkeit durchdrang ihre Glieder. Sie spürte die Schärfe in der Nase, und ihre Augen füllten sich mit Tränen. »Sie wissen nicht, wie man trinkt«, bemerkte Pacholski, brachte ihr einen Keks und füllte ihr Glas nach. Er blickte auf seine Armbanduhr. Im Nebenraum läutete das Telefon; er erledigte den Anruf schnell. »Alle rufen mich an«, sagte er, als er zu Fela zurückkam. »Diese Langweiler.«

»Vielleicht hat der Herr General keine Zeit?«

»Für eine gutaussehende Frau habe ich immer Zeit«, antwortete er.

Pacholski sah Fela in die Augen und fing an, wie ein Wahrsager zu sprechen. »Sie sind ein Mädchen, das zu lieben versteht. Sie erinnern mich an die Zeilen in Heines Gedicht, wo er von dem Stamm derer spricht, ›Die sterben, wenn sie lieben‹. Was finden Sie an meinen Gedichten? Manchmal kommen sie mir ganz wertlos vor. Sie sind jüdisch, aber Sie sind anders als die anderen jüdischen Mädchen, ganz anders. Die sind realistisch, käuflich, aber Sie sind romantisch, eine Träumerin. Sie leben völlig in Ihren Phantasien. Der Adel alter Völker lebt in Ihnen. Sie sind eine orientalische Schönheit. Es ist durchaus möglich, daß eine Ihrer Urgroßmütter im Harem des König Salomo lebte ... Was wissen wir über die Generationen? Wir Slawen sind jung und sind eben erst aus den Wäldern gekommen, während Sie einer alten Rasse angehören. Vielleicht gibt es deshalb keinen Frieden zwischen uns. Außer, wenn wir lieben, denn dann verschwinden alle Grenzen. Dann wollen wir miteinander verschmelzen, man könnte sagen, wir wollen unseren Wein in eure Schläuche füllen. Kommen Sie, ich kann nicht länger warten. Ich muß Sie küssen.«

»Herr General!«

»Sagen Sie nichts. Sie gehören mir.«

Er stand von seinem Stuhl auf, küßte sie und zwang ihre Lippen auseinander. Sie fiel, da ihre Knie nachgaben, und er trug sie halb, halb führte er sie in ein anderes Zimmer. Fela versuchte Widerstand zu leisten, aber Pacholski wurde wild. Er riß ihr den Hut vom Kopf, warf sie auf das Bett, mühte sich mit ihrem Kleid ab. Sie wollte schreien, aber er bedeckte ihren Mund mit seiner Hand. Alles geschah so schnell, brutal, mit einer solchen Gewalt, wie sie es sich nicht hatte vorstellen können. Er zog an der Schnur der Vorhänge, und das Schlafzimmer wurde dunkel. Er warf sich auf sie.

»Du Hure! Du jüdische Dirne!«

4

Das Telefon läutete und hörte nicht auf. Pacholski, halbnackt, riß sich von Fela los und nahm den Hörer ab. Es war eine Frau, und er stritt sich mit ihr, bis er schließlich schrie: »Blitz und Donner und die Cholera über dich!« Das Telefon läutete wieder, offenbar war es dieselbe Frau, denn Pacholski warf den Hörer krachend auf die Gabel. Seine Unterhosen waren blutbefleckt. Fela blutete heftig, fast als hätte sie einen Blutsturz. Blut war auf dem Bett, auf dem Teppich.

»Ich habe viele Jungfrauen gehabt, aber keine von denen hat so geblutet wie du«, sagte Pacholski.

Er küßte Fela und schalt sie. Bald werde ein Vertreter des Generalstabs kommen, sagte er, und er müsse ihn empfangen. Er zog seine verschmutzte Unterwäsche aus und warf sie auf den Boden. Es läutete an der Tür. Pacholski öffnete einen Spaltbreit und nahm ein Telegramm entgegen. Er ging in das Badezimmer, um frische Wäsche zu holen, aber das Telefon läutete wieder, und er kam zurück, ohne seine Blöße zu bedecken.

Fela weinte. Pacholski schrie: »Heule nicht, du Angsthase. Auf dem Schlachtfeld haben wir viel mehr Blut verloren. Ich lag einmal blutend in einem Fuchsloch, und die Krähen warteten darauf, mir die Augen auszuhacken.« Er hatte ihr Kleid zerrissen. Er brachte ihr ein anderes, das im Schrank gehangen hatte, aber zu lang für Fela war. Er suchte nach Nadel und Faden, aber wieder läutete das Telefon. Als er aufgelegt hatte, wandte er sich ihr zu.

»Du mußt hier verschwinden.«

»Bitte verlassen Sie das Zimmer für ein paar Minuten.«

»Du brauchst dich vor mir nicht zu schämen.«

»Bitte, gehen Sie.«

Er verließ das Zimmer, und Fela versuchte, sich in Ordnung zu bringen. Ihr Kleid war sowohl zerrissen wie verfleckt. Ihre Unterwäsche war unbrauchbar, und sie stopfte sie in ihre Handtasche. Sie versuchte, ihr Korsett anzuziehen, aber es gelang ihr nicht. Ohne anzuklopfen, kam Pacholski wieder in das Zimmer, bereits angekleidet, aus einem Mundwinkel hing eine Zigarette. Er schrie sie an: »Benimm dich nicht wie eine tragische Heldin. Du wirst schon einen Mann finden, und das ist alles. Basta!«

Bei dem Wort »Mann« ließ Fela ein Jammern hören. Mit einer Stimme, die ihr selbst fremd war, schrie sie: »Hetzen Sie mich nicht. Ich bin kein Hund.«

»Die Generäle dürfen dich hier nicht finden.«

Mit Gewalt zwängte er sie in ihr Korsett und brachte eine Sicherheitsnadel für das Kleid. Er steckte die Hand in die Hosentasche und zog einen Haufen Banknoten heraus. Fela griff nach ihrem Haar und wies das Geld zurück.

»Wir werden uns wiedertreffen«, sagte er. »Ich liebe dich. Aber jetzt mußt du gehen. Wenn nicht, bin ich ruiniert.«

»Wie kann ich so auf die Straße gehen?«

»Nimm ein Taxi. Geh in ein Hotel.«

»Man wird mich nicht hineinlassen. Lassen Sie mich wenigstens warten, bis es dunkel ist.«

»Pilsudski persönlich kommt her!«

Er nahm sie bei den Schultern, schob sie den Korridor entlang, küßte dabei ihre Hand und ihr Gesicht. Er gab ihr sein Taschentuch. Als er die Tür geöffnet hatte, gab er ihr einen letzten Stoß und küßte sie auf den Nacken. Er rief ihr nach: »Ich werde immer an dich denken« und schlug die Tür zu.

Fela ging die Stufen hinunter, Blut tropfte auf den Marmor und den Teppichstreifen in der Mitte. Sie zerknüllte das Taschentuch und schob es in die offene Wunde. Sie weinte und konnte nicht aufhören. Als sie durch das Tor gegangen war, sah sie sich um, unsicher, in welcher Richtung ihr Haus lag. Im Dämmerlicht schien der Marszalkowska-Boulevard diesig zu sein, und das Pflaster schien aufwärts zu gehen. Menschenmassen verließen Kinos, Warenhäuser und Ausstellungen. Trolleybusse klingelten; Autos hupten. Die Zeitungsjungen schrien die Schlagzeilen aus. Gott im Himmel, wie lang wird dieser Tag noch dauern! Fela ging blind drauflos und wußte nicht, ob sie in der Richtung des Stadtzentrums, in dessen Nähe ihre Wohnung lag, ging, oder in die Richtung des Vorortes Mokotow. Hätte ich nur fünfzehn Groschen für den Trolleybus, dachte sie. Leute starrten sie an, aber sie kniff die Augen zu und blickte auf das Pflaster. Ihr schien, Männer riefen laut hinter ihr her, und Frauen lachten. Sie hörte die Trillerpfeife eines Polizisten und fürchtete, daß man sie verhaften wolle. Sie erreichte den Jerusalem-Boulevard. Wenigstens war sie in die richtige Richtung gegangen. Sie wollte sich auf eine Bank setzen, aber sie waren alle besetzt. Die Wunde schmerzte, und das Taschentuch war nach unten gerutscht und dabei herauszufallen. Die Sicherheitsnadel hatte sich geöffnet und stach in ihren Schenkel. Ihre Füße in den engen Schuhen taten weh, und sie konnte kaum das Gleichgewicht halten mit den hohen Absätzen. Sie stand still. Plötzlich rutschte sie aus und fiel fast hin. Ihre Strümpfe hingen herunter. Die Nähte ihres Kleides rissen. Sie konnte die Handtasche nicht schließen, und die Unterwäsche war zu sehen. Wenn ich nur Gift bei mir hätte – wenn ich nur sterben könnte, gleich hier, gleich jetzt an diesem Punkt. Sie ging weiter. Sie mußte nach Hause!

Es wurde dunkel, Gott sei Dank! Die Straßenlampen wurden angezündet. Fela ging blindlings weiter. Das wichtigste war, nicht hinzufallen. Endlich kam sie zur Heilig-Kreuz-Straße und ging in Richtung der Panskastraße, wo sie wohnte. Was soll ich Mutter sagen? Was kann ich sagen? Es wird einen Skandal geben. Fela wollte zu Gott beten, aber wofür? Selbst Gott konnte ihr nicht mehr helfen. Sie erblickte ein Geschäft mit heruntergelassenen Rolladen und setzte sich auf die Türschwelle. Jetzt sah sie, was mit ihren Füßen geschehen war. An einer Ferse war die Haut aufgerieben, und der Strumpf war blutgetränkt. Sie sah sich nach einem Stück Papier um, mit dem sie den Druck etwas mildern konnte, fand aber keines. Ein Betrunkener kam ihr entgegen, sah sie lüstern an, als ob er sich gleich auf sie stürzen wollte. Sie stand schnell auf und lief davon. Sie kam zur Panskastraße. Die Gaslampen brannten. Kinder spielten im Halbdunkel. Obwohl Fela hier geboren war, schien ihr die Straße fremd. Sie kam zu ihrem Haus, ging über den Hof und begann, die Treppen hinaufzusteigen. Niemand hielt sie an! Eine kleine Gaslampe gab schwaches Licht. Fela ging Stufe für Stufe. Erst jetzt wurde ihr klar, wie erschöpft sie war. Ihre Knie zitterten, und sie mußte sich am Geländer festhalten. Wenn sie nur den Schlüssel mitgenommen hätte, so daß sie hinein könnte und sofort ins Badezimmer. Sie würde klopfen müssen, und ihre Mutter würde sofort alles erraten.

Wunderbarerweise stand die Tür offen. Der Korridor war

dunkel, auch die Küche. War eingebrochen worden? Aber nein, ihre Mutter mußte fortgegangen sein und die Tür offengelassen haben. Im Wohnzimmer konnte Fela ihren Vater an der Ostwand im Dunkel stehen sehen, sich verneigend, offenbar mitten in seinen Abendgebeten. Sie eilte ins Badezimmer. Erst nachdem sie sich eingeschlossen hatte, wurde ihr klar, daß sich hier zu verstecken keine Rettung war. Sie mußte doch herauskommen. Sie mußte das fremde Kleid ausziehen und die verfleckte Unterwäsche verstecken. Ihre Mutter konnte jeden Augenblick zurückkommen. Sie war wahrscheinlich nur zu einer Nachbarin gegangen und hatte deshalb die Tür offengelassen. Fela wurde übel. Ihr Magen zog sich zusammen, und sie mußte urinieren. Das Taschentuch war verschwunden. Warmes Blut lief ihre Schenkel entlang und tropfte auf den Boden. Sie hatte kein Streichholz, um den Kerzenstummel anzuzünden. Sie stand auf und erbrach sich. Vor ihren Augen drehten sich Feuerräder. In ihrem Schädel brannte ein Licht. Fela streckte die Hand aus, um auf dem Wandbrett Papier zu suchen, und berührte eine Schere.

Augenblicklich wußte sie, was sie tun mußte: Sie mußte sich die Pulsadern aufschneiden. Gott selbst hatte dies Instrument für sie dorthin gelegt. Fela zitterte. Sie hatte immer gewußt, daß es so enden würde. Sie hatte es vorausgesehen, aber sie konnte sich nicht mehr erinnern, ob es in einem Traum oder in der Wirklichkeit gewesen war.

Fela wollte ein Gebet sprechen, ein paar jüdische Worte aus der Bibel hersagen, oder aus dem Gebet, das ihre Mutter mit ihr zu lesen pflegte, als sie noch ein kleines Mädchen war, aber sie konnte sich an nichts erinnern. »Gott, gnade meiner Seele«, murmelte sie. Auf der Toilette sitzend, schnitt sie in ihr Handgelenk, als sei es ein Stück Stoff. Dann machte sie einen zweiten Schnitt und dann einen dritten. Es tat nicht wirklich weh. Gott sei Dank, niemand wird mich noch lebend sehen!

Im Dunkeln auf der Toilette sitzend, lehnte sie ihren Kopf gegen die Wand, bereit zu sterben. Sie konnte das Blut aus ihrem Handgelenk fließen spüren und auch die Blutung unten. Sie war benommen und fühlte, wie sie schwankte. Glocken läuteten in ihren Ohren. Vor den Augen sah sie leuchtende Farben. Sie war noch da, aber schon woanders. Die Angst war verschwunden. In ihrem Innern pumpte ein Blasebalg. Etwas in ihr blähte sich auf und fiel dann zusammen – ein Wesen nicht von dieser Welt. Sie wußte nicht, war es mehr wie ein Frosch, eine Lunge, eine Taube … Von irgendwoher kam eine Menschenmenge auf sie zu. Trommeln erklangen, die wie Hufschläge widerhallten. Dann gab es einen großen Lärm und dicht neben ihr einen Aufschrei.

Die Tür wurde eingedrückt. Felas Vater schrie; ihre Mutter jammerte. Nachbarn kamen herbeigeeilt. Man schleppte Fela heraus, hob sie hoch und trug sie. Handtücher wurden um ihren Arm gewickelt, und jemand lief, den Arzt zu holen. Fela lag auf dem Sofa, während über ihr die Leute schrien, ihre Arme schwenkten und sich herunterbeugten, um sie zu betrachten. Fremde Männer hoben ihr Kleid hoch, entblößten sie. Ich kann mich nicht einmal schämen, dachte Fela. Aber ich sterbe glücklich. Ich verzeihe ihm. Ich verzeihe. Sie öffnete ein Auge und erblickte einen Soldaten, der mit einem Strauß blutroter Rosen ins Zimmer trat. Trotz ihrer Qual lächelte Felas Seele. War er der Engel des Todes?

Sie hörte ihre Mutter fragen: »Wer sind Sie? Was wollen Sie? Die sind nicht für uns.«

»Für Fräulein Fela, mit Empfehlungen«, sagte der Soldat, »vom Herrn General.«

DAS GEHEIME BAND

Wir saßen im Garten eines Cafés. Es war Sommer, wenn die Abenddämmerung in Warschau lange andauert. Die Sonne geht unter, aber der Himmel bleibt noch hell im frühabendlichen Leuchten. Vögel zirpten noch auf den Zweigen der Bäume. Weißgeflügelte Insekten kreisten um die Glaskugeln der Lampen. Der süße Duft der Blumen vermischte sich mit dem Aroma von Kaffee, Kakao und frischen Bäckereien. Am Himmel wurde der Mond sichtbar, und in der Nähe ein heller Stern.

Wir waren eine kleine Gruppe – mehrere Schriftsteller, ein Maler und ein Bildhauer. Bald gingen alle außer einem jiddischen Schriftsteller, Reuben Berger, und mir. Reuben war früh als großes Talent bekannt geworden, hörte dann aber auf zu schreiben. Wir tranken Kaffee, aßen Gebäck mit Marmelade und unterhielten uns über Frauen. Reuben erzählte Geschichten und rauchte eine Zigarette nach der anderen. In einer entfernten Ecke des Cafés schlug jemand die Tasten des Klaviers an. Von den Feldern und Obstgärten auf dem anderen Ufer der Weichsel wehten die Düfte des späten Sommers herüber.

Reuben Berger schnippte die Asche seiner Zigarette in den

Aschbecher und sagte: »Es gibt Fälle, wo ein Mann gezwungen ist, eine Frau zu schlagen. Ganz gleich wie rücksichtsvoll er von Natur aus sein mag, er hat keine Alternative. Sie wissen, daß ich in dem Ruf stehe, dem schönen Geschlecht gegenüber besonders zartfühlend zu sein, aber die Geschichte, an die ich denke, ist so verrückt und mir so unähnlich, daß ich jedesmal lachen muß, wenn sie mir einfällt. So etwas ist nur im Leben möglich, nicht in Romanen. Es ist so lächerlich, daß es unglaubhaft ist.«

»Genug der Spannung. Erzählen Sie«, sagte ich.

»Gut. Sie wissen, daß ich mich schon im Alter von vierzehn Jahren mit Frauen einließ. Ich liebte sie, und sie liebten mich. Dieses Ereignis trug sich vor ungefähr acht Jahren zu, vielleicht vor zehn. Ich lebte mit einer Frau, die wahnsinnig in mich verliebt war. Mit dieser Art Frauen wird die Liebe zur Besessenheit. Ihre krankhafte Eifersucht machte mir das Leben zur Hölle. Tausendmal brach ich mit ihr, und jedesmal kam sie wieder zurück. Ihr Vater war ein frommer Jude, er besaß ein Haus. Sie hieß Bella. Sie bewegte sich in unserem literarischen Kreis, lange ehe Sie in den Schriftsteller-Klub kamen. Sie war in ein sehr exklusives Gymnasium gegangen und hatte die Manieren einer wohlerzogenen Dame. Sie war auch schön. Aber meinetwegen begann sie zu trinken. Zu der Zeit war ich noch verheiratet. Bella saß allein in ihrem Zimmer, trank Wodka aus der Flasche, rauchte und stritt sich am Telefon mit mir, wenn sie meiner habhaft werden konnte. Ich mußte vor ihr davonlaufen. Es wurde von Tag zu Tag schlimmer. Sie versuchte mehrmals, sich das Leben zu nehmen.

Wenn sie einen solchen Anfall hatte, gab es wüste Szenen. Nur eine Sache konnte ihre wahnhaften Ausbrüche beenden –

eine Ohrfeige. Ich war mehrfach gezwungen, sie zu schlagen, nur dann kam sie sofort wieder zu sich. Sie nahm dann wieder Haltung an, dachte logisch und ruhig. Ich habe oft die Analogie zum Krieg gezogen. Wenn eine Nation zerstörerisch kriegerisch wird, dann gibt es nur eine Möglichkeit, sie zur Vernunft zu bringen – die Niederlage. Wenn ein Pazifist mich hören würde, würde er mich in Stücke reißen, aber es ist wahr.

Sie loswerden? Ich wollte sie nicht gänzlich verlassen. Auf meine Weise liebte ich sie. Wäre es nicht zu diesen verrückten Auftritten gekommen, hätte ich mit ihr ganz glücklich sein können. Aber sie war imstande, sich mitten auf der Straße ihr Kleid vom Leib zu reißen oder zu versuchen, sich unter die Räder einer Straßenbahn zu werfen. Sie konnte eine unschuldige Frau angreifen, mit der ich ein paar Worte gewechselt hatte. Einmal wurde sie wegen Störung der öffentlichen Ruhe verhaftet. Ihre Mutter kam zu mir und bat mich, mit ihr Schluß zu machen. Aber wie soll man eine Affäre mit einer solchen Frau beenden? Ich hätte nach Amerika flüchten müssen oder Selbstmord begehen.

Ich glaube, Sie wissen, daß ich jahrelang mein Brot mit Vorträgen verdient habe. Aber die Dinge waren so weit gekommen, daß ich nirgends hingehen konnte, ohne daß sie aus dem Nichts auftauchte, um zu sehen, was ich tat. Wenn ich zu einem Vortrag ging, so folgte sie mir. Ich lernte jeden Trick in der Kunst der Verschwörer. Ich hatte eine Geheimadresse, stand nicht im Telefonbuch. Einmal entdeckte ich einen Privatdetektiv, der mir am Tor auflauerte. Ihr Vater war ziemlich reich.«

Reuben machte eine Pause und versuchte, einen kleinen Löffel auf dem Rand eines Glases zu balancieren. Er fuhr fort:

»Zu jener Zeit sollte ich in Jedrzejow einen Vortrag halten. Es war ein kalter, regnerischer Tag. Ich war sicher, daß Bella nichts von meinem Plan wußte, aber in dem Augenblick, als ich den Zug bestieg, war sie da. Ich werde nie begreifen, wie sie entdeckt hatte, daß ich dorthin fahren mußte. Der Wagen war leer. Ich war zu wütend, um mit ihr zu schimpfen. Wir setzten uns schweigend. Nach einiger Zeit fing sie an, wie ich vorausgesehen hatte, mir bittere Vorwürfe zu machen, und warnte mich davor, zu versuchen, sie aus meinem Leben auszuschließen. Sie wütete und tobte wie immer. Sie wurde von Minute zu Minute lauter und aggressiver und nahm Zuflucht zu jeder Art von Drohung und Beleidigung. Ich wußte, ich mußte sie ohrfeigen, oder es würde keinen Vortrag geben. Ich war so aufgeregt, daß ich die bei einem Halt in unser Abteil eingestiegenen Leute nicht bemerkt hatte. Sie bat mich sogar, sie zu schlagen. Ich gab ihr eine Ohrfeige – eine zweite und dritte. Das hatte wunderbaren Erfolg. Eben war sie noch verrückt. In der nächsten Minute war die Hysterie vorbei. Sie lächelte, wurde liebevoll und verständig. Wer einen so plötzlichen Wechsel nicht erlebt hat, kann sich nicht vorstellen, wie vollständig er ist. Bella lehnte sich gegen das Fenster, weinte noch ein wenig und preßte meine Hand auf ihren Schoß. Ich war so verwirrt, daß ich nicht bemerkte, daß mir gegenüber eine wütend aussehende Frau saß, die bereit war, mich lebendig zu verschlingen. Sie schien eine kleinstädtische Frau zu sein – nicht jung, nicht alt. Vielleicht Ende Zwanzig oder Anfang Dreißig. Sie erinnerte mich an die Suffragetten, deren Fotos man in den Illustrierten sah, oder möglicherweise an die Art Frau, die mithelfen würde, Bomben herzustellen, um sie auf den Zaren zu werfen. Sie hatte ein Buch aus einer Bibliothek bei sich, dessen Umschlag sorgfältig mit

Papier überzogen war. Ein- oder zweimal öffnete sie den Mund, als ob sie mich vernichten wollte, aber sie beherrschte sich. Andere Leute stiegen ein, und vorübergehend verlor ich meine ärgerliche Mitreisende aus den Augen. Bella war inzwischen völlig normal geworden, entschuldigte sich wieder und wieder, küßte mich und versprach, auf immer und ewig sich zu benehmen.

›Warum bist du mir nachgefahren?‹ fragte ich sie. ›Dies ist eine Geschäftsreise, keine Ferienreise.‹ Sie sagte sanftmütig: ›Da ich nun einmal hier bin, erlaube mir bitte, bei dir zu bleiben für den Rest der Strecke. Ich möchte so furchtbar gern deinen Vortrag hören! Du mußt mich niemandem vorstellen. Ich werde mich von dir trennen, wenn wir aussteigen, und dann komme ich nur am Abend, um dich sprechen zu hören. Ich werde herausfinden, wann du zurückfahren wirst, und mit dir zusammen fahren.‹ Kurzum, das war nicht die gleiche Bella, sondern eine ruhige und bescheidene Geliebte. Dieser Wechsel der Persönlichkeit hat mich immer wieder überrascht. Ich dachte, wer weiß, vielleicht könnten Ohrfeigen sogar eine Kur für einige organische Krankheiten sein. In diesen allerdings seltenen Momenten bekam Bella wieder ihre alte Anziehungskraft, und ich verliebte mich von neuem in sie. Allerdings dauerte der Frieden nie länger als ein paar Tage.

Wir kamen an unserem Ziel an, und ich nahm meinen Koffer herunter. Ich verabschiedete mich, und wir küßten uns. Am Bahnhof sollte mich ein Komitee erwarten, und ich wollte nicht, daß man sie sah. Sie hätte wieder einen Ausbruch veranstalten können. Ich stieg aus und wurde von dem Komitee begrüßt. Es war die typische provinzielle Intelligenzija. Wenn sie Gelegenheit haben, sich einem Schriftsteller aus Warschau zu attachieren, so kleben sie an ihm und verlassen ihn nicht mehr. Ich muß Ihnen nicht erst sagen, daß jeder einzelne von ihnen den Ehrgeiz hatte zu schreiben. Ich war überzeugt davon, jeder hatte ein Gedicht, einen Roman oder ein Stück fertig. Was können sie auch sonst in ihren gottverlassenen Dörfern tun?

Das Dorf selbst erschien mir wie ein Miniatur-Sibirien – düster, schmutzig, mit kleinen Häusern und einem zweistökkigen Hotel, wo für mich ein Zimmer reserviert war. Der Regen hatte aufgehört, aber der Himmel sah nach Schnee, Hagel und Sturm aus. Nirgends, nicht einmal über den offenen Feldern, ist der Himmel so weit und so jenseitig wie in diesen finsteren Dörfern – es ist die Art von Himmel, der über Friedhöfen schwebt.

Sie fingen mit den üblichen Höflichkeiten an – ›Sehr erfreut, Sie begrüßen zu dürfen‹, ›Wie war Ihre Reise?‹ –, und die übliche quasi-literarische Unterhaltung folgte, mit all ihren Irrtümern und falschen Betonungen. Die jungen Männer begleiteten mich zum Hotel, und auf dem Weg dahin bestürmten sie mich mit Fragen: Wie schreiben Sie? Wann schreiben Sie? Woher bekommen Sie die Inspiration? Einer fing an, mich zu kritisieren, weil ich nicht fortschrittlich genug sei und mich nicht um die Zukunft der Massen kümmere. An solchen Orten muß man auf derartigen Unsinn gefaßt sein. Es war schon fast Zeit für den Vortrag, und ich mußte das Komitee bitten, mich allein zu lassen, damit ich ein frisches Hemd anziehen konnte. Ich mußte sie praktisch mit Gewalt vertreiben.

Gott sei Dank, sie ließen mich endlich allein. Ich verriegelte die Tür und war dabei, mich umzuziehen, als es an der Tür klopfte. Wer konnte das sein? Eine weibliche Stimme rief: ›Machen Sie auf. Ich werde Sie heute abend einführen.‹ Ich zog schnell meine Jacke wieder an, öffnete die Tür, und wer, glauben Sie, stand vor mir? Die Frau, die mir im Zug gegenübergesessen hatte.

Ich habe schon viele Überraschungen erlebt, aber das war die größte von allen. Sie schien auch erstaunt zu sein. Sie sah mich an, und ihre Augen schienen sich zu verdrehen. Ich bat sie herein, aber sie blieb wie angewurzelt stehen und konnte nicht glauben, was sie sah. Als sie schließlich das Zimmer betrat, begann sie zu sprechen. Ich kann mich nicht genau erinnern, was sie sagte; der Inhalt war etwa, daß sie mich gelesen und für den romantischsten und sanftesten aller jiddischen Schriftsteller in Polen gehalten habe. Sie war eine kranke Schwester in einer nahegelegenen Stadt besuchen gefahren, war aber einen Tag eher zurückgekommen, um mich einzuführen. Sie war die Bibliothekarin von Jedrzejow und die Vorsitzende des Komitees. Sie rief aus, sie sei immer von der tiefen Einsicht und dem Verständnis für Frauen beeindruckt gewesen, die aus meinen Büchern sprachen. ›Gott im Himmel, wie ist es möglich, daß Sie der Mann sind, den ich im Zug gesehen habe? Nein, es ist nicht möglich. Sagen Sie mir, daß ich mich irre‹, brachte sie dramatisch vor, mit feierlichem Gesicht und gefalteten Händen. Sie wiederholte: ›Sind Sie das wirklich? Stimmt es? Bitte sagen Sie mir, daß ich unrecht habe!‹

›Es tut mit leid, aber Sie haben nicht unrecht‹, sagte ich zu ihr, ›aber ich werde Ihnen später alles erklären.‹

›Was? Sie sind eines solchen Benehmens fähig?‹ kreischte sie. ›Wenn dem so ist, dann ist alles falsch. Wenn das möglich ist, dann ist die ganze Literatur unecht und eine Fälschung und nichts anderes als die gemeinste Heuchelei.‹

Sie fuhr fort, mich zu beschimpfen, schrie lauter und lauter, bis es mir gelang, sie zu unterbrechen: ›Fräulein oder Frau, was immer Sie sind, ich muß mich auf meinen Vortrag vorbereiten, und es ist schon spät. Ich werde bei dem Empfang mit Ihnen sprechen.‹

›So! Sie werfen mich hinaus?‹ quietschte sie. ›Haben Sie denn gar keinen Anstand, keine Scham? Sie, der Sie der Schrittmacher für die geringeren Menschen sein sollten! Das ist Prostitution, reine Prostitution!‹

Ihre Stimme erreichte einen hysterischen Höhepunkt, während meine Uhr mir zeigte, daß jeden Moment das Komitee kommen würde, um mich zu dem Vortrag zu begleiten. Ich wußte aus Erfahrung, daß sie immer früher erscheinen als verabredet. Ich war ganz verzweifelt. Es war noch nicht lange her, daß ich mich gegen Bellas Angriff verteidigen mußte, und hier wurde ich von einem zweiten bedrängt. Mir war klar, daß sie in einem seltsamen Akt weiblicher Imitation versuchte, die gleiche Szene heraufzubeschwören, die Bella verursacht hatte – ein Wortschwall von Drohungen, Beschimpfungen, Vorwürfen, die nicht aufhörten. Ich brüllte sie an: ›Gehen Sie, oder muß ich Sie hinauswerfen?‹

›Werfen Sie mich doch hinaus!‹ schrie sie. ›Die ganze Welt soll wissen, was Sie für ein Scharlatan sind! Sie und alle Schriftsteller! Sie und alle Männer – eine Bande von Lügnern, Betrügern, Verführern und Mördern! Die ganze Welt soll es wissen, welch üble Spiele Sie spielen, um den ehrlichen Leser zu betrügen – uns zum Narren zu halten, uns mit Ihren Lügen zu beschwindeln und mit Ihrem Zynismus. Sie Teufel, Sie Monster. Sie Dämon!‹

Ja, Sie haben es erraten! Ich lief zu ihr hin, packte sie und schleppte sie zur Tür. Sie stieß einen furchtbaren Schrei aus, versuchte sich zu wehren, und ich ohrfeigte sie genau so, wie ich es im Zug mit Bella getan hatte. Alles ging so schnell vor sich, ich konnte es kaum glauben. Ich öffnete die Tür und stieß sie hinaus. Ich erwartete, daß sie an die Tür schlagen würde, so daß das ganze Dorf zusammenlaufen würde. Vorübergehend war ich bereit, meinen Koffer zu nehmen und um mein Leben zu laufen. Aber vor der Tür herrschte völlige Ruhe. Ich stellte mir vor, sie sei ohnmächtig geworden. Vielleicht hatte ich sie umgebracht. Wie lächerlich wäre es, wenn dieser idiotische Vortrag mit einem Mord enden würde! Ich öffnete die Tür, der Korridor war dunkel und leer. Sie war gegangen. Erst dann bemerkte ich, was mir geschehen war. Meine Hände zitterten, meine Knie gaben nach, und ganz gleich, wie ich mich auch abmühte, ich konnte meinen Hemdkragen nicht zuknöpfen.

Ich hatte ein Manuskript für den Abend vorbereitet, konnte mich aber nicht erinnern, wo ich es hingetan hatte. Vielleicht wäre es am besten, aus dem Dorf zu flüchten. In dem Augenblick hörte ich Stimmen und Schritte. Zwei junge Männer holten mich ab. Einer von ihnen fragte: ›War Zippora hier?‹ Ich begriff, daß Zippora die Bibliothekarin war. Meine Kehle war wie zugeschnürt, und ich brachte kein Wort heraus. Die beiden Männer merkten, wie aufgeregt ich war, und einer von ihnen half mir mit dem Kragenknopf. Der andere fragte: ›Warum liegt Ihr Manuskript auf dem Boden?‹ Er hob die einzelnen Blätter auf und ordnete sie. Dann gingen wir die Treppe hinunter. Von der Frau war nichts zu sehen. Draußen war es dunkel geworden, und nasser Schnee fiel.

Wir kamen endlich in der Halle an, wo sich ein ziemlich großes Publikum versammelt hatte. Der Vertreter des Komitees, oder wer immer er war, fragte nach Zippora. Sie war nicht in der Halle. Einige wollten auf ihr Erscheinen warten. Sie hatte seit Wochen an ihrer Einführung gearbeitet. Andere wiesen darauf hin, daß es schon spät sei. Endlich erschien ein junger Mann und pflanzte sich vor dem Tisch des Redners auf. Ich verstand nicht, was er sagte. Ein Wort kam immer wieder in seiner Rede vor – ›welcher‹, ein Wort, das er immer wiederholte, wahrscheinlich war es in der Provinz ein Zeichen feiner Sprache. Als er geendet hatte, begann ich meinen Vortrag. Meine Worte klangen mir hohl und wie von weither kommend in den Ohren – fast, als spräche ich in einer fremden Sprache. Ich erwartete jeden Augenblick, daß das Publikum sich über mich lustig machen würde, aber es herrschte vollkommene Ruhe im Saal. Nach dem Vortrag las ich noch eine meiner Geschichten, aber die Buchstaben tanzten wie verrückt vor meinen Augen, und der Druck wechselte die Farbe. Glücklicherweise konnte ich die Geschichte fast auswendig. Es handelte sich um die Begegnung eines Jungen und eines Mädchens in einer mondhellen Nacht – die zarteste und romantischste Erzählung, die ich je geschrieben habe. Mein Vorlesen wurde mehrfach von Beifall unterbrochen, und ich fing an, mich unter Kontrolle zu bringen. Ich konnte wieder klar sehen, und die ersten Gesichter, die ich im Publikum entdeckte, waren die von Bella und Zippora. Sie saßen nebeneinander in der ersten Reihe, jubelten mir zu und klatschten. Ihre Augen glänzten vor Begeisterung. Ich fing an, laut zu lachen. Meine Zuhörer waren einen Augenblick lang verwundert, denn dies war eine ernste Geschichte, keine lustige. Aber Lachen steckt an, und bald lachten alle. Nie zuvor hatte ich ein Publikum so zum Lachen gebracht. Ach, ich muß wieder lachen …« Reuben kicherte in sein Taschentuch und wischte den Schweiß von seiner hohen faltigen Stirn. »Ich könnte ein Buch darüber schreiben«, sagte er, »aber ich habe keine Lust mehr zu dem Beruf dieser schmutzigen Schmierfinken.«

»Was wurde aus Bella?« fragte ich.

Augenblicklich wurde Reuben ernst. »Sie ist gestorben. Nein, kein Selbstmord – nicht wirklich. Sie brachte sich langsam um. Sie bekam Gelbsucht. Sie ruinierte ihre Nieren, ihre Leber. Alles. Ich werde nie verstehen, daß sie so lange durchgehalten hat.«

»Und was ist mit Zippora?«

»Sie ist immer noch Bibliothekarin, soviel ich weiß. Von Zeit zu Zeit kam sie nach Warschau, und dann rief sie mich an. Sie begann jeden Anruf mit den Worten: ›Hier ist die Frau, die Sie geohrfeigt haben.‹ Sie bat mich immer um einen kleinen Gefallen – sie wollte meine Meinung über ein Buch, oder ein paar Gratisbilletts für eine Lesung, oder ein Autogramm. Ich habe ihr jeden Gefallen getan. Sie blieb Bellas Freundin in all den Jahren ihrer Krankheit. Sie besuchte sie immer, wenn sie in Warschau war. Sie schickte ihr kleine Geschenke zum Geburtstag und zu anderen Gelegenheiten. Oft bat sie mich, doch wieder in dem Dorf zu lesen. Ich konnte einfach nicht mehr dorthin gehen. Aber ich versprach es immer. Ich sagte zu ihr am Telefon: ›Ja, meine Liebe, ich werde kommen, und ich schwöre Ihnen bei allem, was mir heilig ist, daß ich Sie diesmal nicht ohrfeigen werde. Im Gegenteil – ich werde Sie küssen, wenn Sie es mir erlauben.‹ Und sie pflegte zu sagen: ›Sie hatten ja keine Wahl. Es war meine Schuld. In Wirklichkeit hat das, was Sie getan haben, ein geheimes Band zwischen uns geschaffen.‹ Sie hat mich schon lange nicht mehr angerufen. Ich hoffe, es geht ihr gut.«

»War sie je verheiratet?« fragte ich.

Reuben schüttelte den Kopf. »Nie. Manchmal denke ich, was sich zwischen uns ereignete, war die engste Berührung, die sie jemals mit einem Mann gehabt hat.«

DAS INTERVIEW

Ich bin in meinem Leben einer Reihe weiblicher Rebellen begegnet, aber die erste hat sich meinem Gedächtnis besonders eingeprägt. Ich war erst neunzehn Jahre alt und Korrektor des jiddischen literarischen Magazins ›Literarische Bleter‹. Der Redakteur schickte mich zu einem wichtigen Besucher Warschaus, dem alten Philosophen, Essayisten und Ästheten Dr. Gabriel Levantes, um ihn zu interviewen. Er hatte über zwanzig Jahre in Berlin gelebt, wo er Mitherausgeber einer jüdischen Enzyklopädie gewesen war. Ich hatte vor einigen Tagen Gelegenheit gehabt, ihn im Schriftsteller-Klub zu beobachten. Er war klein und gebeugt, mit für seine Größe zu breiten Schultern, und sein Bauch stand vor wie der Leib einer Schwangeren. Er hatte einen enormen weißen Haarschopf. Bart und Schnurrbart waren auch weiß. Nur in seinen buschigen Brauen waren ein paar schwarze Haare zu sehen. Darunter spähten schwarze durchdringende Augen wie die eines Igels hervor. Er trug eine Pelerine, die bis zu den Füßen reichte, und einen breitkrempigen Plüschhut. In einer Warschauer jiddischen Zeitung hieß es über ihn, daß niemand ihn je ohne Schirm oder ohne Zigarre im Mund gesehen habe. Man witzelte über ihn, daß er sogar mit der Zigarre zwischen den Lippen schlafe.

Dieses Interview war mein erster Versuch im Journalismus, und ich hatte mich schon tagelang damit beschäftigt. Am Abend vorher konnte ich kaum schlafen. Gegen elf Uhr vormittags rief ich im Hotel Bristol an, in dem Dr. Levantes abgestiegen war. Er schien sehr schwerhörig zu sein, denn ich mußte jedes Wort dreimal wiederholen. Er schrie mit mir, als sei ich der Taube: »Junger Mann, kommen Sie pünktlich um vier Uhr – nicht eine Sekunde später.«

Um drei Uhr fünfzehn begab ich mich von meinem Zimmer in der Nowolipkistraße zum Hotel Bristol, wo ich um zwölf Minuten vor vier ankam. Draußen war es kalt, und jetzt begann es zu schneien, fein und stachlig wie mit Nadeln. Ich lief vor dem Eingang auf und ab, um nicht, Gott behüte, zu früh anzukommen. Mein Wintermantel hatte sein wattiertes Futter verloren, und ich zitterte vor Kälte. In der Eile und aus Angst, zu spät zu kommen, hatte ich meinen Schal und meine Gummistiefel vergessen. Der Hotelportier, in einer Uniform mit goldenen Knöpfen und den Schulterstücken eines Generals, sah mich mißtrauisch von oben bis unten an. Droschken und sogar einige Taxis, die zu der Zeit noch eine Seltenheit waren, hielten vor dem Hotel. Der stürmische Wintertag war kurz, und die Straßenlaternen wurden früh angezündet. Der Himmel reflektierte den violetten Schein eines unvollendeten Sonnenuntergangs. Ich sah dauernd auf meine Armbanduhr, die beschlagen war. Drei Minuten vor vier versuchte ich das Hotel zu betreten, aber der Portier hielt mich mit seiner weiß behandschuhten Hand zurück. »He, Sie da, wohin wollen Sie denn?«

»Zu Dr. Levantes.«

»Ich glaube, eine Dame ist bei ihm.«

Nach einigem Zögern gab mir der Portier die Erlaubnis, Dr. Levantes zu besuchen, aber ich mußte vier Treppen hinaufgehen, da ich den Lift nicht benutzen durfte, der für wichtigere Besucher reserviert war. Der Portier hieß mich meine Schuhe abputzen, um den Teppich auf den Marmorstufen nicht zu beschmutzen.

Punkt vier Uhr läutete ich, und Dr. Levantes öffnete die Tür. Er trug einen langen Morgenrock mit geflochtenem Gürtel und riesige Hausschuhe. Ich erblickte sofort die Frau, von der der Portier gesprochen hatte. Sie saß auf dem Sofa gegenüber dem Schreibtisch von Dr. Levantes und trug einen kurzen, knielangen Rock nach der gängigen Mode. Sie schien mir Ende Dreißig zu sein, vielleicht sogar vierzig. Sie hatte einen Hut auf, der einem umgekehrten Topf ähnelte, und trug Stiefel, die bis zu ihren kräftigen Waden reichten. Sie war nicht geschminkt, und ich glaubte auf ihren hohen Backenknochen Pockennarben zu sehen. Sie hielt eine ausgegangene Zigarette zwischen den Fingern der rechten Hand.

Dr. Levantes führte mich zum Sofa, und er selbst setzte sich auf einen Plüschstuhl, so daß er uns beide sehen konnte. Am Rande seines Schreibtischs bemerkte ich ein schmales, ungebundenes Buch, eine Broschüre. Ich konnte den Titel und Namen des Autors auf der ersten Seite lesen: ›Die nackte Wahrheit‹, von Machla Krumbein. Dr. Levantes hob die Broschüre mit Daumen und Zeigefinger auf, sah sie kurz an und legte sie geziert wieder hin.

Er sagte zu mir: »Sie müssen ein wenig warten mit Ihrem Interview. Diese Frau kam unangemeldet zu mir. Sie hält sich für eine Dichterin.« Er wandte sich der Frau zu. »Wo, haben Sie gesagt, kommen Sie her?«

Die Frau erwähnte den Namen eines Dorfes.

»Wo ist dieses gottverlassene Schtetl?« fragte Dr. Levantes. »Meine liebe Dame«, sagte er ärgerlich, »dieser junge Mann ist das Kind einer Mutter, wahrscheinlich ein ehemaliger Jeschiwaschüler, gerade aus dem Ei gekrochen, und ich will ihn nicht verderben, indem ich ihm von Ihrer Art Dichtung spreche. Ich sehe bereits, wie Sie vorgehen. Kunst ist so heilig, daß in ihrem Namen alles koscher ist, sogar Schweinshaxe in Talg gekocht. Lassen Sie mich ganz klar und deutlich sagen: Pornographie ist nicht Literatur. Der Sinn der Literatur ist, den Geist zu erhöhen, dem Leser nahezubringen, was schön und erhaben ist, und nicht seine niedrigsten Instinkte wachzurufen. Ich weiß, seit dem letzten Krieg gibt es eine neue Richtung in der Literatur – in Deutschland, Frankreich und besonders in Rußland, unter den Bolschewiken. Sie haben alles auf den Kopf gestellt. Das Böse ist gut, häßlich ist schön, krumm ist gerade. Wir haben in Berlin einen gewissen Rilke, der seine Gedichte in einem Sack herumträgt wie ein Hausierer. Man kann kein Wort verstehen von dem, was diese Dichter schreiben. Ihr Slogan ist ›Zurück zum Chaos‹, aber ich bin zu alt dafür und dieser junge Mann zu jung. Da gibt es in Rußland einen Verrückten, einen gewissen Majakowski, der hat ein Gedicht über eine Wolke in Hosen geschrieben, und der wird mit großer Bewunderung zitiert. Wie kann eine Wolke Hosen tragen, wenn sie aus lauter Dampf besteht? Sie könnte genausogut Gamaschen und einen Pelzmantel tragen. Einige dieser sogenannten Dichter sind Juden. Wie heißt diese verrückte Frau? Irgend etwas wie Lasker. Nun, ich kann noch verstehen, daß all dies in Berlin oder Paris – sogar noch in Petersburg, Petrograd, oder wie immer das jetzt heißt, stattfindet. An diesen Orten wimmelte es immer von Futuristen, Dadaisten und

Nihilisten – alle Arten von ›isten‹. Aber wie ist es möglich, daß eine Frau aus einem anständigen jüdischen Dorf so eine widerwärtige Sprache benutzt? Versuchen Sie die Irren von Sodom und Gomorrha zu imitieren?«

»Ich versuche niemanden zu imitieren«, sagte die Frau mit fast männlicher Stimme. »Aber da alle menschlichen Wesen, ohne Ausnahme, von der Wiege bis zum Grabe an sexuelle Beziehungen denken, wie kann da die Dichtung dieses Thema ignorieren?«

»Alle menschlichen Wesen?« rief Dr. Levantes aus. »Ich denke nicht einmal eine Stunde in der Woche daran. Ebensowenig mein großer Freund Professor Hermann Cohen. Wenn sich das menschliche Gehirn immerfort mit wollüstigen Gedanken beschäftigen würde, dann würden die Menschen sich noch heute wie die Affen bewegen und in Höhlen leben. Da gibt es in Wien einen gewissen Dr. Freud, ein halber Scharlatan und ein ausgewachsener Dilettant, und der versucht uns davon zu überzeugen, daß wir alle eine Bande von Sexbesessenen sind. Er versucht, der Newton des menschlichen Verhaltens zu werden. Er hat einen ganzen Klüngel von Anhängern. Darf ich Ihnen eine persönliche Frage stellen?«

»Ja, Doktor, natürlich«, sagte die Frau.

»Haben Sie einen Mann, oder sind Sie unverheiratet?«

»Ich hatte einen.«

»Was ist aus ihm geworden?«

»Wir sind geschieden.«

»Darf ich fragen, warum Sie geschieden sind?«

»Sie dürfen alles fragen. Ich habe ihn verlassen, weil er mich nicht befriedigen konnte. Bevor er noch guten Abend gesagt hatte, war es bereits gute Nacht. Er war so schnell wie ein Kaninchen.«

So jung ich war, verstand ich doch, was sie meinte, und ich errötete. Ich hatte bereits Professor Forels Buch über die sexuelle Frage gelesen, und ich glaube, ich hatte sogar Kenntnis von Krafft-Ebing. Dr. Levantes fing an, zu knurren und zu husten. Er zog ein großes Taschentuch aus der Tasche und spuckte hinein.

Die Frau stand auf. »Dr. Levantes«, sagte sie, »in der Zeitung stand ein Artikel über Sie, und der Verfasser nannte Sie einen unabhängigen Denker. Deshalb bin ich zu Ihnen gekommen. Aber ich sehe, daß Sie die Voreingenommenheit aller Fanatiker besitzen. Wahrscheinlich danken Sie Gott jeden Tag dafür, daß er Sie nicht als Frau erschaffen hat. Lassen Sie mich Ihnen sagen, Herr Doktor, Sie haben viele Bücher studiert, aber ich habe das Leben studiert. Im Krieg war unser Dorf von Österreichern besetzt, und sie brachten uns erst die Cholera und dann eine Hungersnot. Viele Mädchen und junge Frauen wurden Schmuggler. Sie packten Fleisch um ihren Körper, unter den Kleidern, und schmuggelten es in das ehemalige Galizien. Auf dem Rückweg schmuggelten sie Tabak und andere Sachen, die sie in ihrer Unterwäsche versteckten. In der Nähe der Grenze lagen Gendarmen, Finanzer genannt, auf der Lauer. Wenn sie eine dieser Frauen erwischten, zwangen sie sie, sich auszuziehen, und machten mit ihr, was sie wollten. Ich kann Ihnen sagen, Herr Doktor, eine Tatsache –«

»Ich will es nicht hören, ich will es nicht hören!« schrie Dr. Levantes. »Wenn Sie mir erzählen wollen, daß die meisten Menschen noch Tiere sind, da werde ich Ihnen zustimmen, aber Gedichte werden für die besseren menschlichen Wesen geschrieben, nicht für den Pöbel.«

»Ihre besseren menschlichen Wesen sind genauso an sexuellen Dingen interessiert wie der Pöbel«, sagte die Frau. »All das, was Sie, Herr Doktor, Kultur nennen, hat damit zu tun. Was ist das Theater? Was malen die Maler? Was bildhauern die Bildhauer? Brüste, Bäuche, Hinterteile. Lassen Sie diesem jungen Mann die Wahl zwischen dem wunderbarsten Buch und einer wollüstigen Frau, da werden Sie sehen, was er wählen wird.«

»Bitte gehen Sie!« schrie Dr. Levantes.

Es war so dunkel geworden, daß das Gesicht der Frau sich in ein Bündel von Schatten verwandelt hatte. Nur ihre Augen glänzten in dem winterlichen Zwielicht. Ich wollte sagen, daß ich eher das Buch wählen würde als die Frau – vielleicht Dr. Levantes zu Gefallen –, aber meine Kehle war ganz ausgetrocknet, und ich begann zu schwitzen. Die Frau tat ein paar Schritte rückwärts und zögerte. Plötzlich lief sie auf mich zu und ergriff mein Handgelenk mit solcher Kraft, daß ich fast aufschrie vor Schmerz. »Ich werde unten auf Sie warten«, flüsterte sie und küßte mich hinter dem Ohr. Sie warf die Tür mit solcher Gewalt zu, daß die Fensterscheiben klirrten.

Dr. Levantes rief hinter ihr her: »Hure! Dirne! Miststück!« Er zitterte und sagte keuchend: »Ich erkenne meine polnischen Juden nicht mehr!«

Ich hatte eine lange Liste von Fragen für Dr. Levantes aufgeschrieben, aber schon auf die erste Frage antwortete er mit einer langen Rede. Er blies den Rauch seiner Zigarre direkt in mein Gesicht und sprach von vielen Dingen gleichzeitig – von Spenglers ›Untergang des Abendlandes‹, Bergsons ›Schöpferische Entwicklung‹, von der Balfour-Deklaration, der Bolschewistischen Revolution, sogar von Einsteins Relativitätstheorie. Wieder und wieder griff er Freud an. Obwohl der Dampf in der Zentralheizung zischte, bildeten sich auf den Fensterscheiben Eisblumen. Ich schrieb die klugen Worte von Dr. Levantes so schnell ich konnte auf, aber mein Gehirn beschäftigte sich nur mit einem Gedanken: Würde Machla Krumbein wirklich auf mich warten? Es war zu kalt, um draußen zu warten. Als ob Dr. Levantes gespürt hätte, daß ich an sie dachte, versuchte er ihre Argumente zu widerlegen. Er verglich die »menschlichen Affekte«, wie Spinoza sie genannt hatte, mit einem Vulkanausbruch. Man mußte die glühende Lava vermeiden, nicht versuchen, darin zu schwimmen. »Es gibt nur eine Frage«, sagte er. »Warum hat Gott oder die Natur den Homo sapiens mit einem derartigen Überfluß an Gefühlen ausgestattet? Was ist ihre biologische Funktion? Weder Plato noch Spinoza, noch Schopenhauer haben darauf eine Antwort gefunden.«

Es waren schon zwei Stunden vergangen, und Dr. Levantes versprühte noch immer seine Gelehrsamkeit. Das Zimmer füllte sich mit dem Rauch seiner Zigarrenringe. Ich bildete mir ein, daß der Rauch nicht nur aus dem Mund von Dr. Levantes kam und aus seinen Nasenlöchern, sondern auch aus seinen behaarten Ohren, seinem Bart und sogar seiner Weste, als ob er innerlich verbrenne. Als ich schließlich ging, zitterten meine Knie, und mir war schwindlig. Ich öffnete die Tür zur Straße und atmete die kalte Luft ein, und da war Machla Krumbein. Sie stand an dem Schaufenster eines Ladens, das von kleinen Gasflammen erwärmt wurde, um das Zufrieren zu vermeiden. Ich berührte ihre Schulter, und sie fuhr zusammen. Ich fragte sie, ob sie die ganze Zeit über dort draußen gewartet hatte.

Ihr Gesicht war weiß von der Kälte, aber ihre Augen strahlten freudig wie die eines jungen Mädchens. »Was macht das?« sagte sie. »Ich bin die Kälte wie auch das Warten gewohnt. Ich habe Tag und Nacht Sachen geschmuggelt, auch wenn sibirische Kälte herrschte. Warum hat das Interview so lange gedauert? Gehen wir irgendwohin. Ich bin ein Eisblock.«

»Warum haben Sie nicht in der Halle gewartet?«

»Der Portier hat mich hinausgejagt. Ihm gefiel wahrscheinlich nicht, wie ich angezogen bin. Ein armer Teufel schnauzt einen anderen an. Haben Sie etwas Geld bei sich? Ich besitze keinen Pfennig.«

Sie hängte sich zwanglos bei mir ein. Die Restaurants und Cafés in dieser wohlhabenden Nachbarschaft waren nichts für unsereinen. Wir gingen in die Richtung der Senatorskastraße und von dort in das jüdische Viertel. Machla redete die ganze Zeit. »Was war denn das für ein Interview? Wo soll es denn veröffentlicht werden? Ich bin in den Schriftsteller-Klub gegangen, aber die Empfangsdame ließ mich nicht hinein. Wenn die gesehen hätten, was ich schreibe, hätten sie mich aus dem Fenster geworfen. Wie war doch Ihr Name? Ich habe ihn noch nie gedruckt gesehen. Ich mußte mein kleines Buch selbst bezahlen. Deshalb bin ich jetzt pleite. Was schreiben Sie denn?«

»Ich möchte Geschichten schreiben.«

»Geschichten? Werden Sie wenigstens die Wahrheit sagen, oder werden Sie alles beschönigen und verniedlichen, wie es die anderen Lügner tun? Sie sehen noch wie ein ehrlicher Mensch aus, aber wenn die Schmierfinken Sie in ihre Gesellschaft aufnehmen, dann werden Sie genauso ein Betrüger werden wie sie.«

»Was nennen Sie denn die Wahrheit?«

»Die nackte Wahrheit. Als mich diese österreichischen Gendarmen zwangen, mich auszuziehen, dachte ich, ich müßte vor Scham sterben. Aber wenn man etwas tun muß, dann tut man es. Gott sei Dank, daß es Sommer war und nicht Winter. Sie machten mit mir, was sie wollten – vier Männer, einer immer kräftiger als der andere. Dann spuckten sie mich an und gingen, als sei nichts geschehen. Ich lag da und weinte lange, bis mir einfiel, daß, was geschehen war, alles in allem keine große Katastrophe war. Damals wurde mir zum erstenmal klar, daß Frauen dafür geschaffen sind.«

»Um vergewaltigt zu werden?«

»Ja.«

Ihre Worte machten mich schaudern. Wir kamen zu einem kleinen Café, vor dem das Bild einer Kuh hing zum Zeichen, daß sie Milchprodukte servierten. Obwohl ich damals noch nicht Vegetarier war, aß ich dort öfter, weil es billig war. Wir gingen hinein und nahmen am letzten freien Tisch Platz. Ich hatte etwas Geld bei mir. Die Besitzerin, eine ältere christliche Frau, brachte uns Buchweizen mit Milch, Brot, Hering und Kaffee mit Zichorie.

Obwohl ich mit Frauen sehr schüchtern war, machte mich Machla Krumbein, die alt genug aussah, um meine Mutter zu sein, und die wie eine Hure redete, wagemutig. »Was wäre geschehen, wenn die Gendarmen Sie geschwängert hätten?« fragte ich.

»Das konnte nicht passieren – ich kann keine Kinder bekommen. Ich habe sieben Jahre mit einem Mann gelebt und blieb unfruchtbar. Er taugte nichts, und nach einigen Jahren suchte ich mir Liebhaber.«

»Was für welche?«

»Was immer ich bekommen konnte – einen Juden, einen Nichtjuden, einen Kutscher. Einmal habe ich es mit einem Jungen, der noch nicht lange aus der Schule war, getrieben, er war so etwa zwölf Jahre alt. Ich hatte angefangen, Romane zu lesen, und mir war klargeworden, daß die Verfasser alle schamlose Lügner waren. Sie gingen immer wie die Katze um den heißen Brei herum und kamen nie zur Hauptsache. Sie schwatzten endlos von der Liebe. Es gibt keine Liebe. Das ist alles erfunden, ein Pferdemarkt im Himmel.«

»Ich selbst war einmal sterblich verliebt in ein Mädchen«, sagte ich. Ich konnte kaum mein Zittern unterdrücken.

»Sterblich verliebt, huhu. Und was geschah?«

»Nichts.«

»So hört jede Liebe auf. Liebe ist nichts anderes als eine in die Länge gezogene Krankheit. Ein Mann sollte sofort das bekommen, was er will, und nicht mit einem Haufen sentimentalen Gewäschs gefüttert werden. Haben Sie jetzt jemanden?«

»Nicht wirklich.«

»Wenn Sie wollen, können Sie mich haben heute abend. Alles, was wir brauchen, ist ein Bett.«

»Ich lebe in Untermiete.«

»Haben Sie ein eigenes Zimmer?«

»Ich muß durch ihr Wohnzimmer gehen. Dort ist ein Mädchen, und wir beide –«

»Sind Sie verliebt in sie?«

»Wir lesen gemeinsam Bücher.«

»Was für Bücher?«

»Verschiedene Themen – Biologie, Psychologie. Kürzlich haben wir Flammarion gelesen.«

»Wer ist das?«

»Ein französischer Astronom.«

»Ist Ihr Mädchen noch Jungfrau?«

»Ja, aber wir sprechen nie über solche Dinge.«

»Nehmen Sie mich mit«, sagte Machla Krumbein, »und ich werde deutlich mit ihr reden. Diese koscheren Jungfrauen haben vor mir ebensolche Angst wie der Teufel vor dem Weihwasser.«

»Das kann ich nicht tun.«

»In dem Fall sind Sie kein Mann, sondern ein Schaf. Ich würde Sie mit zu mir nehmen, aber ich wohne bei einer alten Tante, und sie hat nur ein Zimmer und ein Bett. Sie ist so fromm wie eine Rebbezin. Die ganze Nacht hindurch stöhnt sie und murmelt heilige Worte. Sie läßt mich nicht schlafen. Ihr Mann, mein Onkel Nahum, ist vor zweiundzwanzig Jahren gestorben, und sie hat nie einen anderen Mann angerührt – sie ist meinem Onkel noch immer treu. Das haben die Lügner und Bigotten den Frauen eingeredet.«

Ich wollte ihr antworten, aber meine Kehle war wie zugeschnürt. Sie nahm eine Broschüre aus ihrer Handtasche und sagte: »Hier, lesen Sie das. Das ist mein Buch ›Die nackte Wahrheit‹.«

Es waren zweiunddreißig Seiten Gedichte, jede Zeile hatte nicht mehr als vier oder fünf Worte. Ich brauchte etwa fünfzehn Minuten, um es durchzulesen. Ich hatte nie zuvor solche Obszönitäten gelesen. Ich wußte nicht, was stärker in mir war, meine Begierde oder mein Ekel. Ich warf einen Blick auf die Verfasserin. Sie lächelte und entblößte zwei Reihen breiter, kräftiger Zähne. Sie fragte mich: »Haben Sie je so heiße Sachen gelesen?«

»Niemals.«

»Mein Vater war ein Cohen. In früheren Zeiten hätte man mich zum Scheiterhaufen verurteilt. So steht es im Pentateuch.«

»Ja.«

»Wenn Sie zehn Zlotys haben, können Sie mit mir in ein billiges Hotel gehen.«

»Da muß man einen Paß vorweisen. Ich habe keine zehn Zlotys, und außerdem muß ich noch unser Abendessen bezahlen.«

»Es gibt kleine Hotels, wo sie einen ohne Paß einlassen«, sagte sie. »Vielleicht können Sie irgendwo etwas Geld borgen.«

»Jetzt? Am Abend?«

Wir saßen schweigend da. Ich blickte mich nach den anderen Tischen um. An jedem Tisch saßen ein junger Mann und ein Mädchen. Sie unterhielten sich über die politische Lage in Polen, die Nachrichten aus Sowjetrußland, Palästina. Einige von ihnen kannte ich. Sie waren Kommunisten, Mitglieder der linken Organisation »Workers of Zion«, sogar ein Anarchist – ein Vegetarier. Machla Krumbein lachte und blinzelte mir zu. »Ich habe eine Idee«, sagte sie. »Leihen Sie sich etwas Geld von dem Mädchen, mit dem Sie Bücher lesen. Wenn das Interview erscheint, können Sie ihr das Geld zurückgeben.«

Ich wußte, daß das Unsinn war, aber ich stand auf und bezahlte die Rechnung. Wir gingen gemeinsam zur Nowolipkistraße und kamen zu dem Haus, in dem ich wohnte. Ich wußte, daß meine Ilka mit einer Freundin ins Kino gegangen war. Ihre Mutter konnte ich nicht um Geld bitten, da ich ihr schon drei Monate Miete schuldig war. Ich sagte das, und Machla Krumbein antwortete: »Alle Mächte sind heute gegen uns. Wenn dieser alte Narr Levantes nicht so ein Fanatiker wäre, könnten wir uns zu dritt vergnügen.«

»Mit diesem alten Mann?«

»Ich liebe alte Männer. Einige von ihnen sind schärfer als die Jungen. Ein Trio mit ihm und Ihnen hätte Spaß gemacht, aber es sollte nicht sein.«

»Glauben Sie an Gott?« fragte ich.

»Alles kommt von ihm.«

Wir standen am Tor meines Hauses, und Machla Krumbein sagte: »Vielleicht wird Ihr Mädchen bald vom Kino zurückkommen. Wenn ihnen der Film nicht gefällt, dann gehen diese Mädchen sofort. Ich habe schon lange aufgehört, ins Kino zu gehen – es langweilt mich tödlich. Ein Mann trifft ein Mädchen, und im Augenblick, in dem er sie küßt, ist er auf ewig in sie verliebt. Die Heldinnen sind alle unsagbar schön. Und die nicht schön sind, die kommen in diesen Phantasien gar nicht vor. Die Männer sind alle riesengroß und reich und scharf darauf, zu heiraten. Lügen, Lügen. In der ganzen Literatur habe ich nur einen Schriftsteller gefunden, der die Wahrheit schreibt – Strindberg. Er ist ins Jiddische übersetzt. Was er über uns Frauen sagt, ist wahr. In meinem Dorf habe ich nur Todfeinde. Sie verwünschen mich mit den gemeinsten Flüchen. Warum können Sie mich nicht mit in Ihr Zimmer nehmen? Wenn Sie dort wohnen, so haben Sie das Recht, Gäste mitzubringen.«

»Meine Vermieterin erlaubt es nicht. Einmal besuchte mich ein Mädchen, und die Alte befahl mir, die Tür offenzulassen.«

»Sie sind eifersüchtig, daran liegt es. Sie sind wie Hunde, die einen Heuhaufen beobachten: Sie können das Heu nicht selber fressen, und sie erlauben auch anderen nicht, es zu fressen. Wie soll ich nur mein Buch verkaufen? Der Drucker hat fünfhundert Exemplare hergestellt. Würde vielleicht eine Buchhandlung sie übernehmen?«

»Ich fürchte, keine Buchhandlung würde das tun.«

»Das heißt, daß ich auch in Warschau bereits exkommuniziert bin. Die Drucker in Lublin weigerten sich, es zu drucken, aber ich habe einen alten Junggesellen gefunden, und der wurde mein Verleger – natürlich anonym. Ich gab ihm, was ein

Mann will, und er wurde romantisch und tat alles für mich. Er hat mir sogar einen Heiratsantrag gemacht, aber ich will den Engel des Todes heiraten.«

»Warum sagen Sie das? Sie sind noch jung.«

»Nicht ganz so jung.«

»Was tun Sie in dem Dorf?« fragte ich sie.

»Ich bin Schneiderin. Die Frauen wollen mir keine Arbeit geben, aber die Männer kommen zu mir und lassen mich Maß nehmen für ihre Hemden und Unterwäsche. Während ich Maß nehme, kitzele ich sie. Ach, ich muß lachen.«

»Was ist so komisch?«

»Diese Heuchler! Vor einigen Tagen wurde ich vierzig, und ich beschloß, noch fünf Jahre zu leben, nicht einen Tag länger. Aber für diese fünf Jahre habe ich mir vorgenommen, allen meinen Launen nachzugeben. Frauen wie ich sollten nicht alt werden. Der Vorsteher der Beerdigungsgesellschaft hat mir gesagt, wenn ich sterbe, wird er mich hinter dem Zaun, bei den Selbstmördern und Huren, begraben, und ich habe ihm gesagt, daß, was mich angeht, er mich in Stücke schneiden und den Hunden vorwerfen kann. Alles, was in den heiligen Büchern geschrieben steht, ist Unsinn. Es gibt einen Gott, aber er hat nie das Rote Meer zerteilt. Es hat nie die Tora gegeben. Moses hat das alles aus seinem Kopf geschrieben. Er hat sich selbst mit einer schwarzen Frau vergnügt. Wann wird das Tor hier geschlossen?«

»Vielleicht schon bald.«

Kaum hatte ich diese Worte ausgesprochen, als der Hausmeister mit dem großen Schlüssel und mit seinem alten hinkenden Hund aus seinem Verschlag trat. Er sah uns beide ärgerlich an und fragte: »Wollen Sie beide hinein oder heraus? Ich schließe.«

Machla Krumbein gab mir ihre Adresse. Sie küßte mich auf den Mund. Sie biß mich sogar. Der Hausmeister warf das Tor vor ihr zu, und anstatt die dunkle Treppe hinaufzugehen, ging ich zum Abfallkübel im Hof und wischte meinen Mund mit dem Taschentuch ab. Im Licht der einzigen Birne, die über dem Eingang brannte, sah ich Blut.

Jemand läutete, und der Hausmeister öffnete das Tor. Es war Ilka – klein, mit krausem Haar, das so struppig wie das eines Schafes war. Ilkas Vater war in der Typhusepidemie gestorben. Ihre Mutter verkaufte getragene Kleider im Basar am Karcelak-Platz. Ilka hatte das Gymnasium besucht, war aber beim Schlußexamen durchgefallen. Kürzlich hatten wir zusammen ein Buch mit dem Titel ›Das Leben einer Amöbe‹ gelesen. Wir sprachen oft von Chromosomen, Zentrosomen und Zellplasma. Ich stand auf der Seite der Vitalisten und Ilka auf der der Mechanisten. Wir hatten auch Bucharins Arbeit über den historischen Materialismus und Otto Weiningers ›Geschlecht und Charakter‹ diskutiert. Als Ilka den Hof betrat und mich am Abfallkübel stehen sah, fragte sie: »Warum stehst du hier im Dunkeln? Hast du das Interview gehabt?«

»Ja.«

»Was hat er gesagt?« fragte sie.

»Er hat gesagt, daß Mädchen nicht dafür geschaffen sind, über Amöben zu lesen, sondern um mit Männern zu schlafen«, sagte ich und war erstaunt über meine eigenen Worte.

Ilka schien noch verblüffter zu sein als ich. Wir standen beide sprachlos da. Dann hörte ich sie sagen: »Wenigstens hast du den Mut gefunden, die Wahrheit zu sagen. Eine Frau ist für dich nichts anderes als ein Stück Fleisch. Ist das richtig?«

»Ja, ganz richtig.«

»In dem Fall müssen wir unsere Beziehungen beenden.«

»Wenn du meinst.«

»Was hat es für einen Sinn, hier am Abfallkübel zu stehen? Laß uns hinaufgehen.«

Wir gingen die dunklen Stufen bis zum ersten Treppenabsatz hinauf und hielten an. Ich umarmte Ilka, und sie wehrte sich nicht. Ich küßte sie, und sie küßte mich. Ich spürte ihr glühendes Gesicht. Sie stieß mich zurück und sagte: »Du bist ein Schwein wie alle anderen Männer.«

»Das bin ich.«

»Du hast mich bitter enttäuscht.«

Wir stiegen noch eine Treppe hinauf, hielten wieder an und küßten uns. Hinter einer Tür schrie ein Baby, und ich hörte die Mutter ein Wiegenlied singen, das wie ein Klagelied klang.

»Was für ein Abend«, sagte Ilka. »Erst ein scheußlicher Film, der mir den Magen umdrehte, dann dein merkwürdiges Verhalten. Manchmal glaube ich, daß der Tod der einzige Ausweg ist.«

»Ja, laß uns zusammen sterben, aber bevor wir sterben, laß uns all unseren Wünschen nachgeben.«

»Warum willst du mit mir sterben?« fragte Ilka. »Da du mich nicht liebst.«

»Liebe gibt es nicht«, verkündete ich.

»Was gibt es denn?«

»Nur Begierde.«

»Du tötest alles.«

Wir klopften an unserer Tür, und Ilkas Mutter öffnete. Sie schrie mich an: »Wer hat Ihren Mund blutig geschlagen?« Sie klatschte in die Hände und brüllte: »Deiner auch, Ilka! Weh mir und meinem elenden Leben.«

Ilka lief ins Badezimmer. Ich rannte in mein Zimmer. Gewöhnlich tranken wir Tee und aßen Brot mit Marmelade, bevor wir schlafen gingen. Jetzt warf ich mich in den Kleidern aufs Bett. Von der anderen Seite der Tür konnte ich die keifenden Worte der alten Frau hören, und Ilkas Antwort: »Laß mich in Ruhe. Langweile mich nicht. Sei ruhig.«

Die Tür ging plötzlich auf, und die alte Frau streckte ihren Kopf herein. Sie hatte ihre Perücke abgenommen und ihren rasierten Kopf mit einem Tuch bedeckt. Sie hatte bereits ihre falschen Zähne herausgenommen und in ein Wasserglas gelegt, so daß ihr Mund eingefallen war. »Bitte seien Sie so gut und räumen Sie morgen unverzüglich das Zimmer«, sagte sie.

»Ja, ich werde es tun.«

»Und bezahlen Sie, was Sie mir schulden.«

»Nicht, ehe das Interview bezahlt worden ist.«

»Sie wildes Tier!« Sie spuckte aus und schlug die Tür zu.

Ich machte die Gasbeleuchtung aus und lag still im Dunkeln. Ich konnte noch immer das Nörgeln der Mutter und die ärgerlichen Antworten der Tochter hören. Ich fiel in einen tiefen Schlaf. Mitten in der Nacht berührte mich jemand an der Schulter. Ich wachte auf, und es war Ilka. Sie murmelte: »Hier ist dein Stückchen Fleisch.«

Ich streckte meine Hand aus, um sie an mich zu ziehen, aber sie wehrte sich. Ich küßte sie und schwor ewige Liebe, und sie sagte: »Schamloser Lügner.«

Etwa fünfzig Jahre waren vergangen, und ich hatte den Namen Machla Krumbein nie wieder gehört, weder in Warschau noch in New York, wo ich seit meiner Emigration nach Amerika lebte. Ich suchte ihr kleines Buch in jiddischen Bibliotheken und Bibliographien, aber sowohl die Verfasserin wie das Buch waren, ohne eine Spur zu hinterlassen, verschwunden. Wann immer ich jemanden aus ihrer Gegend traf, fragte ich, ob er je von ihr gehört habe, und die Antwort war immer nein. Ich begann daran zu zweifeln, daß diese Episode je stattgefunden hatte.

Ich wußte aus Erfahrung, daß gewisse Ereignisse, von deren Realität ich überzeugt war, sich später als Träume oder Phantasien erwiesen hatten. Jahrelang hatte ich geträumt, in Sibirien zu sein. Ich sah sibirische Städte und Wälder vor mir. Ich reiste durch die sibirische Taiga und Tundra. Wenn ich in der Nacht aufwachte, dann war ich davon überzeugt, daß ich wirklich dort gewesen war, aber nach einigem Überlegen und Nachdenken wurde mir klar, daß ich nicht dort gewesen sein konnte, es sei denn in einer früheren Reinkarnation. Vielleicht war meine Begegnung mit Machla Krumbein auch diese Art von Erfindung.

Im Jahr 1974 war ich eingeladen, in Oxford an der Universität zu sprechen. Am Tag nach dem Vortrag machte der Bibliothekar der jüdischen Abteilung mit mir eine Tour durch die Abteilung der alten hebräischen und jiddischen Bücher und Manuskripte in der Bodleian Library. Ich fand eine Anzahl kleiner Geschichtenbücher, die ich als Kind gelesen und von denen ich angenommen hatte, daß sie die Vernichtung nicht überlebt hätten. Ich erkannte die verblichenen Umschläge wieder, die Typographie, sogar die Druckfehler auf den dünnen abgenutzten Seiten. Plötzlich fiel mein Blick auf ein kleines Buch, das auf einem Metallgestell lag und keinen Bibliotheksstempel trug, ohne Einband – ein ungebundener Rest eines Buches, das auch nicht katalogisiert worden war. Großer Gott, ich sah den Namen Machla Krumbein und den Titel ›Die nackte Wahrheit‹. Als ich es in die Hand nahm, zerfiel es zwischen meinen Fingern. Der Bibliothekar war ans Telefon gerufen worden, und in etwa zehn Minuten las ich das Buch von Anfang bis Ende. Nein, es war kein Traum und auch keine Illusion. Hier war es, mit seinen schiefen Zeilen, provinzlerischen Ausdrücken und seinem dilettantischen Stil. Wiederum verwirrte es mich und setzte meine Phantasie mit der gleichen unheimlichen Kraft in Brand wie damals an jenem Winterabend in dem kleinen vegetarischen Restaurant. Jedes Gedicht zeugte von der Sinnenlust einer Frau, die nichts von literarischen Konventionen wußte und sich nicht darum kümmerte. Diese Dorfschneiderin hatte sich gewünscht, daß alle weiblichen Wesen in einer biologischen Katastrophe umkommen würden und sie, Machla Krumbein, als einzige Frau in der ganzen Welt übrigbleiben würde. Alle Männer würden dann in langen Reihen anstehen, von Spanien bis Wladiwostok, von Alaska bis zur Antarktis, und sie würde sich mit jedem einzelnen vereinigen – jung und alt, Chinesen und Türken, Zulus und Pygmäen, Leprakranken und Perversen, Mördern und Geisteskranken. Nein, Machla war keine Idealistin. Sie wollte alle Männer für sich allein.

Aus irgendeinem Grund trödelte der Bibliothekar am Telefon, und ich las das Büchlein von vorn nach hinten und von hinten nach vorn. Ich kann mich nicht erinnern, daß der Bibliothekar zurückgekommen oder daß ich zu dem Wagen gegangen wäre, der mich abholen sollte. Während all der Jahre war ich überzeugt gewesen, daß Machla Krumbein und ihre Bücher, wenn sie wirklich existiert haben sollten, in Treblinka, Majdanek, in einem der Gettos oder Konzentrationslager verbrannt worden waren. Aber ein letztes Exemplar war übriggeblieben, damit ich es lesen und würdigen sollte vor dem endgültigen Vergessen. Hatte ein freundlicher Geist, ein Kobold oder ein Teufelchen, es wunderbarerweise wiederhergestellt und mir hier von einem Aschenberg zugeführt?

DIE SCHEIDUNG

Viele Ehescheidungen wurden im »Hof« meines Vaters verhandelt. Der »Hof« war nichts anderes als unser Wohnraum, in dem mein Vater seine religiösen Bücher aufhob und den Schrein für die Torarollen. Als Sohn des Rabbiners ließ ich mir keine Gelegenheit entgehen zuzuhören, wenn die Kläger ihren Fall vorbrachten. Warum entschlossen sich ein Mann und eine Frau, Eltern von Kindern, plötzlich dazu, sich wie Fremde zu benehmen? Ich erhielt selten eine zufriedenstellende Antwort.

Mein Vater fing keine Ehescheidung an, ehe er nicht mit allen Kräften versucht hatte, Frieden zwischen dem Paar zu stiften. Er rief auch immer meine Mutter, die Rebbezin, zu Hilfe. Das Paar sprach oft erst mit ihr und dann mit meinem Vater. In fast allen Fällen zitierte mein Vater einen Spruch aus dem Talmud, der besagte, daß, wenn ein Mann sich von seiner ersten Frau scheiden läßt, sogar der Altar im Tempel Tränen vergießt. Als ich ein Junge war, waren der Heilige Tempel und der Altar schon vor über zweitausend Jahren zerstört worden. Dennoch waren in unserer Wohnung in der Krochmalnastraße 10 der Tempel, der Altar, die Priester und die Opfer gegenwärtiger als die Nachrichten in der täglichen jiddischen Zeitung. Als mein Vater einmal von dem tränenvergießenden Altar sprach, rief die Frau, die die Scheidung verlangte, aus: »Mein lieber Rabbi, wenn der Altar wüßte, was ich unter diesem Tyrannen zu leiden hatte, dann würde er Tag und Nacht weinen.«

Diesmal war das Paar, das zu uns kam, nicht aus unserer, sondern aus der Twardastraße. Sie hatten ein Geschäft in einem Basar, der Ulrichs Hof hieß. Keiner von den beiden schien über dreißig zu sein. Der Mann trug einen langen Kaftan, ein kleines Käppchen und ein Hemd mit offenem Kragen ohne Krawatte. Unter seiner Weste waren die Fransen des rituellen Gewandes zu sehen. Er war ziemlich groß, mit langer Nase, einem gelblichen kleinen Bart und fast keinen Schläfenlocken. Auch seine Augen schienen mir gelb zu sein. Ich konnte sehen, daß er ein ordentlicher Mann war, nicht unbedingt ein Chassid oder Gelehrter. Er sagte, daß er ein Geschäft besitze, in dem Schnittwaren verkauft werden – billige Reste. Seine Frau schien aufgeklärter zu sein. Sie trug keine Perücke, aber bedeckte ihren Kopf mit einem Tuch, um den Rabbi nicht zu verletzen. Ihre Schuhe hatten hohe Absätze, ihr Rock ging bis zur Mitte der Waden und wurde von einem schwarzen Lackgürtel mit Metallschließe in der Taille zusammengehalten. Sie hatte große graue Augen, eine spitze Nase und einen breiten Mund. Sie schien mir mädchenhaft, stolz und aufgebracht darüber zu sein, daß sie mit ihren privaten Schwierigkeiten vor den Rabbi kommen mußte.

Als mein Vater fragte, warum sie zu ihm gekommen seien, sagte der junge Mann zu seiner Frau: »Da du mich vor den Rabbi gebracht hast, antworte du zuerst.«

»Rabbi, wir sind hierhergekommen, um geschieden zu werden«, sagte die Frau mit klarer und sicherer Stimme.

Im allgemeinen vermied mein Vater, eine Frau anzusehen, besonders wenn es eine verheiratete Frau war, um nicht auf sündige Gedanken zu kommen. Aber jetzt sah er sie einen Augenblick lang an. Mit der rechten Hand griff er an seinen roten Bart, und mit der linken berührte er ein großes Taschentuch, das auf dem Tisch lag. Wenn die Kläger das Tuch berührten, drückten sie damit ein schweigendes Einverständnis mit dem Spruch meines Vaters aus.

»Scheidung?« fragte er. »Wie lange seid Ihr verheiratet?«

»Über fünf Jahre«, antwortete der Mann. »Eine Woche nach Chanukka werden es genau sechs Jahre.«

»Eine Scheidung ist keine Kleinigkeit«, sagte mein Vater. »Man darf es nicht leichtnehmen. Der Talmud sagt, wenn ein Mann sich von seiner ersten Frau scheiden läßt, weint selbst der Altar Tränen.«

»Rabbi, ich weiß das alles, aber wir können nicht zusammenleben«, sagte die Frau in entschiedenem Ton.

»Habt Ihr Kinder?« fragte mein Vater.

»Drei schöne kleine Mädchen«, rief der Mann aus. »Die Älteste ist noch nicht vier.«

»Aus welchem Grund wollt Ihr die Scheidung?« fragte mein Vater.

Lange Zeit schwiegen Mann und Frau. Dann räusperte sich die Frau, als ob sie die Worte, die sie aussprechen wollte, lieber schlucken würde. »Rabbi, er ist ein Narr.«

Mein Vater zog die Brauen über seinen blauen Augen hoch. Er schien nicht weniger erstaunt über diese Antwort als ich. Nach einem Weilchen sagte er: »König Salomo, der weiseste aller Männer, behandelt in seinen Sprüchen Weisheit und Narrheit. Nach ihm ist nur der Sünder ein Narr. Nichts kann närrischer sein, als sich Gott und seinen Geboten zu widersetzen.

Im ersten Kapitel heißt es: ›Die Furcht des Herrn steht am Anfang. Die Ruchlosen verachten Weisheit und Zucht.‹ Ihr seht, die Ruchlosen sind die Narren. Aber Euer Mann sieht nicht ruchlos aus in meinen Augen, Gott behüte.«

Die gelblichen Augen des jungen Mannes lachten. »Rabbi, sie ist ruchlos.«

»Sagt das nicht«, warf ihm mein Vater vor. »Auch Ärger ist Narrheit. Derselbe König Salomo sagt: ›… denn Zorn ruhet im Herzen eines Narren.‹«

»Rabbi, es gibt auch gutmütige Narren«, sagte die Frau.

»Nein, Güte ist das Wesen der Weisheit«, antwortete mein Vater.

Mein Vater zitierte noch einige andere Stellen aus der Bibel wie auch aus dem Talmud. Der junge Mann mußte durch dies indirekte Lob ermutigt worden sein, denn er sagte: »Rabbi, sie wartet nur auf eine Gelegenheit, um mich zu beschimpfen. Kaum habe ich den Mund aufgemacht, um etwas zu sagen, so beschimpft sie mich schon. Sie stellt mich vor den Kunden bloß. Wenn ich sage, es ist Tag, sagt sie sofort, es ist Nacht. Wie kann man mit einer so scharfzüngigen Frau leben? Sie vergällt mir das Leben. Sie hat mich so lange gequält, daß unser Zusammensein nichts als Gehenna ist.«

»Sagtet Ihr, daß Ihr drei Kinder habt?« fragte mein Vater.

»Ja, Rabbi«, antwortete der Ehemann. »Eines schöner als das andere und alle süß wie Zucker. Nur sie anzuschauen erhebt einen schon. Aber wenn eine Frau ihren Mann beschimpft und ihn vor den Kindern beleidigt, dann fangen auch sie an, den Respekt zu verlieren. Was weiß ein Kind? Wenn ihre geliebte Mutter sagt, der Vater ist meschugge, dann wiederholen sie es.«

»Das ist unrecht. In der Gemara heißt es, daß eine tugendhafte Frau ihren Ehemann schätzt. Und in dem Gebet zum Sabbateingang, das alle Juden sprechen, heißt es: ›Sie tut ihm Liebes und kein Leides ihr Leben lang ... Sie tut ihren Mund auf mit Weisheit, und auf ihrer Zunge ist holdselige Lehre.‹«

»Rabbi, Ihr hört nur an, was er zu sagen hat«, beklagte sich die Frau. »Warum hört Ihr mich nicht an?«

»Ich werde Euch auch anhören«, versicherte mein Vater ihr. »Es ist meine Pflicht, beide Seiten zu hören. Bitte, laßt mich Eure hören.«

»Rabbi, er ist ein Dummkopf und ein Taugenichts. Er hat so viel Verstand in seinem Kopf wie ich in meinem linken Schuh. Wenn man ein Geschäft hat, dann muß man imstande sein zu erkennen, wer kommt, um zu kaufen, und wer nur herumsucht und Sachen anschaut und Unordnung macht. Es gibt viele solcher Kunden. Die gehen von Geschäft zu Geschäft, weil sie nichts anderes zu tun haben. Wenn ich eine von denen sehe, weiß ich sofort, daß sie nicht die Absicht hat, etwas zu kaufen, und ich werde sie schnell los. Aber dieser Dummkopf läßt sich auf eine lange Unterhaltung ein. Wenn ein richtiger Kunde hereinkommt, muß er warten, sich das dumme Geschwätz anhören, verliert die Geduld und geht. Wir haben ein paar Zeichen verabredet. Wenn eine solche ärgerliche Person hereinkommt, stecke ich den Kamm in meinem Haar auf, und das soll ein Zeichen für ihn sein, sich mit ihr nicht zu beschäftigen. Aber er merkt nie etwas. Es heißt, Frauen haben neun Maße des Redens, aber er hat achtzehn. Wenn eine Frau ihm erzählt, was für Matzeklöße sie vor drei Jahren zu Pessach gekocht hat, dann spricht er eine Stunde lang über den Nudelpudding seiner Tante Jachna. Wenn der Monatserste herankommt und ich die Miete bezahlen muß, muß ich für hohe

Zinsen das Geld bei einem Wucherer borgen. Ist das wahr oder nicht?«

Während die Frau sprach, sah er sie liebevoll an. Er lächelte auch mich, den Sohn des Rabbis, an. Ich konnte sehen, daß er sich über ihren Spott amüsierte. Selbst ihre Beleidigungen schienen ihm zu gefallen. Sie hat recht – er ist wirklich ein Narr, dachte ich.

»Junger Mann, ich habe vergessen, Euch zu fragen, wie Ihr heißt«, sagte mein Vater.

»Ich heiße Schmuel Mayer, aber alle nennen mich Schmelke«, sagte der Mann. »Eigentlich habe ich drei Namen – Schmuel, Mayer und Alter. Den dritten Namen bekam ich, als ich zwei Jahre alt war und Scharlach hatte und –«

Ich hatte nie erlebt, daß mein Vater irgend jemanden mitten im Satz unterbrochen hätte, aber dieses Mal ließ er ihn nicht weiterreden. »Reb Schmelke, was habt Ihr zu den Beschwerden Eurer Frau zu sagen?«

»Was soll ich da sagen? Sie hat eine glatte Zunge. Rabbi, sie kann immer jeden davon überzeugen, daß sie recht hat. Ich bin ein einfacher Mann, kein Gedankenleser. Wie kann ich wissen, ob die Frau etwas kaufen oder nur herumstöbern will? Das steht den Leuten nicht auf der Stirn geschrieben. Zu Hause hat man mich gelehrt zuzuhören, wenn jemand spricht. Und wenn ich mit jemandem beschäftigt bin, kann ich nicht sehen, was meine Frau mit ihrem Haarkamm tut. Einmal war ihr geheimes Zeichen, daß sie anfangen würde zu husten. Aber wie kann man wissen, ob sie als Zeichen hustet oder wirklich hustet? Wenn der Winter kommt, mit Schnee und Frost, dann husten alle. Gleich nach dem Laubhüttenfest kaufen wir Hustenbonbons für unsere Kinder, aber sie husten trotzdem. Die Wahrheit ist, daß meine Frau – Salka ist ihr Name – mit diesen Launen geboren ist. Ihre Mutter – sie ruhe in Frieden! – hat mir erzählt, daß sie als kleines Kind immer geweint hat. Irgendein unerklärlicher Zorn brennt in ihr. Sie muß diese Wut an irgend jemandem auslassen. Wir haben drei wunderbare kleine Töchter, aber sie schreit sie den ganzen Tag an, und wenn sie etwas tun, das ihr mißfällt, so schlägt und kneift sie sie. Man muß das Herz eines Straßenräubers haben, um ein kleines Kind zu schlagen.«

Die Tür wurde geöffnet, und meine Mutter steckte ihr blasses Gesicht herein. »Junge Frau, seid so gut und kommt zu mir in die Küche«, sagte sie.

»Die Rebbezin will mich sehen?« fragte Salka.

»Ja, Ihr habt hoffentlich nichts dagegen.«

»Nein, Rebbezin. Aber wartet bitte einen Augenblick. Ich weiß genau, Rabbi, wenn ich draußen bin, wird er furchtbare Dinge über mich sagen. Aber es ist mir schon egal. Ich muß mich irgendwie von ihm befreien. Ich will lieber in meinem Grab verfaulen als mit diesem Dummkopf leben.« Und die Frau ging in die Küche.

Ich wäre furchtbar gerne in die Küche gegangen, um die Unterhaltung zu hören, aber ich hatte Angst, meine Mutter würde mich anschreien. Sowohl mein Vater wie meine Mutter hatten mir eingeschärft, nicht zuzuhören, wenn Kläger ins Haus kamen. Mein Vater mag darauf vergessen haben, aber meine Mutter hatte ein gutes Gedächtnis.

Ich blieb im Zimmer meines Vaters, und Schmelke sagte: »Rabbi, sie ist klug, schön und reizend. Aber sie ist eine harte Nuß. Ihre Erwartungen sind immer enttäuscht worden, weil wir es so schwer haben, unser Auskommen zu finden. Einige Schritte von uns entfernt ist noch ein Geschäft wie unseres, und dort wimmelt es von Kunden. Die Besitzer ersticken im

Geld. Die Wahrheit ist, daß Salkas schlechte Launen die Kundschaft vertreiben. Die Kunden, die zu uns kommen, feilschen. Sowenig wir auch verlangen, die Kunden versuchen den Preis auf die Hälfte herunterzuhandeln. Wer kommt denn und kauft Reste und Stoffe aus zweiter Hand? Nur die, die etwas für nichts bekommen wollen. Mein Konkurrent hat eine gerissene Frau. Sie lächelt immer süß und weiß in ihrem Geschäft Bescheid. Wenn ich meine Frau bitte, freundlich zu den Kunden zu sein, greift sie mich wütend an. Ihre Augen sind so scharf wie Messer. Manchmal denke ich, daß der Engel sich geirrt hat. Sie hätte als Mann geboren werden sollen. Wie auch immer, es steht schlecht.«

»Friede bringt Erfolg«, sagte mein Vater. »Wenn Ihr beide friedlicher zusammenleben würdet, dann …«

Ich hatte keine Lust zu hören, was geschehen würde, wenn das Paar friedlich zusammenleben würde, und ging in die Küche. Ich stand in einer Ecke und hoffte, daß meine Mutter mich in dem schwachen Licht der kleinen Petroleumlampe nicht sehen würde. Ich hatte ein Geschichtenbuch auf einem Hocker liegenlassen und gab vor zu lesen, während ich meine Ohren spitzte. Es interessierte mich, die Reden der Leute zu hören – die Ausdrücke, die gebraucht wurden, die Entschuldigungen für ihre Missetaten und wie sie die Dinge in ihrem Interesse verdrehten. Ich hörte die Frau sagen: »Rebbezin, er ist ein Narr, und dafür gibt es keine Medizin aus der Apotheke. Es steht irgendwo geschrieben, daß, wenn der Messias kommt, alle Kranken geheilt werden, aber die Narren Narren bleiben. Warum ist das so, meine gute Frau?«

»Das ist sehr einfach«, antwortete meine Mutter. »Die Kranken wissen, daß sie krank sind, und beten zu Gott um Heilung. Aber da der Narr denkt, er sei klug, betet er nie um

Hilfe, und deshalb ist er dazu verurteilt, zu bleiben, was er ist.«

»Goldene Worte. Es ist wirklich so, wie meine Großmutter zu sagen pflegte: ›Wo die Tora ist, dort ist Wissen.‹ Kaum hat er am Morgen die Augen aufgeschlagen, noch bevor er das Gebet spricht ›Ich danke Dir‹, fängt er schon an, Blödsinn von sich zu geben. Ich sage zu ihm: ›Was hast du es so eilig? Der Tag fängt erst an. Du wirst noch reichlich Zeit haben, dich lächerlich zu machen.‹ Er liebt es, mir seine Träume zu erzählen. Ich träume auch, aber wenn ich aufwache, ist alles verflogen. Er kann sich an seine Träume von Anfang bis Ende erinnern. Seine Träume sind so dumm wie er. Er wacht auf und sagt: ›Ich habe geträumt, daß ich einen Salzstreuer verschluckt habe.‹ Nur ein Narr kann solche Träume haben. Ich hoffe, daß ich für meine Worte nicht gestraft werde, aber mir kommen sogar seine Stiefel dumm vor.«

»Seine Stiefel?« fragte meine Mutter.

»Ja, seine Stiefel. Ist das nicht merkwürdig? Einmal habe ich seine Füße angeschaut, und ich dachte, ein dummes Paar Stiefel. Sie müssen entschuldigen, Rebbezin, ich rede jetzt selbst schon wie ein Narr. Aber wenn man sechs Jahre lang mit einem Narren gelebt hat, dann färbt es eben ab. Bei einem klugen Mann sieht alles klug aus, selbst seine Kleidung. Wenn ein gescheiter Mann versucht, dumm zu sein, so kommt doch immer etwas Gescheites heraus. Für einen Narren gilt das Umgekehrte.«

»Salkele, Ihr müßt schon entschuldigen«, sagte meine Mutter, »aber so ein Haß auf einen Mann ist nicht gut, weder für die Seele noch für den Körper. Gott behüte! – davon kann man krank werden. Es kann sich auf Euren Lebensunterhalt auswirken.«

»Ihr habt recht, Rebbezin, tausendmal recht. Ich hasse ihn nicht. Er hat mir nichts Böses getan. Ich weiß, daß es nicht sein Fehler ist, aber wenn er zu reden anfängt und mich lobt, dann wird mir übel. Ich schäme mich, mit ihm Besuche zu machen. Ihr wißt doch, daß eine Frau gern zu ihrem Mann aufsehen will, und wenn sie auf ihn herabsieht, dann kann sie sich ihm nicht fügen.«

Ich beschloß, zu den Männern zurückzugehen, weil ich gerne Schmelkes dumme Stiefel sehen wollte. Er saß jetzt am Tisch, der seine Stiefel verdeckte. Ich hörte ihn sagen: »Rabbi, ich gebe ihr alles – die Wohnung, den Laden, die Ware. Wie wird sie den Laden führen mit drei kleinen Kindern? Aber sie wollte es so. Ich werde schon mein Stück Brot verdienen. Ich werde für die Kinder sorgen, wie ich nur kann. Sie will, daß ich die Kinder nur am Sabbat sehen soll. Ich weiß, daß ich sie schrecklich vermissen werde.«

»Reb Schmelke, ich weiß nicht, ob Ihr das Gesetz kennt, aber wenn Ihr geschieden seid, dann dürft Ihr nicht mehr unter einem Dach leben.«

»Warum nicht?«

»So will es das Gesetz. Mann und Frau haben sich aneinander gewöhnt, und die Versuchung ist groß. Sie können in Sünde verfallen. Wenn sie sich wieder verheiratet, würde die Sünde noch größer sein.«

»Rabbi, wie kann ich dann die Kinder sehen? Jedes Haus hat ein Dach. Im Winter kann ich doch nicht mit den Kindern draußen sein.«

»Wenn Ihr die Kinder besucht, muß jemand dabeisein. Es liegt in der menschlichen Natur, daß der Mensch vor anderen Menschen sich mehr schämt als vor Gott.«

Ich steckte meine Hand in die Tasche meines Kaftans und

spielte mit dem Groschen, den ich als Taschengeld bekommen hatte, ehe ich am Morgen in den Cheder ging. Ich nahm ihn heraus, und er fiel mir aus der Hand und rollte unter den Tisch. Ich kroch unter den Tisch und sah Schmelkes Stiefel. In dem hellen Licht unserer Hängelampe sah ich, daß sie schmutzig waren, ungewöhnlich groß und unförmig, aus grobem Leder, mit niedrigen, derben Schäften und schiefen Absätzen. Ich bildete mir ein, daß sie nach Pferdemist rochen. Ja, das sind wirklich dumme Stiefel, dachte ich.

Mein Vater bückte sich herunter und fragte: »Hast du etwas verloren?«

»Es ist mein Groschen. Ich habe ihn schon gefunden.« Ich konnte kaum ein Lachen unterdrücken.

Als ich aufstand, fragte Schmelke: »Woher hast du denn den Groschen? Hast du ihn auf der Straße gefunden?«

»Meine Mutter hat ihn mir gegeben.«

»Was kannst du denn heute für einen Groschen bekommen? Warte, ich gebe dir eine Kopeke.«

»Reb Schmelke, gebt ihm kein Geld«, sagte mein Vater. »Das ist eine Gewohnheit in den großen Städten, den Kindern jeden Tag Geld zu geben. In Tomaszow hatten wir nie davon gehört. Als Jetro in der Wüste seinen Schwiegersohn Moses beriet, wies er ihn an, unter seinen Leuten die Ehrlichen zu suchen, die Gott fürchten und die Habsucht verabscheuen. Diejenigen, die das Geld lieben, sind leicht zu bestechen. Viele Verstöße gegen das Gesetz haben ihren Ursprung in der Gier nach Geld.«

»Rabbi, das solltet Ihr meiner Salka sagen. Manchmal denke ich, daß sie sich umbringen würde wegen eines Groschens. Wie ich schon gesagt habe, wir haben einen Konkurrenten, und der ist erfolgreich. Da das eine Sache des glücklichen Zufalls ist, was hat es für einen Sinn, neidisch zu sein? Sie verzehrt sich, wenn sie sieht, wie gut es ihm geht. Sie verflucht ihn und seine Frau mit tödlichen Verwünschungen. Sie kommt am Abend krank nach Hause. Rabbi, erlaubt mir, dem Jungen eine Kopeke zu geben. Diese eine Münze wird ihn nicht geldgierig machen.«

»Wirklich, er braucht es nicht.«

Schmelke stand auf und suchte lange in seinen Taschen, aber er konnte keine Kopeke finden. Statt dessen nahm er einen Knopf, ein Stück Schnur und einen großen Schlüssel heraus – wahrscheinlich zu der Tür seines Ladens. »Meine Salka nimmt mir alles weg«, sagte er. »Sie leert meine Taschen aus. Verzeih mir, mein Junge. Ein andermal.«

»Es macht nichts. Danke«, sagte ich und lief zurück in die Küche.

Ich hörte meine Mutter sagen: »Auf Mädchen und Kindermädchen ist kein Verlaß. Das sind Fremde. Was immer sie tun, tun sie des Geldes wegen. Sie haben nicht die Hingabe einer Mutter. Jeden Augenblick kann einem Kind etwas zustoßen, da sei Gott davor! Es kann fallen, sich den Kopf an einem Stuhl anstoßen, auf das Fensterbrett klettern oder sich am Herd verbrennen. Es vergeht kein Tag, an dem ich nicht schreckliche Dinge lese, die Kindern zustoßen, wenn man sie unbeaufsichtigt läßt.«

»Rebbezin, und was tun sich Erwachsene an? Als ich meiner Mutter sagte – sie möge Fürbitte für uns leisten! –, daß ich Schmelke heiraten würde, sagte sie zu mir: ›Meine Tochter, du haust dir selber den Kopf ab.‹«

Die Scheidung fand genau vier Wochen später in unserem Haus statt. Ich war dabei, als der Schreiber den Scheidebrief mit seinem Federkiel ausfertigte und die beiden Zeugen unterschrieben. Mein Vater las Schmelke aus einem großen Band vor und sagte zu ihm: »Höre, Schmuel Mayer Alter, Sohn des Elieser Mosche. Hat dich irgend jemand gezwungen, dich von deiner Frau Sara Salka scheiden zu lassen? Sage nein.«

»Nein.«

»Bist du bereit, ihr die Scheidung in deinem Namen zu geben, in ihrem Namen und gemäß den Scheidungsgesetzen? Sage ja.«

»Ja.«

Als Schmelke den Scheidebrief in Salkas Hände legte, brach er zusammen und jammerte mit heiserer Stimme. Mein Vater sagte zu Salka: »Ihr dürft vor Ablauf von neunzig Tagen nicht wieder heiraten.«

Und Salka sagte: »Natürlich werde ich sofort wieder unter den Hochzeitsbaldachin rennen. Wer würde mich schon nehmen außer dem Engel des Todes?« Und sie brach ebenfalls in Tränen aus. Sie verbarg den Kopf in ihren Händen und lief zur Tür. Meine Mutter lief hinterher. Salka hatte ihre Tasche und den Scheidebrief auf dem Tisch liegengelassen. Ich spürte einen Kloß im Hals, und zum erstenmal verstand ich, warum der Altar Tränen vergießt, wenn ein Mann sich von seiner ersten Frau scheidet.

Ich sah weder Schmelke noch Salka nach der Scheidung. Aber eine Nachbarin von uns, die das Paar kannte, berichtete meiner Mutter die Ereignisse, die sich zugetragen hatten. Schmelke hatte Salka den Laden überlassen, aber es vergingen Wochen, ohne daß jemand etwas kaufte. Salka war gezwungen, ihr Lager für so gut wie nichts zu verkaufen und den Laden zu schließen. Schmelke hatte wieder geheiratet. Seine neue Frau war ein altes Mädchen. Sie eröffneten einen neuen

Laden. So wie alles, was Salka tat, fehlschlug, so erfolgreich waren die Jungverheirateten. Sein Geschäft war immer so voll, daß keine Nadel zu Boden fallen konnte. Seine neue Frau hielt Schmuel nicht für einen Narren. Im Vergleich zu ihr war er ein Gelehrter, sagte unsere Nachbarin. Sie war weit davon entfernt, eine Schönheit zu sein – klein wie ein Zwerg und breit wie ein Tscholenttopf –, aber sie war so gut wie ein heiterer sonniger Tag. Sie genoß Schmelkes Reden und küßte den Boden vor seinen Füßen. Unsere Nachbarin sagte: »So ein Leben wie das ihrige wünschte ich jeder anständigen jüdischen Tochter.«

»Und was ist mit den Kindern?« fragte meine Mutter. »Geht er sie besuchen?«

»Er sieht sie dreimal in der Woche, vielleicht sogar jeden Tag.«

»Das ist nicht das richtige Verhalten«, sagte meine Mutter nach einigem Zögern.

»Rebbezin, er liebt sie mehr als sein Leben. Er würde sich ihretwegen umbringen.«

»Warum heiratet Salka nicht wieder?« fragte meine Mutter.

»Sie ist auf der Suche nach einem Klugen, aber warum sollte ein kluger Mann eine solche böse Sieben nehmen und drei Kinder noch dazu?« sagte die Nachbarin. »Machen Sie sich keine Sorgen. Schmelke sorgt für die Kinder und für sie. Er bringt ihr immer Geschenke. Ich sehe ihn nie auf der Straße ohne Pakete und Bündel. Wie heißt das Sprichwort? ›Eine gute Kuh läßt sich melken.‹«

»Hat Salka ein Mädchen?« fragte meine Mutter. »Ist jemand im Haus, wenn er zu Besuch kommt?«

»Soviel ich weiß, hat sie kein Mädchen. Da sie sich ja nicht mehr um den Laden kümmern muß, bleibt sie zu Hause und kümmert sich um die Kleinen.«

»Das ist kein rechtes Benehmen«, wiederholte meine Mutter. »Heutzutage sind die Menschen nicht stark genug in ihrem Glauben, und der Böse wartet nur darauf, sie in Versuchung zu führen.«

Die Nachbarin biß sich auf die Lippen und zuckte die Schultern. »Richtig, aber Mädchen sind teuer, und man kann ihnen nicht trauen. Wie heißt es? ›Jeder zündet sich sein eigenes Feuer in Gehenna an.‹«

Die Frau blinzelte, seufzte, nickte und verließ unsere Küche. Sie küßte die Mesusa zweimal.

STARK WIE DER TOD IST DIE LIEBE

Meine Tante Jentl und ihre Freundinnen unterhielten sich über die Liebe, und Tante Jentl sagte: »Es gibt so etwas wie die Liebe. Das gibt's. Das hat es sogar schon in früheren Zeiten gegeben. Die Leute denken, es sei etwas Neues. Das ist nicht wahr. Die Liebe wird sogar in der Bibel erwähnt. Laban gab Jakob seine Tochter Lea, aber Jakob liebte Rahel. Stellt euch das vor, so ein Heiliger wie er. Aber auch er war Fleisch und Blut. Es genügt ein Blick, und schon spürt man den Charme eines Menschen. Der einzige Unterschied ist der, früher hat man geheiratet, wenn man jemanden gern hatte. Heute verloben sich die jungen Leute, aber sie sehen sich trotzdem noch nach anderen um.

Nicht weit von Turbin lebte ein Gutsbesitzer, den man den Verrückten nannte. In Wirklichkeit waren eigentlich alle Edelleute ziemlich verrückt. Sie lebten in so großem Luxus, daß sie nicht wußten, wo ihnen der Kopf stand. Dieser Gutsbesitzer, Jan Chwalski, war vollkommen benebelt. Er sprach nicht, er schrie. Er bedrohte seine Leibeigenen, er werde sie zu Tode peitschen, aber er rührte keinen je an. Wurde einer der Bauern krank, so schickte er ihm einen Arzt oder zumindest einen Heilkundigen, um ihn zu kurieren. Er hatte einen Hofjuden mit Namen Betsalel, dem er oft drohte, er werde ihn aufhängen oder erschießen. Aber zu Purim schickte er ihm ein Purim-Geschenk. Als Betsalel seine Tochter verheiratete, schickte der Gutsherr ihr ein Hochzeitsgeschenk. Er kam zu der Hochzeit und tanzte mit den Juden einen Kosakentanz, er war ein solcher Spaßmacher, daß die Leute vor Lachen fast erstickten. Chwalski hatte nie geheiratet, weil er sich in eine verheiratete Adelige verliebt hatte. Sie hieß Alisa, und sie war nicht wirklich eine solche Schönheit, wie er dachte. Sie war nicht übel, sanft und schlank.

Meistens sind Nichtjuden blond, aber sie war dunkel mit schwarzen Augen und mit einem reizenden Lächeln. Ihr Mann, Graf Lipski, war der größte Säufer von ganz Polen. Niemand hatte ihn je nüchtern gesehen. Er vertrank sein ganzes Vermögen. Er wußte, daß Chwalski in seine Frau verliebt war, aber das störte ihn nicht. Man sagte, er wache in der Nacht auf und trinke Wodka durch einen Strohhalm aus einem Krug. Wenn Alisa gewollt hätte, hätte sie die schlimmsten Sünden begehen können. Aber sie war eine vornehme Frau. Sie beschwor Chwalski, sie nach ihrer Heirat nicht mehr zu bedrängen, aber Chwalski liebte sie zu sehr, um sich zu fügen. Er schrieb ihr täglich einen Liebesbrief und schickte ihn durch einen Boten. Einmal im Jahr bekam er vielleicht eine Antwort. Darin hieß es jedesmal: ›Ich bin verheiratet.‹ Am Sonntag ging Chwalski in die Kirche, nur damit er sie sehen konnte. Waren sie beide zu dem gleichen Ball eingeladen, tanzte Alisa nur einen Tanz mit ihm. Es schien, daß sie ihn auch mochte, aber sie wollte ihren Mann nicht betrügen. Der Priester beschwor Chwalski oftmals, sie in Ruhe zu lassen. Aber Chwalski sagte: ›Unter allen Frauen der ganzen Welt gibt es nur eine Alisa. Die ganze

Woche lebe ich nur in der Hoffnung, sie am Sonntag zu sehen.‹

Graf Lipski, Alisas Mann, war ein großer dicker Mensch mit rotem Gesicht und einer mit roten Äderchen bedeckten Nase. Er trank, bis er seine Leber ausgebrannt hatte. Die Ärzte verboten ihm zu trinken, aber er trank bis zum letzten Tag. Ein Arzt aus unserer Stadt sagte: ›Wenn ein Mann soviel Wasser trinken würde, wie Graf Lipski Alkohol trinkt, würde er todkrank werden.‹ Chwalski dagegen war nie betrunken. Er war von Alisa berauscht.

Graf Lipski hatte die Augen eines Wahnsinnigen. Er hatte keine Ahnung, was sich auf seinem Gut abspielte. Alles wurde von einem Verwalter erledigt, der so viel veruntreute, wie er konnte, und der Rest ging durch schlechte Verwaltung verloren. Was Alisa betraf, so hatte sie sich ganz auf sich zurückgezogen und kümmerte sich nicht um geschäftliche Angelegenheiten. Sie las gerne und machte lange Spaziergänge durch die Obstgärten. Sie hatte keine Kinder. Wer weiß, der Graf Lipski mag für alles zu betrunken gewesen sein. Während der letzten Monate konnte er nicht mehr gehen. Der Alkohol war ihm in die Beine gegangen. Er war auch zuckerkrank geworden, denn Wodka enthält sehr viel Zucker. Wie dem auch sei, er starb ohne die letzten Weihen, ohne Beichte und ohne Testament. Man hat mir erzählt, daß nach seinem Tod sein Leib ganz aufgebläht war, wie ein Faß. Kaum jemand von den Adligen kam zu seinem Begräbnis, denn er hatte alle seine Nachbarn beleidigt und Gott und alle christlichen Heiligen geschmäht. Der Leichenwagen zog vor unseren Fenstern vorbei. Ich war damals ein junges Mädchen, und ich sah mir die Prozession an. Bei Nichtjuden ist es üblich, daß zwei Männer die Witwe führen. Alisa hatte einen Bruder, den ich zum erstenmal sah, und der andere Mann war Jan Chwalski. Während Graf Lipski groß und breit gewesen war, war Jan Chwalski klein und mager, mit einem langen gelblichen Schnurrbart, der bis zum Kinn reichte. Alisa war schwarz gekleidet. Chwalski hielt sie so fest am Arm, als ob er fürchtete, sie könnte davonlaufen. Liebe ist eine Art Wahnsinn.

Lipski war gestorben, er wurde beerdigt. Alle Welt dachte, die Witwe werde sofort Chwalski heiraten, aber sie bestand darauf, die Trauerfrist von einem Jahr einzuhalten. Als Chwalski erfuhr, daß er warten müsse, setzte er Himmel und Erde in Bewegung. Hatte er nicht lange genug gewartet? Aber Alisa bestand darauf, ihn nicht vor Ablauf eines Jahres zu heiraten. Lipski hatte kein Testament hinterlassen, und eine Bande von angeblichen Erben tauchte auf. Gott weiß, woher sie kamen, sie nahmen Alisa alles fort. Andererseits gab es nicht viel zu erben. Wer konnte, riß ein Stück an sich. So sind die Menschen. Sie stellen sich vor, daß sie selbst ewig leben werden. Als Chwalski hörte, was vor sich ging, nahm er ein Gewehr und kam angelaufen, um sie alle umzubringen. Aber Alisa sagte zu ihm: ›Mischt Euch nicht ein.‹ Und ihre Worte waren ihm heilig. Es gibt Leute, die sich schweigend berauben lassen. Vielleicht war es Güte, vielleicht auch Torheit. Es war bekannt, daß sie aus dem höchsten Adel stammte, und bei einigen Adligen gilt Geld nichts. Ihre große Leidenschaft ist ihre Ehre. Wie dem auch sei, sie blieb ohne alles. Alles, was man ihr gelassen hatte, waren leere Wände. Lipski hatte einen Hofjuden gehabt, der Jankel hieß. Aber wie kann ein Jude Nichtjuden abwehren? Er kam zu ihr und sagte: ›Exzellenz, man nimmt Euch alles fort.‹ Und sie antwortete: ›Sie können nicht mehr nehmen, als ich besitze.‹ Sie hatte all die Jahre unter Graf Lipski gelitten, aber niemand hat sie je klagen hören.

Manche Leute sind Wölfe, andere Schafe. Aber letztlich kann niemand etwas mit sich nehmen. Man brachte ihr ein Dokument, und sie unterschrieb es, ohne mit der Wimper zu zukken.

Es war noch kein Monat vergangen, als ein hoher Beamter des Gerichts mit anderen Beamten erschien und Alisa aus dem Haus wies. Weder das Haus noch die Möbel gehörten ihr noch. Wieder kam Chwalski gelaufen, entschlossen, sie zu verteidigen: ein kleiner Mann, aber heißblütig. Hätte Alisa ihn gebeten, ihretwegen ins Feuer zu springen, er hätte keinen Augenblick gezögert. Aber Alisa wies seine Einmischung zurück. Er wollte sie auf sein Gut bringen, aber sie weigerte sich, mit ihm zu gehen, bevor sie verheiratet waren. Um es kurz zu machen, sie fand einen wohlhabenden Bauern – einen Dorfältesten. Ihm gehörte eine kleine Hütte neben seinem Haus, wo er Flachs und andere Dinge aufbewahrte. Er räumte alles aus, so daß sie darin leben konnte. Die Verwandten ihres Mannes hatten ihr ein Bett und ihre Bücher gelassen. Das war alles, was sie brauchte. Es war ihr gelungen, einige ihrer Schmuckstücke zu verstecken, die Jankel später für sie verkaufte, und davon lebte sie ein Jahr. Am Sabbat-Nachmittag machten die Schneider- und Schuhmacherlehrlinge mit den Näherinnen einen Spaziergang in das Dorf und schauten in ihr Fenster, um zu sehen, was die hochmütige Gräfin tat. Sie hatte nicht einmal ein Mädchen. Am Sonntag nahm sie der Dorfälteste in seinem Wagen in die Kirche mit. Chwalski versuchte wieder und wieder, sie zu überreden, auf sein Gut zu kommen, aber sie ließ sich nicht überreden. Eine reine Seele, bitte verzeiht den Vergleich, beinahe eine Rebbezin.

Ein Jahr verging, und sie wurde wieder die Frau eines Grundbesitzers. Alle Edelleute der Nachbarschaft kamen zur

Hochzeit. Es ist nicht üblich, daß eine Braut, selbst wenn sie Witwe ist, Trauerkleidung trägt, wenn sie wieder heiratet. Aber Alisa bestand darauf, für die Hochzeit schwarz gekleidet zu sein. Sie wurde mit Blumen und Geschenken überschüttet. Der Priester hielt eine Predigt. Man hatte nie davon gehört, daß Bauern freiwillig zu der Hochzeit von Adligen gekommen wären. Aber es kamen viele Bauern aus den Dörfern. Da sie in der Hütte eines Bauern lebte, betrachteten die Bauern sie als eine der Ihrigen. Sie kam zur Hochzeit in dem offenen Wagen des Dorfältesten. Aber von der Kirche zu Chwalskis Gut fuhr sie in einem Wagen, der von acht Pferden gezogen wurde, und Bauern, als Dragoner verkleidet, ritten ihrem Wagen voran. Am Eingang zu Chwalskis Gut war ein Tor aufgestellt worden, das mit Pflanzen und Blumen geschmückt war. Eine jüdische und eine nichtjüdische Kapelle spielten eine Gute-Nacht-Melodie für das Paar. Chwalski war nicht besonders reich, aber er gab auf seinen Besitz acht, und ihn konnte niemand bestehlen. Es schien, daß Alisas Pech sich zum Guten gewandt hatte. Aber wartet einen Augenblick, ich muß etwas trinken.«

Ich brachte Tante Jentl einen Krug mit Wasser, und sie murmelte einen Segensspruch und trank. »Lacht mich nicht aus«, sagte sie. »Mir ist nach Weinen zumute.« Und sie schnaubte in ihr Batisttaschentuch. Dann fuhr sie fort.

»Bald nach der Hochzeit gab Jan Chwalski einen Ball, der selbst für einen König außergewöhnlich gewesen wäre. Es war ein paar Wochen nach Pessach, und das Wetter war lind. Alisa war dagegen. Sie war ruhig, stolz und nicht mehr jung. Aber Chwalski wollte die ganze Welt sein Glück wissen lassen. Er lud Hunderte von Adligen ein, die aus weit entfernten Städten kamen. Wagen fuhren schon früh am Morgen vor, und der Ball dauerte den ganzen Tag. Die Geschäfte in Turbin verdienten daran. Eine Kapelle war aus Zamość gekommen, eine andere aus Lublin. Jahrelang wurde von dem Ball noch gesprochen: dem Essen, dem Wein, den Tänzen und der Musik. Reb Betsalel enthüllte später, daß Chwalski gezwungen war, einen Teil seines Waldes zu verschleudern, um all das zu bezahlen. Natürlich waren Juden und Bauern nicht eingeladen. Aber viele junge Leute standen draußen und hörten zu, tanzten sogar. Die Bediensteten brachten ihnen Wein und Essen. Am nächsten Tag gingen die Edelleute auf die Jagd und schossen Gott weiß wie viele Tiere. Als sie wegfuhren, war das Gut ein Trümmerhaufen. Alisa hatte Chwalski beschworen, sein Vermögen nicht zu vergeuden, aber er war vor Glück ganz wahnsinnig.

Liebe Leute, das Glück dauerte nicht länger als ein Jahr. Plötzlich hörte man, Alisa sei krank. Was für eine Krankheit das war, weiß ich noch heute nicht. Aber Alisa wurde immer schwächer. Chwalski verkaufte wieder einen Teil seines Gutes und ließ die besten Ärzte kommen, aber niemand konnte ihr helfen. Unser eigener Heilkundiger, Lippe, wurde gerufen, und er hörte einen der Ärzte sagen, daß ihr Blut zu Wasser geworden sei. Gott behüte! Wenn die Zeit gekommen ist, findet der Engel des Todes den Weg. Die Krankheit dehnte sich über Monate aus, und obwohl alle sie schon aufgegeben hatten, rief Chwalski neue Ärzte, Professoren und verschiedene Quacksalber herbei. Er ging sogar zum Rabbi und bot ihm Geld für wohltätige Zwecke, damit er in der Synagoge für Alisa Kerzen anzündete. Es nützte nichts. Alisa lag im Sterben. Der Priester kam, und sie legte die Beichte ab. Er besprühte sie mit Weihwasser, und bald gab Alisa den Geist auf. Reb Betsalel erzählte uns, daß sie wie eine Heilige gestorben sei. Wer weiß? Auch unter ihnen gibt es gute Seelen. In einem heiligen Buch steht geschrieben, daß gute Christen ins Paradies eingehen.

Es ist nicht zu beschreiben, wie Chwalski weinte und stöhnte und heulte. Aber tot ist tot. Sie wurde in die Kirche gebracht, und dort blieb die Tote bis zur Beerdigung. Chwalski hatte eine Grabstelle für sie und für sich gekauft. Er wurde blaß und mager, als ob er an der Schwindsucht litte. Seine Kleider hingen an ihm. Sein Schnurrbart wurde weiß. Er ging herum und redete mit sich wie ein Verrückter.

Er versuchte sich zu vergiften, aber irgend jemand steckte ihm zwei Finger in den Hals, damit er sich erbrechen sollte. Was noch von seinem Vermögen übrig war, ging verloren, obwohl Reb Betsalel soviel wie möglich zu retten versuchte. Es vergingen ein oder zwei Jahre, und Chwalski war immer noch am Leben. Er besaß ein Porträt von Alisa und starrte es Tag und Nacht an. Er verbrachte mehr Zeit auf dem Friedhof als zu Hause. Jeden Tag legte er Blumen auf ihr Grab. Er bestellte ein Grabmal mit einer Engelsfigur, die ihr ähnelte. Er küßte den Grabstein und sprach zu ihm. Er kümmerte sich nicht mehr um seine geschäftlichen Angelegenheiten. Reb Betsalel hatte alles übernommen. Eine Reihe von Jahren ging vorüber. Es gibt einen Spruch, der besagt, was die Erde deckt, muß vergessen werden. Aber Chwalski konnte nicht vergessen. Der Priester machte ihm Vorwürfe und sagte, daß es verboten sei, zu lange zu trauern. Chwalski wurde von den anderen Gutsherrn und Verwandten besucht, die versuchten, ihn zu trösten, aber er war untröstlich. Er begann auch zu trinken. Es war kein Mangel an schönen Frauen in der Nachbarschaft, aber er sah keine andere Frau an.

Jetzt hört einmal her. Nachdem Alisa beerdigt worden war, verschloß Chwalski das Schlafzimmer, und niemand durfte es betreten, nicht einmal das Zimmermädchen. Auch ihr Boudoir hatte er verschlossen. Jedes Stückchen ihrer Kleidung – selbst die Dinge, die sie einmal berührt hatte – wurde ihm heilig. Er selbst schlief im Zimmer ihrer alten Kinderfrau. Die Köchin kochte für ihn, aber er rührte fast nichts an. Er wurde noch kleiner, und sein Schnurrbart schien länger zu werden. Mit der Zeit entließ er all seine Dienstboten. Nur die Kinderfrau blieb, eine alte Frau, die taub und halb blind war.

Jener Winter war einer der kältesten. Die Samen in den Feldern erfroren. Es fiel so viel Schnee, daß viele Häuser eingeschneit waren und die Leute sich selbst ausgraben mußten. Selbst in dieser kalten Zeit versäumte Chwalski keinen Tag, auf den Friedhof zu gehen. Eines Tages nahm er einen Spaten zum Friedhof mit, wahrscheinlich um den Schnee vom Grab und dem Grabstein zu entfernen. Es war seltsam, einen Gutsherrn zu sehen, der einen Spaten über der Schulter trug, aber die Leute hatten sich an seine Eigenarten gewöhnt. Er verbrachte oft den ganzen Tag auf dem Friedhof, manchmal bis spät in die Nacht. Allmählich wurde es wärmer, und der Schnee schmolz. Das Wasser überflutete das Dorf wie ein Fluß.

Bald nach Pessach kam der Friedhofswärter zur Polizei und berichtete, daß die Erde um das Grab von Alisa offensichtlich aufgewühlt worden war. Zu jener Zeit gab es Diebe, die Leichen stahlen und an Ärzte verkauften, die an den Körpern Autopsien vornahmen. Aber diese Vandalen stahlen nur frisch Verstorbene. Wer würde eine Autopsie an einem schon zerfallenen Leichnam vornehmen? In Turbin erzählte man sich, daß Alisa nachts aus dem Grab steige und durch die Stadt wandele. Wenn solches Gerede anfängt, gibt es gleich Zeugen: Der eine hat sie gesehen, ein anderer gehört. Sie steht auf der Brücke, sie wäscht Wäsche am Fluß, sie klopft an Fensterläden. Die Gerüchte drangen bis zu Chwalski, und er schrie: ›Idioten, ich weigere mich, diesen Aberglauben anzuhören.‹

Nu, wenn eine ganze Stadt davon redet, dann ist schon etwas daran. Die russischen Behörden befahlen ein paar Soldaten, unter dem Grabstein zu graben und den Sarg zu öffnen.

Als Chwalski davon hörte, wurde er wild vor Wut, aber er schien vergessen zu haben, daß Polen nicht mehr unabhängig war. Die russischen Soldaten stießen ihn weg, zogen den Sarg heraus, schraubten den Deckel ab und fanden den Sarg leer. Die halbe Stadt kam angelaufen, um dieses schwarze Wunder zu betrachten. Jemand hatte Alisa aus dem Sarg gestohlen. Ihr könnt euch nicht vorstellen, was seit dem Tag in Turbin alles geschehen ist. Man lief zu Chwalski, um ihm zu berichten, aber er brüllte wie ein Verrückter. Reb Betsalel war noch am Leben, war aber kein Hofjude mehr. Mehrere Tage lang kochte die Stadt wie ein Kessel. Die Juden fürchteten, daß man falsche Beschuldigungen gegen sie vorbringen könnte. Es gab schon welche, die kläfften, die Juden hätten Alisas Blut zum Matzebacken verwendet.

Während all dies in der Stadt vor sich ging, brach eine neue Aufregung aus. Es geschah folgendes: Die alte Frau, die dem Gutsherrn diente, kochte Hafergrütze für ihn und machte Feuer. Ihre Hände zitterten, und ein Stück Anmachholz fiel ihr aus den Händen. Es entwickelte sich ein Brand. Die alte Frau schrie, und Bauern kamen, um zu sehen, was los war. Die Feuerwehr kam mit ihren halbleeren Wasserfässern angerannt. Jemand sprengte die verschlossene Tür zu Alisas Schlafzimmer auf. Ich bekomme eine Gänsehaut, wenn ich daran denke. Der Gutsherr lag schnarchend im Bett – er schien betrunken zu sein –, und neben ihm lag ein Skelett. Ja, Chwalski selbst hatte Alisa aus dem Grab gestohlen. Er hatte sich so nach ihr gesehnt, daß er an einem Winterabend sie ausgegraben, den Sarg geöffnet, die sterblichen Reste herausgenommen und nach Hause gebracht hatte. Es war eine dunkle Nacht, und niemand hatte es gesehen. Als die Polizeibeamten ihn zum Verhör abführten, gestand er alles. Sie war schon verwest, sagte er, und er hatte das Fleisch abgestreift und die Knochen mitgenommen. Die Russen trauten ihren Ohren nicht. ›Wie ist es möglich, daß jemand so etwas Wahnsinniges tun kann‹, fragten sie. Und er antwortete: ›Ich konnte die Sehnsucht nicht länger ertragen. Lieber Knochen als gar nichts. Wenn Sie mich hängen wollen, hängen Sie mich, aber beerdigt mich in ihrer Nähe.‹

Niemand von den Russen wußte, wie man ein solches Verbrechen bestrafen sollte. Sie schickten einen Bericht an die Regierung in Lublin. In Lublin wußten sie auch nicht, was zu tun sei, und fragten in Warschau an und von dort in Petersburg. Inzwischen ließ man Chwalski frei. Das Skelett beerdigten sie wieder. Er war selbst zu einem Skelett geworden. Chwalski lebte nur noch ein Jahr. Man bestattete ihn mit allen Ehren dicht bei seiner Alisa.

Was ich damit sagen will, ist folgendes: Ein Mensch hat einen Gedanken im Kopf, und der beginnt zu wachsen und sich auf das ganze Gehirn auszudehnen. Es wird zur Besessenheit. Man kann es sogar einen Dibbuk nennen. Sowohl er wie sie waren Menschen mit einer Seele. Wenn es ein Paradies für Nichtjuden gibt, so bin ich sicher, daß die dort zusammen ruhen werden in alle Ewigkeit. Wie steht es im Heiligen Buch: ›Stark wie der Tod ist die Liebe, grausam wie das Grab ist die Eifersucht.‹ Nun, der Sabbat ist zu Ende. Ich sehe drei Sterne am Himmel. Eine gute neue Woche uns allen.«

WOZU WURDE HEUSCHRECK GEBOREN?

In meinen ersten Jahren im Warschauer jiddischen Schriftsteller-Klub kannte man mich als Lektor von Manuskripten. Während ich als Korrektor für die ›Literarischen Bleter‹ arbeitete, hatte ich ein paar Erzählungen und Kritiken veröffentlicht und ein oder zwei Bücher für den Kletzkin Verlag lektoriert. Sie bezahlten nur Pfennige, aber ich konnte von Pfennigen leben. Ich lebte in einer Wohnung, wo die Miete billig war, und ich brauchte keine Kleidung; meine Sachen genügten für Jahre. Ich hatte meinen Weg als Schriftsteller noch nicht gefunden, und ich verbrachte die meiste Zeit mit Anfängern wie ich selbst.

Eines Tages sagte mir die Empfangsdame im Schriftsteller-Klub, daß jemand nach mir frage. Ich ging zur Tür und sah einen kleinen Mann mit schwarzem Bart, schäbig gekleidet und mit geflickten Schuhen. Er sah aus wie ein Hausierer. Er trug ein großes Paket mit einer vielfach geknoteten Schnur. Er sagte, dieses Bündel sei sein Manuskript; er habe ein Buch geschrieben. Jemand hatte ihm gesagt, daß ich jiddische Manuskripte redigieren könne.

Ich mußte die Empfangsdame überreden, den Mann hereinzulassen. Fremde wurden nicht zugelassen. Nach einigem Zögern erlaubte sie ihm, fünfzehn Minuten mit mir zu verbringen. Ich setzte mich mit ihm hin, und er knotete langsam das Paket auf. Sein Manuskript enthielt mindestens tausend bekritzelte Seiten. Ich sah auf den ersten Blick, daß er weder orthographisch schreiben noch Zeichen setzen konnte.

Er erzählte mir, daß er 1919 und 1920 in der polnischen Armee gedient hatte, zur Zeit des polnisch-bolschewistischen Krieges. Er marschierte mit der Armee bis Kiew, und dann rannte er von Kiew zurück an die Weichsel, von der Roten Armee verfolgt. Die Roten waren gerade dabei, ganz Polen zu schlucken, aber in der berühmten Schlacht an der Weichsel gelang es Pilsudskis Armee, die bolschewistische Attacke zum Stillstand zu bringen. Der Mann erzählte mir, daß er ein frommer Jude sei, niemals in all den Schlachten vergessen hätte, zu beten, niemals etwas gegessen hätte, das nicht koscher war. Wenn seine Division in eine Stadt kam, in der es Juden gab, ging er in die Synagoge oder ins Lehrhaus, um dort zu beten. Er benutzte auch das rituelle Bad für Männer, obwohl das Wasser immer kalt war.

Die christlichen Soldaten neckten ihn, beschimpften ihn und trieben allerlei Schabernack mit ihm. Sein Entschluß, nur koscheres Essen zu sich zu nehmen, grenzte an das Unmögliche. Manchmal mußte er tagelang fasten oder von einer Scheibe trockenen Brotes leben. Er rannte und hungerte. Er mußte mit den anderen Soldaten essen, und der Geruch ihrer Suppen und Fleischgerichte machte ihn fast wahnsinnig. Einige der Soldaten versuchten, ihm ein Stück Schweinefleisch in den Mund zu schieben. Sie legten ihn mit ausgebreiteten Armen flach auf den Boden und versuchten, seine Kinnbacken zu öffnen und ihm Speckstreifen in den Mund zu zwingen;

aber er widerstand mit aller Kraft, und nach einiger Zeit ließen sie ihn los. Ihm geschah ein Wunder. In seiner Kompanie war ein katholischer Priester, der ihn verteidigte. Nicht nur ein Wunder, sondern tausend geschahen ihm. Kugeln flogen über seinen Kopf hinweg; neben ihm verloren Leute Hände und Beine, auch ihr Leben, aber er überlebte irgendwie.

»Ich beschreibe all das in diesem Buch«, sagte er. »Ich möchte, daß Juden dies lesen und wissen, daß es einen Gott im Himmel gibt. Ich bin zu einigen Zeitungen und Verlagen gegangen, und alle haben gesagt, daß ich einen Lektor brauche. Meine Orthographie scheint nicht ganz in Ordnung zu sein. Ich habe große Schwierigkeiten mit den hebräischen Worten. Ich habe im Cheder den Pentateuch mit den Raschi-Kommentaren, auch den Anfang der Gemara studiert, aber mein Vater – er möge für mich beten! – starb am Typhus, und meine Mutter konnte den Unterricht für mich nicht mehr bezahlen. Sie bekam die Schwindsucht, und ich mußte außerhalb der Märkte der Stadt meine Ware verhökern, um für meine Brüder und Schwestern zu sorgen. Jeder Tag war ein Kampf, um ein paar Groschen heimzubringen. Allein darüber könnte man ein dickes Buch schreiben. Schon damals geschahen mir Wunder. Später, als ich Soldat war und in den Gräben lag, wo der Engel des Todes dauernd erschien, schwor ich, sollte ich diese Schlächterei überleben, so würde ich ein Buch darüber schreiben, damit die Leute erfahren, daß die Vorsehung jede Minute und jede Sekunde alle Menschen im Auge hat. In meiner Brusttasche trug ich ein kleines Buch mit Psalmen bei mir, und im Licht der platzenden Schrapnells las ich im Schützengraben ein oder zwei Passagen daraus.«

Ich sagte: »Sie haben Ihren Namen nicht auf das Manuskript geschrieben. Wie heißen Sie?«

»Heuschreck. Mosche Groinam Heuschreck. Die Nichtjuden, die Scheinheiligen, machten sich über meinen Namen lustig, aber ein Name ist ein Name.«

»Wovon leben Sie denn?« fragte ich.

»Ich kaufe in den Schlachthöfen Eingeweide auf – Innereien, Leber, Nieren – auch in den koscheren Metzgereien, und ich verkaufe sie an die Suppenküchen. Das ist harte Arbeit, aber – Gott sei Dank – ich habe eine Frau und sieben Kinder, und die müssen essen. Am Tag habe ich keine Zeit; aber ich wache in der Morgendämmerung auf, und dann schreibe ich. Was verlangen Sie für das Durchsehen des Manuskripts?«

Ich wußte genau, daß ich das gesamte Buch neu schreiben müßte. Er konnte nicht nur nicht orthographisch schreiben, er hatte auch keine Ahnung vom Satzbau. Nach drei Worten machte er einen Punkt, ein Ausrufungszeichen oder Gedankenstriche. Ganz grundlos setzte er Worte in Anführungszeichen. Einige der Schmutzflecken und Schmierereien auf den Seiten waren unmöglich zu entziffern. Ich hätte niemals meine Zeit auf eine derartige Arbeit verschwenden sollen, wenn ich selbst schreiben wollte, aber aus irgendeinem Grund war ich von Mitleid für diesen Schlemihl erfüllt, der so viel gelitten hatte und trotzdem seinem Judentum treu geblieben war.

Ich bot ihm einen Satz an, der billiger als billig war, aber er zuckte zurück und fing an, mit mir zu handeln und zu schachern. Er nannte den Hungerlohn, den ich ihm genannt hatte, ein Vermögen. Er beschimpfte mich und schrie mich an.

»Sie sitzen hier in dieser luxuriösen Umgebung ohne Hut, ohne Schläfenlocken, mit abrasiertem Bart, und Sie versuchen, einen armen Schriftsteller zu berauben. Wo soll ich soviel Geld herbekommen? Jeder Groschen, den ich verdiene, kommt aus dem Mark meiner Knochen. Ich müßte das letzte bißchen

Essen meinen Kindern wegnehmen, um Ihnen eine solche Summe zu bezahlen. Gott bestraft Ausbeutung. Wer, denken Sie, bin ich – Rothschild? Ich lebe in einem einzigen Kellerraum mit meiner ganzen Familie. Jeden Monat, wenn ich die Miete bezahle, ist das ein Wunder wie die Teilung des Roten Meeres.«

Die Stimme des Mannes wurde lauter und schriller. Ein paar junge Schriftsteller kamen, um sich das anzuhören und zu spotten. Es war mir so peinlich, daß ich sagte: »In dem Fall werde ich Ihr Manuskript ohne Bezahlung redigieren.«

»Ich verlange nicht, daß Sie es umsonst tun sollen. Ich bin kein Schnorrer, Gott behüte! Wenn diese Memoiren fertig sein werden, werden sich alle Zeitungen darum reißen, sie zu veröffentlichen, und dann werde ich Sie für Ihre Mühe bezahlen – aber Sie müssen mir einen Termin geben, zu dem die Arbeit fertig sein muß. Ich kann das Manuskript nicht bei Ihnen lassen ohne genaue Abmachungen. Ich habe kein zweites Exemplar. Wenn Sie einen Teil davon verlieren – Gott behüte! –, wäre das eine Katastrophe. Sie müssen es behüten wie Ihren Augapfel.«

Eine Zeitlang schwiegen wir. Mir wurde bewußt, daß Heuschreck neben seiner Frömmigkeit eine schöne Portion Chuzpe besaß. Ich wußte genau, daß keine Zeitung so etwas veröffentlichen würde, ganz gleich, wieviel ich daran verbessern würde. Der polnisch-bolschewistische Krieg schien schon weit zurückzuliegen. Beim Durchblättern des Manuskripts sah ich, daß keinerlei Spannung darin lag, die den einfachen Leser hätte anziehen können, und es enthielt auch keine Beschreibungen, die kultivierten Lesern gefallen könnten. Ich wollte ihm sein Manuskript gleich zurückgeben und ihm sagen, er solle sich ein anderes Opfer suchen, aber wiederum wurde ich von Mitleid überwältigt. Wenn dieser Mensch, der seiner Jüdischkeit wegen so viel gelitten hatte, im Morgengrauen aufstehen und stundenlang an seinem Manuskript arbeiten konnte, warum sollte ich ihm nicht etwas von der Zeit geben, die ich sonst mit Geschwätz und Witzen im Schriftsteller-Klub verbrachte?

Ich sagte zu ihm: »Gut, ich werde tun, was ich kann; aber ich kann Ihnen keine Garantie geben, was Feuer oder irgendwelche Katastrophen betrifft. Nach dem Talmud ist derjenige, der sich ohne Bezahlung um das Eigentum eines anderen kümmert, nicht verantwortlich im Fall von Verlust oder Diebstahl.«

»Was? Da im Himmel beschlossen wurde, daß ich dies Buch schreiben soll, so wird Gott nicht zulassen, daß ihm etwas passiert –«

Er wollte noch etwas sagen, aber die Empfangsdame kam herüber und sagte: »Die fünfzehn Minuten sind vorbei. Sie müssen jetzt gehen.«

»Was ist das hier, ein Polizeirevier?« fragte Heuschreck. »Ich bin ein Jude und ein Schriftsteller, und ich lasse mich nicht hinauswerfen. Ich habe mit diesem jungen Mann etwas zu tun.«

»Sie müssen jetzt gehen«, insistierte die Frau.

Heuschreck nörgelte noch etwas herum. Ich fand mich einem Phänomen gegenüber, das ich als religiöse Intoleranz bezeichnen würde. Im Talmud gibt es einen Spruch, der besagt: »Unverschämtheit hilft selbst im Himmel.« Wie sonst hätte dieser kleine Mann Hunger, Kälte, die Bosheit, die die anderen Soldaten ihn spüren ließen, aushalten können? Ich hatte es auf mich genommen, eine gute Tat zu tun, und ich war entschlossen, es so gut zu machen, wie ich konnte.

Viele Wochen vergingen, aber Heuschreck zeigte sich nicht wieder. Von Zeit zu Zeit versuchte ich, das Manuskript in Ordnung zu bringen. Ich mußte oft über seine Schreiberei lachen. Dieser Jude, der wenig von der jüdischen Überlieferung wußte, war überzeugt, daß das Untertauchen im rituellen Bad am Freitag nicht weniger wichtig sei als die Zehn Gebote. Er hatte oft sein Leben riskiert, um ein Ritual durchzuführen, das ein talmudischer Gelehrter nicht beachtet hätte. Heuschreck hatte in Wirklichkeit das talmudische Gesetz verletzt, da er sein Leben für eine unwichtige Vorschrift riskiert hatte. Er war von Feldwebeln und Unteroffizieren geschlagen worden. Er war in ein Militärgefängnis gesteckt worden. Er hätte leicht vor ein Kriegsgericht kommen und wegen Gehorsamsverweigerung erschossen werden können. Während die Völker ihrer weltlichen Machtgier wegen einander bekriegten, führte Heuschreck Krieg gegen die Intoleranz der Menschen. In seinen häufigen Beschreibungen von Schlachten benutzte er immer das gleiche Klischee: »Blut floß wie Wasser.« Wie viele der anderen Soldaten hatte Heuschreck keine Ahnung, wohin er marschierte und wofür er kämpfte. Sowohl die Polen wie ihre Feinde, die Bolschewiken, waren für ihn die gleichen Nichtjuden, deren Ziel es war, einen jüdischen Soldaten daran zu hindern, pünktlich zum Gottesdienst zu kommen. Ich überarbeitete etwa fünfzig Seiten, aber Heuschreck zeigte sich nicht. Er hatte mir keine Adresse gegeben.

Eines Tages, als ich mit ein paar jungen Schriftstellern in der Halle des Schriftsteller-Klubs saß und über Literatur diskutierte – wer hatte Talent und wer nicht –, kam ein junges Mitglied des Klubs zu mir, mit lachendem Gesicht, und sagte: »Isaac, deine Freundin sucht dich.«

»Meine Freundin?«

»Ja, deine Freundin. Sie ist eine wahre Schönheit.«

Ich ging zum Flur. An der Tür stand eine häßliche, schäbig gekleidete Frau. Sie war in einen zerschlissenen Schal gehüllt und trug abgetragene Männerschuhe. In jeder Hand hielt sie einen mit Lumpen zugedeckten Korb. Sie sagte: »Ich bin Heuschrecks Frau.«

Als sie sprach, konnte ich sehen, daß sie keine Zähne hatte.

»Ja?« sagte ich. »Was kann ich für Sie tun?«

Die Frau brach sofort in Tränen aus, und ihr runzliges Gesicht verzerrte sich auf schreckliche Weise.

Sie kreischte: »Mein Mann hat mich verlassen, und ich bin jetzt eine verlassene Frau ohne eine Brotkruste für meine sieben Schwälbchen. Vater im Himmel, was soll ich tun? Die Kleinen sind hungrig. Weh, was ist mir zugestoßen! So ein Unglück, so ein Elend, so ein Schicksalsschlag. Was soll ich tun, und wohin soll ich gehen? Barmherziger Gott!«

Die Frau jammerte und wischte die Tränen an den Ärmeln ab. Sie setzte beide Körbe ab und kniff ihre Backen. Die Eingangshalle war voll von Schriftstellern, alten und jungen, und alle kamen herüber. Einige sperrten Mund und Ohren auf, andere lachten. Ich fragte die Frau: »Wo ist er denn hingegangen? Wie kann ein frommer Jude so etwas tun?«

Die Frau sagte: »Ins Heilige Land.«

»Ins Heilige Land? Lassen sie denn Juden herein? Man muß tausend Pfund Sterling vorweisen können. Man braucht auch einen Auslandspaß und ein Visum«, sagte ich.

»Was weiß ich? Wochenlang ist er herumgegangen und hat jedem erzählt, daß er ins Heilige Land gehen müsse. Ich sagte zu ihm: ›Mörder, was wird aus mir und deinen Kindern werden?‹ Aber er blieb hartnäckig. Im Traum ist ihm ein verstorbener Heiliger erschienen, der ihm befohlen hat, dorthin zu gehen. Ich bin nur eine Frau, und ich verstehe nichts von Büchern. Er ist ein Schriftsteller, ein großer Mann, und ich kann kaum das Gebetbuch lesen; aber ich muß essen, und meine Kinder haben kein Brot. Wie kann ein Heiliger einem Mann sagen, er soll Frau und Kinder verlassen? Wie kann ein Schriftsteller so ein grausames Tier sein?«

Die Frau heulte und klatschte in die Hände, als sei sie bei einem Begräbnis.

Ich sagte: »Es tut mit leid, aber was erwarten Sie, das ich tun soll?«

»Sie arbeiten für ihn – Sie haben Geld von ihm genommen. Er hat seinen Kindern und mir den letzten Bissen fortgenommen und Ihnen gegeben.«

»Meine liebe Frau, er hat mir keinen einzigen Groschen gegeben.«

»Er hat Ihnen Geld gegeben, er hat Ihnen Geld gegeben. Er hat Sie mit Geld vollgestopft, und uns hat er nackt und hungernd zurückgelassen. Allmächtiger Gott, Du siehst alles. Du wartest lange, und Deine Strafe ist schwer. Geben Sie uns das Geld zurück, das Sie von ihm gegrapscht haben. Das war kein Geld, das waren Schweiß und Blut. Leute, habt doch Mitleid mit uns. Laßt meine Kätzchen nicht vor Hunger sterben.«

Und sie schlug mit beiden Fäusten auf ihren Kopf.

Die älteren Schriftsteller mißbilligten die Szene, die jüngeren lachten. Ich sagte zu der Frau: »Ich schwöre bei Gott und allem, was mir heilig ist, daß ich von Ihrem Mann keinen Groschen erhalten habe.«

»Sie haben, Sie haben. Leute wie Sie fressen sich voll und lassen eine Mutter mit ihren Kindern verhungern. Der Hauswirt droht, daß er uns und unsere Sachen auf die Straße werfen wird. Wir schulden ihm drei Monate Miete. Feuer soll ihn verzehren, sein Fieber soll so hoch wie das Dach steigen, dann wird er meine Bitterkeit zu spüren bekommen.«

Die Empfangsdame nahm die Frau am Ellbogen und versuchte, sie hinauszuschieben, aber sie ging nicht. Jemand sagte: »Ruft die Polizei.«

»Die Polizei, was? Ihr nennt euch Schriftsteller; Banditen seid ihr, keine Schriftsteller«, schrie Frau Heuschreck.

Ich steckte meine Hand in meine Tasche und fand eine Banknote. Es waren zehn Zlotys. Ich gab sie der Frau und sagte: »Das ist alles, was ich habe; nehmen Sie es, und kommen Sie nie wieder. Ich habe nichts von Ihrem Mann bekommen, und Sie haben keinen Grund, Skandal zu machen.«

Die Frau ergriff den Schein und hob ihre beiden Körbe auf. Sie stieß eine ganze Litanei von Flüchen aus, ging und warf die Tür zu. Man sollte niemandem etwas Gutes tun, riet mir der böse Geist. Von jetzt an, wenn irgend jemand mich um etwas bittet, werde ich ihm sagen, er soll sich zum Teufel scheren, dachte ich. Ich war hungrig und hatte kein Geld, um ein Abendessen zu bezahlen.

Die älteren Schriftsteller zuckten die Schultern und gingen an ihre Tische zurück, aber die jungen verulkten mich. Einer von ihnen sagte: »Gestehen Sie nur, Sie haben sie geschwängert. Wir wissen's, wir wissen's.«

Ein anderer sagte: »Wenn sie Sie verklagt, werden Sie Alimente zahlen müssen, wie in Amerika.«

Auf dem Heimweg schwor ich mir, Heuschrecks Manuskript in den Müll zu werfen, aber irgendwie brachte ich es nicht fertig. Ich beschloß zu warten, bis er kommen würde, und es ihm zurückzugeben. Indessen kam seine Frau jede Woche zu mir in den Schriftsteller-Klub – immer am gleichen Tag, zur gleichen Zeit –, und ich mußte ihr eine Zehn-Zloty-

Note durch den Türspalt geben. Jedesmal schrie sie, daß ich von den Zahlungen ihres Mannes reich geworden sei. Meine Kollegen, die jüngeren Schriftsteller, versäumten keine dieser Aufführungen.

Ein paar Monate waren vergangen, und ich nahm an, daß Heuschrecks Frau auf immer von ihm verlassen sein würde und ich ihr »Alimente« zahlen müsse bis ans Ende meines Lebens. Aber eines Tages kehrte Heuschreck zurück. Ich konnte ihn kaum erkennen. Er sah sonnenverbrannt aus und so dunkel wie ein Zigeuner. Seine Kleider waren in Fetzen. Eine Strähne seines Bartes war schmutziggrau geworden. Ich fragte ihn, wie er, ein frommer Jude, Frau und Kinder ohne jede Unterstützung verlassen konnte, und er sagte: »Ich mußte es tun. Eine große Sehnsucht zog mich in das Land Israel, so groß, daß ich gestorben wäre, wenn ich es nicht getan hätte. Die Patriarchen – Abraham, Isaak, Jakob – und Mutter Rahel erschienen in meinen Träumen. Was ich durchgemacht habe, kann in tausend Büchern nicht beschrieben werden. Ich habe tatsächlich angefangen, neue Abschnitte zu dem Buch zu schreiben, das Sie haben.«

Ich sagte ihm, daß ich nicht weiter an seinem Manuskript arbeiten könne, und er sagte: »Wenn die Redakteure unserer Zeitungen die neuen Kapitel lesen werden, wird es eine ungeheure Sensation geben, und Sie werden für all Ihre Mühe reichlich belohnt werden.«

Er saß über eine Stunde bei mir und berichtete alle Einzelheiten seiner abenteuerlichen Wanderungen. Er war Hunderte von Meilen zu Fuß gelaufen. Er hatte um Almosen gebettelt. Er fand einen Weg, sich ins Heilige Land hineinzuschmuggeln. Er schlief auf Feldern und in der Wüste, manchmal im Rinnstein der Städte. Er lief barfuß kreuz und quer durch das Heilige Land. Er warf sich an allen heiligen Gräbern nieder, schlief in Ruinen und Höhlen. Schlangen bissen ihn. Er wurde von Beduinen und Schakalen angegriffen. Aber die Freude, heilige Luft zu atmen, heilte seine Wunden. Manchmal vergingen Wochen, und alles, was er hatte, um sich zu ernähren, waren Wasser und stachlige Pflanzen der verbrannten Erde.

Ich wußte, daß er nicht log. Ich war besonders beeindruckt von seiner Geschichte, wie er seine Fußsohlen verbrannt hatte, als er über den heißen Sand lief. Er war wie von glühenden Kohlen verbrannt, und er hatte sein Hemd zerreißen müssen, um seine mit Blasen übersäten Füße zu verbinden. Er hatte all das getan, um zu dem Grab eines Heiligen zu gelangen, dessen Namen ich noch nie gehört hatte. Ich war von der Liebe des Mannes für das Heilige Land so gerührt, daß ich versprach, sein Buch weiter zu bearbeiten.

Soweit ich mich erinnern kann, habe ich diese Arbeit nie zu Ende gebracht. Heuschreck begann Auszüge an jiddische Zeitungen zu schicken, und zwei oder drei erschienen in einigen Zeitschriften in der Provinz. Die Warschauer Redakteure beschimpften mich, daß ich sie mit diesem Gefasel eines analphabetischen Verrückten belästigte, und ich mußte schwören, sie nie wieder mit solchen Machwerken zu behelligen. Ich muß nicht erst sagen, daß ich für meine Mühe nie einen Zloty gesehen habe.

Ich könnte die Geschichte hier aufhören lassen, aber das Leben fügte der Geschichte von Heuschreck ein wichtiges Kapitel hinzu, und ich kann nicht umhin, es wiederzugeben.

Wie man weiß, wurden viele Familien im nazibesetzten Polen von September 1939 bis zum Ende des Zweiten Weltkriegs auseinandergerissen. Vielen Männern gelang es, dem Teil Polens, der von Hitler besetzt war, zu entfliehen und im sowjetbesetzten Teil Zuflucht zu finden. Da es zwischen diesen beiden Regionen keinen postalischen Verkehr gab, entwickelte sich ein illegaler Botendienst. Diese Boten wurden heilige Boten genannt. Sie riskierten nicht nur ihr Leben, sie wurden auch den schlimmsten Folterungen unterworfen, wenn man sie faßte. Viele von ihnen – oder vielleicht alle – wurden von dem Wunsch getrieben, die getrennten Familien zusammenzuhalten; kein Geld der Welt hätte sie für das große Risiko entschädigen können. Am Ende sind die meisten umgekommen.

Nach dem Krieg erfuhr ich, daß Heuschreck einer dieser Boten gewesen war, und er war der gewissenhafteste gewesen. Schließlich war er beim Schmuggeln von Briefen auf dem Weg von Bialystok nach Warschau gefaßt und zu Tode gefoltert worden. Während Heuschreck mich mit seinen jämmerlichen Geschichten über den Krieg des Jahres 1920 geplagt hatte, und später mit seinem Umherwandern, hatte ich mich oft gefragt: »Wozu wurde Heuschreck geboren?« Aber es scheint, daß Märtyrer, wie Soldaten, für die Aufgabe, die das Schicksal ihnen zugedacht hat, vorbereitet werden müssen. Er hätte niemals ein heiliger Bote werden können, hätte er nicht all die schweren Prüfungen, die er in seinem rührenden Buch beschrieben und die er mir so ausführlich erzählt hatte, bestanden. Ich glaube, daß es irgendwo im Universum ein Archiv geben muß, in dem alles menschliche Leiden und jeder Akt der Selbstaufopferung verzeichnet ist. Es könnte keine göttliche Gerechtigkeit geben, wenn Heuschrecks Geschichte nicht in Gottes unendlicher Bibliothek für ewige Zeiten aufbewahrt würde.

DER FEIND

1

Während des Zweiten Weltkriegs gelang es einer Reihe von jiddischen Schriftstellern und Journalisten, über Kuba, Marokko und sogar Schanghai die Vereinigten Staaten zu erreichen – alle waren Flüchtlinge aus Polen. Ich verfolgte nicht alle Nachrichten über ihre Ankunft in der New Yorker jiddischen Presse, so wußte ich nicht genau, wer von meinen Kollegen am Leben geblieben und wer umgekommen war. Eines Abends, als ich in der Bibliothek an der Fifth Avenue in den ›Phantasmagorien der Lebenden‹ von Edmund Gurney, Frederick W. H. Myers und Frank Podmore las, berührte mich jemand am Ellbogen. Ein kleiner Mann mit hoher Stirn und angegrautem schwarzem Haar sah mich durch eine Hornbrille an, aus schrägen Augen wie die eines Chinesen. Er lächelte, und seine langen gelben Zähne wurden sichtbar. Er hatte eingefallene Backen, eine kurze Nase und eine lange Oberlippe. Er trug ein zerknittertes Hemd und einen Schlips, der von seinem Kragen wie ein Band herunterhing. Sein Lächeln drückte die schlaue Zufriedenheit eines früher nahen Freundes aus, dem bewußt ist, daß er nicht erkannt worden ist – er freute sich offensichtlich über meine Verwirrung. In der Tat, ich erinnerte mich an das Gesicht, konnte es aber nicht mit einem Namen verbinden. Vielleicht war ich etwas benommen, da ich viele Stunden auf dem Stuhl gesessen und Fallstudien der Telepathie, des Hellsehens und über das Leben nach dem Tode gelesen hatte.

»Du hast mich also vergessen, was?« sagte er. »Du solltest dich schämen – Chaikin.«

Als er seinen Namen nannte, fiel mir sofort alles ein. Er war Feuilletonist bei einer jiddischen Zeitung in Warschau gewesen. Wir waren Freunde gewesen, hatten einander geduzt, obwohl er zwanzig Jahre älter war. »Du bist also am Leben«, sagte ich.

»Wenn man das ›am Leben sein‹ nennen kann. Bin ich wirklich so alt geworden?«

»Du bist noch derselbe Schlemihl.«

»Nicht genau derselbe. Du hast gedacht, ich sei tot, stimmt's? Es war nicht weit entfernt davon. Laß uns hinausgehen, ein Glas Kaffee trinken. Was liest du da? Kannst du schon Englisch?«

»Genug, um zu lesen.«

»Und was steht in diesem dicken Buch?«

Ich sagte es ihm.

»So bist du noch immer an diesem Hokuspokus interessiert?«

Ich stand auf. Wir gingen zusammen hinaus, durch den Katalograum, und nahmen den Lift zum Ausgang an der Forty-second Street. Dort gingen wir in eine Cafeteria. Ich wollte Chaikin zum Abendessen einladen, aber er versicherte mir, daß er schon gegessen habe. Alles, was er wollte, war ein Glas schwarzen Kaffees. »Ich hasse Streuzucker«, sagte er. »Kannst du mir ein Stück Zucker besorgen, das ich lutschen kann?«

Es war nicht ganz einfach, dem Mädchen an der Theke klarzumachen, was ich wollte: Kaffee im Glas und ein Stück Zucker extra für ein Greenhorn, das an den alten Gewohnheiten hing. Aber ich wollte nicht, daß Chaikin Amerika angreifen sollte. Ich war bereits um die Einbürgerung eingekommen und würde in Kürze Amerikaner sein. Ich brachte ihm sein Glas mit schwarzem Kaffee und ein Küchlein, wie man sie in Warschau gebacken hatte. Chaikin brach mit nikotingelben Fingern ein Stück ab, kostete es und sagte: »Zu süß.«

Er zündete eine Zigarette an der anderen an, sprach die ganze Zeit, und es dauerte nicht lange, bis der Aschenbecher auf unserem Tisch mit Kippen und Asche gefüllt war. Er sagte: »Ich nehme an, du weißt, daß ich die letzten paar Jahre in Rio gelebt habe. Ich habe immer deine Geschichten im ›Forward‹ gelesen. Um die Wahrheit zu sagen, bis vor kurzem habe ich deine Beschäftigung mit Aberglauben und Wundern nur für eine Verstiegenheit gehalten – oder vielleicht einen literarischen Manierismus. Aber inzwischen ist mir etwas zugestoßen, mit dem ich nicht fertig geworden bin.«

»Hast du einen Geist gesehen?«

»So könnte man es nennen.«

»Also, worauf wartest du noch? Es gibt nichts, das ich lieber höre als solche Geschichten, besonders von einem Skeptiker, wie du einer bist.«

»Wirklich, es fällt mir schwer, darüber zu reden. Ich bin bereit zuzugeben, daß es irgendwo einen Gott gibt, der diese elende Welt schlecht verwaltet, aber ich habe nie an deine Art von Mischmasch glauben können. Allerdings kann einem doch ein Ereignis, für das es keinerlei rationale Erklärung gibt, zu denken geben. Was mir zugestoßen ist, ist reiner Wahnsinn. Entweder war ich in diesen Tagen verrückt, oder es handelte sich um eine lange Halluzination. Ich bin doch nicht vollkommen verrückt. Wahrscheinlich weißt du, daß ich bei Kriegsausbruch in Frankreich war. Als die Vichy-Regierung sich etabliert hatte, bot sich mir eine Gelegenheit, nach Casablanca zu flüchten. Von dort ging ich nach Brasilien. In Rio gibt es ein kleines jiddisches Blatt, und dort machte man mich zum Redakteur. Übrigens, ich habe alle deine Sachen dort nachgedruckt. Rio ist wunderbar, aber was kann man dort tun? Ich habe den bitteren Kaffee getrunken und meine Artikel geschrieben. Die Frauen sind noch ein Kapitel für sich – das muß am Klima liegen. Ihre Ansprüche an Liebe sind gefährlich für einen alten Junggesellen. Als ich eine Gelegenheit hatte, nach New York zu gehen, griff ich zu. Ich muß dir nicht erzählen, daß es nicht einfach war, ein Visum zu bekommen. Ich fuhr mit einem argentinischen Schiff, das bis New York zwölf Tage brauchte.

Immer, wenn ich eine Schiffsreise mache, gerate ich in eine Krise. Ich verirre mich auf Schiffen und in Hotels. Ich kann nie meine Kabine finden. Natürlich fuhr ich in der Touristenklasse und teilte eine Kabine mit einem griechischen Burschen und zwei Italienern. Dieser Grieche war ein wilder Mensch, der immerfort vor sich hin murmelte. Ich verstehe kein Griechisch, aber ich bin sicher, er fluchte. Vielleicht hatte er eine junge Frau zurückgelassen und war eifersüchtig. Nachts, wenn es dunkel war, leuchteten seine Augen wie die eines Wolfes. Die beiden Italiener schienen Zwillinge zu sein – beide waren klein, fett, rund wie ein Faß. Sie sprachen den ganzen Tag miteinander und auch noch die halbe Nacht. Alle paar Minuten brachen sie in Gelächter aus. Italienisch ist mir fast so fremd wie Griechisch, und ich versuchte, mich auf französisch verständlich zu machen. Ich hätte ebensogut gegen die Wand sprechen können – sie nahmen überhaupt keine Notiz von mir. Das Meer wirkt sich immer irritierend auf meine Blase aus. Zehnmal in der Nacht mußte ich urinieren, und die Leiter von meiner Koje hinunterzusteigen war eine Qual.

Ich hatte Angst, daß man mich im Speisesaal mit anderen Leuten zusammensetzen würde, deren Sprache ich nicht verstehe. Aber man hatte mir einen kleinen Tisch in der Nähe des Eingangs für mich allein gegeben. Zuerst war ich ganz zufrieden. Ich dachte, ich würde in Frieden essen können. Aber gleich am Anfang warf ich einen Blick auf meinen Kellner und wußte, er ist mein Feind. Um jemanden zu hassen, braucht es keinen Grund. In der Regel sind Argentinier nicht besonders groß. Aber dieser Bursche war sehr groß, hatte breite Schultern – ein wahrer Riese. Er hatte die Augen eines Mörders. Als er zum erstenmal an meinen Tisch kam, warf er mir einen so bösen Blick zu, daß mich schauderte. Sein Gesicht verzog sich, und seine Augen wölbten sich vor. Ich versuchte französisch oder deutsch mit ihm zu sprechen, er schüttelte nur den Kopf. Ich verlangte mit Zeichen die Menükarte, und er ließ mich eine halbe Stunde darauf warten. Was immer ich verlangte, er lachte mir ins Gesicht und brachte mir etwas anderes. Er stellte die Schüsseln mit einem Knall auf den Tisch. Kurzum, dieser Kellner erklärte mir den Krieg. Er war so widerlich, daß es mich krank machte.

Dreimal am Tag war ich ihm ausgeliefert, und jedesmal fand er neue Wege, mich zu quälen. Er versuchte, mir Schweinskoteletts zu servieren, obwohl ich sie immer zurückwies. Zuerst dachte ich, der Mann sei vielleicht ein Nazi und wolle mich kränken, weil ich ein Jude bin. Aber nein. Am Nebentisch saß eine jüdische Familie. Die Frau trug sogar eine Davidstern-Brosche, und trotzdem bediente er sie korrekt und unterhielt sich sogar mit ihnen. Ich ging zum Oberkellner und bat um einen anderen Tisch, aber entweder verstand er mich nicht oder gab vor, mich nicht zu verstehen. Es war eine ganze Anzahl Juden auf dem Schiff, und ich hätte leicht Bekanntschaften machen können, aber ich war so verstimmt, daß ich zu niemandem sprechen mochte. Als ich schließlich doch jemanden ansprach, ging er fort. Zu der Zeit hatte ich bereits den Verdacht, daß die bösen Mächte gegen mich arbeiteten. Ich konnte nachts nicht schlafen. Jedesmal, wenn ich eingeschlafen war, wachte ich mit Schrecken wieder auf. Ich hatte entsetzliche Träume, als ob mich jemand mit einem Fluch belegt hätte. Auf dem Schiff gab es eine kleine Bibliothek, darin auch einige französische und deutsche Bücher. Sie waren in einem Glasschrank verschlossen. Als ich die Bibliothekarin um ein Buch bat, runzelte sie die Brauen und wandte sich ab.

Ich sagte mir: ›Millionen Juden werden gequält und in Konzentrationslagern gefoltert. Warum sollte ich es besser haben?‹ Einmal wollte ich mich wie ein Christ verhalten und Haß mit Liebe begegnen. Es half nicht. Ich bestellte Kartoffeln, und der Kellner brachte mir eine Schüssel kalter Spaghetti mit Käse, der zum Himmel stank. Ich sagte ›Gracias‹, aber dieser Hundesohn antwortete nicht. Er sah mich spöttisch und verächtlich an. Die Augen eines Menschen – sogar sein Mund und seine Zähne – enthüllen oft mehr als die Sprache. Ich war weniger von dem Unrecht, das er mir antat, betroffen, als daß mich Neugier verzehrte. Wenn das, was mir geschah, nicht nur eine Ausgeburt meiner Phantasie war, würde ich alle Werte neu festsetzen müssen – und zu dem Aberglauben des primitivsten Zeitalters des Menschen zurückkehren.«

»Der Kaffee ist eiskalt.«

»Du hast ihn kalt werden lassen.«

»Ach, denk nicht mehr dran.«

2

Chaikin drückte die letzte Zigarette aus seinem Päckchen aus. »Wenn du dich erinnerst, ich habe immer viel geraucht. Seit dieser Reise bin ich ein Kettenraucher. Aber laß mich dir weiter meine Geschichte erzählen. Die Reise dauerte zwölf Tage, und jeder Tag war schlimmer als der vorangegangene. Ich hörte bald auf, überhaupt etwas zu essen. Zuerst frühstückte ich nicht mehr. Dann entschied ich, daß eine Mahlzeit am Tag ausreichend sei, und ging nur zum Abendessen. Jeder Tag war Jom Kippur – ein Fasttag. Wenn ich nur einen Winkel gefunden hätte, wo ich allein sein konnte. Aber die Touristenklasse war sehr besetzt. Italienische Frauen sangen den ganzen Tag lang. Im Gesellschaftsraum saßen Männer, die Karten, Domino und Schach spielten und riesige Gläser Bier tranken. Als wir uns dem Äquator näherten, wurde es die Hölle. Mitten in der Nacht ging ich an Deck, und die Hitze schlug mir wie von einem Hochofen ins Gesicht. Ich hatte das Gefühl, ein Komet stieße mit der Erde zusammen und der Ozean koche über. Die Sonnenuntergänge am Äquator sind unbeschreiblich schön und gleichzeitig erschreckend. Die Nacht bricht ganz plötzlich herein. Eben ist es Tag und im nächsten Augenblick Nacht. Der Mond ist so groß wie die Sonne und so rot wie Blut. Bist du je in diesen Breitengraden gereist? Ich streckte mich auf Deck aus und döste, nur um die beiden Italiener und den Griechen zu vermeiden. Etwas hatte ich gelernt: Ich nahm von meinem Tisch mit, was ich konnte: ein Stück Käse, ein Brötchen, eine Banane. Als mein Feind entdeckte, daß ich Sachen in meine Kabine mitnahm, wurde er wütend. Als ich einmal eine Orange mitnehmen wollte, riß er sie mir aus der Hand. Ich bekam Angst, daß er mich schlagen würde. Ich fürchtete tatsächlich, er könne mich vergiften, und ich hörte auf, gekochte Speisen zu essen.

Zwei Tage bevor das Schiff in New York anlegen sollte, fand das Kapitänsessen statt. Der Speisesaal war mit Papierschlangen, Lampions und anderem Firlefanz geschmückt. Als ich den Speisesaal betrat, habe ich ihn fast nicht wiedererkannt. Die Passagiere waren in Phantasieabendkleider und Smokings gekleidet. Auf den Tischen lagen Papierhüte und goldene und silberne Turbane, Trompeten wie auch allerlei Flitter, der bei solchen Gelegenheiten üblich ist. Die Menükarten, mit Bändern und Quasten geschmückt, waren größer als sonst. Auf meinen Tisch hatte mein Feind eine Narrenkappe gelegt.

Ich setzte mich, und da der Tisch klein war und ich nicht in der Stimmung für solchen Unfug, schubste ich die Kappe auf den Boden. Diesen Abend mußte ich noch länger warten als sonst. Man servierte Suppe, Fisch, Fleisch, Kompott und Kuchen, und ich saß vor einem leeren Teller. Die Gerüche ließen mir das Wasser im Mund zusammenlaufen. Nach einer guten Stunde kam der Kellner in großer Eile, drückte mir die Speisekarte so in die Hand, daß sie mir in die Haut zwischen Daumen und Zeigefinger schnitt. Dann sah er die Narrenkappe auf dem Boden. Er hob sie auf und stülpte sie so heftig über meinen Kopf, daß meine Brille herunterfiel. Ich weigerte mich, lächerlich auszusehen, nur um diesem Schurken Vergnügen zu bereiten, und nahm die Kappe ab. Als er das sah, schrie er etwas auf spanisch und bedrohte mich mit den Fäusten. Er nahm meine Bestellung überhaupt nicht an, sondern brachte mir trockenes Brot und einen Krug mit saurem Wein. Ich war so ausgehungert, daß ich das Brot aß und den Wein trank. Südamerikaner nehmen das Kapitänsdinner sehr ernst. Alle paar Minuten knallte ein Champagnerkorken. Die Kapelle spielte ausgelassen. Fette alte Paare tanzten. Heute scheint die ganze Angelegenheit keine große Tragödie mehr zu sein, aber damals hätte ich ein Jahr meines Lebens darum gegeben, zu wissen, warum dieser tückische Mensch mich verfolgte. Ich hoffte, irgend jemand würde bemerken, wie gemein ich behandelt wurde, aber niemand um mich herum machte sich etwas daraus. Mir schien, daß meine unmittelbaren Nachbarn – selbst die Juden – mich auslachten. Du weißt, wie das Gehirn in solchen Fällen arbeitet.

Da ich nichts mehr zu essen bekam, ging ich in meine Kabine zurück. Weder der Grieche noch die Italiener waren da. Ich stieg die Leiter zu meiner Koje hinauf und legte mich in den Kleidern hin. Draußen tobte das Meer, und aus der Halle oben hörte ich Musik, Schreie und Gelächter. Alle amüsierten sich.

Ich war so müde, daß ich in tiefen Schlaf fiel. Ich kann mich nicht erinnern, je so tief geschlafen zu haben. Mein Kopf sank ins Kissen. Meine Beine wurden taub. Vielleicht ist dies der Weg zum Sterben. Dann fuhr ich erschreckt hoch. Ich fühlte einen stechenden Schmerz in der Blase. Ich mußte urinieren. Meine Prostata ist vergrößert, und wer weiß, was sonst noch. Meine Mitbewohner waren noch nicht zurückgekehrt. Die Korridore waren mit Erbrochenem verunreinigt. Ich erledigte, weswegen ich aufgestanden war, und beschloß, auf Deck zu gehen, um ein wenig frische Luft zu bekommen. Die Planken an Deck waren sauber und naß, wie frisch geschrubbt. Der Himmel war bewölkt, die Wellen schlugen hoch, und das Schiff stampfte heftig. Ich hätte nicht lange dortbleiben sollen, es war zu kalt. Trotzdem war ich entschlossen, ein wenig frische Luft zu atmen, und strengte mich an herumzuwandern.

Und dann kam das Ereignis, von dem ich noch immer nicht glauben kann, daß es wirklich geschah. Ich hatte das Gitter am Heck des Schiffes erreicht und kehrte um. Aber ich war nicht allein, wie ich gedacht hatte. Da war mein Kellner. Ich zitterte. Hatte er mir im Dunkeln aufgelauert? Ich wußte, daß er es war, der aus dem Nebel aufzutauchen schien. Er kam auf mich zu. Ich versuchte wegzulaufen, aber ein plötzlicher Ruck des Schiffes warf mich direkt in seine Hände. Ich kann dir nicht beschreiben, was ich in diesem Moment empfand. Als ich noch ein Junge in der Jeschiwa war, hörte ich einmal in der Nacht, wie eine Katze eine Maus fing. Das ist bald vierzig Jahre her, aber der Schrei dieser Maus verfolgt mich noch immer. Die Verzweiflung alles Lebenden klang in dem Schrei dieser Maus mit. Ich war in die Klauen meines Feindes gefallen, und ich verstand seinen Haß ebensowenig, wie die Maus den Haß der Katze verstand. Ich muß dir nicht erst erklären, daß ich kein großer Held bin. Selbst als Junge ging ich Kämpfen aus dem Weg. Die Hand gegen jemanden zu erheben entspricht nicht meiner Natur. Ich erwartete, er werde mich hochheben und in die See werfen. Trotzdem wehrte ich mich. Er stieß mich, und ich stieß ihn. Während wir miteinander rangen, fragte ich mich, ob das wirklich mein Erzfeind aus dem Speisesaal sein konnte. Der hätte mich mit einem Schlag umbringen können. Der Mensch, mit dem ich kämpfte, war nicht der Riese, den ich gefürchtet hatte. Seine Arme fühlten sich wie weicher Gummi, Gelatine oder Flaumfedern an – ich weiß nicht, wie ich es anders ausdrücken könnte. Er stieß mich fast ohne Kraft, und es gelang mir sogar, ihn wegzuschieben. Es kam kein Ton von ihm. Warum ich nicht um Hilfe schrie, weiß ich selbst nicht. Man hätte mich doch nicht gehört, denn das Meer brüllte und donnerte. Wir kämpften schweigend und hartnäckig, und das Schiff wurde von einer Seite zur anderen geworfen. Ich glitt aus, aber gewann mein Gleichgewicht wieder. Ich weiß nicht, wie lange das Duell dauerte. Fünf Minuten, zehn, oder auch länger. Etwas blieb mir im Gedächtnis: Ich verzweifelte nicht. Ich mußte kämpfen, und ich kämpfte ohne Furcht. Später fiel mir ein, daß auf diese Weise wohl ein Kampf zwischen zwei Böcken um ein Reh stattfindet. Die Natur zwingt sie dazu, und sie gehorchen. Aber als der Kampf immer weiterging, war ich ziemlich erschöpft. Mein Hemd war durchnäßt. Funken flogen vor meinen Augen. Nein, keine Funken – Sonnenflecken. Ich war völlig in Anspruch genommen, Körper und Seele, es gab keinen Platz für irgendein anderes Gefühl. Plötzlich fand ich mich ganz nah an der Reeling. Ich packte den Feind, oder wer immer er war, und warf ihn über Bord. Er schien ungewöhnlich leicht zu sein – ein Schwamm oder Schaum. In meiner Panik sah ich nicht, was aus ihm wurde.

Danach gaben meine Beine nach, und ich fiel aufs Deck. Dort lag ich bis zum Morgengrauen. Daß ich mir keine Lungenentzündung geholt habe, war ein reines Wunder. Ich schlief nicht richtig, war aber auch nicht ganz wach. Gegen Morgen begann es zu regnen, und der Regen muß mich geweckt haben. Ich kroch zurück in meine Kabine. Der Grieche und die Italiener schnarchten wie die Ochsen. Ich kletterte die Leiter hinauf und fiel auf mein Bett, vollkommen erschöpft. Als ich aufwachte, war die Kabine leer. Es war ein Uhr mittags.«

»Du hast mit einem Astralleib gekämpft«, sagte ich.

»Was? Ich wußte schon, daß du so etwas Ähnliches sagen würdest. Du hast für alles einen Namen. Aber warte, die Geschichte ist noch nicht zu Ende.«

»Was noch?«

»Als ich aufstand, war ich noch sehr schwach. Ich ging in den Speisesaal, da ich mich davon überzeugen wollte, daß das Ganze ein Alptraum gewesen war. Was hätte es sonst sein sollen? Ich hätte diesen Riesenkerl von Kellner ebensowenig heben können wie du diese ganze Cafeteria hier. Ich schleppte mich zu meinem Tisch und setzte mich. Es war Zeit für das Mittagessen. In weniger als einer Minute kam ein Kellner zu mir – nicht mein Todfeind, sondern ein anderer, klein, sauber, freundlich. Er gab mir die Menükarte und fragte höflich, was ich wünschte. In meinem gebrochenen Französisch und dann auf deutsch versuchte ich herauszufinden, wo der andere Kellner war. Aber er schien mich nicht zu verstehen; jedenfalls antwortete er auf spanisch. Ich versuchte es mit Zeichensprache, aber es nutzte nichts. Dann deutete ich auf einige Gerichte auf der Menükarte, und er brachte mir sofort, was ich bestellt hatte. Es war das erste anständige Essen auf dem Schiff. Von da an war er mein Kellner, bis wir in New York anlegten. Der andere zeigte sich nie wieder – als ob ich ihn wirklich ins Meer geworfen hätte. Das ist die ganze Geschichte.«

»Eine seltsame Geschichte.«

»Wo ist der Sinn von alldem? Warum hat er mich so gehaßt? Und was ist ein Astralleib?«

Ich versuchte Chaikin zu erklären, was ich über diese Phänomene aus den Büchern, die sich mit Okkultismus beschäftigen, gelernt hatte. In unserem Körper gibt es noch einen anderen Körper: Er hat die Formen und die Gliedmaßen unseres physischen Körpers, ist aber geistige Substanz, eine Art von Übergang zwischen dem körperlichen und dem geistigen – ein ätherisches Wesen mit Kräften, die über den physikalischen und physiologischen Gesetzen, wie wir sie kennen, stehen. Chaikin sah mich durch seine Hornbrille an, scharf, vorwurfsvoll, mit der Andeutung eines Lächelns.

»So etwas wie einen Astralleib gibt es nicht. Ich hatte auf leeren Magen zuviel Wein getrunken. Das Ganze war eine Ausgeburt meiner Phantasie.«

»Warum ist er dann nie wieder im Speisesaal erschienen?« fragte ich.

Chaikin nahm einen seiner Zigarettenstummel und suchte nach Streichhölzern. »Manchmal werden Kellner ausgewechselt. Was schwache Nerven alles heraufbeschwören können! Außerdem habe ich ihn ein paar Wochen später in New York gesehen. Ich ging in ein Lokal, um zu telefonieren. Und da war er, saß an der Bar – falls dies nicht wieder ein Hirngespinst war.«

Wir schwiegen lange. Dann sagte Chaikin: »Ich werde nie wissen, was er gegen mich hatte.«

ÜBERRESTE

Fast alle Mitglieder des jiddischen Schriftsteller-Klubs in Warschau, zu dem ich in den zwanziger Jahren gehörte, hielten sich für Atheisten. Freie Liebe war die akzeptierte Lebensweise. Die jüngere Generation war überzeugt, daß die Einrichtung der Ehe veraltet und heuchlerisch war. Viele von ihnen waren Marxisten und verkündeten etwas, das sie »jüdische Weltlichkeit« nannten.

Ein ganz anderer Schriftsteller war Mottele Blendower, ein kleiner Mann, ein Nachkomme berühmter chassidischer Rabbis. Er hatte ein dunkles, schmales Gesicht, einen spitzen Bart und große schwarze Augen, die die sanfte Demut von Generationen ausdrückten. Er war der Verfasser eines Buches über das chassidische Leben in Polen. Einer von Motteles Großvätern hatte sich von seinen Schülern getrennt und war eine Art göttlicher Einsiedler geworden. Nach seinem Tod vernichteten seine Anhänger seine Schriften, weil sie einen Anflug von Blasphemie darin sahen. Mottele hatte seinen langen Kaftan und den rabbinischen Hut abgelegt und seine Schläfenlocken abgeschnitten, trotzdem sprach er wie ein Rabbi, benutzte deren feierlichen Sprachstil, übernahm ihre übertriebene

Höflichkeit, immer in dem Bemühen, niemanden – Gott behüte! – zu verletzen. Mottele versuchte, die jiddischistische Modernität mit der Überlieferung der Kabbala zu vereinen. Er unternahm es, solche mystischen Werke wie den ›Sohar‹, ›Das Buch der Schöpfung‹, den ›Baum des Lebens‹ und den ›Garten der Granatäpfel‹ in modernes Jiddisch zu übersetzen. In seinen Essays predigte er, daß Liebe und Sex Attribute der Gottheit seien und daß ihr richtiger Gebrauch ein Mittel sei, die Illusion der Kategorien der reinen Vernunft zu durchdringen und das Ding an sich und das Absolute zu begreifen.

Einige Zeit nachdem ich Mottele getroffen hatte, hatte er sich in eine Frau namens Zina verliebt, die ihrer Schönheit wegen bekannt war. Sie war blond, groß und die Tochter einer reichen Warschauer Familie. Einmal wurde sie zur Königin Esther des jiddischen literarischen Maskenballs gewählt. Sie hatte einen reichen jungen Mann geheiratet und sich von ihm – einem Anwalt – scheiden lassen. Von ihren Eltern hatte sie ein großes Vermögen geerbt, das sich in der Inflation verflüchtigte. Zina war eine weitläufige Verwandte von Mottele. Es gab eine große, laute Hochzeit.

Diejenigen, die Mottele und Zina kannten, sahen voraus, daß die Ehe nicht lange halten würde. Mottele war sanft und schwach, während Zina robust war. Ihr erster Mann, der Anwalt, sagte offen, daß seine ehemalige Frau eine Nymphomanin sei. Im Schriftsteller-Klub gingen Gerüchte um, daß sie alle ihre früheren Liebhaber zur Hochzeit eingeladen hätte. Ein intimer Freund hatte gehört, Zina habe all ihre Sünden Mottele gebeichtet, aber er behauptete, daß er auf die Vergangenheit nicht eifersüchtig sei und ihr für die Zukunft jegliche Freiheit lassen werde. Mottele soll ihr gesagt haben: »Die Wurzeln unserer beiden Seelen liegen in der Sefira, der Sphäre des Schönen, und in dieser Sphäre sind Sünden Tugenden.«

Einer von Zinas Liebhabern, den sie am meisten geliebt haben soll, war der Schriftsteller Benjamin Raschkes. Sie hatte Mottele gesagt, daß sie ihn nicht vergessen könne. Als er aus seinem möblierten Zimmer ausziehen mußte, weil er das Dienstmädchen der Pension geschwängert hatte, bot ihm Zina ein Arbeitszimmer in ihrer neuen, geräumigen Wohnung an. Sie stellte ein Sofa hinein, einen Schreibtisch und sogar eine jiddische Schreibmaschine, aus Amerika importiert, so daß Raschkes dort arbeiten konnte, wann immer die Muse ihm Inspiration gewährte. Das Problem war nur, daß er weniger und weniger zum Schreiben inspiriert wurde.

Er brauchte all seine Energie für die vielen angeblichen Liebesaffären, so daß er für nichts anderes Zeit hatte.

Im Schriftsteller-Klub wurde ständig über das Dreieck Mottele, Zina und Raschkes geredet. Obwohl Raschkes Zina versprochen hatte, den Schriftsteller-Klub zu meiden und seiner Arbeit nachzugehen, kam er jeden Tag in den Klub und verbrachte die ganze Zeit am Telefon. Hinter der geschlossenen Tür der Telefonzelle flüsterte er unaufhörlich Liebeserklärungen. Raschkes behauptete, die Monogamie habe die Erotik zerstört. Männer und Frauen seien nicht von Natur aus eifersüchtig; das einzige, was sie nicht wollen, sei, betrogen zu werden. Außerdem zögen sie es vor, die Wahrheit in kleinen Portionen zu erfahren, als Teil des Liebesspiels. Raschkes erzählte seinen Kollegen, daß viele Männer gern ihre Frauen mit Liebhabern teilten und daß seine Ideen auf persönlicher Erfahrung beruhten. Die Männer seiner Geliebten seien alle Freunde und Bewunderer von ihm, sagte er. Sie würfen ihm oft vor, er vernachlässige ihre Frauen. Raschkes behauptete, daß er Frieden zwischen seinen Geliebten und deren Männern aufrechterhalte.

Es war noch kein Jahr vergangen, als die Schwätzer im Schriftsteller-Klub eine neue Sensation zu bereden hatten. Zina hatte sich ernsthaft in einen bekannten kommunistischen Anführer verliebt, Leon Poznik. Die Trotzki-Säuberungen in Rußland waren schon eine Zeitlang im Gang, aber Poznik blieb ein überzeugter Stalinist. Er war der Herausgeber zweier kommunistischer Zeitschriften, einer auf polnisch, der anderen auf jiddisch. Die polnische politische Polizei hatte Poznik schon mehrmals verhaftet, aber er wurde immer wieder freigelassen. Man war nicht daran interessiert, die linken Anführer zu lange im Gefängnis zu behalten. Polen war offiziell eine Demokratie. Man konnte Leute nicht auf Grund ihrer Überzeugung einsperren. Außerdem war der politischen Polizei nicht daran gelegen, den Kommunismus in Polen auszurotten und sich damit um ihren Beruf zu bringen. Was Poznik anging, so brauchte er diese kurzen Verhaftungen, um sein Prestige in der Partei und in Rußland zu erhöhen. Er prahlte mit seinem Mut bei den Verhören und beschrieb, wie er den polnischen Faschisten Vorlesungen über Leninismus hielt. Aber die Genossen nannten ihn scherzend den »Polnischen Lunatscharski« – einen Kommunisten der Rede, nicht der Tat.

Poznik war breitschultrig, klein und trug Schuhe mit erhöhten Sohlen und Absätzen. Seine Augen, hinter dicken Gläsern der Hornbrille, schienen mit einem ganz eigenen Licht zu funkeln. Ich stellte mir oft vor, daß alle Siege des Weltkommunismus durch diese Gläser leuchteten.

Daß Zina sich in Poznik verliebt haben sollte, war unglaubhaft. Er hatte eine Frau, eine kommunistische Funktionärin, die zu fünf Jahren Gefängnis verurteilt worden war. Er prahlte mit seiner Liebschaft mit einer wichtigen Frau in Moskau, wohin er alle paar Monate eingeladen war. Außerdem hatte sich Zina nie für Politik interessiert. Sie war einige Zeit Schülerin des berühmten Mediums Kluski gewesen, dessen Spezialität die Materialisierung Verstorbener war. Ihre Faszination durch das Okkulte hatte sie wohl zuerst zu Mottele hingezogen. Aber wer kann die Wege der Liebe ergründen? Man wußte im Schriftsteller-Klub, daß Zina jetzt an allen Aktivitäten der Warschauer Linken teilnahm. Interviews mit ihr erschienen in den Zeitschriften der Linken. Sie trug eine Lederjacke, wie sie von den Funktionären der Tscheka, der sowjetischen politischen Polizei, getragen wurde. Sie verkaufte ihren Schmuck zur Unterstützung der politischen Gefangenen. Zina hatte jemandem berichtet, daß die politische Polizei sie zu einem Verhör bestellt und über Nacht in Gewahrsam in der Danilowiczowskastraße gehalten hatte, wo Verdächtige untergebracht wurden. Im Schriftsteller-Klub hieß es, daß Kommunismus wie Influenza sei, jeder müsse früher oder später dran glauben.

Im Frühjahr des Jahres 1927 gingen Poznik und Zina nach Rußland. Sie verschwanden plötzlich, ohne irgend jemandem im Klub etwas davon gesagt zu haben. Ich hörte, daß sie nicht einmal ihre Genossen informiert hatten. Weder Poznik noch Zina hätten einen Auslandspaß bekommen können. Die nach Rußland Eingeladenen mußten sich in der Nähe der Stadt Nieswiez über die Grenze schmuggeln. Lange Zeit hörte man im Schriftsteller-Klub nichts über Poznik und Zina. Dann verbreitete sich das Gerücht, daß Poznik in der UdSSR verhaftet und in das berüchtigte Lubjanka-Gefängnis eingeliefert worden sei. Raschkes hatte eine einzige jiddische Postkarte von Zina unter einem anderen Namen erhalten – er erkannte die Handschrift. Sie benutzte die verschwörerische Codesprache:

»Onkel Leon ist todkrank, und er ist in das Lubja-Hospital gebracht worden. Die Ärzte haben wenig Hoffnung.« Sie unterzeichnete die Karte mit »Deine verzweifelte Tante Charantah«, dem hebräischen Wort für Reue. Später stellte sich heraus, daß ein jiddisches Magazin in Charkow einen Angriff auf eine Anthologie, die Poznik vor zwei Jahren herausgegeben hatte, gedruckt hatte. Der Verfasser dieses Artikels, ein Genosse Dameschek, hatte in Pozniks Einführung Spuren von Trotzkismus entdeckt.

Nicht lange nachdem Poznik und Zina weggegangen waren, verbreitete sich im Schriftsteller-Klub die Nachricht, Mottele Blendower sei ein Büßer geworden – nicht von der modernen Art, die Jüdischkeit mit Weltlichkeit verbindet, sondern einer, die zur extremen Orthodoxie zurückkehrte. Er ließ seinen Bart wachsen und die Schläfenlocken, vertauschte seine modernen Kleider mit einem langen Kaftan, und unter seiner Weste sah man das mit Fransen versehene rituelle Gewand. Er veröffentlichte einen Brief in der orthodoxen Tageszeitung, in dem er all seine früheren Schriften als Irrlehre und Gift für die Seele bezeichnete. Er untersagte allen jiddischen dramatischen Zirkeln, sein Stück zu spielen, und schickte seine Mitgliedskarte an den Schriftsteller-Klub zurück. Der Besitzer eines jiddischen Buchladens ließ wissen, daß Mottele bei ihm alle Exemplare seines Buches gekauft, auf sie gespuckt und sie in den Abfallkübel geworfen habe. Raschkes war in Motteles Wohnung gegangen, um einige seiner Manuskripte zu holen, aber Mottele sagte, er habe sie im Ofen verbrannt. Motteles Ehe mit Zina wurde für ungültig erklärt, und ihm war gestattet, wieder zu heiraten, nachdem er die Unterschriften von hundert Rabbis eingeholt hatte. In der jiddischen orthodoxen Zeitung wurde bekanntgemacht, daß Mottele eine fromme jüdische Tochter geheiratet hatte, eine Nachfahrin bekannter Rabbis, und zum Leiter einer Jeschiwa berufen worden war. Die Neugierigen im Schriftsteller-Klub fanden bald heraus, daß Reb Motteles neue Frau ein achtzehnjähriges Mädchen war, das nach chassidischem Gesetz und Brauch am Tag nach der Hochzeit den Kopf rasiert und eine Haube aufgesetzt hatte wie eine Rebbezin. Mottele hatte seine Telefonnummer geändert, so daß Ketzer und Spötter ihn nicht erreichen konnten. Als ich ihm einmal auf der Straße begegnete und ihn grüßte, drehte er seinen Kopf weg. Es fiel mir schwer zu glauben, daß noch vor einem Jahr Mottele mit mir über Kant, Nietzsche, Kierkegaard und Ouspensky gesprochen hatte. Früher hatte er mit dem Zionismus sympathisiert. Jetzt nannte er die Zionisten Verräter der Juden.

Etwa zwei Jahre später erhielt ich an einem Winterabend in meinem möblierten Zimmer einen Telefonanruf. Ich konnte die Frauenstimme nicht erkennen, bis sie sagte, sie sei Zina. Ich war nie einer ihrer Freunde gewesen – ich grüßte sie im Schriftsteller-Klub, aber ich hatte selten mir ihr gesprochen. Jetzt sprach sie zu mir, als seien wir alte Freunde. Sie erzählte, daß sie auf illegalem Weg nach Polen zurückgekehrt sei. Während sie in Rußland war, hatte sie gehört, Mottele habe wieder geheiratet. Hier in Warschau hatte sie versucht, Raschkes zu erreichen, aber es schien, er sei aus dem Zimmer, das er bewohnt hatte, ausgezogen. Sie hatte im Schriftsteller-Klub nach seiner Adresse gefragt, aber niemand wußte sie. Sie vermutete, daß ich seine Adresse hätte, aber auch ich konnte ihr nicht helfen. Zinas Stimme hatte sich verändert. Sie klang heiser und alt. Sie fragte mich, ob ich sie treffen könne, an der Ecke der Solna- und Lesznostraße. Ich sagte, daß ich Angst hätte, mit ihr gesehen zu werden, ich könnte verhaftet werden.

Zina versicherte mir, die polnischen Behörden wüßten, daß sie aus Rußland geflüchtet sei, und es sei keine Gefahr für mich, mit ihr gesehen zu werden. Sie sagte: »Mein Lieber, ich bin nicht mehr die gleiche Zina. Meine eigene Mutter würde mich nicht erkennen, wenn sie noch am Leben wäre. Ich habe in der roten Hölle alles verloren – meine Schönheit, meinen Glauben an die menschliche Rasse. Sie sprechen mit einem lebenden Leichnam.«

Ich ließ mich überreden und machte mich auf den Weg, sie zu treffen. Es hatte geregnet und geschneit. Ein eisiger Wind wehte. An der Straßenecke Leszno und Solna erblickte ich Zina. Ich hätte sie nie erkannt. Sie sah abgemagert und alt aus. Ihr Haar war dunkel geworden, zerzaust und strähnig. Sie hatte eine wattierte graue Jacke an – wie Verkäufer auf dem Markt sie tragen. Sie streckte mir eine feuchte Hand entgegen und sagte: »Ich habe Hunger und bin halb erfroren. Ich habe drei Nächte nicht geschlafen. Als wir nach Rußland gingen, habe ich all meine Sachen in der Wohnung gelassen, die ich mit Mottele hatte. Ich habe versucht, sie zu holen, aber Motteles Frau schlug mir die Tür vor der Nase zu. Das bißchen Geld, das ich besaß, habe ich fürs Telefonieren ausgegeben, aber keiner meiner früheren Freunde scheint dazusein. Wo ist Raschkes? Wo versteckt er sich? Alle laufen vor mir davon wie vor einer Leprakranken. Sie werden es nicht glauben, auch die Empfangsdame im Klub ließ mich nicht hinein. Nun, ich verdiene all das.«

Zina sprach und hustete. Sie spuckte in etwas, das wie eine schmutzige Serviette aussah. Sie sagte: »Meine Lungen sind krank. Ich leide an Schwindsucht oder weiß Gott was.«

»Was hatten sie denn gegen Poznik in Rußland?« fragte ich. »Er hat doch all ihren Lügen zugestimmt.«

»Was haben sie gegen irgend jemanden? Sie verschlingen einander wie wilde Tiere. Haben Sie Mitleid mit mir, und führen Sie mich irgendwohin, wo es warm ist.«

Nach einigem Zögern ging ich mir ihr in ein Café in der Lesznostraße 36. Die Kellnerin runzelte die Brauen, als sie Zina sah. Ich bestellte Tomatensuppe für sie und ein Glas Tee für mich. Zina hatte alle Manieren abgelegt. Sie tunkte Brot in ihre Suppe. Sie sprach laut, und die Gäste um uns herum zuckten zusammen. Sie kippte die Suppenschale, trank den letzten Schluck und sagte: »Ich erkenne Warschau nicht wieder. Ich erkenne mich nicht einmal selbst. Was ich durchgemacht habe seit dem Tag, an dem sie Poznik verhafteten, kann ich nicht beschreiben. Ich habe buchstäblich auf der Straße gelebt. Ich hoffte, daß sie mich ins Gefängnis stecken würden, nur um ein Dach über dem Kopf zu haben. Aber wenn ein glückloser Mensch etwas will, dann geschieht das Gegenteil. Ich habe ihnen klar und deutlich erklärt: ›Ihr seid Mörder, keine Sozialisten, schlimmer als Faschisten. Euer Stalin ist ein Krimineller.‹ Sie haben nur gelacht. Sie waren nicht einmal bereit, mich ins Irrenhaus zu stecken. Als ich auf dem Rückweg nach Polen die Grenze überschritt, ließen sie mich durch, ohne nach Papieren zu fragen …«

Zina fing wieder an zu husten. Sie zog die schmutzige Serviette heraus und schneuzte sich. »Starren Sie mich nicht so an«, sagte sie. »Ich bin's – Zina, die Ballkönigin des jiddischen Schriftsteller-Klubs, die gekrönte Königin Esther. Weh über mich!«

Sie lächelte, und für einen Augenblick sah sie wieder jung und schön aus.

Jahre vergingen. Ich hatte Warschau verlassen und war in die Vereinigten Staaten emigriert. Der Hitler-Krieg war ausgebrochen, dann kam die Atombombe, und danach der Frieden. Zwischen 1945 und 1950 fand man heraus, wer in Europa am Leben geblieben war. Ich hatte gehört, daß Poznik schon vor Kriegsausbruch im Gefängnis in Moskau gestorben war. Andere sagten, er sei nach dem Norden geschickt worden, um nach Gold zu graben, und sei dort Hungers gestorben. Soweit ich wußte, waren sowohl Mottele wie Zina in Polen umgekommen.

Im Herbst 1954 machte ich meine erste Reise nach Israel. Dort erfuhr ich Einzelheiten über jene, die in den Gettos, in Konzentrationslagern oder in Rußland verschwunden waren. Ich hörte auch schauerliche Tatsachen über meine eigene Familie. Eines Tages versuchte ich in meinem Hotel in Tel Aviv in dem matten Licht, das durch die geschlossenen Fensterläden drang, ein Buch zu lesen. Ich hatte sie gegen den feinen Wüstensand, der durch den heißen Chamsinwind hereindringen würde, geschlossen.

Jemand klopfte an meine Tür. Ich hatte mich schon an unangemeldete Besucher gewöhnt, denn das Telefon funktionierte selten. Ich öffnete die Tür und sah einen kleinen Mann mit weißem Bart, rabbinischem Hut und neben ihm eine große Frau mit Perücke, die mit einem Schal bedeckt war, ihr Gesicht vom Chamsinsand vergoldet. Ich sah das Paar an und dachte, es müßten Schnorrer sein, die Almosen für eine gute Sache sammelten. Ich bemerkte, daß die Frau in der einen Hand eine Schachtel, in der anderen einen Schirm trug. Sie musterte mich von Kopf bis Fuß und sagte: »Ja, das ist er!«

»Darf ich fragen, mit wem ich die Ehre habe?« fragte ich.

»Schöne Ehre«, antwortete sie. »Mein Name ist Zina, und

dies ist mein Mann, Mottele Blendower. Haben Sie keine Angst; wir kommen nicht aus dem Grab, um Sie zu erwürgen.«

Ich hätte schockiert sein müssen, aber seit ich diese Reise unternommen hatte, war ich an die erstaunlichsten Begegnungen gewöhnt. Der kleine Mann sagte: »Das ist eine Überraschung, was? Ja, wir sind am Leben. Ich weiß, daß man mich unter die Toten gezählt hat. Man hat hier sogar einen Nachruf auf mich gedruckt, aber ich bin noch auf dieser Welt. Zina und ich, wir trafen uns 1948 in Lublin. Meine andere Frau und meine Kinder sind im Getto umgebracht worden, und was mir geschah, ist ein Märchen aus Tausendundeiner Nacht. Wir sind erst vor zwei Monaten hierher in den jüdischen Staat gekommen.«

»Kommen Sie herein. Kommen Sie herein. Das ist ein aufregendes Ereignis«, murmelte ich. Zina trat sofort über die Türschwelle, und nach einigem Zögern folgte Mottele.

Er fragte: »Warum sitzen Sie im Dunkeln? Wegen des Chamsin? Ich habe alle Arten von Sturmwinden erlebt, aber einen heißen Sandsturm erlebe ich zum erstenmal. In Rußland sind die Winde immer kalt, selbst im Sommer.«

»Dort ist alles kalt«, sagte Zina. »1939, als der Krieg ausbrach und das Polnische Radio verkündete, alle Männer sollten die Pragabrücke überqueren und nach Bialystok gehen, ging ich mit ihnen – erst nach Bialystok und dann nach Wilna, das zu Rußland gehörte. Ich war sicher, daß die Kommunisten meine Vergangenheit kannten und mich nach Sibirien schicken oder an die Wand stellen und erschießen würden; aber irgendwie kümmerte sich niemand um mich. Was ich zum zweitenmal im roten Paradies durchgemacht habe, ist nichts, über das jetzt zu reden wäre. Ich überlebte die Belagerung von Leningrad und fand mich später in den Gebirgen des Kaukasus, unter persischen Juden. Sie lebten dort seit zweitausend Jahren und sprachen eine Mischung von Persisch, Hebräisch und Russisch. 1945 versuchten alle Flüchtlinge nach Polen zurückzukehren oder die DP-Camps in Deutschland zu erreichen, aber ich sagte mir: ›Da Polen nichts anderes als ein riesiger Friedhof ist, was soll da die Eile?‹ Aber ich wurde todkrank mit Asthma. Als ich schließlich Warschau erreichte, ging ich zwischen den Ruinen wie der Prophet – wie war doch sein Name? – Jeremia, und sah einen jungen Mann dort, der die Erde mit einem Spaten umgrub. Ich fragte ihn, was er denn dort suche, und er sagte zu mir: ›Mich selbst.‹ Er war nicht wirklich verrückt, aber sonderbar. Später traf ich einige unserer ehemaligen Kommunisten, die im Schriftsteller-Klub verkehrt hatten. Sie hatten alles verloren außer ihrer Chuzpe. Von dort machte ich mich auf den Weg nach Lublin. Eines Tages, als ich die Lewertowstraße entlangging, sah ich diese hilflose Kreatur, meinen ehemaligen Mann. Er hatte es auch fertiggebracht, am Leben zu bleiben; lustig, nicht?«

»Warum steht ihr da herum?« fragte ich. »Setzt euch, beide. Ich habe keine Erfrischungen …«

»Wir sind nicht wegen der Erfrischungen gekommen«, sagte Mottele. »Wir sind gekommen, um Sie zu sehen. Sie sehen kaum älter aus. Wir haben Ihre Arbeiten immer verfolgt, selbst in Rußland. In Polen fand ich eines Ihrer Bücher. Wie Sie sehen, ist mein Bart ganz weiß geworden. Sie wundern sich bestimmt, wie wir beide wieder zusammengekommen sind, nach all dem, was zwischen uns gewesen ist. Die Antwort ist, daß nicht einmal die Unterschriften von hundert Rabbis den Geist der Ehe annullieren können. Jedenfalls war unsere Wiederbegegnung ein Akt der Vorsehung. Es steht eine ganze

Menge über nackte Seelen im Sohar, und wir beide sind zwei nackte Seelen.«

»Warum starren Sie so auf meine Perücke?« fragte mich Zina. »Das war Motteles Bedingung, ich müsse eine Perücke tragen und mich wie eine fromme Matrone benehmen. Ich habe ihm offen gesagt, daß ich an nichts mehr glauben kann. Aber da dies sein Wille war, gab ich nach. Was ist denn eine Perükke? Doch nur Haar von einer Leiche. Die Wahrheit ist, daß ich kaum mehr eigene Haare habe. In Leningrad bekam ich Typhus und wurde kahl. Ich habe irgendwo gelesen, daß selbst auf den Köpfen der Verstorbenen noch Haar nachwächst. Aber meine Haare wollen nicht mehr wachsen. Das heißt, ich bin noch schlimmer dran als die Toten.«

»Zina, übertreibe nicht«, sagte Mottele.

»Was? Ich muß gar nicht übertreiben. Die Wahrheit ist unheimlich genug.«

»Wo leben Sie denn?« fragte ich.

Mottele griff an seinen Bart. »Versprechen Sie mir, daß Sie mich nicht auslachen werden, und ich will es Ihnen sagen.«

»Ich werde nicht lachen.«

»Man hat mich zum Rabbi gemacht«, sagte er.

»Da gibt es gar nichts zu lachen. Sie sind der Sohn und Enkel von Rabbis.«

»Ja, ja, ja. Wir kamen ohne einen Pfennig hier an. Das Komitee hat unsere Reise bezahlt. Jemand hatte in den Zeitungen verkündet, daß ich am Leben sei. Hier leben noch eine Anzahl der chassidischen Anhänger meines Vaters, und alle kamen zu mir – aus Tel Aviv, Jerusalem, Safad, sogar aus Haifa, obwohl Haifa als Stadt der Radikalen bekannt ist. Sie haben mich gleich Rabbi genannt. ›Was für ein Rabbi bin ich denn‹, sagte ich ihnen. ›Und was ist mit Zina?‹ Aber sie antworteten mir: ›Ihr seid ein Kind unserer Schule. Ihr seid das Abbild Eures heiligen Vaters.‹ Ich will es kurz machen: Ich wurde Rabbi und sie Rebbezin hier in Tel Aviv.«

»In meinen Augen sind Sie ein besserer Rabbi als die anderen«, sagte ich.

»Danke. Am Sabbat kommen Juden zu mir zum Essen, und ich lese aus der Tora. Was kann man ihnen noch predigen? Nichts als Schweigen. Sie haben für uns eine Wohnung gemietet und sorgen für uns. Was könnte ich denn hier tun? Ich habe meine Kräfte verloren. Man hat mir Wiedergutmachung aus Deutschland angeboten, aber dieses Geld verabscheue ich.«

Wir schwiegen eine Weile. Draußen heulte der Wind, weinte und lachte wie ein Rudel Schakale. Zina sagte: »Wundern Sie sich nicht, daß ich geschminkt bin. Ich weiß, daß das einer Rebbezin nicht ansteht. Aber ich leide an einem Ekzem. Ein Mann kann seinen Bart wachsen lassen und die Backen verdecken. Bei einer Frau sieht man alles. Bei einem Wind wie dem heutigen schwillt mein Gesicht an.«

Wir schwiegen wieder lange. Dann sagte Zina: »Raten Sie, was in dieser Schachtel drin ist.«

»Zinele, er ist ein Schriftsteller«, sagte Mottele, »nicht ein Gedankenleser. Sag ihm, was drin ist.«

»Raschkes' unvollendeter Roman«, sagte Zina.

»Ja, ich verstehe.«

»Nein, das tun Sie nicht. An jenem Tag im September, als das Warschauer Radio allen Männern befahl, nach Rußland zu fliehen, ging ich zu Raschkes und versuchte ihn zu überreden, gemeinsam mit mir zu gehen. Aber er weigerte sich. Er war bleich wie der Tod. Am ersten Tag von Rosch haschana legte er sich auf sein Bett und wollte nie mehr aufstehen. Von all seinen Bewunderern blieb ihm nur eine Frau treu – Molly Spitz, eine schlechte Schriftstellerin, eine Psychopathin.«

»Ich kenne Molly Spitz«, sagte ich. »Sie pflegte in den Schriftsteller-Klub zu kommen.«

»Ja, die ist es.«

»Ich wußte nicht, daß sie Raschkes' Geliebte war«, sagte ich.

»Wer war nicht seine Geliebte?« fragte Zina. »Er ist allen Frauen zwischen fünfzehn und achtzig nachgelaufen. Als der Krieg ausbrach, verließen ihn alle – aber Molly Spitz, dieses Äffchen, blieb bei ihm. Die Wahrheit ist, daß in dem Haus, in dem sie wohnte, eine Bombe explodierte und sie obdachlos war. Ich war ein für allemal mit ihm fertig; trotzdem versuchte ich, ihn zu retten. Ich beschwor ihn, aber er sagte: ›Zinele, geh, wohin du willst. Ich habe mein Leben gelebt, und dies ist das Ende.‹ Er hieß mich, eine Schublade aufzumachen, und dort fand ich, was ich hier trage. Er sagte zu mir: ›Nimm das, wenn du darauf bestehst. Die Nazis brauchen meine Arbeit nicht. Ebensowenig die Roten. Sie können diese Seiten als Zigarettenpapier benutzen.‹ Das waren seine letzten Worte.«

»Und Sie haben das all diese Jahre mit sich herumgeschleppt?« fragte ich.

»Wo immer ich hinging – nach Bialystok, nach Wilna, nach Leningrad. Es handelt sich nicht um irgendeinen Roman. Es ist die Geschichte unserer großen Liebe. Ich habe versucht, in Wilna einen Verleger zu finden, aber die sind alle Stalin-Anhänger geworden. Die Juden in den Bergen des Kaukasus können kein Jiddisch. Hier ist sein Roman. Ich habe ihn über alle Grenzen, durch alle Ruinen geschleppt. Ich habe ihn in kalten Bahnhöfen bei mir gehabt. Ich nahm ihn mit, als ich mit Typhus im Krankenhaus lag. Als ich Mottele in Lublin traf, gab ich ihm den Roman zu lesen, und er sagte: ›Das ist ein Meisterwerk.‹«

Mottele hob langsam den Kopf. »Entschuldige, Zina; das habe ich nie gesagt.«

»Doch, du hast es gesagt. Es war deine Idee, ihm den Roman zu bringen«, sagte Zina und zeigte auf mich. »Jetzt, da wir im Lande Israel sind, möchte ich ihn veröffentlichen. Ich möchte, daß Sie ein Vorwort dazu schreiben. Auch das war Motteles Idee.«

Mottele zuckte die Schultern. »Alles, was ich gesagt habe, war, daß er Raschkes besser kannte als die anderen.«

An diesem Tag versprach ich Zina, das Manuskript zu lesen und eine Einführung zu schreiben. Den nächsten Abend lag ich bis drei Uhr wach und las das ganze Manuskript. Ich las und seufzte. Von Zeit zu Zeit griff ich mir an die Stirn. Ich hatte Raschkes immer für ein echtes Talent gehalten. Aber was ich an jenem Abend las, war der schlimmste Mischmasch. War er vorzeitig senil geworden? Hatte er die jiddische Sprache vergessen? Der Held des Romans war nicht Zina, sondern ein Mann, der sich in weitschweifigen Polemiken mit den Warschauer jiddischen Kritikern erging, in umständlichen pseudofreudschen Analysen, und dabei alle möglichen Schriftsteller, Philosophen und Politiker falsch zitierte. Ich hätte nie geglaubt, daß Raschkes imstande gewesen war, diesen verwirrenden Mischmasch zu schreiben, wenn ich nicht seine Handschrift erkannt hätte. Er hatte selbst die Orthographie vergessen. Raschkes stand in dem Ruf, ein Humorist zu sein, aber in diesem mitleiderregenden Monolog war keine Spur von Witz zu finden.

Ein paar Tage später rief Mottele an, und ich sagte ihm, was ich von Raschkes' letzter Arbeit hielt. Er begann zu stammeln:

»Ich habe es nie gelobt. Ich sagte etwas, und sie hörte das Gegenteil heraus. Wenn Hitler Deutschland und Stalin Rußland hypnotisieren konnten, dann ist mit der ganzen menschlichen Spezies etwas nicht in Ordnung. Zina ist krank. Sie hat zwei Krebsoperationen hinter sich. Man hat ihr die linke Brust abgenommen. Ich kann ihr die Wahrheit über Raschkes nicht sagen. Sie wird bald wieder ins Hospital müssen. Ich selbst leide an Angina pectoris. Ich hätte Sie in dem Sandsturm nicht besuchen sollen, aber sie hat mich buchstäblich hinausgezerrt. Was soll ich ihr über Ihre Einleitung sagen? Bitte finden Sie irgendeine Entschuldigung dafür, sie abzulehnen.«

»Sagen Sie ihr, daß ich die Einleitung aus Amerika schikken werde.«

»Ja, das ist eine gute Idee. Im Vertagen der Dinge liegt große Weisheit. Ich würde Sie gern allein sprechen, ohne sie.«

Ich traf eine Verabredung mit Mottele, aber einen Tag bevor wir uns treffen sollten, rief mich jemand an, um mir zu sagen, daß beide, Mottele und Zina, ins Hospital eingeliefert worden seien. Der Anrufer stellte sich als einer von Motteles Chassidim und eifriger Leser von mir vor.

Er sagte zu mir: »Das mag Ihnen als Widerspruch vorkommen, nicht wahr? Aber nach Treblinka sollte man überhaupt keine Fragen mehr stellen.«

AUF DEM WEG INS ARMENHAUS

Die Insassen des Armenhauses wollten sie alle loswerden. Erstens ist es eine Schande, die Schlafräume mit einer Hure zu teilen. Und zweitens war sie nicht einmal aus dieser Gegend. Die Behörden hatten sie in das Janow-Gefängnis eingesperrt, und während sie dort war, wurde sie gelähmt. Wo ist da eine Verbindung zu den Bewohnern von Janow? Die jüdische Gemeinde konnte aber eine jüdische Tochter nicht auf die Straße werfen, ganz gleich, wie lasterhaft sie auch war. So legten sie eine Strohmatratze in eine Ecke des Schlafsaals, und dort lag sie. Sie war dunkelhäutig, hatte ein jugendliches Gesicht, schwarze brennende Augen, zusammengewachsene Brauen, vorstehende Backenknochen, ein spitzes Kinn und schwarzes, bis auf die Schultern hängendes Haar. Die Armen verfluchten sie, und sie antwortete mit zehn Flüchen auf einen. Sie spuckten sie an, und sie spuckte zurück, zischend wie eine Schlange. »Die Pocken auf deine Zunge, schwarz im Kopf und grün vor den Augen, der Hintern soll dir vom Schiwesitzen anschwellen …« So kundig, wie sie im Schimpfen und Fluchen war, so fähig war sie, großen Charme zu entwickeln und den Männern lüsterne Geschichten aus ihrer Vergangenheit zu erzählen. Obwohl ihre Beine gelähmt waren, argwöhnten die Frauen in Janow, sie könne ihre Männer verführen. Wann immer eine Epidemie von Blattern, Masern, Scharlachfieber oder Krupp ausbrach, liefen die frommen Frauen der Stadt ins Lehrhaus zu den Ältesten und zeterten, daß die Krankheit eine Bestrafung dafür sei, daß man die Hure in einem Haus, welches der Gemeinde gehörte, aufgenommen hatte. Aber was sollten sie mit einem Krüppel tun?

Ihr Name war Zilla, und ihr Jiddisch hatte den Akzent derer, die auf dem anderen Ufer der Weichsel lebten. Die Insassen des Armenhauses mieden sie wie eine Leprakranke, und sie kümmerte sich auch nicht um sie. Aber wenn die Männer aus der Stadt sie besuchen kamen und ihr Grütze, Hühnersuppe oder eine halbe Flasche Wodka brachten, lächelte sie sie freundlich und zweideutig an. Sie trug eine Kette aus roten Perlen um den Hals. Von ihren Ohren hingen lange Ohrringe. Sie schob die Decke herunter, so daß der obere Teil ihrer Brüste zu sehen war. Gelegentlich ließ sie die Besucher ihre kranken Beine berühren. Bald hatte sie eine Gruppe aus der Stadt, die sich um sie scharte. Diese Raufbolde aus der Stadt drohten Zorach, dem Armenhausaufseher, daß sie ihm den Hals umdrehen würden, wenn er Zilla schlecht behandele. Sie stellten ihr viele Fragen über ihre Vergangenheit, und sie beantwortete sie und prahlte schamlos mit ihren Sünden. Sie erinnerte sich an jedes Detail und ließ nichts aus. Nach einiger Zeit schlossen mehrere der Insassen Frieden mit ihr, denn durch sie bekamen auch sie besseres Essen und manchmal sogar Schnaps. Diejenigen, die in ihrer Nähe ihre Strohsäcke hatten, fingen an, sich über ihre Geschichten zu amüsieren. Sie wünschten ihr zwar die schwarze Pest und ewige Verdammnis, aber sie gaben zu, daß ihre Geschichten den langweiligen

Sommer und die langen Winternächte verkürzten. Zilla behauptete, im Alter von acht Jahren von einem Pferdehändler in den Stall gelockt und dort auf einem Haufen Heu und Pferdedung von ihm vergewaltigt worden zu sein. Später, als sie Waise geworden war, ließ sie sich mit Metzgerlehrlingen, Kutschern und Soldaten ein. Ihre Heimatstadt war in der Nähe der preußischen Grenze, und die Schmuggler schliefen mit ihr. Zilla nannte die Städte, wo sie in Bordellen gewesen war, erzählte von den Puffmüttern und Zuhältern. Kosakenoffiziere zogen sie den anderen Mädchen vor. Sie tanzten und tranken mit ihr. Ein verrückter Gutsbesitzer ließ sie in einer mit Wein gefüllten Wanne baden und trank später davon. Ein reicher Russe aus Sibirien machte ihr einen Heiratsantrag unter der Bedingung, daß sie zum orthodoxen Glauben übertreten würde. Aber Zilla lehnte es ab, christlich zu werden und den Gott Israels zu verraten. Sie hatte keine Lust, diesen Iwan zu heiraten und ihm kleine Iwans zu schenken. Was hätte er ihr geben können, das sie nicht schon besaß? Sie trug seidene Blusen und Unterwäsche. Sie aß Marzipan und gebratene Tauben.

Viele Jahre lang hatte sie Glück. Sie wurde nicht schwanger, sie bekam keinen Tripper. Andere Huren, die ihren Beruf nach ihr angefangen hatten, verfaulten in Hospitälern, aber sie blieb jung und schön. Plötzlich verließ sie ihr Glück. In einem Bordell in Lublin hatte ein Mädchen ihren Zuhälter vergiftet. Bei der Untersuchung bezichtigte sie Zilla des Verbrechens. Zilla wurde des Mordes angeklagt und in das Gefängnis von Janow geschickt, weil die Frauenabteilung des Lubliner Gefängnisses überfüllt war. Dort verbrachte sie neun Monate in Einzelhaft in einer feuchten Zelle, die von Wanzen und anderem Ungeziefer wimmelte. Die Untersuchungsbehörden in Lublin hatten sie vergessen. Ihre Papiere waren irgendwo verlegt worden. Der Prozeß fand nie statt. Man mußte sie freilassen. Aber ein paar Tage vor ihrer Entlassung verlor sie alle Kraft in den Beinen, die wie Holz wurden. Zilla prahlte damit, daß die Gefängniswärter sich mit ihr eingelassen hätten. In der Nachbarzelle saß eine Bande von Dieben. Eines Nachts machten sie ein großes Loch in die Wand, durch das sie es mit ihr treiben konnten. Hodel, die Witwe, deren Strohsack neben Zillas lag, fuhr zusammen, hob ihre Fäuste in einem Wutanfall und schrie: »Halt deinen dreckigen Mund. Deine Worte sind tödliches Gift.«

»Süßes Gift.«

»Gott wartet lange, aber er straft schwer.«

»Von mir aus kann er noch ein Weilchen warten«, antwortete Zilla spöttisch.

In Janow stritt man sich wegen Zilla. Die Gemeinde hielt eine Sitzung ab, um zu beraten, was zu tun wäre. Sie entehrte die Stadt. Selbst die Burschen im Lehrhaus diskutierten über sie. Nach langen Verhandlungen, die bis zur Morgendämmerung dauerten, wurde beschlossen, sie ins Armenhaus von Lublin zu schicken. Die Janower Gemeinde war bereit, für ihren Unterhalt dort aufzukommen. Lublin ist eine große Stadt, und dort gibt es viele wie sie. Der alte Rabbi von Janow, Reb Seinwele, ermahnte seine Gemeinde, daß ein lepröses Schaf die ganze Herde anstecken könne. Er bemerkte, daß die Helfer Satans überall seien – auf dem Markt, in der Schenke, im Lehrhaus, selbst auf dem Friedhof. Die Lage in Janow hatte sich so zugespitzt, daß angesehene Kaufleute, Väter von Kindern, stundenlang um Zillas Bett standen und ihre Obszönitäten anhörten. Sie brachten ihr so viel Essen und so viele Delikatessen, daß sie sie an die verschenkte, die ihr schmeichelten. Den Kindern im Armenhaus schenkte sie Kekse, Rosinen und Sonnenblumenkerne. Sie lag nicht mehr auf einem Strohsack, sondern auf einem Bett mit Leintüchern. In Janow hatte man noch nie gehört, daß Frauen rauchten. Zilla bat um Tabak und Zigarettenpapier, und sie rollte ihre eigenen Zigaretten und blies den Rauch durch die Nasenlöcher. Wie lange kann eine Stadt wie Janow so ein lockeres Benehmen dulden? Nach langen Verhandlungen kam ein Brief von der Gemeinde in Lublin, der besagte, daß man Zilla ein Bett in dem Raum, wo man die Sterbenden hinlegte, geben würde. Man würde einen Wandschirm um ihr Bett stellen, damit die anderen nicht ihr freches Gesicht sehen müßten. Neben den Ausgaben für ihren Unterhalt verlangte die Gemeinde in Lublin von der Gemeinde in Janow, daß die Kosten für die Beerdigung im voraus bezahlt werden müßten, obwohl Zilla außerhalb des Friedhofs bestattet werden würde. Als der Inhalt dieses Briefes in Janow bekannt wurde, versammelten sich Zillas Anhänger zu einer Sitzung, und einer, Berisch, der Musiker, der als Spötter, Schürzenjäger und Lästerer bekannt war, stachelte den Pöbel an. »Die sogenannten aufrechten Bürger«, brüllte er, »dienen angeblich Gott, aber in Wirklichkeit dienen sie nur sich selbst. Sie haben von allem das Beste genommen – die Ziegelhäuser, die östliche Mauer in der Synagoge, die Stände auf dem Markt, die fettesten Weiber, sogar die bestgelegenen Gräber. Jedoch wenn ein Schuster, ein Schneider oder ein Schweinsborstenkämmer versucht, den Kopf zu heben, wird er sofort mit Exkommunikation und einem Nagelbett in Gehenna bedroht. Wir werden nicht erlauben, Zilla nach Lublin zu schikken, wo sie bei lebendigem Leib verfaulen wird. Wir können uns hier um sie kümmern. Es ist wahr, sie ist eine gefallene Frau. Aber wer verfällt denn der Sünde? Nicht die verwöhnten Töchter der Reichen, sie sollen im Feuer verzehrt werden.

Es sind unsere Kinder, die jedem Wüstling zur Beute werden. Unsere Töchter arbeiten als Dienstboten in den Häusern der Reichen, und deren Söhne, die angeblich den ganzen Tag studieren, kriechen des Nachts in ihre Betten. Die Mütter dieser bevorzugten Burschen tun, als ob sie nichts sähen. Manchmal regen sie sie noch dazu an.« Berisch sprach mit solchem Eifer und mit so wilden Gesten, daß die Menge zu schreien begann, mit den Füßen stampfte und den Rabbi, die Ältesten und Führer der Gemeinde beschimpfte. Einer rief: »Wir haben lange genug unter diesen Heuchlern gelitten.«

»Brüder, laßt uns gehen und Fenster einschmeißen«, schrie Beryl, der Faßbinder. Eine Gruppe von Raufbolden zog auf die Straße, griff nach Steinen und warf sie in die Fenster der wichtigsten Bürger von Janow. Ein Talmudschüler auf dem Weg zum mitternächtlichen Studium wurde verprügelt. Ein Mädchen, das einen Eimer ausleeren wollte, wurde angegriffen, und man schnitt ihr den Zopf ab. Von der Straße zogen sie in eine Schenke, kauften eine Flasche Wodka und eine Tüte mit Salzbrezeln und gingen ins Armenhaus. Die Alten und Kranken schliefen schon, aber Zilla war wach. Sie hatte von der Zusammenkunft erfahren. Sie stützte ihren Kopf auf zwei Kissen, und in der Dunkelheit leuchteten ihre Augen wie die einer Wölfin. Es wurde Licht gemacht und getrunken. Zilla goß ein Glas Wodka hinunter, biß ein Stückchen von der Brezel ab und fing an, die angesehensten Bürger von Janow zu verleumden. Obwohl sie die Stadt nur daher kannte, daß sie durch die Gitter des Gefängnisses geschaut hatte, war aller Klatsch und Skandal irgendwie zu ihr gekommen. Die schlafenden Bettler wurden geweckt und mit Schnaps bedacht. Josele Knüppel, der im Schlachthof arbeitete, wurde so betrunken, daß er Zillas Decke wegzog, sie aus dem Bett hob und mit ihr zu tanzen versuchte. Es wurde geschrien, gelacht und in die Hände geklatscht. Die Kinder im Armenhaus wurden wild und begannen zu springen und zu hüpfen wie am Tag der Gesetzesfreude.

Hodel, die Witwe, geriet in Ekstase: »Leute, die Welt geht unter!«

Jemand lief, Zorach, den Verwalter, zu rufen, der auch der Totengräber von Janow war. Er versuchte, den Mob zu beruhigen, bekam aber einen heftigen Schlag. Er ging zum Rabbi. Es war Reb Seinweles Gewohnheit, des Nachts aufzustehen, um in der Tora zu lesen und Kommentare zu schreiben, während er aus dem Samowar Tee trank. Die Haustür war verriegelt. Die Fensterläden geschlossen. Plötzlich schlug jemand mit einem Stock an die Läden. Reb Seinwele zitterte.

»Wer ist da?« rief er.

»Rabbi, bitte öffnet!«

Der Messias ist gekommen; dieser Gedanke tauchte in Reb Seinweles Gehirn auf, obwohl ihm bald klar wurde, daß die Erlösung nicht in der Nacht beginnen würde. Er ging die Tür öffnen. Zorach keuchte. »Rabbi, wir leben nicht in Janow, sondern in Sodom«, rief er.

»Was ist geschehen?«

»Im Armenhaus treiben sie Unzucht.«

Die Gemeinde gewann. Ein Kaufmann aus Janow, der Ware in Lublin ablieferte, zahlte den Ältesten in Lublin, die sich verpflichteten, Zilla bis zum Tag ihres Todes dort zu behalten, dreißig Gulden. Die Gemeinde Janow war bereit, Zilla nach Lublin zu schicken, aber sie nahm ein Messer, das sie unter ihrem Kissen verborgen hatte, und bedrohte jeden, der versuchte, sie anzurühren.

Berisch, der Musiker, ihr Verteidiger, schwor, daß er die Häuser der Wichtigtuer in der Gemeinde anzünden und daß es Blutvergießen in Janow geben werde. Beide Seiten bestachen die Behörden. Es wäre zu einem Krieg gekommen, hätten die Frauen der Stadt, selbst die, die in der Brückenstraße und der Metzgergasse wohnten, sich nicht auf die Seite von Zillas Feinden geschlagen. Es gelang Zilla, die Männer gegen ihre Frauen aufzuhetzen und Verlobungen auseinanderzubringen. Wenn Frauen zu etwas entschlossen sind, verlieren die Männer die Oberhand. Außerdem bekämpften sich Zillas Anhänger untereinander, und einige prügelten sich sogar. Die Gemeinde war nun entschlossen, ihren Plan durchzuführen, aber die Frauen der Kutscher erlaubten ihren Männern nicht, sie in ihren Wagen mitzunehmen. Die gewöhnlichen Reisenden weigerten sich, mit ihr zu fahren. Nach langer Streiterei wurde beschlossen, Leibusch, der Räudige, der Häute in die Gerbereien nach Lublin transportierte, solle sie in seinem Wagen mitnehmen. Leibusch war bereits in den Fünfzigern und Großvater. Außer Zilla nahm er noch einen wandernden Bettler und zwei Waisenmädchen mit, die als Dienstmädchen nach Lublin wollten.

Zillas Verwünschungen und Messerzücken führten zu nichts. Leibusch, ein kleiner Mann, breit in den Schultern, mit einem dichten roten Bart, der in der Mitte seines Halses anfing und bis zu seinen vorstehenden Augen reichte, stürmte in das Armenhaus, riß Zilla das Messer aus den Händen, griff nach ihr wie nach einem Kalb, das für das Schlachthaus bestimmt ist, und warf sie auf die Häute. Der Bettler und die Mädchen saßen bereits auf dem Wagen, und Leibusch fuhr schnurstracks auf die Straße nach Lublin. Gassenjungen liefen neben dem Wagen her und schrien: »Rahab, die Hure.« Hinter den Vorhängen schauten Mädchen hervor. Zilla spie die gemeinsten Flüche aus. Sie spuckte Leibusch und die beiden Mädchen an. Eine von ihnen murmelte: »Blut und Eiter sollst du spucken.« Zilla stürzte sich auf das Mädchen, um ihr die Augen auszukratzen. Plötzlich brach sie in Gelächter aus.

»Ich werde kein Blut spucken, aber du wirst die Nachttöpfe deiner Herrschaft herumtragen. Den ganzen Tag lang wirst du wie ein Ochse arbeiten. Und nachts wird das Goldstück, der Sohn deiner Herrin, dich zwingen, mit ihm zu schlafen, und dir einen dicken Bauch machen. Später wirst du dann mitsamt deinem Bastard auf die Straße geworfen.«

»Für jedes anständige Mädchen in Lublin sollst du einen Furunkel auf deinem Hintern bekommen.« Leibusch sprach vom Kutschersitz, ohne sich umzudrehen.

»Woher weißt du, daß sie anständig sind?« fragte Zilla. »Hast du versucht, mit ihnen zu schlafen?«

»Meine eigene Frau war Dienstmädchen in Lublin. Bei der Hochzeit war sie eine koschere Jungfrau.«

»So koscher wie eine Schweinshaxe. Klügere als du sind schon hereingelegt worden.«

Zilla überschüttete alle mit Schmähungen. Sie prahlte mit ihren Schändlichkeiten. Die beiden Schwestern rückten in ihrer Verstörung noch näher aneinander und schwiegen. Der Bettler lehnte sich über einen Sack, den die wohltätigen Frauen von Janow mit Lebensmitteln und alten Kleidern gefüllt hatten. Leibusch pfiff vor sich hin, knallte mit der Peitsche und fragte neugierig: »Du hast wohl den letzten Rest von Scham verloren, was?«

»Diejenigen, die sich schämen, tun nicht, was ich getan habe. Ich würde mich nicht einmal vor meiner Mutter schämen.«

»Bereust du denn nichts?« fragte der Bettler. »Man wird schließlich älter, nicht jünger. Du siehst doch, daß Gott dich bereits bestraft hat.«

»Mein Beruf und Reue passen nicht gut zusammen. Das Armenhaus ist voll von Krüppeln, die immerfort Gott auf den Lippen haben. Auch die Frommen verachten das Fleisch nicht. Ich werde viele gute Jahre vor mir haben, da so viele Jeschiwaschüler meine Kunden waren. Selbst ein Wanderprediger besuchte mich, dessen Spezialität Moralpredigten waren.«

»Wenn du die Wahrheit sagst, dann sollst du lange leben«, sagte Leibusch.

»Räudiger Leibusch, du sollst Blasen und Karbunkel bekommen, für jedes Mal, das mich der Priester gehabt hat.«

»Halt deinen Mund, oder du wirst deine Zähne in der Hand halten«, rief Leibusch. Der Bettler versuchte ihn zu beruhigen.

»Es lohnt sich nicht, in Wut zu geraten, Reb Leibusch. Gott hört nicht auf das Fluchen einer Hure.«

»Er hört, Er hört, du lästiger Schnorrer. Wenn du noch ein Wort sagst, werde ich dir den Bart ausreißen und noch ein Stück Fleisch dazu.«

Die beiden Schwestern, Zwillinge, ließen einen durchdringenden Schrei hören. Sie kamen aus einem anständigen Haus. Beide hatten runde Gesichter, Stupsnasen, aufgeworfene Lippen und hohe Busen. Sie trugen die gleichen Schals, und auch ihre Frisuren waren gleich. Zilla streckte ihnen die Zunge heraus. »Zwei ausgestopfte Gänse.«

Es ging gegen Abend. Die Sonne ging unter; groß, rot, mit einem Wolkenstreifen in der Mitte. Die mondlose Nacht war feucht; es blitzte, aber donnerte nicht. Das Pferd ging im Schritt. In der Dunkelheit war das Glitzern von Glühwürmchen zu sehen, die Umrisse einer Windmühle, eine Vogelscheuche und ein Heuhaufen. In den Dörfern bellten Hunde. Pferde, die die Nacht auf Wiesen verbrachten, standen bewegungslos. Ab und zu war ein Brummen zu hören, aber es war schwer zu unterscheiden, ob es von einem Tier auf den Feldern oder einem Raubvogel kam. Nach einiger Zeit fuhr der Wagen durch einen Wald. Aus dem Dickicht stiegen die Gerüche von Moos, wilden Blumen und Sumpf auf. Zillas Gerede wurde immer zügelloser. Sie schmähte und lästerte Gott. Nach ihr hatten Rabbis, Gelehrte, wichtige Leute nur eines im Kopf – Unzucht. Sie sprach von einem Abenteuer mit einem reichen jungen Studenten, der bei seinem Schwiegervater lebte und der drei Tage und drei Nächte mit ihr auf einem Heuboden verbracht hatte. Ab und zu hielt das Pferd an, stellte seine Ohren auf, als sei es gespannt, mehr von diesen menschlichen Eitelkeiten zu hören. Plötzlich schrie Zilla auf: »Räudiger Leibusch, hilf mir herunter.«

»Was ist los?«

»Ich muß hingehen, wo selbst der König zu Fuß geht.«

Da Zilla gelähmt war, mußte Leibusch sie tragen. Er hob sie mit Leichtigkeit auf, als sei sie ein Lumpenbündel, und trug sie hinter das Gebüsch. Einer der Zwillinge lachte und schwieg dann. Der Bettler wühlte in seinem Sack herum, holte eine Zwiebel heraus, biß hinein und spuckte sie aus. »Womit verdient so ein Auswurf, am Leben zu bleiben?« fragte er.

Eine Viertelstunde verging, vielleicht sogar mehr, aber die beiden kehrten nicht zurück. Das Pferd stampfte einmal auf. Der Bettler bemerkte: »Was machen sie so lange?« und gab sich selbst die Antwort: »Sie werden keine Psalmen singen.«

Es waren Schritte zu hören. Leibusch kam aus dem Gebüsch heraus und trug Zilla auf seinen Armen. Sie kicherte, und beim Licht der Sterne konnte man sehen, daß sie ihn kitzelte und an seinem Bart zog. Leibusch setzte sie vorsichtig in den Wagen. Dann befahl er: »Steigt alle aus.«

»Wozu?«

»Ich muß die Häute anders legen.«

Die drei stiegen aus. Leibusch sprang auf den Kutschersitz, gab dem Pferd die Peitsche und rief: »Hü!«

»Wo fährst du hin? Wo läßt du uns zurück? O Mama!« schrien die Schwestern einstimmig.

»Dieb, Räuber, Hurenjäger! Hilfe, Leute, Hilfe!« heulte der Bettler heiser.

Sie versuchten, dem Wagen hinterherzulaufen, aber der Weg ging abwärts. Der Wagen verschwand bald. Leibusch hatte den Sack des Bettlers und die Körbe der Mädchen mitgenommen. Der Bettler schlug sich an die Brust. »Kinder, wir sind verloren.«

»O Mama!« Die beiden Mädchen fielen um und blieben auf dem mit Tannennadeln bedeckten Boden sitzen.

Der Bettler schrie mit aller Macht: »Es gibt einen Gott! Es gibt Ihn!«

Die Worte hallten wider mit dem spöttischen Echo derer, die in der Nacht herrschen.

Alle drei schliefen im Wald. Am nächsten Tag machten sie sich auf den Weg nach Janow. In Zamość, Bilgoraj, Frampol und Turbin verbreitete sich die Neuigkeit über Leibusch, den Fellhändler, der eine Frau, Kinder und Enkel zurückgelassen hatte und mit einer Dirne davongelaufen war. Man sandte Boten aus, aber sie fanden keine Spur des Paares. Einige Leute dachten, daß Leibusch mit ihr die Grenze nach Galizien überquert habe. Andere waren der Ansicht, daß die beiden Sünder zu einem Priester in Lublin gegangen wären und dort konvertiert hätten. Wieder andere behaupteten, daß Zilla ein weiblicher Dämon sei und daß sie Leibusch in die Wüste von Sodom, zum Berg Seir, zum Schloß des Asmodi gebracht habe, in den Bereich der Hölle.

Leibuschs Frau durfte nicht wieder heiraten. Der Bettler schwor auf die Bibel, daß er sechzig Gulden in seinem Sack gehabt hatte, die Mitgift seiner Tochter, die schon über dreißig war. Er bat die Gemeinde, ihm seinen Verlust zu ersetzen.

An Winterabenden, wenn die Mädchen in Janow zusammenkamen, um Gurken einzulegen, Hühner zu rupfen oder das Hühnerfett für Pessach auszulassen, erzählten sie sich die Geschichte von Zilla, der Verruchten, und Leibusch, dem Ehebrecher, die in Gegenden verschwunden waren, aus denen niemand je zurückkehrt.

LOSCHIKEL

Die Abenddämmerung war über die Gefängniszelle hereingebrochen. Alle Gesichter wurden von Schatten verhüllt. Zum Kartenspielen war es zu dunkel. Der Wärter würde die Petroleumlampe erst in einer Stunde bringen. Die Lampe wurde spät gebracht; sie durfte eine halbe Stunde brennen und wurde dann wieder abgeholt. Drei Gefangene, Berele Tswaniak, Jankel Dezma und Schmuel Kluska, saßen zusammen und unterhielten sich.

Berele Tswaniak sagte: »Sie wissen es, sie wissen es, aber sie verstellen sich. Nicht alle Ehemänner sind gleich. Einer wird dich schon erstechen, wenn du seine Frau nur anlächelst oder ihr zuzwinkerst. Aber irgendein anderer Dummkopf wird dich als Pensionär aufnehmen und dich mit seiner Frau den ganzen Tag allein lassen, manchmal auch noch die ganze Nacht. Ich kannte ein solches Paar. Er hieß Getzel, und der Name seiner Frau war Malka. Er vermietete eine Kammer in seiner Wohnung an einen guten Freund von mir, einen Geldschrankknacker, Herschel Schmierer, ein Riese von einem Mann. Getzel, ein kleiner Bursche, hatte zwei Straßen weiter eine Werkstatt, wo er Papiertüten herstellte. Er saß den ganzen Tag an seinem Arbeitstisch und klebte Tüten. Am Abend, anstatt nach Hause zu gehen, aß er im Café an der Ecke eine Kleinigkeit und ging dann mit seinen Kumpeln Karten spielen. Vor zwei Uhr morgens kam er nie nach Hause, und manchmal spielte er bis Tagesanbruch. Was kann man schon beim Kartenspielen gewinnen? Am Montag ging er mit einem Rubel weg, Dienstag verlor er ihn wieder. Aber es wird zu einer Besessenheit. Irgend etwas kommt dir in den Kopf und bleibt dort stecken wie ein Nagel. Schaut uns an. Vom Stehlen wird man nicht reich. Aber man gewöhnt sich daran und glaubt, daß man ohne es nicht überleben kann. Es zieht dich an wie ein Magnet.

Kürzlich schwor ich meiner Mutter bei allem, was heilig ist, ich würde zum Schustern zurückkehren. Sie nahm die Bibel aus der Küchenschublade und ließ mich darauf schwören. Aber sobald ich auf den Platz hinausgegangen war, vergaß ich alles, was ich ihr versprochen hatte. Ein Freund von mir kam vorbei und machte mir einen Vorschlag. Er ließ mir keine Zeit, darüber nachzudenken. Und es ging wie geschmiert. Bares Geld, keine Ware, die man erst durch einen Hehler in der Wolowastraße verkaufen muß. Dann machten wir uns auf zu Lasars Kneipe und soffen. Warum erzähle ich euch das alles? Wenn man mal verfallen ist, sieht man nichts anderes mehr. Um zwei Uhr morgens, wenn Getzel, der Ehemann, sich schließlich nach Hause geschleppt hatte, todmüde von der Arbeit des ganzen Tages und vom Kartenspiel der halben Nacht, fiel er mehr tot als lebendig in sein Bett. Ihr wollt mir einreden, er wußte nichts? Für ihn war eben Kartenspielen das Wichtigste.«

»Was wäre geschehen, wenn Herschel Schmierer sie geschwängert hätte?« fragte Schmuel Kluska.

»Der Himmel wäre nicht eingestürzt«, antwortete Berele Tswaniak.

»Was ist aus ihnen geworden?« fragte Jankel Dezma.

»Zufällig wurde Herschel Schmierer beim Stehlen erwischt und ins Gefängnis geworfen. Malka brachte ihm Päckchen in die Zelle.«

»Verliebt in den Geldschrankknacker, was?« fragte Schmuel Schmierer.

»Wenn man eine Frau glücklich macht, dann bleibt sie an einem kleben«, sagte Berele Tswaniak.

In der Zelle war noch ein anderer Gefangener, Itsche, der Blinde, oder Itsche, der Ordentliche. Itsche, der Blinde, hieß er, weil ihm vor Jahren ein Auge ausgestochen worden war und er nur noch eines besaß. Der Name Ordentlicher wurde ihm seines feinen Auftretens wegen gegeben. Itsche, der Blinde, ging nicht mehr selbst auf die Straße. Er unterrichtete junge Burschen, Anfänger, in seinem Beruf und bekam zehn Prozent der Einnahmen. Er war auch Teilhaber an einem Bordell. Fast fünfzehn Jahre lang war es ihm gelungen, frei zu bleiben. Aber bei einem Zusammenstoß mit einem Polizeikommissar wurde er verhaftet und in einen Prozeß verwickelt. Er sollte bald auf Kaution freigelassen werden. Die Gefängniswärter schätzten Itsche sehr. Er erhielt von draußen Päckchen mit Schokolade, Zigaretten, sogar Sardinenbüchsen, die er unter allen verteilte.

Für Itsche, den Blinden, wäre es entehrend gewesen, sich mit den kleinen Dieben, die seine Zellengefährten waren, einzulassen. Er lag jetzt ausgestreckt auf seiner Pritsche und rauchte eine Zigarette nach der anderen. Aber die Unterhaltung hatte sein Interesse erweckt. Von Zeit zu Zeit murmelte er etwas vor sich hin. Plötzlich richtete er sich zu seiner ganzen Länge auf, ein riesiger Mann, breitschultrig und mit einem Haarschopf, der an den Schläfen angegraut war. Er machte einen Schritt auf die anderen zu und fragte: »Darf ich auch etwas sagen?«

Zunächst waren alle drei Diebe sprachlos. Berele Tswaniak fand als erster die Sprache: »Setz dich, Itsche, du bist für uns so etwas wie ein Rabbi.«

Itsche, der Blinde, setzte sich.

»Raucht mal eine.«

Er bot jedem der Gefangenen eine Zigarette an. Er zog ein Feuerzeug hervor und ließ es herumgehen. Mit tiefer Stimme sagte er. »Ein Rabbi? In Warschau hatten wir einen Rabbi, Chaskele, er möge Fürbitte für uns einlegen. Sein Wort war Gold. Es verging kein Tag, an dem er nicht etwas ausgeheckt hätte. Er hatte ein Köpfchen wie ein Detektiv. Selbst der Polizeichef hatte Respekt vor ihm. Wenn Chaskele nicht der geworden wäre, der er war, hätte er in Petersburg ein hohes Tier werden können. Ich habe gehört, was ihr gesagt habt. Männer, Frauen, Huren und Nicht-Huren. Jede Frau hat ihre eigene Art, sich einen Mann zu angeln. In meiner Jugend habe ich mein Teil Liebe bekommen, ich kann mich nicht beklagen. Als ich merkte, daß eine gute Frau einen Mann besser befriedigen kann als fünf Dutzend Huren, die nur auf ein Paar Strümpfe oder ein Glas Bier aus sind, bin ich vorsichtiger geworden. Ihr seid alle noch Brötchendiebe, nicht trocken hinter den Ohren, und was wißt ihr schon? Es gibt keinen Chaskele mehr. Und erinnert sich heute noch jemand an die Rote Reisele? So wurde sie genannt. Wahrscheinlich habt ihr nie von ihr gehört. Aber auch eine andere Reisele wird es nicht mehr geben. Reisele war ein schlaues Stück. Sie hatte einen Mann, einen Geschäftsmann, keinen Gauner. Er hieß Antschel, war Immobilienhändler. Das war zu der Zeit, als Warschau mit gepflasterten Bürgersteigen, Märkten und hohen Häusern versehen wurde. Die Banken hatten viel Geld und gaben Kredit. Wenn man fünftausend Rubel in bar vorweisen konnte, konnte man zwanzig- oder dreißigtausend Rubel als Hypothek bekommen. Unsere Juden machten sich auf die Socken und fingen an zu handeln, die Zeit war reif für allerhand Maklergeschäfte.

Über Nacht wurden Bettler zu Millionären. Antschel verstand es, Türen zu öffnen, und wußte, wem und wo er Bestechungen anbieten konnte. Er war ein gewitzter Bastard. Aber von Frauen verstand er überhaupt nichts. Für Reisele war er gerade noch eine kleine Brotzeit, keine Hauptmahlzeit. So jemandem wie ihm mußte man helfen. Er hat anderen nichts geneidet, nicht wie ein Hund auf dem Heuhaufen, der das Heu nicht selber fressen kann, aber andere nicht heranlassen will. Was Reisele anging, so war sie keine Anfängerin. Als ich sie kennenlernte, war ich achtzehn und sie sechsunddreißig, vielleicht sogar ein bißchen mehr. Meine Eltern hatten ursprünglich einen Jeschiwastudenten aus mir machen wollen. Aber für die Gemara war mein Verstand nicht gemacht. Als sie sahen, daß aus mir kein Gelehrter werden würde, wollten sie mich zu einem Schneider machen. Aber damals mußte ein Lehrling drei Jahre im Haus seines Meisters verbringen, Schmutzeimer ausleeren und das Baby wiegen. Es verging viel Zeit, bevor ihm erlaubt wurde, einen Knopf anzunähen oder ein Knopfloch zu machen. Als ich mich in die Enge getrieben fand, ließ ich alles zurück und lief nach Warschau davon. Ich fand meinen Weg zu Chaskele, der der Anführer aller Raufbolde der Stadt war. Wie ich schon gesagt habe, ich bin aus der Provinz, nicht aus Warschau. Die Warschauer Neunmalklugen stichelten die Neuankömmlinge und nannten uns litauische Schweine oder Bauerntölpel. In Warschau ist man schon ein Litauer, wenn man auf der anderen Seite der Stadtgrenze geboren ist. Hier kommt der Wärter mit seiner Lampe, Feuer in seine Eingeweide!«

Ein Wärter brachte eine Petroleumlampe mit einem schwarz gewordenen Zylinder herein. Ein rötliches Licht legte sich auf die Gesichter. Als der Wärter Itsche, den Blinden, bei den anderen sitzen sah, schüttelte er den Kopf, als wollte er sagen, das ist unter deiner Würde.

Itsche, der Blinde, blinzelte mit seinem guten Auge. Er sagte zu dem Wärter: »Stach, wir brauchen die Lampe nicht. Sie gibt kein Licht, nur Rauch.«

»Herr Itsche, ich habe hier nichts zu sagen«, antwortete der Wärter. »Ich führe nur Befehle aus.«

»Hier ist eine Zigarette«, sagte Itsche, »aber sag es nicht den anderen Wärtern. Sie würden wie die Heuschrecken auf mich niederprasseln.«

»Danke, ich verstehe.«

»Wir unterhalten uns hier ein bißchen, um den Gestank von dem Scheißeimer zu vergessen«, sagte Itsche, als versuchte er sich zu entschuldigen.

»Ja, ich verstehe. Ich muß mich an die Regeln halten. Wie heißt das Sprichwort? ›Die Kleinen hängt man, und den Großen dankt man.‹«

Der Wärter ging, und Itsche, der Blinde, fuhr fort: »Chaskele sprach ungefähr eine halbe Stunde mit mir. Ich sagte ihm, ich könne keine anständige Übernachtungsmöglichkeit finden, und er schickte mich zur Roten Reisele. Er sagte: ›Sag ihr, Chaskele hat dich geschickt, und sie wird ein paar Türen für dich öffnen. Sie hat junge Männer gern, nicht alte.‹ In meiner ersten halben Stunde bei ihm gab er mir bessere Ratschläge, als die größten Anwälte in einem Jahr liefern könnten. Hätte ich nur auf ihn gehört, dann hätte ich noch beide Augen.

Reisele wohnte in der Smoczastraße, in einer großen Wohnung, drei Zimmer und Küche, ein neues Haus mit Gas und einer Toilette im Haus. Wie ich den Mut hatte, zuerst Chaskele aufzusuchen und dann Reisele, ist mir ganz unbegreiflich. Ich stieg die gestrichenen Stufen hinauf, klopfte, und eine kleine Frau mit feuerrotem Haar und grünen Katzenaugen öffnete. Ich stand auf der Türschwelle, und sie sah mich von oben bis unten an und prüfte mich, als ob ich ihr Diener werden sollte. Ihre Zähne waren spärlich, aber stärker als die eines Hundes. Später sah ich sie Walnüsse mit den Zähnen knacken. Ich sagte ihr, ich sei von Chaskele geschickt, und ein kleines Lächeln erleuchtete ihr Gesicht. Ich blickte auf die Hände und spürte einen Stich des Begehrens. Manche Männer rühmen sich, eine Frau an ihren Augen zu erkennen, andere behaupten, sie würden alles an der Form des Mundes erkennen. Ich erkenne alles an den Händen. Im Theater, wenn sie einer Frau schmeicheln wollen, schwärmen sie von ihren langen Fingern. Unsinn! Ich liebe kurze Finger und auch kurze Nägel. Sie stand vor mir in einer knielangen Schürze, einem kurzen Hauskleid und in Hausschuhen mit Bommeln. Ihre Knie waren spitz wie die eines Knaben. Ich warf einen Blick auf sie und wußte, sie würde mir gehören.

Eine halbe Stunde später küßten wir uns. Durstig fielen wir übereinander her. Sie preßte ihren Mund so heftig auf meinen, als wollte sie ihn schlucken. Im Bett fragte sie: ›Wie heißt du?‹ Ich sagte: ›Itsche‹, und sie sagte: ›Itsche mag ich nicht, ich werde dich Loschikel nennen, denn du bist jung und stark und du springst wie ein Füllen‹, und so war es auch. Es dauerte acht Jahre. Ich sagte zu ihr: ›Reisele, ich bin ein altes Pferd geworden, kein Füllen mehr‹, und sie antwortete: ›Für mich wirst du immer Loschikel bleiben, auch wenn du neunzig sein wirst.‹

Daß sie ein Prachtstück war und daß sie Männer liebte, wußte Antschel, ihr Mann, genau. Einige Jahre lang spielte er mir gegenüber den Dummen. Einmal, als er mich in Lasars Kneipe traf und wir zusammen etwas tranken, wurde er gesprächig. Er sagte zu mir: ›Wie nennt man zwei Männer der gleichen Frau?‹ Ich sagte zu ihm: ›Schwäger‹, und er sagte: ›Das ist ein dummes Wort, wir sind doch mehr wie Brüder.‹ Er fuhr fort: ›Loschikel, jetzt wo die Katze aus dem Sack ist, was hältst du von unserer kleinen Frau? Hast du jemals was Besseres gehabt?‹ Und ich sagte: ›Nie gehabt, werde nie haben.‹ Er sagte: ›Sie spricht genauso von dir. Es gibt nur einen Gott und einen Loschikel. Letztes Jahr, als sie dich in den Knast steckten, wollte sie mir deine Tricks beibringen, aber ich habe keine Geduld für solche Spiele. Eifersucht? Wie kann ich eifersüchtig sein? Sie hat mir von Anfang an gesagt: ›Ich bin keine Rebbezin, ich liebe Männer.‹ Wir sind nicht ihre einzigen. Wenn sie einen Mann trifft, will sie ihn sofort ausprobieren. Sie sagte: ›Wenn König Salomo tausend Frauen haben konnte, kann Reisele tausend Männer haben.‹

An jenem Abend kamen wir uns so nahe, daß wir Brüderschaft tranken. Trotzdem, wenn man jemanden liebt, kann man nicht darüberstehen. Ein Mann ist doch kein Stein, ganz gleich, wie mutig er sich zeigt. Es bringt einen schon auf, wenn die Angebetete mit anderen schläft. Aber wenn man keine Wahl hat, muß man gute Miene zum bösen Spiel machen, wie man sagt. Man kann sich an alles gewöhnen. Man kann leben und lieben mit einem Geschwür im Magen. Man kann mit Zahnschmerzen tanzen.

Antschel war so ein Mensch. Wenn Reisele und ich uns gestritten hatten, stiftete er Frieden. Er wollte, daß sie ihren Loschikel behielt.

Ja, wir sind alle auf unser Vergnügen aus, aber was ist das für ein Vergnügen, sich jemandem übers Knie zu legen und mit einer neunschwänzigen Katze verdroschen zu werden, bis der Hintern anschwillt? Das wollten einige meiner Liebchen von mir. Sie baten mich: ›Du mußt stärker peitschen, Itschele, reiß mich an den Haaren! Beiß mich in die Schulter.‹ Reisele hatte ihre ganz besonderen Eigenheiten. Es fing damit an, daß sie versuchte, mich zu verheiraten. Ich fragte sie: ›Was würdest du denn davon haben?‹ Und sie antwortete: ›Wenn ein Füllen älter wird, braucht es seine eigene Stute.‹ Ich sagte zu ihr: ›Wozu brauche ich meine eigene Stute? Damit sie mit allen Gangstern herumhurt, während ich im Gefängnis verfaule?‹ Und sie sagte: ›Ich habe einen Mann, und ich möchte, daß du eine Frau hast. Auf diese Weise gibt es mehr Vergnügen. Wir werden zusammen ins Theater oder in den Zirkus gehen, wir vier. Wir werden uns bei einem Glas Bier unterhalten.‹ Ich habe kein Blatt vor den Mund genommen und gesagt: ›Ohne mich.‹ Als sie das gehört hatte, fing sie an, mich mit Freundinnen zu versorgen. Sie lag neben mir auf dem Sofa und sagte: ›Loschikel, ich möchte deine Mutter sein, ich habe keine Kinder, nur einen Loschikel, und ich will für seine Zukunft sorgen. Du bist jünger als ich‹, sagte sie, ›und wenn ich nicht mehr dasein werde, wirst du an mich denken und vielleicht Kaddisch für mich sagen oder eine Kerze für mich anzünden …‹ Ich sagte: ›Du wirst nicht so bald abkratzen, du wirst uns alle überleben‹, und sie sagte: ›Nein, Loschikel. Meine Mutter ist jung gestorben, und mein Vater starb, als ich ein kleines Mädchen von drei Jahren war. In unserer Familie schaffen sie es kaum bis fünfzig.‹

Ich will es kurz machen. Sie wollte mich mit einer Frau versorgen – wenn nicht mit einer Ehefrau, dann mit einer Geliebten. Ich fragte sie: ›Was hast du denn davon?‹ Und sie sagte: ›Das ist interessant. Es wird mir Vergnügen machen. Ich könnte so viele Männer haben‹, sagte sie, ›wie mein Herz begehrt. Sie drehen sich noch immer auf der Straße nach mir um, als wäre ich ein junges Mädchen, aber jetzt sind ein Mann und ein Loschikel genug.‹ Irgend etwas haben Frauen immer zu nörgeln. Männer gehen in den Krieg oder streiken, werfen Bomben und werden nach Sibirien verbannt. Eine Frau hat nur ein Thema. Das steht sogar in der Bibel.

Sie plapperte nicht nur davon«, fuhr Itsche, der Blinde, fort. »Eines Tages kam ich zum Mittagessen zu ihr, und da saß eine kleine Frau – dünn, mit orangegelbem Haar und einer Perlenkette um den Hals. Ich sah sofort, das war kein gewöhnliches Stückchen, sondern wohlerzogen und aus reichem Haus. Reisele stellte sie vor: die Frau eines Arztes. Wir aßen, und wenn Reisele kochte, leckte man sich die Finger. Wir unterhielten uns, und ich erfuhr, daß die Frau des Arztes eine Köchin und ein Zimmermädchen beschäftigte. Sie hatte alles, aber sie hatte genug von ihrem Mann, einem Hautarzt. Er arbeitete im St.-Lazar-Hospital, und dort behandeln sie nur Krebs, Psoriasis, Hauttuberkulose und dergleichen. Den ganzen Tag über sah sie nichts von ihm, und wenn er am Abend heimkam, vergrub er sich in Bücher und Zeitschriften mit Artikeln über Leute mit kleinen Würmern im Blut. ›Er weiß‹, sagte sie, ›alles. Aber wie man eine Frau befriedigt, das hat er nicht studiert.‹

Wenn eine Frau so mit einem Fremden spricht, dann ist

der erste Zug bereits getan. Nachdem sie gegangen war, sagte ich zu Reisele: ›Wo hast du diese ausgefallene Dame kennengelernt?‹ Und sie sagte: ›Im Café Lours.‹ So war Reisele. Sie konnte sich wie eine Gräfin kleiden und ins Theater, in die Oper oder in die Lazienki-Gärten gehen. Sie verläßt die Smoczastraße, und sofort ist sie eine Dame. Die ganze Sache kam mir verrückt vor. Ich wollte Reisele, nicht die Frau des Hautarztes. Aber Reisele hatte sich schon entschieden. Als es das erstemal geschah, konnte ich es kaum glauben.«

Die Zellentür wurde geöffnet, und der Wärter kam, um die Lampe zu holen. »Nach dem Gesetz solltet ihr schon schlafen«, sagte er, »aber ich will es durchgehen lassen.«

»Wir haben uns etwas verschwatzt«, sagte Itsche, der Blinde. »Wir holen den Schlaf morgen nach.«

»Ich weiß von nichts. Ich tu' nur meine Pflicht«, sagte der Wärter.

»Was soll denn das, den Geliebten mit einer anderen Frau zu verkuppeln?« fragte Berele Tswaniak.

In der Zelle war es dunkel geworden. Nur die glühenden Enden der Zigaretten erleuchteten die Gesichter. Itsche, der Blinde, machte eine Pause. »Es muß keinen Sinn haben«, sagte er. »Warum hat Lea in der Bibel Jakob ihre Dienerin gegeben? Warum sitzen wir hier hinter Gittern? Ich hätte leicht einen Laden in der Miodowastraße haben können, ebenso wie die Schlemihle, die aus den Provinzen gekommen sind und Vermögen gemacht haben. Aber man beginnt etwas, und dann kommt man nicht mehr los. Da war mal ein Professor, der viel Zeit damit verbrachte, über erhabene Gedanken nachzudenken, bis er zu dem Schluß kam, daß alle Menschen verrückt sind. Vielleicht ist es wirklich so.«

»Ich wette, daß Reisele von der Frau des Hautarztes für die Vermittlung etwas bekommen hat«, sagte Berele Tswaniak.

Itsche, der Blinde, antwortete nicht gleich.

»Ich weiß nicht«, sagte er schließlich. »Ich wußte es damals nicht, und heute weiß ich es erst recht nicht. Wenn es so war, gönne ich es ihr. Warum sollte so eine reizende Frau dafür etwas bezahlen? Männer hätten ihr etwas bezahlen sollen. Andererseits, wenn eine Dame wie sie etwas mit einem ihrer eigenen Klasse anfängt, dann gibt es gleich Komplikationen. Er könnte vielleicht verlangen, daß sie sich von ihrem Doktor scheiden läßt, oder was immer man bei den besseren Leuten tut. Für Leute dieser Art ist es gefährlich, in ein Hotel zu gehen. Alle Hotels sind voll von Schnüfflern. Bei Reisele ging alles glatt. Reisele ging und ließ uns allein. Sie dachte sich immer eine Entschuldigung aus. Sie mußte eine Verwandte besuchen oder etwas einkaufen. Reisele brauchte kein Geld. Ihr Mann gab ihr mehr als genug. Aber wie geht es zu? Die Leute haben große Augen. Sie sind gierig nach allen Arten von Sensationen. Die Frau des Arztes nannte sich Fania, aber ob das wirklich ihr Name war, weiß ich nicht. Sie hat mir nie gesagt, wo sie wohnte, und ich fragte nicht. In jener Zeit habe ich nicht allzuviel nachgedacht. Ich stopfte mich voll, trank, hatte meine Reisele und die andere. Wenn ich Geld brauchte, bin ich auf die Märkte in der Stadt gegangen, und immer kam ich mit etwas Zaster zurück. Ich weiß nicht, warum die Frauen ständig mit offenen Handtaschen herumlaufen. So war es damals, und so ist es heute. Wir haben davon gesprochen, welchen Sinn die Dinge haben. Wo ist da der Sinn?«

»Der Grund dafür ist«, sagte Schmuel Kluska, »daß sie soviel Zeug in die Handtaschen stopfen, daß sie nicht mehr schließen. Meine Schwester tut das auch. Der Verschluß lokkert sich, und die Tasche geht von selbst auf.«

»Wie lange hast du denn die Frau des Arztes gehabt?« fragte Jankel Dezma.

»Was? Es ging nicht immer so glatt wie mit Fania. Einmal hatte Reisele mir eine seltsame Person eingehandelt. Die war so mit Make-up verschmiert, daß mir übel wurde. Sie sprach nur Polnisch und weigerte sich, mit uns zu essen. Wenn man ihr ein Glas Tee vorsetzte, wischte sie den Rand mit ihrem Taschentuch ab. Sie fing an, mich wie ein Arzt auszufragen: Haben Sie das gehabt, oder das? Sie brachte ein rosa Fläschchen mit einem Desinfektionsmittel mit. Das war alles so ekelhaft, daß ich mich übergeben mußte, und das war das Ende. Ich sehe sie heute noch vor mir, mit einer dicken Nase und einem Mund wie eine Schnauze. Eine andere trug einen Hut mit breitem Rand und einem Schleier, der so dicht war, daß man ihr Gesicht nicht sah. Als es ernst wurde, lief sie davon. Aber es gab schon welche, die mir irgendwie gefielen. Eine war ein armes Mädchen aus der Provinz, eine Putzmacherin. Sie arbeitete in einem Geschäft in der Zabiastraße. Sie war immer hungrig. Wenn Reisele ihr eine Schüssel mit Suppe gab, bat sie um mehr. Reisele war wie besessen. Wenn sie gegangen waren, mußte ich ihr alles berichten: was sie gesagt hatten und was ich gesagt hatte. Jede Kleinigkeit. Sie schrie: ›Erzähle mir mehr, Loschikel. Laß nichts aus.‹ Ich hatte gedacht, daß sie mit den Jahren abkühlen würde, aber im Gegenteil. Ich konnte mich an sich nicht beklagen, aber ich bekam doch zuviel von der ganzen Sippschaft. Ich hatte die Mahlzeiten und die Unterkunft nicht mehr nötig. Die Polente war hinter mir her, und es war nicht gut für mich, eine feste Adresse zu haben. Ich zog um nach Poczajow, und dort hatte ich jüngere und hübschere Frauen. Später hatte ich das Malheur mit meinem Auge. Ich hatte nur eine heftige Bewegung gemacht, im Scherz, und dieser Kerl ging mit dem Messer auf mich los. Es war einfach Pech.«

»Hast du Reisele nie wiedergesehen?« fragte Berele Tswaniak.

»Doch«, sagte Itsche. »Wann immer wir uns gesehen haben, brannte das alte Feuer in mir, und ich schwor ihr, es würde alles wieder so sein wie früher. Aber ich sah sie weniger und weniger. Chaskele starb, und danach war Warschau nicht mehr Warschau. Solange er lebte, waren wir seine Schüler. Als er starb, wurden wir alle Waisen. Streitereien fingen an. Es bildeten sich Banden. Während des Streiks von 1905, als uns die Roten angriffen, war niemand mehr da, um zu kämpfen. Jeder rannte seinen eigenen Weg. Nach dem Blutigen Mittwoch zerstreuten sich auch die Roten wie Mäuse. Viele flüchteten nach Amerika. Mittendrin starb Reisele.«

»Sie wurde krank, oder?« fragte Schmuel Kluska.

»Wer weiß, was sie hatte. Ihre Zeit war abgelaufen. Sie war auf den Tag fünfzig. Ich könnte drei Nächte hier mit euch sitzen und Geschichten von ihr erzählen, die Zeit wäre nicht lang genug. Kinder, es wird spät. Sie werden bald kommen und uns wecken.«

DIE TASCHE ERINNERTE SICH

1

In der polnischen Stadt Plock lebte ein Mann namens Reb Amram Salkind, der Hofjude des Großgrundbesitzers Graf Bronislaw Walecki war. Der Graf war kein Feind der Juden; er trieb Handel mit ihnen und beriet sich mit ihnen in geschäftlichen Dingen. Unter den polnischen Gutsbesitzern war es üblich, daß die Hofjuden als Spaßmacher auftraten, wenn sie einen Ball gaben. Einer verkleidete sich zum Beispiel als Bär, brummte, kroch auf allen vieren, und die Gäste hatten etwas zum Lachen. Aber Graf Walecki verabscheute diese barbarische Gewohnheit. Er setzte Reb Amram zwischen die anderen Ballgäste und ließ den Koch in einem Extratopf Gemüse kochen, damit der Jude sicher sein konnte, koscheres Essen zu bekommen. Der Gutsbesitzer besaß viele Wälder, in denen Holz geschlagen und die Weichsel hinunter nach Danzig geflößt wurde, wo deutsche Händler das Holz kauften. Reb Amram sprach sowohl Deutsch wie Polnisch, und der Gutsbesitzer schickte ihn häufig auf die Märkte in Danzig und Leipzig. Dort kaufte er allerlei Schmuck: Ringe, Ketten, Armbänder,

Broschen, Ohrringe und Edelsteine für die Gräfin Helena Walecki und die Töchter. Reb Amram war kein gebildeter Mann, aber er hielt sich an das Gesetz, das befahl, man müsse, wenn man jemandem auch nur einen Groschen schuldig war, selbst wenn der Betreffende in Übersee lebte, zu ihm gehen und die Schuld bezahlen, denn nur die Sünden, die man gegen Gott begangen hat, nicht gegen die Menschen, werden am Jom Kippur vergeben. Reb Amram hätte leicht reich werden können, wie viele unehrliche Verwalter, Berater und Wucherer, aber er war von Natur ein ehrlicher Mensch. Im Umgang mit dem Geld des Gutsbesitzers rechnete er jeden Groschen ab. Selbst die Feinde von Reb Amram gaben zu, daß er in Geldsachen ein aufrechter Mann sei. Damals schrieben die reisenden Kaufleute alles auf eine kleine Schiefertafel, aber Amram hatte ein Notizbuch und eine Feder gekauft, um seine Rechnungen zu machen. Sein Mantel hatte zwei tiefe Taschen, eine für Ausgaben, die andere für Einnahmen. Seine eigenen Einnahmen verwahrte er in einer besonderen Ledertasche. Bei jeder Gelegenheit pries der Gutsbesitzer seinen Hofjuden für seine Ehrlichkeit.

Mit der Zeit wurde Reb Amram recht wohlhabend. Neidische Leute aus der Stadt klatschten hinter seinem Rücken und machten Anspielungen, daß er nur Ehrlichkeit vorgab, in Wirklichkeit aber den Gutsbesitzer betrog. Sie behaupteten, ein Jude, der so eng mit einem Gutsbesitzer arbeite, könne nicht vermeiden, nichtkoscheren Wein zu trinken oder die weiblichen Adligen zu betrachten und zu begehren, denn Alte Trina, Amrams Frau, war klein wie ein Zwerg und etwas bucklig. Reb Amram war groß, gerade gewachsen, hatte blaue Augen und einen blonden Bart. Nur wenige weiße Haare waren auf dem Kopf und im Bart zu sehen, obwohl er auf die Sechzig zuging. Er besaß eine kräftige Stimme, sprach an den Hohen Feiertagen die Morgengebete vor und blies auch den Schofar, das Widderhorn. Die jungen Frauen in der Frauenabteilung der Synagoge genossen seine Stimme. Ihre Schwiegermütter tadelten sie: »Seht in das Gebetbuch und nicht auf Amram.«

So klein und gebrechlich, wie Alte Trina auch war, sie hatte Amram vier Söhne und drei Töchter geschenkt, die alle gut verheiratet waren. Es schien, als sei der Wohlstand Reb Amrams Los. Gott behüte, er sagte nicht: »Ich habe das mit meiner Hände Arbeit erworben.« Er spendete reichlich für wohltätige Zwecke. Am Sabbat oder an einem Feiertag kehrte er nie aus der Synagoge ohne einen armen Gast zurück. Auch dem Verein, der für Waisenmädchen Ehemänner fand, den Krankenhelfern, unschuldigen Gefangenen half er, er trug auch dazu bei, heilige Bücher für das Lehrhaus anzuschaffen. Alte Trina schickte oft Hühnersuppe für die Kranken ins Armenhaus.

Eines Sommers fand in Leipzig ein Markt statt. Reb Amram Salkind wurde dorthin geschickt, um die ausländischen Kaufleute zu treffen, ihre Schulden an den Gutsbesitzer zu kassieren und Anzahlungen auf weitere Bestellungen anzunehmen. Graf Walecki verheiratete seine jüngste Tochter, Gräfin Marianna, an den Sohn des Grafen Zamoyski, einen der reichsten Adligen in Polen, und die Gräfin Walecki beauftragte Reb Amram, für die Braut eine Perlenkette, verschiedene Schmuckstücke, Seide, Samt, feines Leinen und noch andere kostbare Dinge zu kaufen. Reb Amram schrieb jede Einzelheit sorgsam in sein Notizbuch. Er würde über große Geldsummen zu verfügen haben, und er vergewisserte sich, daß er auch alles klar und deutlich aufgeschrieben hatte. Es durfte,

Gott behüte, keinen Fehler in der Abrechnung geben. Er ermahnte Alte Trina, sich nicht um ihn zu sorgen und ihn nicht so bald zurückzuerwarten, denn geschäftliche Unternehmungen dieser Art brauchten viel Zeit. Er sagte zu ihr: »Mit Gottes Hilfe werde ich zu den Hohen Feiertagen zurück sein.«

Draußen wartete sein Kutscher Markel in dem kleinen mit zwei Pferden bespannten Wagen auf ihn. Da Reb Amram so viel reiste, wußte er das Gebet, das vor einer Reise zu sprechen ist, auswendig. Die Magd Reische brachte ihm einen Korb mit Reiseproviant, und Reb Amram fuhr über die preußische Grenze nach Leipzig. Die Reise war nicht ungefährlich. Es gab Straßenräuber und auch wilde Tiere. Die Polen und die Preußen bekriegten sich dauernd und lieferten sich Scharmützel. Die Zollbeamten plagten die reisenden Kaufleute, besonders die Juden, die unbewaffnet waren und sich nicht wehren konnten. Aber – Gott sei Dank! – auf dieser Reise gab es kein Mißgeschick. In den Gasthöfen kannte man ihn, brachte ihn bequem unter und versah ihn mit streng koscheren Mahlzeiten. Er trug immer Kleingeld bei sich und bedachte die Bediensteten damit. Reb Amram war schon oft in Leipzig gewesen, aber die Stadt war nie so voll gewesen wie diesmal. Kaufleute waren nicht nur aus Deutschland und Polen gekommen, sondern auch aus Rußland, Italien, Frankreich und sogar aus Spanien, Portugal und England. Die Gasthöfe waren überfüllt, man hörte viele fremde Sprachen. Die Leute konnten sich kaum einen Weg zum Marktplatz bahnen, der mit Planwagen, Karren und Kutschen vollgestellt war. Es waren Güter ausgebreitet, die Reb Amram noch nie gesehen hatte. Er war umgeben von Holzhändlern und anderen, die Getreide, Flachs und Häute aus Polen kauften. Der allgemeine Tumult wurde noch vergrößert durch einen Zirkus, der in die Stadt gekommen war, mit Bären, Löwen, Elefanten und Pferden, die im Takt der Musik tänzelten. Trotz hoher Steuern und böswilliger Erlasse, die man den Juden auferlegte, trieben sie Handel in vielen Bereichen, und viele Banken standen ihnen zur Verfügung. Mit Kreditbriefen, in hebräischer oder jiddischer Sprache geschrieben, bekamen sie so viel Geld, wie sie brauchten. Die meisten jüdischen Bankiers verwahrten ihr Geld in ihren Taschen oder in schlauchartigen Gürteln, die sie um den Leib trugen. Die jüdischen Kaufleute wohnten und aßen gemeinsam, wo alles streng koscher war. Die nichtjüdischen Händler betranken sich gewöhnlich gegen Abend, sangen wilde Lieder und tanzten in den Schenken mit Frauen. Leipzig zog die leichten Mädchen an, die sich mit den Männern vergnügten. Von überall her kamen Prostituierte zu den Märkten. Obwohl Reb Amram ein frommer Jude war, ein Toratreuer, beneidete er doch diese Freigeister, die ihren Leidenschaften freie Bahn ließen. Alte Trina war immer schwach gewesen. Selbst an ihren reinen Tagen hatte sie ihn oft mit allerlei Ausreden abgewiesen: mit Kopfweh, Zahnschmerzen, Magenbrennen oder einer Erkältung. In späteren Jahren glich sie einer geborstenen Scherbe. Reb Amram hatte sich völlig von ihr zurückgezogen, denn wie immer er sich ihr näherte, sie begann sofort zu jammern, daß er ihr weh tue. Der Böse Geist, der in jedem Mann lauert und nur darauf wartet, daß ihn nach den Vergnügungen des Fleisches gelüstet, hatte ihn oft gescholten: »Amram, du leidest unnötig. Du wartest auf die Belohnung in der zukünftigen Welt, aber die gibt es nicht. Was man sich nicht in dieser Welt holt, das gibt es nie wieder. Seit bald zweitausend Jahren haben die Juden auf das Kommen des Messias gewartet, und Er ist noch immer nicht gekommen. Sie werden noch bis zum Jahr 6000 warten. Es gibt weder ein Paradies noch eine Hölle. Die Gerechten essen nicht vom Leviathan, sie trinken auch nicht den heiligen Wein, der für die Heiligen bestimmt ist, sie tragen keine Kronen auf ihren Köpfen und erfreuen sich auch nicht an den Strahlen der Schechina. Sie verfaulen in ihren Gräbern und werden von Würmern aufgefressen. Die Sünder sind klug. Sie erfüllen ihre Erwartungen, solange es geht.« Der Böse Geist zeigte Gelehrsamkeit. »Wenn es ein künftiges Leben geben sollte, warum ist es nicht in der Bibel erwähnt? Im Gegenteil, beim Prediger Salomo steht geschrieben: ›Die Toten aber wissen nichts.‹ Selbst einer der Amoräer hat das Kommen des Messias geleugnet. Unsere alten Patriarchen – selbst Mose – waren geil. Juda, dessen Namen alle Juden tragen, ging zu einer Hure.«

Es wurde Abend. Es war ein solches Gedränge in den Straßen, daß sich Reb Amram kaum seinen Weg bahnen konnte. Aus den Schenken war Musik zu hören. Man vernahm den Klang von Geigen, Trompeten und Pfeifen, dazu trommelten die Trommler, wurde in die Hände geklatscht und mit den Füßen gestampft. Die Rufe der betrunkenen Männer vermischten sich mit dem lüsternen Lachen der Frauen. Aus den offenen Türen drang Hitze wie aus einem Backofen, zugleich mit den Gerüchen von Wein, Likör, Met und Bier, wie auch von gebratenen Hühnern, Gänsen, Lamm und Schwein und allerlei Kräutern und Gewürzen. Reb Amram hatte eine reichliche Mahlzeit zu sich genommen: gehackte Leber mit Zwiebeln, Kutteln, Kalbsfüße, Nudeln und Sauce, Rindfleisch mit Meerrettich und danach Pflaumen- und Aprikosenkompott. Trotzdem bekam er von den unkoscheren Gerüchen wieder Appetit und Durst. Er fühlte unheimliche Kraft in seinem Körper. Er glaubte, einen Baum mit all seinen Wurzeln aus der Erde reißen zu können. Als er an einer eisernen Straßenlaterne vorbeiging, regte sich in ihm ein jungenhaftes Verlangen, seine Kraft beweisen zu können und die Laterne zu biegen. Während er noch dastand und seinen Mut bedachte, kam eine kleine Frau mit feurigrotem Haar auf ihn zu. Sie hatte grüne Katzenaugen, ein rundes Gesicht und mit Schminke verklebte Backen. Sie trug ein kurzes gelbes Kleid und grüne hochhackige Stiefel mit schwarzen Strümpfen. Sie lächelte ihn an, zeigte dabei kleine Zähne und fragte mit jugendlicher Stimme: »Woher kommst du denn? Aus Polen?«

Reb Amram wurde von ihrer Gegenwart so verwirrt, daß er keine Worte fand. Viele Huren hatten ihn auf dem Weg angesprochen, aber sie hatten alle Deutsch und nicht Jiddisch gesprochen. Er hatte gehört, daß es in großen Städten auch jüdische Huren gebe, aber er war nie einer begegnet. Nach einer Weile besann er sich und antwortete: »Ja, ich komme aus Polen.«

»Ich bin auch aus Polen«, sagte die Frau. »Aber ich bin schon lange fort.«

»Von wo denn in Polen?« fragte Reb Amram.

»Aus Piask.«

»Aus Piask, von den Dieben?« fragte Amram und bedauerte seine Worte sogleich. Er bekam Angst, sie könne ihn verfluchen oder ihn anspucken. Es lag ihm nicht, jemanden zu beleidigen. Wie heißt es doch? Solange ein Wort im Mund bleibt, ist der Mund der Herrscher; wenn es den Mund verläßt, ist das Wort der Herrscher. Gott sei Dank, die Frau wurde nicht wütend, sie antwortete ihm gutmütig: »Nicht alle Leute aus Chelm sind Narren, und nicht alle Leute aus Piask sind Diebe. Auch in Piask gibt es ehrliche Leute.«

»Ich bitte um Entschuldigung, ich habe nur Spaß gemacht«, sagte Reb Amram.

»Es ist schon wahr, es gab viele Diebe in Piask, aber mein Vater war ein ehrlicher Mann, er war Schneider.«

»Und wie bist du hierhergekommen?« fragte Reb Amram.

Die Frau zögerte etwas und sagte dann: »Das ist eine lange Geschichte. Ich verliebte mich in einen Mann, der ein Bärendompteur war – eigentlich verliebte ich mich in den Bären. Ich war knapp zwölf Jahre alt, aber ich sehnte mich schon danach, mich austoben zu können. Beide, der Mann und der Bär, sind schon lange gestorben, aber seitdem ziehe ich noch immer mit dem Zirkus herum. Sie bezahlen mir gerade das Wasser für die Grütze, so muß ich mir nach der Vorstellung noch etwas verdienen. Die anderen Frauen machen das auch.«

»Hast du ein Zimmer hier?« fragte Reb Amram.

»Ich miete eins für ein paar Stunden. Komm.«

Sie ging voran, und Amram folgte ihr zögernd. Er hörte den Bösen Geist sagen: »Es gibt keinen Gott, es gibt ihn nicht. Selbst wenn es einen Gott gäbe. Er könnte sich nicht an jede Sünde in jeder Stadt auf jedem Markt in jedem Land von Indien bis Äthiopien erinnern. Dieses ganze Getue mit der Frömmigkeit ist keinen Pfifferling wert.«

Die Frau führte Reb Amram durch ein dunkles Gäßchen zu etwas, das einem Stall ähnlich sah, und öffnete eine Tür. In einer mit Öl gefüllten Topfscherbe brannte ein Docht. Auf dem Boden war eine Strohmatte ausgebreitet.

»Das ist es?« fragte Reb Amram.

»Ja. Zwei Gulden!« Während sie sprach, streckte sie eine Hand nach dem Geld aus; mit der anderen öffnete sie rasch ihre Bluse und ließ ihre festen Brüste mit feuerroten Brustwarzen sehen. Mit einem Ruck öffnete sie die Knöpfe ihres Rokkes und stand splitterfasernackt da, mit Ausnahme ihrer

Schuhe und Strümpfe. Sie schlug einen Purzelbaum auf der Strohmatte. »Komm!« Reb Amram war im Begriff, sich auf sie zu werfen, als er einen furchtbaren Schrei vernahm: »Du verlierst die zukünftige Welt!«

Reb Amram schauderte. Er kannte die Stimme seines Vaters, der vor mehr als zwanzig Jahren gestorben war. Reb Amram wollte davonlaufen und stieß mit dem Kopf gegen die Tür. Er fiel fast über die Türschwelle. Die Frau schrie wie verrückt, aber Reb Amram lief von Verwirrung und Angst erfüllt durch die Dunkelheit, wie von Mördern verfolgt. Die enge Gasse hatte tiefe Löcher, war voller Steine und abgeschirrter Karren. Er rannte gegen eine Wagendeichsel und holte sich eine Beule am Kopf. Er schürfte ein Knie auf. Er wußte nicht, ob er in die Richtung der Leipziger Wohnquartiere lief oder aus der Stadt hinaus. Er blickte nach oben und sah den mit zahllosen Sternen besäten Himmel. Ein Stern riß sich aus seiner Konstellation, sauste den Himmel entlang und hinterließ eine leuchtende Spur. Die Himmel schienen von einer göttlichen Feuersbrunst zu glühen.

Während Reb Amram lief, erinnerte er sich an einen Kommentar aus der Gemara zu der Josephs-Geschichte im Ersten Buch Mose: Als Potiphars Frau Joseph am Ärmel zog und von ihm verlangte, er solle mit ihr schlafen, war Joseph schon bereit ihr nachzugeben, als das Bild seines Vaters vor ihm erschien und ihm half, der Versuchung zu widerstehen. »Die Toten leben!« rief eine Stimme in Reb Amrams Ohr oder in seinem Geist. »Es gibt eine Vorsehung. Dort oben sehen sie alles, jede Bewegung, die jemand im Begriff ist zu tun, sie lesen seine Gedanken, sie wägen seine Taten, sie beobachten jeden seiner Schritte.«

Hunde bellten Reb Amram an und versuchten ihn zu beißen, aber er gab ihnen Fußtritte und murmelte die Worte aus dem Pentateuch: »Aber bei allen Kindern Israels soll nicht ein Hund mucken.« Obwohl er wußte, daß es gefährlich war, lief er durch den Wald, wo Diebe und Straßenräuber herumlungerten. Sie könnten ihn umbringen, und kein Hahn würde danach krähen. Er flüchtete vor einer Hure, einem Dämon, und wurde vom Engel des Todes verfolgt. Seine Füße wurden merkwürdig leicht. Er sprang über umgestürzte Bäume, über Pfützen und Abfallhaufen. Der Schweiß rann über sein Gesicht, sein Magen krampfte sich zusammen, und im Mund verspürte er eine widerliche, süßlich-saure Flüssigkeit. Sein Leib war gespannt wie eine Trommel. In seiner Verzweiflung fiel ihm ein, daß er zum erstenmal in seinem Leben vergessen hatte, das Nachmittagsgebet zu sprechen. Er betete laut zu der heiligen Seele seines verstorbenen Vaters und dankte ihm dafür, daß er ihn vor den Fallstricken der Wollust bewahrt hatte. Er bat den Geist seines Vaters, ihn vor den Räubern zu beschützen, denn er trug das Geld seines Herrn bei sich, und wenn er mit leeren Händen zurückkehrte, würde man ihn des Diebstahls bezichtigen.

Mit Gottes Hilfe gelang es ihm, nach Leipzig zurückzufinden. Erst jetzt wurde er sich des Schmerzes an Stirn und Knie bewußt. Einer der Hunde hatte ihn ins Bein gebissen und mit seinen Zähnen die Hose zerrissen. Reb Amram wußte, daß er mancherlei Gefahren entronnen war, sowohl an seiner Seele wie an seinem Körper. Er mußte das Gebet zur Errettung aus Gefahr zweimal sprechen und durch großzügige Wohltätigkeit und viele gute Werke sich loskaufen. Er erreichte den Gasthof, in dem er abgestiegen war. Der Eingang war dunkel, aber er vernahm laute Stimmen und Gelächter aus der Küche und den oberen Räumen. Was sollte er dem Wirt, den Gästen und seinem eigenen Kutscher sagen? Sie würden merken, daß ihm Schlimmes zugestoßen war, und ihn ausfragen. Er hinkte, sein Gesicht war verschwollen, und seine Stiefel mit Lehm und Mist verschmutzt. Er mußte sich rasch eine Lüge ausdenken. Reb Amram erinnerte sich an die Worte aus den Sprüchen der Väter: »Eine Sünde zieht die andere nach sich.« Er stand im Dunkel, verängstigt von dem, was ihm zugestoßen war, verwirrt durch seine wundersame Errettung, entehrt durch seine sündigen Leidenschaften. Er wagte nicht, mit seinen beschmutzten Lippen den Namen Gottes auszusprechen. Er weinte nicht, aber seine Augen brannten, und sein Gesicht war heiß. Er war am Rande der tiefsten Erniedrigung und der Feuer der Gehenna.

2

Gott sei Dank, die Rückreise nach Polen verlief ohne Zwischenfälle. Reb Amram brachte alles mit, was der Gutsbesitzer und seine Frau bestellt hatten, dazu Verträge für Holzlieferungen und eine größere Anzahlungssumme. Er hatte jeden Groschen, den er ausgegeben hatte, in sein Notizbuch eingetragen. Nachdem der Gutsbesitzer und seine Frau ihm überschwenglich für seine Gewissenhaftigkeit und sein kluges Geschäftsgebaren gedankt hatten, ging der Gutsbesitzer mit Reb Amram in ein Nebenzimmer. Reb Amram nahm Haufen von Goldstücken aus seinen Taschen und dem Gürtel und begann das Geld zu zählen. Er hatte die Geldscheine und Verträge in einem eichenen Kasten mit Messingbeschlägen und einem stählernen Schloß aufbewahrt. Wie immer hoffte er, daß die Abrechnung bis auf den letzten Pfennig stimmen würde. Aber seltsamerweise fehlten fünf Golddukaten an der Abrechnung: »Wie ist das möglich?« fragte sich Reb Amram. Der Gutsbesitzer, der Reb Amram voll vertraute, wischte die Sache mit einer Handbewegung fort. Er bestand darauf, Reb Amram habe sicher vergessen, eine kleine Ausgabe aufzuschreiben. Wenn er sich daran erinnern werde, habe es schon seine Richtigkeit. Reb Amram bot dem Gutsbesitzer an, die fünf Dukaten aus seiner Tasche zu bezahlen, aber der Gutsbesitzer wollte nichts davon hören. Er sagte: »Es lohnt sich nicht, sich wegen einer solchen Kleinigkeit aufzuregen.« Der Gutsbesitzer kannte sich nicht nur im Neuen Testament aus, sondern auch im Alten und zitierte die Worte, die Efron zu Abraham sagte, als dieser die Höhle Machpela von ihm kaufte: »Mein Herr, höre doch mich! Das Feld ist vierhundert Schekel Silbers wert; was ist das aber zwischen mir und dir?«

Reb Amram versprach, sich keine Sorgen mehr darum zu machen, aber als er nach Hause ging, war sein Gemüt beunruhigt, teils wegen des schmählichen Zwischenfalls mit der liederlichen Frau, teils wegen der verlorenen Dukaten. Er saß die halbe Nacht und rechnete. Er erinnerte sich an jeden Pfennig, den er in Leipzig ausgegeben hatte, sogar an die Almosen, die er an die Bettler auf dem Markt verteilt hatte. Aber diese fünf Dukaten schienen seinen Fingern entschlüpft zu sein. Hatte ihn jemand beraubt? Hatte diese Schlampe aus Piask in bestohlen? Er war ganz sicher, daß sie ihm nicht so nahe gekommen war, ihre Hand in seine Tasche stecken zu können. Während er noch über die verlorenen Dukaten nachdachte, fiel ihm ein, daß er vergessen hatte, seiner Frau Alte Trina ein Geschenk mitzubringen, wie er es immer bei der Rückkehr von einer Reise getan hatte. Sie hatte kein Wort darüber verloren, aber ihm kam vor, als habe sie ihn nicht so warm empfangen wie sonst, wenn er nach Hause zurückkehrte. Er hatte auch der Magd nichts mitgebracht.

Reb Amram erwachte mitten in der Nacht und lag schlaflos bis zum Morgengrauen. Er hatte beim Auskleiden einen Knoten in dem Band seines Beinkleids entdeckt. Er machte häufig so einen Knoten, um sich an die Bezahlung einer Rechnung, das Schreiben eines Briefes oder an die Spende für wohltätige Zwecke zu erinnern. Er hatte vergessen, wann und aus welchem Grunde er diesen Knoten gemacht hatte. In der Morgendämmerung schlief er wieder ein, und die Frau aus Piask erschien ihm im Traum. Sie stand nackt vor ihm, mit aufgelöstem rotem Haar, und sie sang ein Lied, das er früher einmal in einer Schenke gehört hatte:

»O weh, gib mir Tee.
Tee ist bitter –
Gib mir Zucker.
Zucker ist süß –
Gib mir Füß.
Füß sind naß –
Komm zu Bett.
Kein Laken im Bett –
Komm auf die Gaß.
Dunkel ist die Straß –
Komm in den Park.
Im Park kein Licht –
Halt mich dicht.
In Schmutz und Dreck
Brenn wie Feuer.«

Reb Amram erwachte mit einem Ruck und im Zorn. Der Monat Elul stand vor der Tür, und er wälzte sich in unzüchtigen Phantasien. »Weh über mich, ich bin in Frevel versunken«, murmelte er. Gewöhnlich erwartete Reb Amram die Hohen Feiertage mit Ungeduld, denn dann las er die Morgengebete an der Kanzel der Synagoge, in ein weißes Gewand gekleidet und mit der goldbestickten Mitra auf dem Kopf. Schon Wochen vorher übte er die Gesänge und die Liturgien und übte das Schofarblasen.

Aber jetzt sehnte sich Reb Amram nicht mehr danach, die Gemeinde im Gebet anzuführen. Niemand anderer als Pura, der Engel des Vergessens, mußte ihn an jenem verhängnisvollen Abend, an dem er die Hure in Leipzig getroffen hatte, begleitet haben. Er konnte sich nicht einmal an die Erklärung erinnern, die er den Leuten im Gasthaus gegeben hatte, warum er die Beule auf der Stirn und die zerrissenen Hosen und verschmutzten Stiefel hatte. Und wie sollte er dem Gutsherrn gegenüber die fehlenden fünf Dukaten rechtfertigen? Obwohl Reb Amram bereit war, das Geld aus seiner Tasche zu ersetzen, war die Gefahr der Schande noch nicht abgewendet. Es war möglich, daß der Kutscher das seltsame Ereignis dem Gutsbesitzer bereits mitgeteilt hatte. Klatsch verbreitet sich schnell. Reb Amram wollte sich nicht selbst widersprechen und ein Lügner genannt werden.

Er schlief wieder ein, und sofort erschien die rothaarige Frau von neuem. Er sah sie die Stufen des rituellen Badhauses in Plock hinuntersteigen. Sie tauchte dreimal unter, und ihr Haar breitete sich wie ein rotes Netz auf dem Wasser aus. Sie stieg heraus und zwinkerte Reb Amram zu. »Was ist geschehen?« fragte sich Reb Amram. »Habe ich sie geheiratet, und sie nimmt ihre Waschungen vor? Reinigt sie sich meinetwegen? Und wo ist Alte Trina? Ist sie – Gott behüte! – womöglich nicht mehr unter den Lebenden?« Er erwachte schaudernd. »Dieses Weib ist eine der Dämonen der Lilith, die sie des Nachts gottesfürchtigen Männern sendet, um sie zur Befleckung zu verführen«, sagte Reb Amram zu sich selbst. »Ich darf die Gemeinde nicht mehr im Gebet anführen. Gebete eines Menschen, wie ich einer bin, werden den Himmel nicht erreichen. Sie könnten sogar, der Gedanke darf nicht einmal gedacht werden, der Stadt Böses bringen – Pest, Hungersnot und Blutvergießen.« Reb Amram sah sich gezwungen, den Synagogenvorstehern rechtzeitig mitzuteilen, daß sie sich nach einem Nachfolger umsehen müßten.

Wie im Buch Hiob folgte eine böse Nachricht der anderen. An diesem Morgen, als Reb Amram von seinem quälenden Traum erwachte, sogar ehe er noch gebetet hatte, hörte er das Geräusch eines Reiters, der sich seinem Haus näherte. Es war ein Bote des Gutsbesitzers, der nach ihm schickte. Reb Amram war ganz durcheinander. Wer weiß, vielleicht hatte der Kutscher ihn mit der Hure gesehen und das dem Gutsherrn berichtet. Und obwohl der Gutsherr selbst des Ehebruchs schuldig war, so erwartete er doch anständiges Benehmen bei seinen Untergebenen. »Nu, meine sieben guten Jahre sind vorbei«, murmelte Reb Amram vor sich hin. Er ließ den Wagen anspannen und fuhr zum Gutsbesitzer. Gott sei Dank, der Herr empfing ihn freundlich. Reb Amram fing an, von den verschwundenen Golddukaten zu sprechen, aber der Gutsherr unterbrach ihn.

»Seid nicht närrisch, Amram, was sind fünf Dukaten für mich? Ich vertraue Euch meinen ganzen Besitz an, und Ihr regt Euch über eine solche Kleinigkeit auf. Und ich würde mich auch nicht über tausend Dukaten aufregen. Ich habe nach Euch geschickt, weil ich Euch um eine Gefälligkeit bitten möchte.«

»Der Herr möchte eine Gefälligkeit von mir?« fragte Reb Amram erstaunt.

»Ja. Eine große Gefälligkeit. Es ist mir unangenehm, das von Euch zu verlangen, aber ich habe keine Wahl. Vor einigen Tagen kam ich mit Graf Zamoyski und seiner Frau, der Gräfin, den zukünftigen Schwiegereltern meiner Tochter, zusammen. Ihr wißt sicher, wie einflußreich sie in Polen sind und welche Ehre es für meine Frau und mich ist, unsere geliebte Tochter mit ihrem Sohn zu vermählen. Die Gräfin ist von noch höherer Abstammung als ihr Mann. Sie ist die Nachfahrin eines Königs von Polen. Wie Ihr wißt, bereiten wir eine Hochzeit vor, die nicht ihresgleichen in der Geschichte Polens haben wird. Der Graf erzählte mir, daß sein Hofjude, Reb Nissel, in der Bibel und dem Talmud bewandert und dazu noch ein erfahrener Kaufmann, auch ein begabter Schauspieler ist. Wann immer die Zamoyskis einen Ball geben, verkleidet sich Reb Nissel als Bär und unterhält die Gäste. Ich hatte dem Grafen von Euch erzählt und Euch in den Himmel gehoben. Er erwähnte so nebenbei: ›Wenn dein Amram so witzig ist wie mein Nissel, warum sollen sie dann nicht zusammen auf der Hochzeit unserer Kinder auftreten und uns unterhalten?‹ Ich versuchte dem Grafen zu erklären, daß Ihr von anderer Art seid und es unter Eurer Würde ist, den Komiker zu spielen. Ich sagte ihm, daß ich niemals derartiges von Euch verlangt hätte. Aber der Graf beharrte auf seiner Idee. Er verlangte buchstäblich, daß Ihr mit seinem Hofjuden auftretet. So sind die Zamoyskis: hartnäckig und abenteuerlich. Sie konnten immer alles unter der Sonne bekommen. Niemand hat ihnen jemals etwas abgeschlagen. Ich will es kurz machen. Ich bin tatsächlich gezwungen worden, dem Grafen zu versprechen, daß ich Eure Zusage verlangen werde. Ich versichere Euch, das wird das erste und das letzte Mal sein. Ich habe den Grafen überredet, daß Reb Nissel die Rolle des Bären übernehmen soll und Ihr die des Bärenführers. Ihr könnt Reb Nissel an einem Strick führen und Euch mit ihm unterhalten. Die hochgeborenen Gäste werden sich über die spaßigen Dialoge köstlich amüsieren. Ich weiß, Ihr seid mit dem jüdischen Humor und Witz wohlvertraut. Es ist nicht wirklich eine Schande, den Bärenführer zu spielen. Ich verspreche Euch, wenn Ihr einmal eine Gefälligkeit von mir erbitten werdet, und sei sie noch so groß, werde ich sie Euch mit Vergnügen erweisen.«

Während der Gutsherr mit ihm sprach, hatte Reb Amram das Gefühl, daß eine Faust sein Herz umklammere und mit ungeheurer Kraft zusammenpresse. Reb Amram wußte, daß einige Hofjuden auf den Bällen der Gutsbesitzer auftraten und die Gäste belustigten, aber er wollte niemals auf dieses Niveau absinken. Es war Reb Amram klar, dieses Ansinnen des Gutsherrn war die Strafe des Himmels dafür, daß er auch nur einige Minuten mit der rothaarigen Hure verplempert hatte. Er hätte gern ausgerufen: »Euer Gnaden, alles, was Ihr wollt, aber das ist ein zu großer Schlag.« Statt dessen fragte er: »Wann wird die Hochzeit sein?«

Der Gutsherr nannte ihm das Datum. Reb Amram rechnete schnell aus, daß die Hochzeit auf den ersten Tag des Laubhüttenfestes fallen würde. Während die anderen Juden in der Laubhütte unter den Flügeln der Schechina sitzen würden und die Seelen solcher Heiligen wie Abraham, Isaak und Jakob, Aaron, Mose und David bewillkommneten, würde er, Amram, einen anderen Juden, als Bär verkleidet, herumführen und sich und den gelehrten Reb Nissel vor einem Haufen von Mördern und Heiden zum Gespött machen. Was war denn das Wesen all dieser Gutsbesitzer? Wie konnten sie über das Land herrschen, wenn nicht einzig durch die Macht des Schwertes? Wie hatten sie es zustande gebracht, die Bauern zu versklaven und das Volk Israel, das Gott vor allen anderen Nationen erwählt hatte, sich untertan zu machen?

»Wie ist Eure Antwort?« fragte der Gutsherr mit einer Spur von Ungeduld.

»Wenn ich es kann, werde ich es tun«, sagte Reb Amram.

»Warum solltet Ihr es nicht können?«

»Alles liegt in Gottes Hand.«

Eine Weile schwiegen beide. Dann sagte der Gutsherr: »Ich verstehe sehr wohl, daß diese Aufgabe in Eurem Alter und Eurer Stellung eine sehr schwierige ist. Aber ich wage nicht, dieser mächtigen Familie Widerstand zu leisten. Heute sind sie meine Freunde, morgen meine schlimmsten Feinde.«

»Ja, das ist richtig.«

»Ihr scheint müde zu sein, Reb Amram. Geht nach Hause und ruht Euch aus.«

»Ja, das will ich tun. Ich danke Euer Gnaden.«

»Warum erlaubt Gott den Menschen, einander zu tyrannisieren? Was hat Euer Talmud dazu zu sagen?« fragte der Gutsherr.

Reb Amram überlegte. »Alles ist erschaffen, damit die Menschen zwischen Gut und Böse wählen können.«

»Nicht immer«, sagte der Gutsherr und machte eine Bewegung, die das Ende der Audienz anzeigte.

Als Reb Amram nach Hause zurückkehrte, sah er Alte Trina auf der Bank vor dem Haus sitzen und einen Strumpf strikken. Er war überrascht, denn um diese Zeit saß sie selten draußen auf der Bank, sondern war meist in der Küche mit der

Zubereitung einer Mahlzeit beschäftigt. Er betrachtete sie ein Weilchen. Sie hatten bereits Enkelkinder, aber ihm schien, als seien sie erst gestern noch jung gewesen. Damals hatte er es nicht erwarten können, daß sie in das rituelle Badhaus ging, damit er sich ihr nähern konnte. Jetzt war sie eine alte Frau mit einem verwelkten und verrunzelten Gesicht. Unter ihrem Kinn sproßten ein paar weiße Haare, ein kleiner weiblicher Bart. Mit der Stricknadel kratzte sie ihr Ohrläppchen, das unter ihrer Haube herausguckte, und fragte: »Was wollte der Gutsbesitzer von dir? Warum hat er so früh am Morgen nach dir geschickt? Ich habe mir die größten Sorgen wegen deiner Sicherheit gemacht.«

»Nichts, Alte Trina. Es hatte mit der Hochzeit seiner Tochter zu tun.«

»Und was wollte er jetzt noch?«

»Ach, es war wegen des Schmucks, den ich für sie gekauft habe.«

»Was für Kram braucht sie noch? Sie wird von Kopf bis Fuß mit Gold und Diamanten zugedeckt sein. Diese Narren vergessen, daß sie nicht ewig leben. Du siehst blaß aus, Amram. Diese Reise hat dich erschöpft.« Alte Trina wechselte den Ton.

»Keine Gefahr.«

»Warum bist du so früh dorthin gerannt? Du hattest noch nicht einmal gebetet.«

»Wenn der Gutsherr einen Boten schickt, dann kann man ihn nicht warten lassen.«

»Ich werde dir ein Glas Milch holen. Das darf man vor dem Gebet trinken.«

»Nein, Alte Trina. Laß mich erst den Gebetsmantel und die Gebetsriemen anlegen.«

»Amram, warte. Ich muß mit dir sprechen.«

»Was willst du?«

Alte Trina holte einen Stuhl, und Reb Amram setzte sich. »Amram, vielleicht sollte ich das nicht sagen, aber du begibst dich auf einen krummen Pfad. Wenn ein Fremder das zu dir sagen würde, dann würdest du ihn verdächtigen, dein Feind zu sein, aber ich bin deine Frau, die Mutter deiner Kinder, und ich will nur das Beste für dich. Glaube mir, wenn ich mich für dich opfern sollte, ich würde es gerne tun.«

»Sprich deutlich. Was tue ich, das falsch ist?«

»Erstens arbeitest du zuviel. Ein Mann deines Alters – du sollst hundertzwanzig werden! – muß sich nicht auf Märkte in weit entfernte Länder schleppen. Du weißt sehr gut, daß die Straßen von Dieben und Mördern wimmeln. Lohnt es sich, seine Gesundheit zu riskieren, damit irgendeine Schickse ihren Schmuck vor einem frechen Verehrer zur Schau stellen kann? Ich habe kürzlich gehört, daß Graf Zamoyski während der Erntezeit mit einer Gruppe Adliger auf die Jagd gegangen ist. Ihre Pferde und Hunde zertrampelten und ruinierten Hunderte von Morgen, die gerade geerntet werden sollten. Als die Bauern diese Schurken baten, den Segen Gottes nicht zu zerstören und damit eine Hungersnot über das Dorf zu bringen, ergriff sie solche Wut, daß sie ihre Pistolen leer schossen und einige der Bauern töteten. Amram, stell dir vor, das sind ihre Bauern, ihre Güter, aber diese Trunkenbolde denken, sie können tun, was ihnen beliebt. Man hat mir erzählt, daß der junge Graf große Mengen von Weizen angezündet habe, die zum Dreschen vorbereitet waren. Dein Gutsbesitzer bereitet eine Hochzeit vor, die ihn ein Vermögen kosten wird. Er ist schon jetzt bis über die Ohren verschuldet. Es wird damit enden, daß er Bankrott macht. Und wenn sie in Schwierigkeiten geraten, dann kommen sie zum Juden borgen. Und wenn man ihnen nicht freiwillig borgen will, dann wenden sie Gewalt an.«

»Bis jetzt ist unserem Gutsherrn nichts vorzuwerfen«, sagte Reb Amram.

»Das ist die eine Sache«, fuhr Alte Trina fort. »Zweitens hattest du mir gesagt, daß – so Gott will – nachdem wir unser jüngstes Kind weggegeben hätten, wir mit allen Geschäften Schluß machen und uns nur noch der Jüdischkeit widmen würden. Du hast sogar erwähnt, ins Heilige Land zu gehen.«

»Ins Heilige Land? Alte Leute gehen dorthin, aber nicht Leute in unserem Alter. Ich kann mich nicht erinnern, das gesagt zu haben.«

»Du erinnerst dich nicht daran, aber ich. Und Gott erinnert sich bestimmt.«

Reb Amram hätte sie gerne gescholten, wie er es immer getan hatte, wenn sie sich zu sehr in seine Angelegenheiten einmischte, aber er dachte an den erniedrigenden Vorschlag, den der Gutsherr ihm gemacht hatte, und hielt sich zurück. Er zuckte die Schultern. »Alte Trina, wir werden später darüber sprechen.«

»Noch später?«

»Laß mich erst mein Gebet verrichten.«

Reb Amram betrat das Zimmer, in dem seine Bücherregale standen, und bereitete sich für das Gebet vor. Er legte den Gebetsmantel und die Gebetsriemen an, wickelte die Lederriemen um seinen Arm und begann die Gebete zu sprechen. Aber er wurde von verwirrenden Gedanken abgelenkt und betete ohne Konzentration. Er übersah sogar einige Verse. Des Gutsherrn wegen sich zum Possenreißer machen? Reb Nissel an einem Strick herumführen und Witze reißen? Reb Amram stand auf, um die Achtzehn Segenssprüche herzusagen, aber er ließ einige Passagen aus und wiederholte andere. Er nahm seine Zuflucht darin, Gott auf jiddisch anzusprechen: »Vater im Himmel, ich bin in einer verzweifelten Lage. Rette mich oder nimm mich hinweg.«

Jetzt wurde Reb Amram klar, daß ein derartiges Gebet eine Sünde ist. Ein menschliches Wesen hat kein Recht, dem Allmächtigen etwas vorzuschreiben oder Ihn zu ermahnen. Nach einiger Zeit nahm er Gebetsmantel und Gebetsriemen wieder ab. Große Müdigkeit überkam ihn, und er fühlte eine Schwäche in den Knien. Er verriegelte die Tür zum Korridor, brach auf dem Sofa zusammen und fiel in tiefen Schlaf. Als ob der Herr der Träume es kaum hatte erwarten können, daß Reb Amram einschlief, brachte er ihn sofort nach Leipzig. Wieder war es Abend, und er stand mit der rothaarigen Hure unter der Laterne. Und wieder verleitete der Böse Geist ihn zur Verdammnis. Dieses Mal sah Reb Amram Satans teuflisches Abbild: größer als die Straßenlaterne, dunkel und durchsichtig wie ein Spinnennetz, mit Hörnern wie ein Ziegenbock, mit zwei Löchern anstelle der Augen und einem Froschmaul. Er flüsterte Reb Amram zu: »Nimm sie, die Hure. Dring in sie ein. Hab keine Angst. Hier unten gibt es kein Gesetz, und oben keinen Richter. Und selbst wenn es im Siebenten Himmel einen Gott geben sollte, Er könnte sich nicht an all die kleinlichen Verbote, an alle dummen Einschränkungen und all die Auslegungen von Moses Zeiten bis zu denen eines einfältigen Rabbiners in einem lehmigen Dorf erinnern.«

Im Traum folgte Reb Amram der Hure, die ihn in ein dunkles Gäßchen führte und die Tür zu einem finsteren Schuppen öffnete. In einem mit Öl gefüllten Töpfchen brannte ein Docht, auf dem Boden lag eine Strohmatte. Die Hure warf ihre farbigen Lumpen ab und rief: »Zwei Gulden. Komm!« Er lief davon, und während er lief, griff er mit der Hand in seine Tasche und warf der wütenden Frau eine Handvoll Goldmünzen zu. Reb Amram erwachte augenblicklich. Die Hand, die die Münzen geworfen hatte, zitterte noch, und seine Füße bewegten sich, als renne er. Für einen Augenblick hielt Reb Amram den Traum für Wirklichkeit. Er war gleichzeitig in seinem Arbeitszimmer, in dem er gebetet hatte, und in dem Schuppen mit der Hure. Er fiel zu Boden, seine Zähne schlugen aufeinander. So blieb er eine Weile, ehe er begriff, wo er war. In all seiner Angst wurde Reb Amram auf einmal klar, daß der Traum sein Rätsel gelöst hatte. In seiner Verwirrung hatte er das Geld für die Hure aus der Tasche genommen, in der er das Geld des Gutsherrn aufhob. Er hatte es vergessen, aber die Tasche, ein Stückchen Futterstoff, hatte sich daran erinnert und die Ordnung wiederhergestellt – ein stummer Zeuge, der am Tage des Jüngsten Gerichts gegen ihn aussagen könnte. Reb Amram wollte gleichzeitig lachen und weinen. Wenn eine Tasche sich erinnern kann, wie steht es dann mit dem Allmächtigen, von dem es heißt: »Vor dem Thron Deiner Herrlichkeit gibt es kein Vergessen.«

»Gnädiger Gott, habe Mitleid mit mir«, rief Reb Amram aus. »Mein Vater im Paradies, du bist nicht gestorben, du lebst. Deine heilige Seele hat mich in Leipzig beschützt. Du hast mich umschwebt, hast während der ganzen Reise über mir gewacht, jeden meiner Schritte behütet und mich nicht in das Netz der Verderbnis fallen lassen, in den tiefsten Abgrund. Es gibt einen Gott, es gibt Ihn. Es gibt ein Jenseits, es gibt es«, rief Reb Amram im Geist Satan, dem Verderber, zu: »Wie habe ich all dies vergessen und mich mit einer Prostituierten einlassen können, von der König Salomo sagt: ›Alle, die zu ihr eingehen, kommen nicht wieder und ergreifen den

Weg des Lebens nicht. Gott sieht, und die Heiligen sehen, und es gibt keinen Tod, es gibt ihn nicht!‹«

Jemand klopfte an die Tür – Alte Trina. Seltsam, in dem Augenblick, in dem er sie sah, erinnerte er sich auch wieder an den Grund für den Knoten in seinem Gürtel: Er hatte für sie die neue Ausgabe von ›Ze.ena ure.ena‹ – ›Kommt und schaut!‹ – kaufen wollen, die jiddische Übersetzung des Pentateuch und der Kommentare, denn der Einband ihres Buches war zerrissen, und einige Seiten waren herausgefallen.

Am gleichen Tag schickte Reb Amram einen Boten mit fünf Goldmünzen zum Gutsbesitzer. Später am Tag sagte er den Gemeindeältesten, daß er magenkrank sei und einen Arzt in Warschau aufsuchen müsse. Falls er, was Gott verhüten möge, nicht wieder gesund werde, müßten sie jemand anderen finden, der an den Hohen Feiertagen in der Gemeinde vorbeten könne, und einen anderen Mann zum Schofarblasen. Er spannte selbst den Wagen an, nahm Alte Trina mit, und ließ nur Reische, die Magd, im Haus. Er gab ihr eine größere Summe, die all ihre Ausgaben decken sollte, falls er länger abwesend sein würde.

Reb Amram kehrte nicht zu den Hohen Feiertagen zurück. Er kehrte überhaupt nicht mehr nach Plock zurück. Nach einiger Zeit kamen seine Söhne und Töchter in die Stadt und brachten einen Brief ihres Vaters, in dem stand, daß er sein Haus und seine Bücher den Priestern und Talmudgelehrten, die in die Stadt kämen, vermache. Reb Amrams Söhne und Töchter brachten noch zusätzlich Geld für Markel, den Kutscher, für Reische, die Magd, und außerdem einen von Alte Trina unterschriebenen Brief, in dem sie all ihre Kleidung und ihr Geschirr Reische vermachte.

Die Hochzeit zwischen Graf Zamoyskis Sohn und Waleckis Tochter fand nicht statt. Wenige Tage vor der Hochzeit ging der junge Graf im Wald auf die Jagd, und einer der Jäger hielt ihn für ein Tier und erschoß ihn. Waleckis Tochter, die Braut, verfiel nach diesem schrecklichen Ereignis in Melancholie und beschloß, in ein Kloster einzutreten.

Über zwei Jahre lang hörte man nichts von Reb Amram. Einige glaubten, daß er noch immer berühmte Ärzte und Heilkundige in weit entfernten Städten aufsuchte. Andere kamen zu dem Schluß, daß Reb Amram und seine Frau nicht mehr unter den Lebenden waren. Eines Tages kam ein rabbinischer Bote aus Jerusalem nach Plock und brachte jenen Brief von Reb Amram. Reb Amram schrieb, daß nach monatelangen Wanderungen und schweren Prüfungen er und seine Frau wunderbarerweise mit einem Schiff in das Land Israel gekommen seien. Mit dem Geld, das er gespart und Alte Trina vom Verkauf ihres Schmucks bekommen hatte, konnten sie jetzt ihre alten Tage ganz der Jüdischkeit widmen. Er studiere die Mischna im Lehrhaus des chassidischen Rabbi Jehuda und lese die Psalmen an der Klagemauer, in einer Ecke, in der die Schechina immer anwesend gewesen war. Im Monat Elul besuchten er und Alte Trina die Gräber der Mutter Rahel, des Rabbi Simon, Sohn des Jochaj, und anderer Heiliger. Sie suchten die Stadt Safed auf, und er tauchte unter im rituellen Bad des heiligen Isaak Luria. Der Himmel im Lande Israel sei höher als in anderen Ländern, die Sterne heller, und die Luft kristallklar und süß wie Wein. Reb Amram bat die Bürger von Plock, dem Boten zu helfen, Geld für eine Jeschiwa zu sammeln. Denn im Himmel wird jeder Groschen, der für Wohltätigkeit gespendet oder – Gott bewahre! – für eine Übertretung ausgegeben wird, vermerkt. Er schloß den Brief mit den rätselhaften Worten: »Ein Mann vergißt, aber seine Tasche erinnert sich.«

DAS GEHEIMNIS

Sie war eine winzige alte Frau mit frisch gefärbtem schwarzem Haar, einem kleinen verrunzelten Gesicht und schwarzen Augen, die mit jugendlichem Feuer glänzten. Sie stützte sich auf einen Stock, schenkte mir ein kokettes Lächeln und zeigte zwei Reihen kleiner falscher Zähne. Ihr Jiddisch, mit all seinen Eigenheiten und Betonungen, verriet die Herkunft aus der Lubliner Gegend. Sie sagte: »Ich lese jedes Wort, das Sie schreiben. Ich verpasse auch nie Ihre Ratschläge am Radio. Ich habe seit Wochen versucht, Sie zu erreichen, aber es ist unmöglich, Sie am Telefon zu erwischen. Wo laufen Sie denn den ganzen Tag herum? Entschuldigen Sie bitte, daß ich so familiär mit Ihnen umgehe. Sie kennen mich nicht, aber ich kenne Sie wie einen Bruder.«

Ich bedankte mich und bot ihr einen Stuhl an. Sie gab mir ihren Stock, und ich stellte ihn in eine Ecke. Der Stuhl war zu hoch für sie, so schob ich ihr ein Telefonbuch als Fußbank unter die Füße. Sie sagte: »Sie sehen eine alte Frau vor sich, aber wie lange ist es her, daß ich jung war? In einem Ihrer Artikel haben Sie einen Dichter erwähnt – den Namen habe ich vergessen –, der gesagt hat: ›Alte Leute sterben jung.‹ Goldene

Worte. Diese alte Person, die hier vor Ihnen sitzt, wird als junges Mädchen sterben. Die Seele altert nicht. In gewisser Weise wird mein Gedächtnis von Tag zu Tag jünger. Was sich gestern ereignet hat, das vergesse ich, aber was vor sechzig Jahren geschehen ist, das habe ich vor Augen. Ich habe eine ganz unglaubliche Geschichte für Sie. So eine Geschichte kommt nur einmal in tausend Jahren vor.«

»Wollen Sie mir eine Geschichte erzählen, oder wollen Sie einen Rat?« fragte ich.

»Beides. Aber Sie müssen Geduld haben.«

»Tun Sie mir den Gefallen und machen Sie es kurz.«

»Kurz? Wie kann man fünfzig oder sechzig Jahre kurz machen? Aber ich will es versuchen. Ich bin ja nicht gerade irgendwer. Mein Vater war ein Schreiber. Er übertrug Torarollen, Gebetsriementexte und Texte für die Mesusa. Und wir Mädchen – wir waren vier Töchter und ein Sohn – versuchten, seine Schrift zu kopieren, nicht auf Pergament, sondern auf Papier. Ich spitzte die Federkiele für ihn zu und zog Linien auf den Pergamentseiten. Unsere Mutter war eine gebildete Frau, und sie lehrte uns die Bibel. Ich könnte sieben Tage und sieben Nächte hier mit Ihnen sitzen und hätte Ihnen nicht einmal einen Bruchteil von dem erzählt, was ich durchgemacht habe, aber heutzutage haben die Leute keine Geduld. Als ich jung war, war ich auch schnell. Aber was soll die Eile heute? Zum Grab komme ich noch immer rechtzeitig. Unser Vater, Reb Mosche, der Schreiber, wie er genannt wurde, war ein frommer Mann. Sein Vater, Jerucham – auch ein Schreiber –, war so fromm, daß er, bevor er einen heiligen Namen schrieb, in das rituelle Bad ging. In gewissen Abschnitten des Pentateuch erscheint der Name Gottes in jeder Zeile, und er ging von der Pergamentrolle ins rituelle Bad und zurück zur

Pergamentrolle. Er brauchte zwanzig Jahre, um eine vollständige Torarolle zu übertragen, und Wochen für einige Abschnitte der Gebetsriemen. Er und seine Familie wären verhungert, wenn unsere Großmutter Tirza Perl nicht einen kleinen Laden gehabt hätte. Sie hatte mit vierzehn Jahren geheiratet und siebzehn Kinder geboren. Ich erinnere mich daran, daß sie noch als Großmutter schwanger war. Sie und meine Mutter gingen immer mit dicken Bäuchen herum. Von den siebzehn Kindern, die meine Großmutter geboren hatte, starben elf. Diese Großmutter war eine Hausfrau, wie man sie heute nicht mehr findet. Sie arbeitete im Laden, kochte, buk, wusch und spaltete auch noch Holz, wenn es nötig war. Während sie ein Kind auf dem Arm trug, bereitete sie noch alles für das Pessachfest vor. Ich werde niemals verstehen, woher diese Leute ihre Kraft nahmen. Das war meine mütterliche Großmutter; die andere ist jung gestorben.

Da ich die Älteste war, mußte ich meiner Mutter helfen, die schwere Bürde der kleineren Kinder zu tragen. Ich hatte keine Zeit, Freundschaften zu schließen. Ich war ein eifriger Leser von Literatur. Mein Bruder Schmuel Chaim hatte heimlich Isaak Meir Dick und Mendele Mocher Sforim gelesen, und mit einigen älteren Jungen hatte er eine jiddische Zeitung aus Warschau abonniert; diese las ich auch. Hier in Amerika lese ich Ihre Arbeiten, und ich weiß, daß Sie die menschliche Seele verstehen. Ich möchte Ihnen etwas erzählen, das ich noch nie jemandem erzählt habe. Ich war – im geheimen – sehr leidenschaftlich und habe sehr früh angefangen, über die Liebe nachzudenken. Ich verstand ziemlich viel, aber ich wollte meinen Eltern keine Sorgen bereiten. Wir Schwestern lasen die Romane von Schomer. In unserer Stadt lebte ein Mädchen, die Tochter eines Wasserträgers, die von einem Kosaken schwanger war. Es gab viele Kosaken im Dorf, die oft in ein Bordell hinter dem russischen Friedhof gingen. Die Burschen gingen dorthin im Dunkeln, wenn der Mond nicht schien. Es gab Nächte, in denen ich wach lag und in kalten Schweiß ausbrach, wenn ich über diese Dinge nachdachte.

In Amerika haben die Leute vergessen, wie es früher in unserer Heimat zuging. Die jüngere Generation weiß gar nicht, wie gut sie es hier hat. Damals brach jedes Jahr nach dem Laubhüttenfest in unserer Stadt eine Epidemie aus. Wir hatten einen Totengräber, dessen Spitzname ›Gehennas Schammes‹ – ›Synagogendiener der Hölle‹ – war. Wenn die kleinen Kinder hinweggerafft wurden, ging er herum und sammelte die Körper ein, wickelte jeden in ein Stückchen Leinen von einem zerrissenen Laken oder Hemd und beerdigte sie. Es tut mir leid, sagen zu müssen, daß er ein Säufer war wie alle Mitglieder der Bestattungsbruderschaft. Auf dem Weg zum Friedhof machte er oft in einer Schenke halt. Einmal ließ er einen Sack mit den kleinen Körpern auf einer Bank liegen. Das gab ein solches Zetermordiogeschrei in der Stadt, daß man ihn entließ.

Meine beiden Eltern starben vorzeitig, innerhalb eines Jahres. Nachdem sie gestorben waren, wurden die jüngeren Kinder, unser Bruder Schmuel Chaim und meine drei Schwestern, in alle Winde verstreut. Eine ging als Dienstmädchen nach Lublin, eine andere heiratete einen Litauer, der mit ihr nach Rußland ging. Und Schmuel Chaim landete in Amerika. Sie leben alle nicht mehr. Sehen Sie, was aus mir geworden ist – ein geborstener Hafen. Ich war einmal ein hübsches Mädchen. Damals mußte ein Mädchen eine Aussteuer haben. Meine Tante Gutsche hatte die Verantwortung für mich übernommen. Wenn man ihr eine Heirat für mich vorschlug, so ging sie den Mann anschauen. Mein lieber Schriftsteller, sie verheiratete mich an einen Schneider – einen Witwer, der mehr als vierzig Jahre älter war als ich, einen Vater und Großvater. Er hatte schon einen grauen Bart, als wir unter dem Hochzeitsbaldachin standen. Ich dachte mir, er ist ein Mann, das ist besser, als niemanden zu haben. Ich möchte seinen Namen oder die Stadt, aus der wir kommen, nicht nennen. Wenn Sie die ganze Geschichte gehört haben werden, wird Ihnen klar sein, warum.

Wir heirateten. Er war ein frommer Jude, ein anständiger Mensch, aber das war auch alles. Ich hatte gehofft, ein Kind zu haben, vielleicht sogar mehrere, aber es verging eine Reihe von Jahren, und ich wurde nicht schwanger. Was ist bei uns Juden eine kinderlose Frau wert? Der Gedanke, eine unfruchtbare Frau zu sein, ein verdorrter Schoß, traf mich tief. Vielleicht war mein Mann im Alter steril geworden.«

»Männer werden im Alter nicht steril«, sagte ich, »sie werden höchstens impotent.«

»Das war bei ihm nicht der Fall. Aber begeistert war ich auch nicht. Jeden Monat mußte ich in das rituelle Bad gehen, und nur danach war er mit mir zusammen. Er war Herrenschneider und fertigte hauptsächlich lange Kaftane an. Er hielt alle religiösen Vorschriften streng ein. Um sechs Uhr früh verrichtete er seine Gebete. Er war der Vorsteher der kleinen Schneider-Synagoge. Er führte die Gemeinde im Gebet an. Seine einzige Sorge war, daß meine Perücke sich verschieben könnte und daß ein Mann mein Haar sehen und dadurch zu sündigen Gedanken verleitet werden könnte. Sein Geselle war auch ein älterer Mann. Ich kochte für beide und holte Wasser vom Brunnen. Mein Leben war so gut wie vorbei, und ich hatte mich damit abgefunden. Mein Mann sprach dauernd nur vom Sparen. Um ehrlich leben zu können, muß man immer etwas für schlechte Zeiten zurücklegen. Wir sparten, was wir konnten. Nur was Bücher anging, war ich verschwenderisch. Kam ein Buchhändler in die Stadt, so kaufte ich alle jiddischen Bücher: Geschichtenbücher, einen Roman von Isaak Meir Dick, Mendele Mocher Sforim, Scholem Alejchem, Perez und Scholem Asch. In unserem Dorf gab es eine kleine jiddische Bibliothek, und heimlich holte ich mir dort Bücher. Mein Mann spuckte auf weltliche Bücher und nannte sie ketzerisch. Aber für mich war Lesen das einzige Vergnügen. Mein Bruder Schmuel Chaim schickte mir manchmal Bücher aus Amerika: Seyfert, Schomer, Kubrin, Libin. Ich kann die Freude, die mir diese Bücher machten, nicht beschreiben. Sie haben mir buchstäblich das Leben gerettet.

Und hier fängt meine eigentliche Geschichte an. Eines Tages brachte mein Mann einen Lehrling namens Motke nach Hause. Er war ein dreizehnjähriger Junge aus einem benachbarten Schtetl. Ich sage dreizehn, weil ich mich daran erinnere, wie er zum erstenmal die Gebetsriemen für seine Bar-Mizwa anlegte. Die anderen Schneider behandelten ihre Lehrlinge wie Sklaven. Sie mußten Botengänge machen, Wasser an der Pumpe holen, die Eimer mit Schmutzwasser ausleeren und die Säuglinge wiegen. Sie bekamen Essen und durften auf dem Ofen schlafen. Der Vertrag wurde mit dem Vater des Lehrlings geschlossen oder mit einem Verwandten, wenn er ein Waisenkind war. Viele Schneider betrogen die Burschen. Es vergingen Monate, ehe man ihnen beibrachte, ein Knopfloch zu machen oder einen Knopf anzunähen.

Motke war ein Waisenknabe, und ich kann mich nicht erinnern, ob mein Mann einen Vertrag mit ihm geschlossen hatte, oder ob es nur eine mündliche Verabredung gewesen war. Mein Mann war ehrlich und lehrte Motke sofort das

Handwerk. Dieser Motke war klug und hatte goldene Hände. Er begriff alles sehr schnell, und mein Mann war des Lobes voll. Wie er aussah? Er war dunkel, hatte schwarze Augen, war klug und hatte einen Sinn für Humor wie niemand sonst. Er produzierte laufend kleine Scherze. Er konnte lesen und bemächtigte sich bald meiner Bücher.

Mein Mann wachte immer darüber, daß ich den Jungen nicht zu viel arbeiten ließ oder ihn – Gott behüte! – ausnützte. Wer sollte ihn denn ausnützen? Ich kochte, was er gern aß, und behandelte ihn wie einen einzigen Sohn. Er sagte, ich sei wie eine Mutter und mein Mann wie ein Vater zu ihm. Die anderen Schneider beklagten sich, daß wir ihn zu sehr verwöhnten, und wenn die anderen Lehrlinge hörten, wie gut es ihm bei uns ginge, würden sie aufbegehren und höhere Löhne verlangen.

Die Zeiten änderten sich. In Rußland hatte es Streiks gegeben. Die Arbeiter fingen an zu revoltieren, trugen Revolver und warfen Bomben. Der Zar war erst vor einigen Jahren ermordet worden. Wir waren nur eine kleine Stadt im Hinterland, aber es gab schon Jugendliche, die Gleichheit für alle verlangten. Sie trafen sich nach dem Sabbatessen in den Wäldern und schlossen sich zu einem Kreis zusammen. Ein paar Lehrlinge schlossen sich heimlich an, aber Motke sagte, er werde das nie tun. Worüber könnte er sich beklagen, wenn wir ihm doch von allem das Beste zukommen ließen? Er machte sich über die Bittschriften an die Regierung und die revolutionären Aufrufe lustig. Er prahlte damit, daß er selbst ein Unternehmer werden würde, wenn er das Handwerk erlernt hätte. Er wollte Damenschneider werden, Jacken und Kleider für hübsche Mädchen nähen, keine Kaftane für die Chassidim. Er war ein großer Redner.«

»Sie haben sich in ihn verliebt, nicht wahr?« fragte ich.

Die alte Frau schwieg lange. »Mit Ihnen ist nicht gut Kirschen essen«, sagte sie.

»Warum nicht?«

»Weil Sie alles zu schnell verstehen. Ja, Sie haben recht. Ich bemerkte, daß er mich dauernd ansah. Ab und zu stahl er einen Kuß. Ich bat ihn, das nicht zu tun, aber er hörte nicht auf mich. Er war dabei, sich die Hörner abzustoßen. Er verhielt sich oft wie ein erwachsener Mann. Ich dachte daran, es meinem Mann zu sagen, der ihn sicher mit Schande aus dem Haus gejagt hätte, aber er war mir lieb geworden. Da Sie ja alles erraten, was hat es da für einen Zweck, Sie zu belügen. Ja, er wurde mein Geliebter.«

»Und wann war das? Und wie?«

»Es war in einem Sommer, an einem Sabbat. In der Mitte der Woche hätte es nie geschehen können, da mein Mann im Hause arbeitete. Aber am Nachmittag des Sabbats pflegte er sich mit einer Gruppe von Schneidern zur Vorbereitung der Hawdala zu treffen. Später verrichteten sie dann die Abendgebete und aßen die dritte Mahlzeit, die aus altbackenem Brot und Hering bestand. Danach sprachen sie noch die Hawdala und sangen Abschiedsgesänge. Bis er nach Hause zurückkehrte, war es schon später Abend. Nach dem Sabbatessen pflegte ich im Bett noch zu lesen. An diesem Tag schlief ich bald tief ein. Als ich die Augen öffnete, lag Motke neben mir im Bett. Ich wollte schreien, aber er verschloß meinen Mund mit seiner Hand wie ein erfahrener Spitzbube. Das war ein Teufel, nicht ein Lehrling.«

»Ist das die ganze Geschichte?« fragte ich.

»Das ist nur der Anfang.«

Lange Zeit saßen wir schweigend. Mir schien, daß das Gesicht der alten Frau jünger geworden war. In ihren Augen zeigte sich ein Lächeln. Nur ihr Kopf mit dem schwarzen, vom Färben stumpf gewordenen Haar zitterte wie der einer alten Frau.

Dann sagte sie: »Es ist geschehen, und für die Reue ist es jetzt zu spät. Ich benahm mich wie eine Mutter, aber er behandelte mich wie eine Frau. Manchmal kam mir unser Verhalten sündhaft und gemein vor – eine unbeschreibliche Erniedrigung meiner Person und meiner Eltern im Paradies. Auch seine Eltern waren in der anderen Welt, und auch vor ihnen fühlte ich mich entehrt. Ich versuchte mit aller Kraft, ihn fortzuschicken, aber er wollte davon nichts wissen. Am Sabbat besuchte uns zwar niemand, aber was hätte ich getan, wenn sich plötzlich die Tür geöffnet hätte und jemand hereingekommen wäre? Ich wäre auf der Stelle gestorben. Ich wünschte, daß es so gewesen wäre, denn was folgte, war schlimmer als der Tod.«

»Sie sind schwanger geworden, nicht wahr?«

Das Gesicht der Frau wurde hart und feindlich. »Gott im Himmel, ich bekomme Angst vor Ihnen! Was sind Sie? Ein Gedankenleser?«

»Nein, ich verstehe nur.«

»Ja, so war es. Aber nicht gleich. Er blieb über zwei Jahre bei uns. Ich hatte mich so an ihn gewöhnt, daß ich nicht mehr ohne ihn leben konnte. Die ganze Woche über freute ich mich auf den Sabbat. Ein heiliger Tag, und ich beschmutzte ihn mit solchen Schändlichkeiten. Inzwischen war er größer und kräftiger geworden, ein richtiger Mann. Ich kann gar nicht beschreiben, wie gut er arbeitete, wie geschickt er mit der Maschine umging, die wir angeschafft hatten. Er half meinem Mann beim Zuschneiden und Maßnehmen. Er hielt ein Stück

Kreide in der Hand und machte alles schnell und genau wie ein Schneidermeister. Die Schneider wurden die schlimmsten Feinde meines Mannes. Es war nicht üblich, einem Lehrling alles so schnell beizubringen. Sie hielten sich noch an die Regeln aus der Zeit des Königs Sobieski – ein Lehrling mußte drei Jahre ohne Bezahlung arbeiten, danach bekam er einen halben Rubel im Monat. Ich will es kurz machen. An dem Tag, an dem Motke sagte, er wolle fort und nach Warschau gehen, wußte ich, daß ich ihn verloren hatte. Das war ein schwarzer Tag für mich.

Wo war ich stehengeblieben? Ja, gesagt, getan. Mein Mann versuchte ihn zu überreden, bei uns zu bleiben, aber bei Motke war ein Wort schon die Tat. Ich sehnte mich nach ihm. Die Wochentage waren noch erträglich, aber wenn der Sabbat kam, fühlte ich den Schmerz. Er versprach, eine Karte zu schreiben, aber sie kam nie. So sind die Männer, Egoisten, ob jung oder alt. Verzeihen Sie, daß ich so über Ihr Geschlecht urteile. Es ist nicht ihr Fehler, sie sind von Natur aus so. Wochen vergingen, Monate. Plötzlich merkte ich, daß meine Regel ausgeblieben war, die ›Ferien‹, wie wir es nannten. Als das passierte, wußte ich, daß ich Mutter werden würde und wer der Vater war.«

»Wie konnten Sie das wissen?« fragte ich. »Sie haben doch mit zwei Männern gelebt.«

»Ich wußte es. Normalerweise wäre ich glücklich gewesen, Mutter zu werden. Meine Tante hatte immer gesagt: ›Eine Frau ohne Kinder ist wie ein Baum ohne Frucht.‹ Aber ein uneheliches Kind zu haben, und noch dazu von einem so jungen Burschen, war eine Sünde, die Gott nicht verzeihen würde und die eine Frau, wenn sie nicht eine Hure ist, nicht ertragen kann. Ich dachte ernsthaft an Selbstmord, aber ich konnte mich nicht dazu bringen, ihn auszuführen. Ich hatte Mitleid mit meinem Mann, der ohne Motke ganz hilflos war. Er war plötzlich sehr gealtert. Er kam mir krank vor. Er war halb taub geworden, und ich mußte jedes Wort, das ich sagte, wiederholen. Er hatte Mühe, eine Nadel einzufädeln. Seine Kunden fingen an, sich zu beklagen, daß ihr Kaftan zu lang, zu kurz oder zu eng war. Nehmen Sie mir meine Offenheit nicht übel, aber er machte ein Paar Hosen und der Schritt war entweder zu hoch oder zu niedrig. Und zu alldem mußte ich ihm sagen, daß ich schwanger sei. Er war ein frommer Jude und nahm es als ein Gottesgeschenk, aber ich merkte doch, daß er anders fühlte. Wer will auch im hohen Alter noch Vater werden? Gott sei Dank, niemand hatte irgendeinen Verdacht. Damals kamen solche Schandtaten nicht vor, nicht einmal bei den Elendesten. Gott im Himmel, die Tage waren höllisch für mich, und in den Nächten zitterte ich im Bett wie bei hohem Fieber. Ich flehte zu Gott, eine Fehlgeburt zu haben. Ich hatte gehört, daß es zu einer Fehlgeburt führen würde, wenn man Essig trank oder von einem Tisch heruntersprang. Ich versuchte es bei jeder Gelegenheit, aber es half nichts. Es war schon zu spät. Das Kind war ein Mädchen. Die meisten Leute wollen einen Jungen, aber in dieser Situation ist es besser, ein Mädchen zu haben: Sie wird sich verheiraten und trägt dann den Namen ihres Vaters nicht mehr und beschmutzt ihn nicht mehr.

Mein Mann lebte nur noch vier Jahre nach ihrer Geburt, und er liebte sie mehr als seine anderen Kinder. Ich weiß, was Sie fragen wollen: ›Wie ich sicher sein konnte, wer der Vater war.‹ Ich wußte es von Anfang an, mein Herz sagte es mir. Nachdem sie auf die Welt gekommen war, mußte ich mich auch nicht mehr auf mein Herz verlassen: Sie sah genau wie Motke aus – sie hatte seine Augen, seine Ohren und seinen

Mund. Ich schauderte bei dem Gedanken, daß die Leute die Ähnlichkeit bemerken würden und es zu einem schrecklichen Skandal führen könnte. Aber, Gott sei Dank, niemand hatte einen Verdacht. Nur ich, die unwürdige Mutter, konnte die bittere Wahrheit sehen.«

»Wie alt ist Ihre Tochter?« fragte ich.

Die Frau war überrascht. »Was? Sie ist fünfundvierzig, aber Sie würden ihr nicht mehr als dreißig geben. Sie ist eine Schönheit, und sie ist auch sehr gebildet. Sie ist Mathematiklehrerin an einer höheren Schule, und man hat ihr angeboten, als Professor an einer Hochschule zu unterrichten.«

»Wann sind Sie nach Amerika gekommen?« fragte ich.

»Vor siebenunddreißig Jahren, ein paar Jahre vor dem Hitlerschen Holocaust. Mein Bruder Schmuel Chaim, oder Sam, wie er hier genannt wird, rettete mich. Er war wohlhabend geworden und schickte mir ein Affidavit. Als ich herkam, war er noch besser als ein Vater zu mir.«

»Ist Ihre Tochter verheiratet?«

»Sie war es. Zweimal. Sie ist geschieden.«

»Und haben Sie wieder geheiratet?«

»Ja, auch zweimal, hier in Amerika. Beide Männer sind gestorben. Mit einem habe ich nur zwei Jahre gelebt. Mit dem anderen dreizehn Jahre, und er war beinahe neunzig, als er starb. Er hinterließ mir viel Geld, aber was soll mir Geld in meinem Alter? Es ist alles für meine Tochter.«

»Ist das die ganze Geschichte?«

»Warten Sie, mein Lieber, das ist noch nicht die Hauptsache, die ich Ihnen erzählen wollte. Wie ich schon sagte, was mir geschehen ist, das kann nur einmal in tausend Jahren, vielleicht sogar in einer Million Jahren geschehen.«

»Was ist Ihnen denn geschehen?«

Die alte Frau antwortete nicht. Ihre Lippen zitterten. Sie versuchte zu sprechen, aber sie erstickte an den Worten. Endlich brach es aus ihr heraus: »Meine Tochter lebt mit ihrem Vater! Er ist ihr Geliebter. Sie haben vor, zu heiraten!«

Es verging einige Zeit, ehe die Frau die Sprache wiederfand. Sie blickte mich zornig an, als ob ich daran schuld sei. Sie rief: »Ich bin die Ursache dieser Schändlichkeit! Nur ich! Niemand sonst!«

»Ihre Tochter …«

Die alte Frau unterbrach mich. »Sie wußte nichts und weiß nichts. Ich habe einmal erwähnt, daß wir früher einen Lehrling, Motke, hatten, und das ist alles, was sie weiß. Sie kam mit mir nach Amerika, als sie noch ein junges Mädchen war. Sie konnte kein Wort Englisch. Ich schickte sie zur Schule. Mein Bruder – er ruhe in Frieden! – half mir, und sie lernte mit Begeisterung. Sie war die beste Schülerin der Klasse, und so blieb es Jahr für Jahr. Mit siebzehn beendete sie die höhere Schule. Sie erinnerte sich an meinen Mann als ihren Vater. Sie hatte ein phantastisch gutes Gedächtnis, woran sie sich nicht erinnern konnte, danach fragte sie. Sie wollte jede Einzelheit über ihn wissen. Diese Liebe eines Kindes zu seinem Vater, der irgendwo in der alten Heimat starb, ehe sie fünf Jahre alt war, hat mich immer als etwas Seltsames berührt. Hier in Amerika haben die Kinder keine so starke Bindung an ihre eingewanderten Eltern, besonders wenn sie noch ohne Vater aufgewachsen sind. Aber Sylvia – das ist der amerikanische Name, den mein Bruder ihr gegeben hat, sie heißt eigentlich Sarah Lea – fragte und forschte nach ihm. Wir hatten nur ein Paßbild von ihm, und sie überredete mich, es zu einem Porträt vergrößern zu lassen. Sie rahmte es ein und hängte es über ihr Bett. Ich wollte nicht so viel über ihn sprechen und hatte auch gar nicht so viel zu erzählen, aber jahrein und jahraus hat sie mich mit ihren Fragen erschöpft. Als ich wieder heiratete, war sie böse auf mich; und bei der nächsten Heirat wurde sie mein Feind. Was sollte ich tun? In der alten Heimat war ich so gut wie tot. Hier erwachte ich wieder zum Leben. Ich besuchte die Abendschule und lernte Englisch. Ich besuchte das jiddische Theater und später auch das englische. Ich liebte mein Kind mehr als mein eigenes Leben, aber sie führte Krieg gegen mich, und ich wußte, daß dies eine Strafe Gottes war. Wir hatten Verwandte, die alle in Brooklyn wohnten. Ich arbeitete bei Abraham & Straus – ich wurde erste Verkäuferin dort. Als ich das zweite Mal heiratete und meine Stelle aufgab, gaben sie mir zu Ehren ein Bankett.

Nun zu meiner Tochter. Sie ist klug, hübsch, gebildet. Sie sieht ihrem Vater ähnlich – ihrem richtigen Vater – wie ein Wassertropfen dem anderen. Aber mit Männern hatte sie kein Glück. Sie war zweimal verheiratet, und es ging beide Male schief. Keiner der Männer wollte Kinder. Und sie wollte für ihr Leben gern ein Kind haben. Es war ihr Pech, daß die Männer grob, sogar brutal waren. Mein Lieber, es gäbe noch viel zu erzählen. Manchmal dachte ich, den Körper hat sie von ihrem richtigen Vater, die Seele von meinem ersten Mann. Sie schreiben häufig über Dibbuks und unheimliche Dinge. Wäre es denkbar, daß die Seele meines ersten Mannes nach seinem Tod in sie eingegangen ist?«

»Alles ist möglich.«

»Ach, die Welt ist voller Geheimnisse. Ich muß Ihnen noch etwas erzählen, das mit Ihrem Schreiben zu tun hat. Als ich nach Amerika kam, fing ich an, den ›Forward‹ zu lesen, und das öffnete mir eine Welt. Ich war zweimal im Hospital, und meine Tochter mußte mir jeden Tag den ›Forward‹ bringen.

Sie lernte auch jiddisch lesen und schrieb einen Aufsatz über jiddische Literatur. Meine Tochter hört Sie auch im Radio …«

»Wann und wo haben Sie Motke getroffen?« fragte ich.

»Ganz plötzlich, wie alles Mißgeschick. Wir waren in die Orchard Street gegangen, um dort nach günstigen Einkäufen zu schauen. Wir fanden nicht, was wir suchten, aber wir bekamen Hunger und gingen zum Abendessen ins Restaurant Rappaport in der Second Avenue. Nachdem wir dort eine Weile gesessen und gegessen hatten, kam ein Herr auf unseren Tisch zu. Er war groß, gut angezogen. Er sagte: ›Meine Damen, verzeihen Sie, aber ich muß Sie etwas fragen.‹

›Was wollen Sie fragen?‹ sagte ich. Und er fragte: ›Sind Sie aus …‹, und er nannte den Namen unserer Stadt.

Wir haben in New York einen landsmannschaftlichen Verein, einen Friedhof und was sonst noch dazugehört. Aber aus irgendeinem Grund bin ich dem Verein nie beigetreten. Gott wird mich hoffentlich nie dafür bestrafen, aber ich versteckte mich vor unseren Landsleuten. Viele meiner Bekannten waren schon gestorben, und die jüngere Generation kam unter den Nazis um. Meine beiden Männer waren Litauer und gehörten ihrem Verein an. Als der Herr den Namen unserer Stadt nannte, wollte ich ›nein‹ sagen, aber ich bin von Natur kein Lügner, und so sagte ich ›ja‹. Meine Tochter spitzte die Ohren. Sie hatte mir oft Vorwürfe gemacht, daß ich unseren Landsleuten auswich. Sie nahm das als Zeichen, daß ich ihren Vater vergessen wollte. Der Mann erzählte mir, daß er vor vielen Jahren nach Amerika gekommen sei und hier ein wohlhabender Kleiderfabrikant geworden war. Seine Frau war an Krebs gestorben. Ich will Ihnen etwas sagen, und Sie werden es nicht glauben. Ich warf nur einen Blick auf ihn und auf meine

Tochter und wußte, daß ich in eine Falle geraten war, aus der es keinen Ausweg gab.«

»Warum haben Sie Sylvia nicht gesagt, daß er ihr Vater ist?«

»Weil ich wußte, damals und bis zum heutigen Tag, sie hätte es mir nie verziehen, sie getäuscht zu haben. Es wäre ihr Tod gewesen«, antwortete die alte Frau. »Ich fürchte Gott, aber ich wollte meine Tochter nicht verlieren.«

»Wieso ist es ihm nicht aufgefallen, wenn sie ihm so ähnlich sieht?« fragte ich.

Die alte Frau gab keine Antwort. Sie senkte den Kopf und schwieg. Dann sagte sie: »Wer weiß, ob es ihm aufgefallen ist oder nicht? Er sagte an diesem Abend ganz deutlich, daß er Atheist sei. Als meine Tochter hinausgegangen war, ließ ich ihn schwören, niemals ein Wort darüber zu sagen, was zwischen uns gewesen war, und er versprach es mir. Er nahm die ganze Sache leicht. Er saß drei Stunden mit uns und sprach nur über seine Erfolge im Geschäftsleben und bei Frauen. Er hatte einen Sohn aus einer früheren Ehe. Er besaß ein Haus auf Long Island und eine Wohnung in der West End Avenue. Man kannte ihn im Restaurant Rappaport, er wurde dort sogar ans Telefon gerufen. Er ließ uns nicht für unser Abendessen bezahlen und gab ein großes Trinkgeld. Er traf mit meiner Tochter eine Verabredung. Als wir das Restaurant betreten hatten, schien meine Tochter müde, blaß und älter als ihre Jahre. Aber als er uns in seinem Cadillac nach Brooklyn brachte, sah meine Tochter jung aus und sprach wie ein junges Mädchen. Eine Mutter hat einen Blick für so etwas. Sie saß vorne neben ihm, und ich saß hinten und konnte sehen, daß er mit der linken Hand chauffierte. Seine rechte Hand lag auf ihrem Schoß. Sie drehte ihren Kopf mir zu und sagte laut: ›Mama, ich habe meinen Vater gefunden.‹

Das waren ihre Worte. Sie wußte nicht, daß es die Wahrheit war. Mein Herz verkrampfte sich, als drücke eine Faust es mit aller Macht zusammen. Ich glaubte, mein Ende sei gekommen. Aber die, die leben wollen, sterben, und die sterben wollen, werden oft hundert Jahre alt.«

»Meine liebe Frau, mit solchen Problemen geht man zum Rabbi oder zu einem Psychiater, nicht zu einem Schriftsteller«, sagte ich. »Sie wissen selbst, daß ich Ihnen nicht helfen kann.«

»Ja, ich weiß es. Aber wer kann mir helfen? Ich hatte nur einen Trost: Sie war schon zu alt, um Kinder zu bekommen. So würde sie wenigstens keinen Bastard zur Welt bringen. Aber kürzlich hat sie gesagt, daß sie alles riskieren wolle, um schwanger zu werden. Ich habe nur eine Hoffnung, daß ich die Schande und die Erniedrigung nicht erleben werde.«

»Die Welt ist voller unehelicher Kinder«, sagte ich.

»Nicht von einem Vater mit seiner Tochter. Nicht einmal zur Zeit der Sintflut haben die Menschen derartige Schändlichkeiten begangen.« Sie machte eine Bewegung, als wolle sie gehen, und ich brachte ihr den Stock. Sie stützte sich schwer darauf, schwankte und versuchte, das Gleichgewicht zu halten, um nicht zu fallen.

»Kommen Sie, ich werde Sie begleiten«, sagte ich und hielt sie bei den Schultern.

»Bitte warten Sie einen Augenblick. Wenn ich zu lange gesessen habe, werden meine Beine ganz steif«, sagte ich. »Das Blut fließt nicht mehr so leicht durch die Venen. Meine Glieder sind alle krank, aber mein Kopf ist klar. Ich hatte gedacht, da sie alles liest, was Sie schreiben, und Sie verehrt, vielleicht könnten Sie ihr diesen Mann ausreden.«

»Das würde mir nicht gelingen, und ich würde es auch gar

nicht wollen. Wenn Gott eine koschere Welt haben will, dann muß Er sie selber erschaffen.«

»Ich fürchte, auch Er würde nicht wissen, was man in diesem Fall tun könnte«, sagte die alte Frau.

Sie lächelte, und für den Bruchteil einer Sekunde wurde ihr Gesicht wieder jung.

EIN NOTGROSCHEN FÜR DAS PARADIES

Alles trug sich in der Stadt Lublin zu. Dort lebten zwei Brüder, die gemeinsam einen Stoffladen besaßen, der der beste in der ganzen Provinz war. Die reichen Gutsbesitzer und sogar der Gouverneur und seine Frau kauften dort ihre Stoffe.

Der ältere Bruder, Reb Mendel, stand in dem Ruf, ein Gelehrter zu sein. Er war Anhänger des chassidischen Reb Bunam in Pryskucha. Da Reb Mendel immer mit seinen Studien und der chassidischen Überlieferung beschäftigt war, blieb ihm wenig Zeit für das Geschäft. Sowohl im Äußeren wie in seinem Charakter ähnelte Reb Mendel seinem Vater seligen Angedenkens, Reb Gerschom: Er war groß und breit, mit schwarzem Bart und Schläfenlocken, und von stets freundlichem Benehmen. Der jüngere Bruder, Joel, war klein, machte sich nichts aus der Gelehrsamkeit und war von Natur ein Clown. Er hatte leuchtend rotes Haar, einen kleinen roten Bart und nicht einmal einen Anflug von Schläfenlocken. Was immer Joel tat, tat er in Eile. Er ging nicht, er rannte. Er redete hastig, er aß hastig und betete hastig. Kaum hatte er sich erhoben, um die achtzehn Segenssprüche zu sprechen, da war er schon fertig damit. Er legte den Gebetsschal und die Gebetsriemen an und nahm sie gleich wieder ab. Da Joel ein guter Geschäftsmann war und gern zu den großen Märkten fuhr, wo er Käufer und Händler aus ganz Polen und manchmal sogar aus dem Ausland traf, hatte Reb Mendel eine schriftliche Vereinbarung aufgesetzt, nach der Joel sechzig Prozent des Verdienstes erhielt und er selbst die restlichen vierzig Prozent. Bascha-Meitl, seine Frau, ärgerte sich sehr über diese Abmachung ihres Mannes. Bascha-Meitl hatte ihrem Mann drei Töchter und einen Sohn geboren, während Lisa-Hadas, ihre Schwägerin, Joel keine Kinder geschenkt hatte. Da das Paar nach zehnjähriger Ehe kinderlos war, hätte Joel sich nach dem jüdischen Gesetz von seiner Frau scheiden lassen müssen. Aber Joel weigerte sich. Wenn man ihn fragte, warum er das Gesetz nicht befolgte, antwortete er mit einem Scherz: »Ich erwarte ohnehin ordentliche Hiebe in der Hölle, da kommt es auf ein paar mehr auch nicht an.«

Ein andermal sagte er: »Wenn ich mich von Lisa-Hadas scheiden ließe, würden alle Witwen, alle Jungfern und Geschiedenen hinter mir hersein. Und ich wüßte nicht, welche ich nehmen sollte. Verheiratet bleiben ist der beste Schutz für jemanden wie mich.«

Als er vierzig Jahre alt war, hatte Reb Mendel alle seine Kinder verheiratet. Er konnte den Töchtern keine große Aussteuer geben, aber da sie hübsch waren und gut erzogen, fanden sie gute Ehemänner. Bascha-Meitl jammerte Reb Mendel oft vor, daß er erfolgreichere Schwiegersöhne hätte finden können, wenn er nicht so von der chassidischen Lehre und Praxis – er verbrachte oft mehr Zeit in Pryskucha als zu Hause – in Anspruch genommen wäre. Aber Reb Mendel antwortete nur: »Wenn ein Mann die zukünftige Welt erreicht und Rechnung legen muß, dann fragt der Engel nicht, wie reich oder arm seine Schwiegersöhne sind. Statt dessen fragt er: ›Hast du die Tora studiert? War dein Geschäft ehrbar?‹«

Joel schickte gewöhnlich am Freitag den Reb Mendel zustehenden Teil des Verdienstes. Joel bot nie an, Reb Mendel seine Geschäftsbücher zu zeigen, und Reb Mendel bat nicht darum, sie zu sehen. Obwohl das Geschäft größer geworden war und Joel eine Hilfskraft eingestellt hatte, die Regale vom Boden bis zur Decke mit der feinsten Ware gefüllt waren, schien der Verdienst immer der gleiche zu bleiben. Bascha-Meitl schimpfte oft mit ihrem Mann und verlangte, daß er sich eine genaue Aufstellung der Ausgaben und des Verdienstes geben lassen müsse. Aber Reb Mendel weigerte sich und sagte: »Wenn ich meinem eigenen Bruder nicht trauen kann, wem kann ich dann trauen? Und wenn er – Gott behüte! – ein Schwindler ist, was wird ihn dann daran hindern, die Bücher zu fälschen?« Und er verlangte von Bascha-Meitl das Versprechen, diese häßlichen Verdächtigungen nie wieder zu äußern.

»Was wollen sie nur mit dem vielen Geld anfangen?« fragte Bascha-Meitl. »Wem werden sie ihr Vermögen hinterlassen?«

Und Reb Mendel antwortete: »Mit Hilfe des Allmächtigen werden sie hundertzwanzig Jahre alt werden.«

So verschieden wie die beiden Brüder waren auch die beiden Frauen. Reb Mendels Frau, Bascha-Meitl, war genauso alt wie ihr Mann. Als fromme Frau trug sie eine doppelte Haube auf dem rasierten Kopf, so daß, wenn das Haar nachwuchs, kein fremder Mann es sehen würde – Gott behüte! Denn es steht geschrieben: »Das Haar einer Frau ist gleich ihrer Blöße.« Bascha-Meitl fastete nicht nur am Jom Kippur und am neunten Tag des Monats Aw, wie alle anderen, sondern auch am siebzehnten Tammus, dem Fasttag Esther, und am zehnten Tewet wie auch an den acht Freitagen der Schowewim im Winter – was nur ein Brauch war und nicht ein vorgeschriebenes Gesetz. Jeden Sabbat las sie den Wochenabschnitt im jiddischen Pentateuch, und oft las sie in jiddischer Übersetzung die Erbauungsbücher ›Das gute Herz‹, ›Die Lampe des Lichts‹ und ›Das rechte Maß‹. Da sie von Natur genügsam war, war es ihr gelungen, einen Notgroschen beiseite zu legen, so daß, was immer passieren würde, weder sie noch ihr Mann zu den Kindern oder – Gott behüte! – gar zu Fremden betteln gehen müßten. Sie und ihr Mann hatten ihr Testament geschrieben, in dem sie eine Hälfte ihrer Ersparnisse den Kindern und die andere Hälfte verschiedenen wohltätigen Zwecken vermachten – dem Armenhaus, dem Altersheim, dem Waisenhaus und als Heiratsgut für arme oder elternlose Bräute.

Joels Frau war zehn Jahre jünger als ihr Mann. Da ihr die Schmerzen der Geburt und das Großziehen von Kindern erspart geblieben waren, sah sie noch jünger aus. Lisa-Hadas gönnte sich jeden Luxus. Sie tat nichts im Hause, da sie zwei Mädchen beschäftigte. Sie war ein Süßmaul und knabberte den ganzen Tag Kekse, Kuchen, Strudel und nippte süße Liköre oder Cherry Brandy. Statt einer Haube trug sie eine Perücke, die sie so kämmte, daß sie sich mit ihren eigenen Haaren vermischte. Lisa-Hadas war gleich groß wie Joel und ebenso schnell und geschickt wie er. Sie flog auf hochhackigen Schuhen hier- und dorthin wie ein Vogel. Obwohl viele Kleider, Blusen, Mäntel und Hauskleider ihre Schränke füllten, klagte sie immer, nichts anzuziehen zu haben. Sie verbrachte Stunden mit ihrem Schneider und den Näherinnen. Sie hatte Kasten voller Schuhe in jeder Farbe und andere nur mit Hüten, die mit Seidenblumen, Straußenfedern, mit hölzernen Pfirsichen, Granatäpfeln und Bündeln von Weintrauben geschmückt waren. Wenn Joel auf Reisen war, kam er stets mit einem Schmuckstück für sie zurück: einer Halskette, einer Brosche, einem Ring oder Ohrringen. Lisa-Hadas ging nur an den Hohen Feiertagen in die Synagoge oder wenn sie eine Braut zu ihrer Hochzeit begleitete. Wie ihr Mann war auch Lisa-Hadas immer zu einem Scherz aufgelegt. Ihr schrilles Lachen endete oft in einem Quietschen. Wenn sie am Ende ihrer monatlichen Regel ins rituelle Bad ging, gab sie den anderen Frauen Anlaß, sie zu beneiden. Sie trug seidene, mit Spitzen verzierte Wäsche und lange Strümpfe, die bis zu den Hüften reichten. Ihre Brüste waren fest und spitz wie die eines Mädchens. Die jüngeren Frauen überschütteten sie mit Komplimenten, aber die älteren fragten sie säuerlich: »Was ist mit dir, Lisa-Hadas, wieso wirst du gar nicht älter?« Und Lisa-Hadas antwortete ihnen und zwinkerte ihnen zu: »Ich habe einen Trank, und der hält denjenigen, der ihn trinkt, jung bis neunzig.«

Es hatte eine Zeit gegeben, da verbrachte Reb Mendel mehrere Stunden in der Woche im Geschäft, damit er sich nicht völlig von dem Unternehmen und von Joel entfremdete. Aber diese Zeit war schon lange vorbei. Joel hatte Verkäufer angestellt, um die Kunden zu bedienen und das Geschäft zu führen, wenn er auf Reisen war. Die Damenmode und der Geschmack wechselten dauernd. In einem Jahr waren lose hängende Kleider modern, im nächsten modellierten sie die Figur. Einmal mußten die Aufschläge schmal, im nächsten Jahr breit sein. Es hatte keinen Sinn, sich um diese Nichtigkeiten zu kümmern. Außerdem war Reb Mendel froh, wenn er seiner Schwägerin aus dem Weg gehen konnte. Lisa-Hadas war eine Modesachverständige geworden. Sie war auf Modemagazine abonniert, die aus dem fernen Paris kamen – dem kleinen Sodom, dessen

Frauen sich nur damit beschäftigten, neue Möglichkeiten zu finden, die Männer zu reizen. Napoleon, von dem gesagt wurde, er sei der gefährliche Gog oder vielleicht der Magog der Bibel, war in einer seiner Schlachten besiegt worden und starb auf einer düsteren und gottverlassenen Insel. Aber die Welt wußte nichts Besseres zu tun, als die Franzosen nachzuäffen, ihre Sprache zu sprechen, ihre Launen und Grillen nachzuahmen. In den größeren Städten ließen fromme Juden ihre Töchter französisch plappern und im Klavierspielen unterrichten. Die Aufklärung, die in Deutschland mit dem Häretiker Moses Mendelssohn aus Dessau begonnen hatte, breitete sich bald nach Rußland aus und sogar nach Polen. In Wien und Berlin und Budapest schossen Reformsynagogen aus dem Boden, in denen die Rabbiner ihre Predigten auf deutsch hielten und am Sabbat und den Feiertagen Orgel gespielt wurde. Weltliche Schriftsteller wiederholten in hebräischen Zeitschriften jede gotteslästerliche Theorie, die die Philosophen aufstellten. Sie leugneten das wunderbare Wesen des Auszugs aus Ägypten wie auch die Göttlichkeit der Tora. Reb Mendel hatte den Verdacht, daß Lisa-Hadas heimlich zu ihnen gehörte. Er traute nicht einmal ihrem koscheren Haushalt, denn sie überließ ihn den nichtjüdischen Mädchen.

Seitdem Reb Mendel nicht mehr in den Laden ging, studierte er jeden Tag nach seinem Mittagsschlaf den Talmud und chassidische Bücher im Lehrhaus in Lublin. Lublin war die Stadt der Chassidim. Als der Seher Rabbi Jaakob Jizchak noch lebte, kamen Chassidim aus ganz Polen nach Lublin. Nach dem Tod des Sehers nahm sein Schüler Bunam aus Pryskucha seinen Platz ein. Reb Bunam wirkte keine Wunder, wie der Seher es getan hatte. Sein Weg im Chassidismus war der der Weisheit. Er versammelte um sich einen ausgewählten Kreis von Gelehrten, kluge Köpfe, junge Männer, die einen neuen Weg im Chassidismus suchten. Reb Bunam sprach fließend Polnisch, sogar Russisch. Er war früher einmal Apotheker gewesen. Seine Gegner, die Mitnaggedim, kritisierten ihn. Selbst unter den Chassidim gab es einige, die ihn für zu klug, zu derb hielten und in einigen seiner Äußerungen einen Anflug von Ketzerei sahen. Aber diejenigen, die wirklich etwas verstanden, entnahmen seinen Worten Schicht um Schicht der Geheimnisse.

An einem Sommernachmittag, als Reb Mendel allein im Lehrhaus saß und in einem heiligen Buch las, wurde die Tür einen Spalt geöffnet. Reb Mendel sah auf und erblickte seine Schwägerin Lisa-Hadas. Sie trug ein cremefarbenes Kostüm und einen mit Bändern verzierten Hut. In der einen Hand hielt sie eine Handtasche, in der anderen einen weißen Sonnenschirm, wie er von den Frauen der reichen Gutsbesitzer als Schutz gegen die Sonne getragen wurde. Reb Mendel war von ihrem Erscheinen so überrascht, daß er das Buch zu Boden fallen ließ. Irgend etwas muß meinem Bruder zugestoßen sein, war der Gedanke, der ihm durch den Kopf schoß. Er stand auf und sagte: »Täuschen mich meine Augen?«

»Nein, Mendel. Ich bin es, deine Schwägerin Lisa-Hadas.«

»Was führt dich hierher?« fragte er mit zitternder Stimme.

»Ich habe dich zu Hause gesucht, aber das Mädchen sagte mir, du seist hier.«

»Was ist geschehen? Ist Joel – Gott behüte! – etwas passiert?«

»Ja. Joel ist etwas geschehen. Aber rege dich nicht auf. Er lebt.«

»Ist er – Gott behüte! – krank?«

»Ich kann hier nicht sprechen.«

»Wo dann?«

»Komm zu mir nach Hause.«

»Nach Hause, mit dir?«

»Ja. Warum nicht? Es ist nicht weit. Ich bin doch keine Fremde, Mendel. Ich bin doch die Frau deines Bruders.«

»Ist Joel zurück in Lublin?«

»Joel ist noch in Krakau.«

Lisa-Hadas sprach mit Reb Mendel in einer Mischung von Frechheit und vertraulichem Spott. Reb Mendel war noch nie mit einer Frau zusammen in der Öffentlichkeit gesehen worden, nicht einmal mit Bascha-Meitl. Als es einmal geschah, daß sie gemeinsam ausgingen, war er vorausgegangen, und sie war hinter ihm geschritten. Er war sich immer der Worte aus der Gemara bewußt: »Folge eher einem Löwen als einer Frau.« Er hatte sich auch an die Worte erinnert: »Manoah war einfältig, wie es geschrieben steht: ›Manoah machte sich auf und ging seinem Weibe nach.‹«

»Kannst du mir nicht hier sagen, was meinem Bruder zugestoßen ist?« fragte er.

»Nein.«

Reb Mendel zögerte, ehe er Lisa-Hadas aus dem Lehrhaus nachfolgte, und dann ging er halb neben und halb vor ihr. Er blickte verstohlen auf Vorübergehende, um zu sehen, ob sie ihn bemerkten und mit dem Finger auf ihn zeigten.

Er murmelte: »Was hält den Joel in Krakau?«

»Du wirst es bald wissen«, antwortete Lisa-Hadas.

Es dauerte nicht lange, bis sie am Haus seines Bruders anlangten. Reb Mendel war seit Jahren nicht hier gewesen. Lisa-Hadas hatte vor dem Haus einen Garten angelegt, und als sie näher kamen, sah Reb Mendel große blühende Sonnenblumen. Sie hatte im zweiten Stock auch einen Balkon anbauen lassen. Lisa-Hadas griff nach dem großen Messingring, der an der Tür hing, und klopfte mehrere Male. Ein nichtjüdisches Mädchen mit weißer Schürze und einem gestärkten Häubchen erschien und ließ sie ein. Wie bei Gutsbesitzern, dachte Reb Mendel. Ein Perserteppich bedeckte den Boden des Eingangs. Zwei bronzene Figuren, die Laternen hielten, standen sich gegenüber. Lisa-Hadas führte ihn in das Wohnzimmer, das mit Sofas, Sesseln, Gemälden, Lüstern und Topfpflanzen vollgestopft war, die Mendel noch nie gesehen hatte und für die es in seinem Jiddisch keinen Namen gab. Sie führte ihn zu einem mit schwarzem Samt gepolsterten Sofa, setzte sich auf einen Stuhl ihm gegenüber und stellte ihre Füße auf einen gestickten Hocker. Sie sagte: »Mendel, ich hasse es, Überbringer schlechter Nachrichten zu sein, aber dein Bruder ist kein Jude mehr.«

Reb Mendel wurde blaß. »Er ist doch – Gott behüte! – nicht übergetreten?«

»Das weiß ich nicht. Vielleicht noch nicht. Aber er hat eine nichtjüdische Geliebte.«

Reb Mendel fühlte seinen Mund trocken werden und seinen Magen sich verkrampfen. Einen Augenblick lang blieb ihm die Luft weg. »Wie kann das sein? Ich kann es nicht glauben«, stammelte er.

»Ich habe einen ganzen Stapel Briefe von ihr an ihn gefunden. Er hält sie aus. Er überschüttet sie mit Geschenken und Geld. Das geht schon seit fünf Jahren so.«

»Irgendwie kann ich das alles nicht glauben.«

»Ich werde dir ihre Briefe zeigen. Du verstehst doch Polnisch?«

»Nu.«

Eine Zeitlang saßen sie schweigend da. Reb Mendel warf

einen Blick auf seine Schwägerin und wunderte sich, daß er ihre Neuigkeiten ohne Zeichen großen Kummers aufgenommen hatte. Er war von Natur aus kein Jammerer. Er hatte nicht einmal bei der Beerdigung seiner Eltern geweint. Er hatte oft Juden am Jom Kippur während des Kol Nidre oder am Neunten Aw während der Wehklagen weinen sehen, aber es lag ihm nicht, Tränen zu vergießen. Er dachte immer an die Verse: »Ich bin immer auf Unglück gefaßt, und jederzeit sind mir Leid und Schmerzen gegenwärtig.« Er bereitete sich immer auf alles vor, was kommen könnte. Die Kinder könnten – Gott behüte! – sterben; er, Mendel, könnte plötzlich krank werden, oder Bascha-Meitl könnte ihm genommen werden und ihn als Witwer zurücklassen. Wie hieß doch das Sprichwort: »Es gibt keinen Augenblick ohne Leid.« Und doch, daß sein Bruder Joel, der Letztgeborene seiner Eltern, so tief sinken könnte, darauf war er nicht vorbereitet. Er hörte Lisa-Hadas zu ihm sagen: »Mendel, da wir schon dabei sind, die Wahrheit aufzudecken, laß mich die ganze Wahrheit beichten.«

»Und was ist die ganze Wahrheit?«

»Die Wahrheit ist, daß Joel dir gegenüber nicht ehrlich war. Du solltest vierzig Prozent des Verdienstes erhalten, aber in all diesen Jahren hast du nicht vierzig, nicht dreißig, nicht einmal zwanzig Prozent bekommen. Er ist dein Bruder, während ich nur eine Außenstehende bin – was ist schließlich eine Schwägerin? –, aber ich habe ihm das, ich weiß nicht wie oft, vorgeworfen, und seine Antwort war immer die gleiche: Du seist ein Faulpelz, unpraktisch, altmodisch und eigensinnig; du hättest nie einen Finger für das Geschäft gerührt und so weiter. Ich habe ihm gesagt: ›Mendel könnte viel tun, aber du hast ihn aus dem Geschäft gedrängt, du hast ihm vieles verheimlicht, du hast ihn von allem ausgeschlossen.‹ Eine Frau sollte ihren Mann nicht anschwärzen, aber wenn er sich mit einer Schickse einläßt und mich zum Narren macht, schulde ich ihm nichts. Habe ich recht oder nicht?«

»Nu.«

»All diese Jahre bin ich ihm treu gewesen. Ich hätte mehr Liebhaber haben können, als ich Haare auf dem Kopf habe. Männer verlieren den Verstand meinetwegen, aber ich habe immer an einen Gott und einen Mann geglaubt. Jetzt ist alles vorbei. Er ist nicht mehr mein Ehemann, und ich bin nicht mehr seine Frau. Laß mich dir etwas sagen, Mendel. Du wirst es vielleicht nicht glauben, aber du stehst mir jetzt näher, als er mir je war. Du bist ehrlich, während er ein Dieb ist. Als wir jung verheiratet waren, warst du der tüchtige Kaufmann, während er nur Mamas verwöhnter kleiner Bub war. Ich war damals knapp fünfzehn Jahre alt, aber ich erinnere mich: Von Anfang an hat er versucht, alles zu übernehmen und dich hinauszudrängen. Ich weiß, Mendel, daß du eine ungünstige Meinung von mir hast, weil ich nicht eine der sehr frommen Frauen bin und weil ich meine Perücke auf die moderne Art mit meinen eigenen Haaren frisiere. Aber ich habe immer den größten Respekt vor dir gehabt. Bitte lache nicht, sogar als Mann zog ich dich ihm vor. Als mein Vater – er ruhe in Frieden! – am Ausgang des Sabbats die Hawdala las, reichte mir meine Mutter die Kerze und sagte: ›Halte sie hoch, und du wirst einen großen Ehemann haben.‹ Als ich mich verlobte und die Leute kamen, um den Hochzeitskontrakt aufzusetzen, glaubte ich, daß ich dich heiraten würde. Ich war ja noch ein Kind, nicht älter als vierzehn. Aber als ich dann sah, daß mein Bräutigam klein war, kleiner als ich, noch ein Bub, nicht ein junger Mann, wurde mir das Herz schwer. Warum erzähle ich dir das alles? Weil mir auch jetzt das Herz schwer ist und weil ich keine Kinder, keine Erben habe. Du sollst auch wissen, Mendel, daß unsere Kinderlosigkeit Joels Fehler ist, nicht meiner. Ich hätte ein Dutzend Kinder haben können, wenn ich einen Mann statt eines verdorrten Baumes geheiratet hätte.«

»Woher kannst du so sicher sein?« fragte Mendel.

»Ein Arzt hat es mir gesagt. Ein Geburtshelfer, wie sie sich nennen. Er hat mich von Kopf bis Fuß untersucht. ›Ihr, Lisa-Hadas, seid eine gesunde Frau‹, hat er zu mir gesagt. Das waren seine Worte. ›Es ist der Fehler Eures Mannes, nicht Eurer.‹ Was soll ich tun, Schwager? Was soll ich jetzt tun?« rief Lisa-Hadas jammernd aus.

Reb Mendel wollte antworten, aber seine Zunge versagte ihm den Dienst. Ein Kloß würgte ihn in der Kehle. Er versuchte, den Kloß zu schlucken, dann hörte er seine Stimme sagen: »Vorläufig tu nichts. Warte, bis Joel zurückkommt.«

»Ich fürchte mich vor seiner Rückkehr. Ich werde ihm nicht in die Augen schauen können. Er wird aus den Armen dieser Hure, von ihrem unreinen Körper zu mir kommen. Mendel, was ist mit dir? Du bist so blaß wie ein Geist. Warte, ich hole dir etwas.«

Sie sprang von ihrem Stuhl auf, lief zu einem Schrank und öffnete die Glastüren. Sie nahm eine Flasche heraus, die halb mit einer rötlichen Flüssigkeit gefüllt war, und goß daraus ein Glas voll. Sie war schnell wieder bei ihm. »Hier, trink das«, sagte sie. »Es ist ein süßer Likör, für Frauen. Ich hole dir noch etwas zum Knabbern.«

Reb Mendel hielt das Glas fest in seinen Händen, aber sie zitterten so stark, daß er erst nach einigen Minuten das Glas an die Lippen führen konnte. Er schüttete die Flüssigkeit in seinen Mund und fühlte ein scharfes Brennen auf der Zunge, im Gaumen und in der Kehle. Lisa-Hadas kam mit einem anderen Glas und einem Teller mit Keksen zurück. »Trink, Mendel«, sagte sie. »Ich weiß, was für ein Schock all dies für dich sein muß. Ich hatte einen meiner Ringe verlegt und dachte, ich hätte ihn vielleicht in einer von Joels Schubladen versteckt. Ich öffnete die Schublade und sah einen Packen mit ihren Briefen unter seinen Papieren hervorschauen. In der Nacht schloß ich kein Auge. Ich lag im Bett und zitterte wie im Fieber. Ich dachte daran, mich aufzuhängen oder Gift zu nehmen.«

»Gott behüte! Du würdest eine schwere Sünde begehen.« Reb Mendel brachte die Worte kaum heraus.

»Wie schwer kann sie sein? Ich habe alles sehr reiflich bedacht. Es gibt keinen Gott.«

»Was sagst du da? Das ist Gotteslästerung!«

»Dann soll es eben Gotteslästerung sein. Mach dir keine Sorgen, Mendel. Ich werde im Höllenfeuer schmoren, nicht du. Komm, laß mich dir diese unverschämten Briefe von ihr zeigen.«

Reb Mendel wollte aufstehen, aber es schien, als sei er gelähmt. Lisa-Hadas nahm seine Hände in ihre und half ihm auf die Füße. Seine Knie stießen an ihre. Ein Schauder lief seinen Rücken entlang, und für einen Augenblick wurde er von einer Begierde überwältigt, wie er sie seit den Tagen seiner Jugend nicht mehr gekannt hatte. Lisa-Hadas zog ihn mit beiden Händen vorwärts, sie ging vorsichtig rückwärts, und er stolperte voran, halbblind, wacklig und zitternd in einer Art trunkenen Menuetts. »Herr des Universums, hilf mir!« rief eine Stimme in seinem Innern. Plötzlich taumelte Lisa-Hadas rückwärts, fiel und zog ihn mit auf den Boden. Reb Mendel hatte keine Zeit zu begreifen, was geschah. Er versuchte, sich von ihr loszureißen; er war in eine Art Ohnmacht gefallen – ein Augenblick der Trunkenheit und völliger Hilflosigkeit. Sie fingerte an ihm herum, und er konnte nicht widerstehen. Ihn schauderte, und es war, als sei er aus tiefem Schlaf, aus einem Traum, einer bösen Macht, die ihn seiner freien Wahl beraubt hatte, erwacht. Er hatte das Gefühl, als hätte sein Körper sich von seiner Seele getrennt und selbständig einen Frevel begangen. Reb Mendel war so verstört von dem, was ihm zugestoßen war, daß es ihm unmöglich war, seinen Kummer laut zu äußern. Er lag auf dem Boden und hatte nur einen Wunsch – sich niemals wieder zu erheben. Sie half ihm aufzustehen, und er hörte sie sagen: »Das hat er verdient.« Es war die Stimme der Lilith: einer jener weiblichen Dämonen, die Asmodi aussendet, um Jeschiwastudenten zu verderben. Worte aus den Sprüchen Salomos schossen ihm durch den Kopf: »Also ist auch der Weg der Ehebrecherin; die verschlinget und wischet ihr Maul und spricht: ›Ich habe kein Übels getan.‹« – »Ihre Füße laufen zum Tod hinunter, ihre Gänge erlangen die Hölle.«

Der Abend brach an, und dann kam plötzlich die Dunkelheit. Lisa-Hadas ergriff seinen Arm, und er ließ sich von ihr führen wie der Ochse zum Schlachthaus. Was hatte das jetzt noch zu bedeuten? Tiefer als in den bodenlosen Abgrund konnte man nicht sinken. Seine Knie knickten ein, und seine Füße waren unsicher. Lisa-Hadas hielt sich an seinem Arm fest und drückte ihre Brust gegen seine Rippen. »Soll ich den Wagen anspannen lassen, um dich nach Hause zu bringen?« fragte sie. »Ich muß nur erst den Kutscher finden.«

»Nein, nein.«

»Es ist nicht weit bis zu dir. Aber es ist dunkel draußen. Du könntest ausrutschen und hinfallen – Gott behüte!«

Er wollte sagen: »Noch tiefer fallen?«, aber statt dessen sagte er: »Nein, ich kann sehen.«

»Bascha-Meitl wird sich wundern, wo du so lange gewesen bist«, sagte Lisa-Hadas kichernd.

Reb Mendel wollte sich von ihr freimachen, aber aus irgendeinem Grund hielt sie ihn fest. Sie sagte: »Draußen herrscht ägyptische Finsternis. Ich werde dich lieber begleiten.«

»Ich bitte dich, nein.«

»Mendel, verzeih mir.«

»Nu.«

»Wir müssen beide den Verstand verloren haben«, stieß Lisa-Hadas hervor, an ihn und an die Nacht gewandt. »Sei vorsichtig.«

Zögernd ließ sie seinen Arm los, und er ging seinen Weg, schwankend wie ein Betrunkener. »Ich habe die zukünftige Welt verloren«, murmelte eine Stimme in ihm. Alles ging so schnell vor sich wie im Buch Hiob: »Da der noch redete, kam einer und sprach ...« Vor knapp zwei Stunden war Reb Mendel ein ehrlicher, aufrechter Jude gewesen. Jetzt war er ein Verderbter, ein Simri, Sauls Sohn, ein Verräter Gottes, ein Wüstling. Wenn wenigstens ein Pinchas aufstehen würde, den Herrn der Heerscharen zu rächen. Bisher war Mendels Sicht immer ausreichend gewesen. Er konnte sogar die kleinen Buchstaben der Raschi-Schrift lesen. Aber jetzt kam es ihm vor, als sei er blind geworden. »Nu, meine Schändlichkeit übersteigt meine Kräfte.« Worte aus der Gemara stürmten auf ihn ein. »Möge es Gottes Wille sein, daß mein Tod meine Sündhaftigkeit sühne. Jemand kam auf ihn zu, und Mendel blieb stehen. Es war ein junger Mann, ein Pryskucha-Chassid, dessen Name Herschel Roiskes war. Er erkannte Mendel im Dunkeln und fragte ihn: »Und wohin geht Ihr zu dieser späten Stunde, Reb Mendel?« Mendel wußte nicht, was er antworten sollte. Er war buchstäblich sprachlos.

»Darf ich Euch nach Hause begleiten?«

»Nu.«

Der junge Chassid nahm Reb Mendels Arm, den gleichen Arm, den Lisa-Hadas noch vor kurzem gehalten hatte, und sagte: »Die Stadt bezahlt einige Leute, die Straßenlampen anzuzünden, trotzdem sind die Straßen dunkel. Gott behüte, es könnte sich jemand ein Bein oder gar den Hals brechen. Im Sommer macht das nicht viel, aber im Winter, mit Schnee und Frost, wenn die Straßen glatt sind, dann riskiert man sein Leben, wenn man nur das Haus verläßt. Ihr plant wahrscheinlich, Rosch haschana in Pryskucha zu verbringen, Reb Mendel, nicht wahr?«

Wiederum konnte Reb Mendel keine Antwort geben. Er, Mendel, sollte sich bei dem Rabbi in Pryskucha einfinden? Es war ein Sakrileg, auch nur den Namen des Heiligen in einem Atem mit dem seinen zu nennen, dem eines Ehebrechers, eines Ausgestoßenen seines Volkes, entehrt und geschändet. Er hatte keine Antwort auf die Frage des jungen Chassid und murmelte nur: »Es ist noch zu früh, das zu entscheiden.«

»Da Ihr jedes Jahr zum Rabbi geht, warum nicht dieses Jahr? Zeinvil, der Synagogendiener, erwartet mehr Anhänger dieses Jahr als je zuvor«, sagte Herschel Roiskes.

Trotz seines Kummers mußte Reb Mendel insgeheim lächeln. Herschel versuchte, ihn in ein chassidisches Gespräch zu verwickeln. Wie konnte er wissen, daß er, Mendel, nicht mehr Mendel war, sondern ein siebenfacher Schuft, ein Mann, versunken in die neunundvierzig Eingänge zur Unreinheit. Und wie sollte er, Mendel, Bascha-Meitl begrüßen, wenn er endlich zu seinem Haus zurückgekehrt war? Wie sollte er ihr in die Augen sehen?

Herschel Roiskes sprach jetzt von Rabbi Bunam, wiederholte einen seiner Aussprüche, zitierte eine witzige Bemerkung; aber obwohl Reb Mendel seine Stimme hörte, verstand er nicht, was Herschel sagte. Die Tora und er, Mendel, hatten sich entfremdet, einer vom anderen, auf immer. Der junge Mann sprach lauter: »Mir scheint, Reb Mendel, daß Ihr heute abend ein wenig ungeduldig seid. Seid Ihr – Gott behüte! – etwa krank, oder was ist sonst?«

»Ich habe ein wenig Sodbrennen.«

»Ach, ich wußte doch gleich, daß irgend etwas nicht stimmte. Ihr solltet zu dieser Zeit nicht unterwegs sein. Es wird recht kühl gegen Abend, und man kann sich leicht erkälten. Geht nach Hause und legt Euch zu Bett. Eure Frau wird Euch etwas dagegen geben. Ein Glas Tee mit Honig heilt alles. Hier sind wir, Reb Mendel, hier ist Euer Haus. Gute Nacht, Reb Mendel, und gute Besserung.«

»Danke, Herschel.« Als Reb Mendel die Tür öffnete, sah er Bascha-Meitl in der Mitte des Zimmers stehen, ein Tuch um die Stirn gewickelt. Noch ehe er Zeit gehabt hatte, ihr guten Abend zu sagen, fing sie an zu schreien: »Wo bist du gewesen? Wohin bist du so spät am Abend gelaufen? Und warum bist du so blaß? Ist etwas geschehen? – Gott behüte! Du kommst sonst immer gleich nach den Abendgebeten nach Hause, und jetzt ist es schon zehn Uhr! Die Sorgen, die ich mir gemacht habe – sie sollen auf die Köpfe unserer Feinde fallen. Die schrecklichen Katastrophen, die ich mir ausgemalt habe! Mendel, was ist mit dir? Ich habe vor lauter Aufregung Kopfschmerzen bekommen.«

»Ich blieb länger im Lehrhaus, als ich vorhatte.«

»Mendel, ich bin selbst ins Lehrhaus gegangen, um dich zu suchen. Der Schammes hat mir gesagt, daß du zum Abendgottesdienst nicht dagewesen bist.«

Reb Mendel stand da und starrte seine Frau an, völlig verwirrt. Vater im Himmel, er hatte vergessen, die Abendgebete zu sprechen! In all den Jahren war das niemals vorgekommen. Nu, offenbar bin ich völlig in den Händen des Bösen. Er sah einen Stuhl und ließ sich darauf fallen. Ich bin kein Jude mehr, sagte Reb Mendel zu sich. Es ist besser so. Es ist besser, daß die heiligen Worte nicht über meine unreinen Lippen kommen.

»Wo bist du gewesen?« schrie Bascha-Meitl ihn an. »Du bist so weiß wie eine Leiche!«

Reb Mendel überlegte, was er seiner Frau antworten sollte. Sollte er sich eine Geschichte ausdenken? Was für eine Geschichte? Fälschungen und Lügen lagen ihm nicht. Außerdem konnte ihn jemand gesehen haben, wie er mit Lisa-Hadas zu ihrem Haus gegangen war. Schließlich sagt er: »Ich war bei Lisa-Hadas.«

Bascha-Meitl schlug die Hände zusammen: »Was? Lisa-Hadas? So lange? Ist etwas mit deinem Bruder – Gott behüte!«

»Ja.«

»Was ist geschehen? Himmel hilf! So ein junger Mann.«

»Er lebt. Er lebt.«

»Was ist denn los? Spanne mich nicht auf die Folter!« schrie Bascha-Meitl.

»Joel hat Beziehungen mit einer nichtjüdischen Frau.«

»Beziehungen? Mit einer nichtjüdischen Frau? Das kann ich nicht glauben. Das glaube ich nicht!«

»Es ist die Wahrheit.«

»Wann? Wo? Was für Beziehungen?«

Reb Mendel fiel ein, daß er das Wort »Wahrheit« nicht hätte sagen sollen. Nach der Gemara war Wahrheit das Siegel des Allmächtigen. Ein Sünder wie er dürfte das Wort nicht über die Lippen bringen.

Mann und Frau sprachen noch bis tief in die Nacht miteinander, bis Bascha-Meitl schließlich einschlief. Reb Mendel lag hellwach in seinem Bett. Er wollte das Schema beten, wie er es jeden Abend getan hatte, aber er konnte sich nicht dazu bringen, die heiligen Worte auszusprechen, und noch weniger den Göttlichen Namen. Wie konnte ein so verruchter Sünder wie er ausrufen: »In Deine Hand, o Herr, gebe ich meine Seele?« Er hatte nur eine Bitte an den Allmächtigen: Schluß machen mit dieser Welt, ihren Begierden und ihren Versuchungen. Welch seltsamer Übergang: Eben hatte er sich noch mit den heiligen Büchern beschäftigt, und eine Stunde später fand er sich im Netz der Blutschande gefangen. »Es ist ein Sturz, eine Bestrafung«, murmelte Reb Mendel. Irgendwo hatte er gelesen, daß Versuchungen ausgesandt wurden, um große Heilige zu versuchen – wie den Patriarchen Abraham oder den tugendhaften Joseph –, oder sie wurden den schlimmsten aller Sünder geschickt und brachten sie damit auf den Weg in die Unterwelt. Lisa-Hadas hatte ihn betrunken gemacht, so wie Lots Töchter es mit Lot getan hatten. Und wie konnte es geschehen, daß sein Bruder, Sohn eines gottesfürchtigen Juden, sich mit einer Nichtjüdin einlassen konnte und seinen Eltern im Paradies Schande bereiten. Und warum hatte er ihn, seinen älteren Bruder, getäuscht und ihm sein Geld vorenthalten? Reb Mendel erinnerte sich an die Verse im 116. Psalm: »Ich sprach in meinem Zagen: ›Alle Menschen sind Lügner.‹« Selbst ein Heiliger wie der König David verzweifelte an der Menschheit.

Ja, König David. Er, der Sänger der Psalmen, hatte auch seinen Teil Sorgen. Einer seiner Söhne, Absalom, hatte einen Plan ausgeheckt, sich des Thrones seines Vaters zu bemächtigen, auch hatte er öffentlich sich mit zehn der Frauen seines Vaters gepaart. Ein anderer Sohn, Amnon, hatte seine Schwester Tamar vergewaltigt. Und noch ein anderer, Adonija, Sohn der Hagith, hatte versucht, seinem Bruder Salomo das Königreich zu entreißen. Und die Sache mit Bathseba und Uria, dem Hethiter! Gut, aber all diese Geschichten gehörten alten Zeiten an. Wie heißt es in der Gemara? »Wer behauptet, daß David gesündigt hat, irrt sich.« Jedes Wort im Heiligen Buch war voller Geheimnisse.

Reb Mendel wußte nicht, wer in seinem Gehirn jetzt zu ihm sprach: Satan oder der Engel des Mitleids. Aber einer Sache war er ganz sicher: Er mußte Buße tun. Selbst so ein grausamer Mensch wie Nebusaradan, der Mörder jüdischer Kinder – als er später seine Taten bereute, nahm der Himmel seine Buße an. Aber wie konnte man für eine so schändliche Tat wie seine, Mendels, büßen? Für die geringste aller Sünden verlangte das Heilige Buch zahlreiche Fastentage, Geißelungen, im Winter den Körper im Schnee zu rollen und im Sommer in Dornen. Eine solche Schändlichkeit wie die seine war im Heiligen Buch noch nicht einmal erwähnt.

Reb Mendel war zu unruhig, um liegen zu bleiben, und so setzte er sich auf. Bascha-Meitl erwachte und fragte ihn: »Mendel, schläfst du nicht?«

»Nein.«

»Mendel, wenn das, was Lisa-Hadas dir gesagt hat, wahr ist, dann hat Joel die Familienehre besudelt. Aber das ist nicht dein Fehler. Auch der Patriarch hatte einen bösen Bruder: Esau.«

»Ja, ich weiß.«

»Mendel, vielleicht hat sie gelogen. Eine Frau wie Lisa-Hadas ist imstande, falsche Anschuldigungen selbst gegen ihren eigenen Mann vorzubringen.«

»Nein.«

»Mendel, was immer geschieht, nimm es dir nicht zu Herzen. Wolle Gott mich nicht bestrafen für das, was ich sage, aber ich habe nie viel von beiden gehalten. Ich habe dir oft gesagt, daß ich ihrer Ehrlichkeit nicht getraut habe. Aber du hast mir keinen Glauben geschenkt, mich sogar gescholten. Er hat sich die Taschen mit Geld vollgestopft, und dich hat er mit Pfennigen abgetan. Du weißt, daß es die Wahrheit ist.«

»Schlaf wieder ein.«

»Es wird einen schwarzen Tag geben, wenn das in der Stadt bekanntwerden wird.«

»Es ist schon ein schwarzer Tag.«

»Wann kommt er nach Hause?«

Reb Mendel antwortete nicht. Er erinnerte sich der Worte in der Gemara: »Sehr gut ist der Tod.« Dieser Satz hatte ihn oft verwundert. Die Tora lehrte das Leben, nicht den Tod. Erst jetzt verstand er, was die Worte besagten. Ein Mann konnte sich so hoffnungslos verstricken, daß der Tod die einzige Rettung war. Als ob Bascha-Meitl seine Gedanken gelesen hätte, sagte sie: »Paß auf dich auf. Dein Leben ist wichtiger als alles andere. Gute Nacht.«

Bascha-Meitl blieb still, aber offenbar schlief sie nicht. Eine Grille, die seit wer weiß wie langer Zeit hinter Bascha-Meitls Ofen gelebt hatte, fing plötzlich ihr ewiges Gezirpe an; dieses Geschöpf konnte mit einer einzigen, quälenden Note alles sagen, was es Nacht für Nacht, Generation nach Generation zu sagen hatte. Neben dem Ofen schliefen ein Huhn und ein

Hahn in einem Käfig. Bascha-Meitl zog sie auf, um sie am Vorabend des Jom Kippur als Opfer von Mendel und ihr darzubringen. Ab und zu gluckste die Henne im Schlaf. Obwohl Bascha-Meitl und Mendel eine Uhr mit Gewichten an Ketten besaßen, die genau jede Stunde und jede halbe Stunde schlug, wurden sie doch von dem Hahn mit seinem Kikeriki im Morgengrauen geweckt. Reb Mendel wurde von einer Art Neid auf diese unschuldigen Geschöpfe erfaßt. Gewiß, der Allmächtige hatte ihnen nicht die freie Wahl gegeben, dafür wurden sie auch nicht von dem Tumult überwältigt, den die Übertretung seiner Gesetze mit sich brachte. Sie erfüllten ihren Auftrag einfach und gewissenhaft.

Obwohl er überzeugt war, in dieser Nacht nicht schlafen zu können, nickte Reb Mendel doch ein. Er schlief mehrere Stunden, ohne zu träumen, oder vielleicht erinnerte er sich nur nicht, geträumt zu haben. Als er die Augen öffnete, war es noch dunkel im Zimmer. Er erwachte mit schwerem Herzen und einem bitteren Geschmack im Mund. Er erinnerte sich, daß irgendein schreckliches Ereignis stattgefunden hatte, aber was es gewesen war, konnte er nicht sagen. »Warum fühle ich mich so elend?« fragte er sich. »Habe ich jemandem Unrecht getan – oder hat mir jemand Unrecht getan?« Bascha-Meitl schlief noch; er hörte ihren gleichmäßigen Atem. Die Grille hatte aufgehört zu zirpen; vielleicht war auch sie eingeschlafen. Mendel sah durch das Fenster einen dicht mit Sternen übersäten Himmel. Er hatte einmal gehört, daß jeder Stern eine Welt für sich sei. So viele Welten hatte der Allmächtige erschaffen, daß jeder aufrechte Mann mit dreihundertzehn von ihnen belohnt wurde. Reb Mendel zitterte. Ganz plötzlich fiel ihm das Unheil ein, das ihn in seinem Alter befallen hatte.

Tage und Nächte vergingen, und Reb Mendel konnte nicht schlafen. Er nickte kurz ein und fuhr dann schreckhaft auf. Obwohl die Nächte in Lublin ruhig waren, hämmerte es in seinem Kopf. Manchmal hörte er die Räder eines Wagens über das Kopfsteinpflaster rattern. Dann wieder hörte er einen Hammer laut auf den Amboß schlagen. »Bin ich ein anderer Titus geworden, daß Gott mir eine Mücke schickt, die an meinem Gehirn nagt? Werde ich verrückt? Wenn das der Fall ist, will ich lieber sterben.« Reb Mendel überlegte, wie er sich umbringen könnte. Sollte er sich aufhängen? Sich ertränken? Gift nehmen? Da er schon seinen Anteil an der zukünftigen Welt verloren hatte, was hatte es da noch für einen Sinn, was er tat? Inmitten dieses Aufruhrs gab sich Reb Mendel große Mühe, seinen Zustand vor Bascha-Meitl zu verbergen. Aber sie sah es ihm an und versuchte, ihn zu trösten. Sie beschwor ihn: »Mendel, er ist dein Bruder, nicht dein Sohn. Selbst wenn ein Sohn vom rechten Weg abweicht, muß man sich deswegen nicht quälen.«

Reb Mendel ging nicht mehr ins Bethaus, um mit den anderen im Minjan zu beten. Er konnte den anderen Chassidim nicht ins Auge sehen. Er konnte nicht einen heiligen Raum betreten, wo die Torarollen im Heiligen Schrein aufgehoben wurden. In seinem Arbeitszimmer legte er die Gebetsriemen an, konnte sich aber nicht dazu bringen, die Segenssprüche zu sagen. Er wagte nicht, die Fransen seines Gebetsmantels zu küssen. Reb Mendel wußte wohl, daß es einem Juden verboten ist, um den Tod zu beten, aber was blieb ihm denn anderes übrig? Er dachte daran, ein Testament zu machen, in dem er verlangen würde, daß man ihn nicht unter denen, die tugendhaft gestorben waren, beerdige, sondern hinter dem Zaun, wo die Selbstmörder und andere sündige Juden begraben wurden.

Wie alle anderen Juden war Reb Mendel am Freitag immer ins Badhaus gegangen, das konnte er jetzt nicht mehr tun. Wie konnte er sich entkleiden und vor anderen Juden das Organ, das Zeichen des Heiligen Bundes mit Gott, entblößen, das das Verbot des Inzests übertreten hatte? Wie konnte er im chassidischen Lehrhaus beten? Und wenn er aufgerufen würde, aus der Tora vorzulesen? Wie konnte er den Segen über die Tora sprechen? Bascha-Meitl ließ den Synagogendiener von Pryskucha wissen, daß Mendel krank sei und keine Besucher wolle.

Um Bascha-Meitl Kummer zu ersparen, gab Reb Mendel vor, in seinem Arbeitszimmer zu beten. Am Freitag abend zog er seinen seidenen Kaftan an und setzte den pelzbesetzten Hut auf; er segnete den Wein – alles sehr rasch, ohne Gesang, ohne Freude. Er aß nie mehr als zwei Löffel Suppe, rührte die Karotten und das Fleisch nicht an und kostete nur ein Stückchen des Sabbatbrotes. Als Bascha-Meitl ihn fragte, warum er denn nicht wie üblich am Sabbattisch singe, sagte er: »Mir ist nicht nach Singen.«

»Mendel, du hast dich in Schwermut fallen lassen. Du begehst eine Sünde.«

»Nu, was bedeutet noch eine Sünde mehr?«

»Mendel, du machst mir angst.«

»Ich werde dich nicht mehr lange leiden lassen«, sagte Reb Mendel gegen seinen Willen.

Zweimal im Jahr, zu Schawuot und dann wieder zu Rosch haschana, war Reb Mendel zu seinem Rabbi nach Pryskucha gereist. Obwohl er kein wohlhabender Mann war, hatte er zu diesen Gelegenheiten einen Wagen gemietet und eine Anzahl ärmerer Chassidim mitgenommen, die sich die Kosten einer Reise nicht leisten konnten. Er bezahlte ihre Unterbringung in den Gasthäusern auf dem Weg wie auch ihren Aufenthalt in Pryskucha. Die Fahrt war eine einzige Feier. Die Chassidim sangen Lieder, machten sich lustig über die Mitnaggedim, ihre Gegner aus dem orthodoxen Lager, und amüsierten sich über die Geschichten, die man sich vom Rabbi von Lublin, vom Maggid von Kosnitz, vom Reb Elimelech von Lisensk und seinem Bruder Sussja erzählte. Reb Bunam war kein Erklärer der Tora, er war auch kein Wunderrabbi. Er nahm für seinen Rat kein Geld an. Er ließ keine Frauen in sein Arbeitszimmer und gab auch keine Amulette aus. An Werktagen trug er weder Pelzhut noch den seidenen Kaftan, nicht einmal den weißen Mantel und die weiße Hose, die Rabbi Menachem Mendel aus Witebsk und Rabbi Nachum aus Tschernobyl getragen hatten. Statt dessen ging er in Stiefeln und Mantel umher wie alle anderen Chassidim. Aber seine Gelehrsamkeit war so groß, daß Gelehrte aus allen Gegenden Russisch-Polens ihm zuströmten, sogar aus dem weit entfernten Galizien. Seine Schüler – Reb Jaakob aus Radzymin, Jizchak aus Worki, Mendel aus Kock und Itsche-Meir aus Warschau – waren alle in seinem Alter, und alle redeten ihn mit dem familiären »du« an. Sie hielten ihn zum besten, und er sie. Sie diskutierten mit ihm und widersprachen ihm auf freundliche Art. Da nur wenige von Reb Bunams Chassidim älter waren – die meisten waren sehr jung –, nahm Reb Mendel aus Lublin einen ganz besonderen Platz in Pryskucha ein.

In diesem Jahr überraschte Reb Mendel die anderen Chassidim in Pryskucha. Anstatt bis zur Woche vor Rosch haschana zu warten, wie er es immer getan hatte, mietete er einen Wagen gleich nach dem 1. Elul und fuhr allein nach Pryskucha, nicht von den anderen begleitet. Er verabschiedete sich nicht einmal von ihnen. »Ist er plötzlich ein Geizkragen geworden?« überlegten die jungen Chassidim. Warum zeigte er auf einmal solchen Hochmut? Es war inzwischen in der Stadt bekanntgeworden, daß er krank sei, und man schloß daraus, daß dies der Grund für seine plötzliche Abreise war. Die Chassidim, die sich keinen Wagen leisten konnten, würden zu Fuß gehen müssen. Wozu die ganze Aufregung? Wenn der Patriarch Jakob den ganzen Weg von Haran nach Berseba tippeln konnte, dann konnten wohl gesunde und junge Chassidim von Lublin nach Pryskucha zu Fuß gehen.

Es war ein ungewöhnlicher Chassid, der drei Wochen vor dem Feiertag in Pryskucha ankam. Mendel war praktisch allein. Das große Lehrhaus war verlassen. Im Gegensatz zu anderen in seiner Stellung beschäftigte Reb Bunam keinen Synagogendiener oder Almosenvorsteher. Mendel öffnete die Tür zum Arbeitszimmer des Rebbe und trat ein. Reb Bunam – ein großer Mann mit einem spitzen schwarzen Bart und glänzenden schwarzen Augen – stand an einem Lesepult und schrieb mit einem Federkiel auf ein Stück Papier. Als er Reb Mendel erblickte, wischte er die Feder an seinem Käppchen ab und fragte: »Sehe ich Gespenster, oder ist mein Kalender nicht in Ordnung?«

»Nein, Rebbe. Euer Kalender ist in Ordnung«, antwortete Reb Mendel.

»Nu, willkommen, willkommen.«

Der Rebbe streckte seine Hand aus, und Mendel berührte kaum seine Fingerspitzen, damit er nicht die Hand des Heiligen mit der seinen beschmutzte. Reb Bunam warf einen Blick auf ihn und runzelte die Stirn. Er schob Reb Mendel einen Schemel zu und setzte sich auf den Rand einer Bank. »Reb Mendel, was beunruhigt Euch? Ihr könnt offen sprechen.«

»Rebbe, ich habe mein Teil an der zukünftigen Welt verwirkt«, stieß Reb Mendel hervor.

Die Augen des Rebben lächelten. »Verwirkt? Ich gratuliere!«

»Was meint der Rebbe?« fragte Reb Mendel beunruhigt.

»Diejenigen, die nach der zukünftigen Welt streben, betreiben einen Kuhhandel mit Gott. ›Ich werde Deine Tora und Deine Gebote befolgen, und Du wirst mir einen größeren Happen vom Leviathan geben.‹ Wenn ein Jude seinen Teil an der zukünftigen Welt verwirkt hat, kann er dem Allmächtigen um Seiner selbst willen dienen, ohne etwas als Gegenleistung zu erwarten.«

»Ich bin nicht würdig, Ihm zu dienen«, sagte Reb Mendel.

»Und wer ist denn dann würdig?«

Reb Mendel hoffte, der Rebbe würde ihn fragen, was er denn getan habe, und er war zu einem vollen Geständnis bereit. Aber der Rebbe fragte ihn nicht. Wahrscheinlich weiß er es schon, sagte sich Reb Mendel.

»Wo seid Ihr abgestiegen?« frage Reb Bunam.

»Ich habe ein Bett in einem Gasthof bekommen. Was brauche ich mehr?«

»Reb Mendel, paßt auf Euch auf. Der Herr des Weltalls hat reichlich bezahlte Diener, aber von denen, die Ihm umsonst dienen wollen, hat Er fast keine.«

»Rebbe, ich will Buße tun.«

»Der Wunsch allein ist schon die Buße.«

Reb Mendel wollte noch etwas sagen, aber Reb Bunam machte eine Handbewegung, als wolle er sagen, genug für jetzt. Ehe Reb Mendel noch aus dem Zimmer gegangen war, rief der Rebbe ihm zu: »Alles ist erlaubt, außer fasten.«

Mendels Körper wurde von einem Schluchzen geschüttelt, und gleichzeitig wurde er von Freude überwältigt. Er war nicht allein. Der Allmächtige wußte, und der Rebbe wußte auch. Er, Mendel, war überzeugt davon, daß er im Feuer der sieben Höllen rösten werde, aber er erinnerte sich auch an einen Ausspruch des Rebbe: »Die Hölle ist für Menschen, nicht für Hunde.« Solange es einen Gott gab und solange es Juden gab, was hatte es da zu bedeuten, wo man lebte? Wiedergeburt? So soll es Wiedergeburt sein. Fegefeuer? So soll es Fegefeuer sein. Der Rebbe hatte einmal gesagt: »Unter den Menschen gibt es Gerechtigkeit und Gnade. Aber für den Herrn des Weltalls ist schon Gerechtigkeit Gnade.« Reb Mendel ging ins Lehrhaus. Bis zu diesem Augenblick hatte er sich Mühe gegeben, keines der heiligen Bücher auch nur anzurühren. Er hatte nicht einmal gewagt, mit seinen unreinen Lippen die Mesusa zu küssen. Aber jetzt fühlte er, wie seine Kraft wiederkehrte. »Nein, ich brauche das Paradies nicht, und ich will auch keine Belohnung.« Er ging zum Bücherregal und holte sich den Traktat Berachot. Er saß ganz allein an dem langen Tisch und fing an, die heiligen Worte zu singen und sie sich selbst zu erklären: »Um welche Zeit darf man am Abend anfangen, das Schema zu beten? Von der Stunde an, in der die Priester sich versammeln, um von ihrem Zehnten zu essen.« Raschi hatte noch eine Erklärung hinzugefügt: »Priester, die sich beschmutzt hatten und im Wasser untergetaucht waren …« Ja, Reb Mendel zögerte nicht mehr, die heiligen Buchstaben, mit denen der Allmächtige das Universum erschaffen hatte, anzusehen. Ein sündiger Jude war immer noch ein Jude. Selbst ein Konvertit blieb nach dem Gesetz ein Jude.

Tage vergingen. Reb Mendel war wieder imstande, mit Inbrunst zu beten. Ihm fiel auf, daß in den achtzehn Segenswünschen die Gebete nicht für den einzelnen Juden, sondern für das jüdische Volk als Ganzes geschrieben waren. Es wurde durchwegs die Pluralform verwendet. Wie konnte er, Mendel, für sich allein beten, für seinen eigenen Körper, seine eigene verlorene Seele? Aber für alle Juden beten – das konnte sogar der böseste Mensch der Welt tun. Selbst der üble Bileam hatte Erlaubnis bekommen, die Juden zu loben und vielleicht auch für sie zu beten.

Allmählich versammelten sich Reb Bunams Anhänger und Studenten, die aus ganz Polen kamen. Sie waren alle da: Reb Mendel von Kock, Jaakob von Radzymin, Itsche-Meir von Warschau, Jizchak von Worki, Mordechai Joseph von Izbica. Einige von ihnen waren in der Zwischenzeit selbst Rabbis geworden und hatten ihre eigenen Schüler und Anhänger. Auch aus Lublin waren einige Chassidim gekommen, teils mit Wagen, teils zu Fuß. Ehe Reb Mendel aus Lublin geflüchtet war, hatte es Gerüchte gegeben, daß er schwerkrank sei. Einige der Chassidim hatten geglaubt, er wolle seine Tage bei Reb Bunam in Pryskucha beschließen. Jetzt, dem Himmel sei Dank, schien er wieder ins Leben zurückgekehrt zu sein. Obwohl Reb Mendel inzwischen ein eigenes Zimmer im Gasthof bekommen hatte, ließ er für die Armen unter den Chassidim aus Lublin Klappbetten aufstellen, sonst hätten sie auf einer Bank im Lehrhaus, in irgendeiner Dachkammer, oder wo immer sie ihr Haupt niederlegen konnten, übernachten müssen. Reb Mendel bezahlte auch ihre Mahlzeiten.

Ja, Reb Mendel war wieder geworden, was er immer gewesen war: ein Chassid unter Chassidim. Man nahm an, er werde nach den Feiertagen nach Lublin zurückkehren, aber das Laubhüttenfest kam und ging vorüber, und Reb Mendel war noch immer in Pryskucha. Irgendwoher hatte er erfahren, daß sein Bruder Joel konvertiert hatte und mit der Frau eines Gutsbesitzers lebte. Lisa-Hadas hatte den Laden verkauft, ohne Bascha-Meitl einen Anteil an dem Gewinn anzubieten. Obwohl nach dem jüdischen Gesetz ein Jude, selbst wenn er konvertiert hatte, ein Jude blieb, und obwohl seine Frau ohne ordnungsgemäße Scheidung nicht wieder heiraten durfte, hatte Lisa-Hadas einen »aufgeklärten« Juden geheiratet, einen Anwalt, der ihr geholfen hatte, den Schwindel durchzuführen. Es hieß, die beiden lebten in einer Stadt im tiefsten Rußland. Reb Mendel schrieb an Bascha-Meitl und teilte ihr mit, daß er sich entschlossen habe, in Pryskucha zu bleiben, und drängte sie, das Haus zu verkaufen und zu ihm zu kommen, denn der Platz einer Frau sei an der Seite des Mannes.

All diese Geschehnisse verwirrten und beunruhigten die Lubliner Juden, ganz zu schweigen von den Chassidim in Pryskucha. Daß ein Jude sich in eine Nichtjüdin verliebte und aus dem Judentum austrat, hatte man schon gehört. Außerdem hatte man Joel schon immer für frivol und vergnügungssüchtig gehalten. Schon seit langem war in Lublin gemunkelt worden, daß er viel zu oft in die großen Städte fuhr, öfter als seine Geschäfte erforderten, und daß er auf zu vertraulichem Fuß mit den Gutsbesitzern stand. Aber daß ein Kaufmann, dem es so gut gegangen war wie Reb Mendel, alles aufgab, um zu Füßen seines Rebbe zu sitzen – das war etwas Neues. Bascha-Meitl reiste nach Pryskucha, um ihren Mann zu überreden, mit ihr nach Lublin zurückzukehren. »Ist es dein Fehler«, beschwor sie ihn, »wenn dein Bruder vom Pfad der Tugend abgewichen ist?« Aber Reb Mendel blieb unnachgiebig: »Es steht geschrieben: ›Alle Juden tragen Verantwortung füreinander.‹ Wenn selbst Fremde in diese Verantwortung eingeschlossen sind, um wieviel mehr ist es ein Bruder.«

Es gab noch viele Auseinandersetzungen, ehe Bascha-Meitl sich bereit erklärte, in Pryskucha zu bleiben. Wunderbarerweise war es ihr gelungen, einen Notgroschen zu sparen. Sie hatte auch von ihrer Mutter, ihren Großmüttern und ihrer Urgroßmutter ein paar gute Schmuckstücke geerbt. Sie mietete eine Wohnung in der Synagogenstraße, nicht weit vom Lehrhaus des Rebbe, und das Paar begann ein neues Leben. Reb Mendel befolgte genauestens, was Reb Bunam ihm aufgetragen hatte: Er diente dem Allmächtigen, ohne eine Belohnung zu erwarten. Er erhob sich um Mitternacht, und er las Gebete und Klagelieder, die in älteren Gebetbüchern standen. Er betete mit Inbrunst; er studierte die Mischna, die Gemara oder andere heilige Texte. Obwohl ihm der Rebbe verboten hatte zu fasten, fastete er jeden Montag und Donnerstag. Vom Tag der Sünde an war sein Appetit geringer geworden. Er ging satt zu Bett und wachte satt auf. Eine Mahlzeit am Morgen oder am Abend genügte ihm. Er aß kein Fleisch mehr, außer am Sabbat. Reshit Chochma verlangte von denen, die eine so schwere Sünde wie die seine begangen hatten, ihre Körper zu martern und von Sabbat zu Sabbat zu fasten. Aber Reb Mendel wollte seiner Frau keinen Kummer bereiten. Denn die Wahrheit war, daß sie, Bascha-Meitl, auch immer weniger aß, obwohl ihre Haushaltspflichten nicht geringer geworden waren. Von dem wenigen Geld, über das das Paar verfügte, gaben sie noch an andere ab. Es gab in Pryskucha eine kleine Jeschiwa, und Bascha-Meitl hatte es übernommen, einige der Studenten zu verpflegen, ihre Wäsche zu waschen und ihre Socken und Hemden zu flicken. Bascha-Meitl wollte nicht in der zukünftigen Welt ankommen, ohne gute Taten vorweisen zu können.

Was Mendel anging, so beschäftigte er sich nicht damit, an die zukünftige Welt zu denken. Sicher, es war viel besser, im Paradies zu sitzen, mit einer Krone auf dem Kopf, und sich im Glanz der Schechina zu sonnen, als sich im Dorngestrüpp zu wälzen oder in einen Wurm, einen Frosch oder ein Ungeheuer verwandelt zu werden. Aber das Vergnügen, das ganze Jahr in Pryskucha zu leben, entschädigte ihn für die Qualen, die ihn vielleicht erwarteten. Es verging kein Tag, an dem der Rebbe nicht einige freundliche Worte an ihn richtete. Schon die heilige Miene des Rebbe zu erblicken war eine Freude. Rabbis und Gelehrte kamen nach Pryskucha aus Polen, aus Wolhynien und gelegentlich auch noch aus ferneren Ländern. Reb Mendel wurde der Almosenvorsteher des Rebbe, eine Arbeit, die er ohne Bezahlung verrichtete. Wenn Reb Bunam um Rat gefragt wurde in geschäftlichen und weltlichen Dingen, rief er Reb Mendel und beriet sich mit ihm. Reb Bunam wußte selbst gut Bescheid in diesen Dingen. Es war kein Geheimnis, daß er einmal zu den Anhängern der Aufklärung gehört hatte und Apotheker gewesen war. Er selbst war in Wirklichkeit ein Büßer.

Warum sollte man vom Paradies träumen, wenn Pryskucha selbst das Paradies war? Statt in die Tiefen der Unterwelt gestoßen zu werden, wie es ihm zukam, war Reb Mendel von der Tora, mit Weisheit, mit Liebe und Wärme anderer Juden umgeben. Reb Mendel sprach Reb Bunam gegenüber nie von seiner Sünde, aber es war klar, daß der Rebbe durch den göttlichen Geist, der auf ihm ruhte, wußte, was er, Mendel, getan hatte. Einmal, an Simchas Tora, als Reb Mendel mit der Torarolle im Arm hinter dem Rebben herschritt, blieb Reb Bunam plötzlich stehen, drehte den Kopf Reb Mendel zu und sagte: »Laßt die Mitnaggedim, unsere Gegner, einen Notgroschen für das Paradies zusammensparen. Wir, in Pryskucha, sind bis zum Hals in der Glorie Gottes und dem Glanz der Tora hier und jetzt.«

DIE KONFERENZ

Sie kamen zu einer Kulturkonferenz in Warschau zusammen. In Wirklichkeit war es ein Versuch der Parteibonzen, mit verschiedenen linken Gruppen eine Einheitsfront zu schaffen. Zu dieser Konferenz kamen Parteimitglieder, radikale Jiddischisten, Schauspieler, Erzieher und die Leute, die immer Konferenzen besuchen – die unentwegten Delegierten. Die Konferenz fand im März 1936 statt. Die Veranstalter hatten alles versucht, um die Polnische Politische Polizei in die Irre zu führen, aber die Polizei wußte über die Konferenz genau Bescheid.

Die Delegierten der Partei hatten lange Reden voller doktrinärer Klischees vorbereitet. Sie trugen dicke Hornbrillen, lächelten schlau und schienen mit ihrer intellektuellen Überlegenheit zufrieden zu sein. Im Namen jiddischer Kultur versuchten sie, einige kleinbürgerliche und neutrale Mitglieder der Intelligenzija für den Kommunismus zu gewinnen. Jeder Kommunist war davon überzeugt, daß Moskau seine Verdienste anerkennen werde; jeder glaubte, daß er am Tag nach der Revolution einen hohen Posten in der proletarischen Regierung Polens erhalten werde. Die Nichtkommunisten waren verwirrt und kriegerisch. Sie waren zu der Konferenz mit dem Auftrag ihrer Gruppen gekommen, alle möglichen Kompromisse und Privilegien auszuhandeln. Die Konferenz sollte drei Tage dauern und mit einem prächtigen Bankett beschlossen werden. Die Hotelküche hielt alles bereit – Fisch, Fleisch, Suppen, köstliches Gebäck und allerlei Gerichte für diese besondere Gelegenheit. Die Direktion wußte, sosehr diese Intellektuellen sich auch streiten mochten, an den Tischen im Bankettsaal würden sie einträchtig essen.

Unter den zweiundachtzig Delegierten gab es nur drei Frauen, von denen eine, Genossin Flora, verhältnismäßig jung war. Sie war eine Delegierte aus Lublin, Schauspielerin, Rezitatorin, Volksliedersängerin – von allem etwas. Flora war klein, rundlich, mit einem runden Gesicht und Eulenaugen. Sie versuchte, modernes Jiddisch zu sprechen, lachte laut und brachte alle Namen durcheinander. Sie verfügte über ein paar Sätze, die sie bei jeder Gelegenheit anbrachte. Einer von ihnen war: »Laßt uns nicht unsere fortschrittlichen Kräfte verschwenden.«

Fast alle männlichen Delegierten verliebten sich bis über die Ohren in Flora. Sie verwöhnten sie mit Zigaretten und Bonbons gegen Trockenheit im Hals. Alle versuchten, sich mit ihr zu verabreden. Alle wollten sich ihr anvertrauen. Sie wurden von ihren Frauen nicht verstanden, die mit Kindern und Haushalt zu beschäftigt oder zu alt und zu frigide waren. Würde Flora sie nach der Sitzung treffen? Es wäre nett, sich bei Erfrischungen noch über Parteiangelegenheiten zu unterhalten. Genossin Flora sagte nie nein. Am ersten Abend wäre es nicht möglich; sie hatte in der vergangenen Nacht vor Arbeit und Aufregung nicht schlafen können. Vielleicht morgen …

Bei der ersten Sitzung dauerten die Debatten bis zwei Uhr

morgens. Die Delegierten stritten sich über verschiedene soziale Probleme, beschäftigten sich aber hauptsächlich mit dem Sinn des historischen Materialismus. Ein antimarxistischer Historiker brauchte drei Stunden, um zu beweisen, daß die materialistische Theorie auf die jüdische Geschichte nicht anwendbar sei. Genossin Flora saß in der ersten Reihe gegenüber dem Podium, und der Redner ließ sie nicht aus den Augen. Er schlug mit der Faust auf den Tisch und schrie: »Kann ein materialistischer Standpunkt zwei Jahrtausende jüdischen Exils erklären? Ist es möglich, mit der marxistischen Theorie das Überleben der hebräischen Sprache, die Sehnsucht nach Zion zu erklären? Nein, tausendmal nein!« In ihrer Verwirrung nickte und applaudierte auch Flora. Die Kommunisten machten laute Zwischenrufe: »Saboteur! Reaktionär! Lügner!« Der Historiker wurde heiser. Er trank ein Glas Wasser nach dem anderen und putzte seine Brillengläser. Er versuchte, seine Argumente durch Zitate von Marx, Engels und Moses Hess zu unterstützen, aber die Kommunisten unterbrachen ihn und machten sich lustig über ihn. Flora merkte bald, daß sie falsch orientiert war. Anstatt im Einverständnis zu nicken, schüttelte sie jetzt den Kopf und rief: »Genossen, laßt uns nicht unsere fortschrittlichen Kräfte verschwenden.«

Nachdem der Historiker geendet hatte, bestieg ein Kommunist das Podium, um ihm zu antworten. Er lächelte listig, seine Augen hinter den Gläsern glänzten. Er bewies, daß der sogenannte Historiker weder von Geschichte noch von Soziologie etwas verstand. Flora klatschte und rief: »Bravo!« Dieser Redner hatte sich Flora schon genähert, und sie hatte versprochen, ihn später zu treffen. Er lächelte triumphierend und ließ den Mund voller Goldzähne sehen. Er befeuchtete seine Lippen mit der Zunge und fuhr mit den Fingern durch sein

Haar. Er wendete sich direkt an Flora und beobachtete jede ihrer Bewegungen. Er fragte: »Was haben die Juden in den Gettos gegessen, Brot oder Ideen?«, und Flora kreischte: »Brot! Brot!«

Am zweiten Tag war Flora wieder Mittelpunkt der Aufmerksamkeit. Fast alle Männer flirteten mit ihr und versuchten, eine Verabredung mit ihr zu treffen. Kaum hatte ein Mann angefangen, sich mit ihr zu unterhalten, schon platzte ein anderer dazwischen. Die Delegierten stritten ganz offen um sie, halb scherzend, halb im Ernst. Sie gaben ihr Hinweise auf Stellen und Reisen. Sie boten ihr Zigaretten und Kekse an. Sie berührten ihren nackten Arm mit schweißigen Fingern. Die Kühneren versuchten sogar, sie zu küssen. Alle erzählten Witze, machten gewisse Delegierte nach und lachten über einige der provinziellen Redner. Ihre Augen glänzten, ihre Adamsäpfel stiegen und fielen schnell. Genossin Flora fürchtete, dieses Mal werde sie nicht entkommen können. Glücklicherweise wurden die Diskussionen an diesem Abend besonders heftig. Die Antikommunisten waren außerordentlich aggressiv und prangerten Stalins schlimmste Verbrechen an. Einige der Mitläufer redeten plötzlich wie ausgewachsene Faschisten. Der kommunistische Redner begoß jeden sozialdemokratischen Slogan mit Hohn und warnte davor, daß jeder Schritt weg vom Stalinismus in reaktionäres Dunkel führen werde. Ein Delegierter rief: »Wir werden euch alle am nächsten Laternenpfahl aufhängen.« Der Vorsitzende wies ihn wegen dieses unparlamentarischen Ausbruchs freundlich zurecht. Der Saal stank nach Zigarettenrauch und hallte wider von Zwischenrufen. Die Stirnen wurden schweißnaß, Schlipse hingen schlaff, und Kneifer rutschten von den Nasen. Genossin Flora fächelte sich mit einem Programm und rief: »Entschuldigt, Genossen, bitte öffnet ein Fenster!« Einer der Delegierten brachte ihr ein Glas Selterswasser.

Gegen ein Uhr morgens herrschte ein solcher Tumult, daß es Flora gelang, sich unbemerkt davonzustehlen. Ein Lederfabrikant aus Lublin, ihr Geliebter, hatte ein Zimmer neben ihrem genommen. Flora wollte sicher sein, daß die Delegierten nicht merkten, daß sie ihren kapitalistischen Liebhaber mitgebracht hatte. Sie verschloß die Tür, schob den Riegel vor und warnte ihren Liebhaber, kein Geräusch zu machen. Ein paar Minuten nachdem er ihr Zimmer betreten hatte, klopfte jemand an die Tür. Es war der Historiker.

»Fräulein Flora, Fräulein Flora, bitte machen Sie auf!« flüsterte er auf dem Korridor. Flora konnte sich nur mit Mühe beherrschen, nicht laut zu lachen. Sie lag im Bett und kicherte ins Kissen. Der Fabrikant kniff sie in den Hintern und nannte sie mit leiser Stimme »Hure« und »Flittchen«. Sie biß ihn ins Ohrläppchen und flüsterte: »Laß sie klopfen, diese Schlemihle. Was geht's dich an? Ich gehöre dir.«

Am dritten Morgen wachte Flora mit Kopfweh auf. Der Fabrikant war früh gegangen, um einige reisende Vertreter zu treffen. Flora schluckte ein Aspirin, aber es half nicht. Sie ging erst nach dem Mittagessen in den Konferenzraum. Die Konferenz war gerade dabei, wieder in Tumult auszubrechen, aber als ein Schriftsteller, der den Rang eines Unsterblichen einnahm, eine Rede hielt, beruhigten sich die Delegierten allmählich. Er war aus dem fernen Amerika gekommen. Er war der einzige Delegierte, der nicht zudringlich zu Flora gewesen war – er war ein Sechziger, klein, breitschultrig, hatte eine graue Mähne, Säcke unter den Augen und trug goldgefaßte Gläser. Er las seine Rede von einem Bündel Papier ab. Wie ein Professor ging er durch die ganze Geschichte des Jiddischismus und des Sozialismus. Er sprach mit einförmiger, schläfriger Stimme. Viele der Delegierten gähnten und dösten. Andere lasen heimlich Zeitung. Die Delegierten drehten sich nach Flora um, aber sie gab vor, jedem Wort des berühmten Schriftstellers zu lauschen. Als er geendet hatte, ging Flora auf ihn zu und sagte: »Ich danke Ihnen für diesen hochinteressanten Vortrag.«

Der Unsterbliche nahm seine beschlagenen Gläser ab. »Hat es Sie wirklich interessiert?«

»Ganz ungeheuer.«

»Ich habe Sie bemerkt, ich habe Sie bemerkt – wir sollten uns näher kennenlernen.«

»Es wäre eine große Ehre für mich!« rief Flora aus.

Die Konferenz war wieder nahe daran, auseinanderzufallen, denn beide Lager waren ganz unnachgiebig geworden. Aber eine neutrale Gruppe machte eine letzte Anstrengung, den Streit zu schlichten, und schlug eine Kompromißlösung vor. Im Bankettsaal waren die Tische schon gedeckt. In der Küche brieten die Köche Hühner und Enten, gossen Sauce von einem Topf in den anderen, aber im Konferenzsaal tobte der Krieg weiter. Die Delegierten begannen sich gegenseitig zu beleidigen. Ein Delegierter bekam Ohrfeigen. Ein Stalinist warf ein Tintenfaß auf einen Trotzkisten. Sie schrien Worte wie »Faschistenhund«, »Verräter an den Massen«, »Provokateur«.

Aber die Friedensstifter ließen die Versammlung nicht platzen. Das wäre ein Sieg für die Zionisten gewesen. Die Delegierten mußten sich auf eine gemeinsame Aktion einigen oder als Feinde auseinandergehen. Die Kommunisten gaben in einigen Punkten nach, und die Opposition wurde entgegenkommender. Eine dreiseitige Resolution wurde verfaßt, die von den Großmächten ein Ende des Imperialismus verlangte. Grußbotschaften wurden an die Genossen in China, in der Mandschurei und in der Mongolei geschickt. Die Vereinigten Staaten wurden aufgefordert, ihre imperialistische Habsucht, blutsaugerische Ausbeutung und faschistenfreundliche Haltung zu beenden. Aber der Sekretär, der die Resolution abschrieb, war Kommunist und änderte den Text. Als die Täuschung entdeckt wurde, kam es zu Protesttumulten.

In diesem Augenblick wurden die Delegierten zum Bankett gerufen. Die Kellner mußten früh anfangen; sie hatten ihre Gewerkschaftsvorschriften. Beim Bankett wurden die kämpfenden Gruppen freundlicher. Jeder war hungrig. Sie bekamen frische Brötchen, Karpfen mit Meerrettich, Wodka, Wein, Hühnersuppe mit Nudeln und gefüllten Rindsdarm. Flora saß zwischen einem Stalinisten und einem Führer der linken Arbeiterbewegung. Einer legte seine Hand auf ihr Knie, der andere kitzelte ihre Rippen. Flora trank Likör und lachte laut. Sie nahm eine Zigarette, und beide Männer zündeten um die Wette Streichhölzer an. Viele Delegierte waren ärgerlich, weil sie sich auf kein Rendezvous eingelassen hatte, aber als jemand vorschlug, sie solle singen, waren alle damit einverstanden.

Flora war nur zu gern dazu bereit. Sie hatte sich vorbereitet und einen Begleiter mitgebracht. Erst sang sie ›Der Tag der Rache‹ und erhielt warmen und langen Beifall. Dann sang sie ›Auf den Barrikaden‹. Nach einiger Zeit hatten die Delegierten genug, aber Flora hatte ein langes Programm zusammengestellt und führte es durch.

Die letzte Rede der Konferenz wurde vom Unsterblichen aus Amerika gehalten. Es war schon nach Mitternacht. Er hatte versprochen, sich kurz zu fassen, aber er verwickelte sich derart in seine Rede, daß er nicht zum Schluß kam. Gerade als er zum Ende zu kommen schien, verstrickte er sich in ein neues Thema. Draußen brach die Morgendämmerung an. Einige der Delegierten schnarchten, andere machten Witze, wieder andere blinzelten sich zu und schickten einander Zettel. Flora mußte gehen, um ihren gefährlich ungeduldigen Fabrikanten zu treffen. Der Sekretär, der Protokoll führte, legte die Feder weg. Er gähnte einmal und schlief ein. Nur ein Delegierter fuhr fort zu schreiben – ein Agent der Geheimpolizei, der sich als Linker ausgab und der nicht weggehen konnte, da er einen umfassenden Bericht abliefern mußte.

Am nächsten Morgen schlief Flora lange. Als sie schließlich in den Konferenzsaal hinunterging, waren die Stühle schon entfernt und das Podium abgebaut worden. Der Saal wurde jetzt für eine Hochzeit vorbereitet. Ein zusammengefalteter Baldachin, eine große Messingtrompete und eine Trommel lehnten gegen die Wand. Zwei Männer knieten auf dem Boden und überzogen ihn mit Schellack. Als Flora ihren Kopf in den Saal steckte, pfiff einer der Arbeiter und sagte: »Fräulein, es ist alles vorbei.« Der andere sagte: »Genossin, komm nächstes Jahr wieder, die Revolution wird inzwischen nicht sauer werden.«

WUNDER

Ich werde oft von meinen jiddischen Lesern angerufen, und wenn ich den Hörer an mein Ohr halte, so ist häufig nichts als ein gespanntes Schweigen zu hören. Dann wird eine stammelnde und zögernde Stimme hörbar, die allmählich an Kraft gewinnt. Manchmal werde ich ungeduldig und lege den Hörer auf. Und mit Sicherheit wird es gleich wieder läuten. Dieses Mal läutete es zweimal, und als ich keine Stimme vernahm, legte ich beide Male auf. Das Telefon läutete wieder. Nach einiger Zeit vernahm ich eine stotternde Stimme. Ich bin an diese Art Benehmen gewöhnt. Ich bilde mir sogar ein, daß ich den Charakter eines Menschen daran erkenne, wie lange er braucht, ehe er das Zögern vor dem Sprechen überwindet. Es war eine Männerstimme. Sie klang gedämpft. Dann fragte der Anrufer in provinziellem Polnisch-Jiddisch: »Sind Sie der Schriftsteller N.?«

Ich antwortete: »Ja, der bin ich – genieren Sie sich nicht. Sie können ganz offen mit mir sprechen.«

Er hustete einmal laut, dann folgte ein schwächeres Husten. »Was ich Ihnen erzählen möchte, kann ich nicht alles am Telefon sagen. Ich weiß, daß Sie ein sehr beschäftigter Mann sind – aber wenn es möglich wäre – es ist eine seltsame Geschichte – eins dieser Dinge, die das Herz nicht dem Mund anvertraut, wie es im Talmud heißt.«

Ich traf eine Verabredung mit ihm. Ich sagte ihm, was ich gewöhnlich in solchen Fällen sage: Es gibt keinen Grund, warum irgend jemand vor mir Angst haben sollte, es macht mir Vergnügen, menschliche Erfahrungen anzuhören, und man kann sich mir anvertrauen. Er wurde sofort zutraulicher, und seine Worte wurden zusammenhängender.

Er fuhr fort: »Ich lese alle Ihre Arbeiten. Es ist eine Sünde, Ihre Zeit in Anspruch zu nehmen, aber –«

Auf die Minute der vereinbarten Zeit öffnete sich die Tür, und ein kleiner Mann mit roten Backen und einem runden grauen Bart kam herein. Unter seinen gelblichen Brauen spähten grüne Augen hervor, durchdringend und sanft zugleich. Obwohl sein Haar grau war, machte sein Gesicht einen jugendlichen, sogar jungenhaften Eindruck. Er hielt den Kopf gesenkt und schlurfte beim Gehen. Eine Schulter schien höher als die andere zu sein. Er war modern gekleidet, und dennoch war die gesamte Erscheinung die eines Chassid aus der alten Heimat. Der lose an seinem Körper hängende Rock schien mir ein gekürzter Kaftan. Nach vielen Entschuldigungen und allerlei Vorbereitungen begann er seine Geschichte.

»Ich weiß, daß Sie aus der Lubliner Gegend in Polen kommen, und wenn das so ist, so müssen Sie vom Rabbi aus Mechev gehört haben. Sie haben nicht von ihm gehört? Das erstaunt mich. Ich bin der Urenkel des Rabbi Abraham Malach und des Heiligen Juden. Mein Großvater war ein Schüler des Rabbi Bunam und des Rabbi von Kock. Er hatte nur wenige Anhänger und war nicht sehr bekannt. Ruhm war nicht sein Ziel.

Von Natur aus war er ein Mann der Mysterien. Jeden Sommer besuchte er einen Markt in Nalezcow und reiste sogar bis nach Leipzig. Es wurde gemunkelt, daß er in diesen Städten die Sechsunddreißig Gerechten treffe. Er fastete montags und donnerstags. Die Anhänger des Rabbi von Kock hielten nichts vom Fasten, aber mein Großvater hatte seine eigenen Ideen. Er starb kurz vor dem Ausgang des Jom Kippur, gleich nach dem Schlußgebet. Ehe ich fortfahre, lassen Sie mich Ihnen sagen, daß ich nicht fromm bin im herkömmlichen Sinn. Ich bin auf meine Art und Weise fromm. Ich habe mit meinen eigenen Augen gesehen, wie ein kranker Mann sofort gesund wurde, nachdem mein väterlicher Großvater ihn berührt hatte. Großvater besaß die Gabe des Wahrsagens. Er sah, was viele Meilen entfernt vorging. Fragen Sie mich nicht, wie das zugeht – ich gebe Ihnen Tatsachen, keine Erklärungen. Mein Vater, Jachiel Mayer, besaß die gleiche Gabe. Meine Mutter – Friede sei mit ihr! – besuchte ihren Vater einmal in Zelechow, um eine Hochzeit in der Familie zu feiern. Es war am Sabbat des Gesanges. Mein Vater und wir Kinder waren zu Hause geblieben. Wir waren dabei, den Vögeln Buchweizenkörner zu streuen. Plötzlich sagte mein Vater: ›Es ist schade, daß euer Großvater gestorben ist. Aber wenigstens wird eure Mutter bei der Beerdigung dabeisein.‹ Um zum Schluß zu kommen, mein mütterlicher Großvater starb in der Minute, in der mein Vater diese Worte gesprochen hatte. Er war mitten in den Sabbatgesängen zusammengebrochen. Ich habe irgendwo gelesen, daß Hellsehen erblich ist. Das kann wohl sein.

Unsere Familie war klein: zwei Töchter und ich, der einzige Sohn. Nach dem Tod meines Vaters sollte ich Rabbi von Mechev werden. Aber mein Vater hatte kaum Anhänger. Die alten Chassidim waren gestorben. Die jungen Männer waren zu anderen Rabbis gegangen oder unter die Aufklärer. Ich selbst hatte den Glauben verloren. Die Aufklärung kam etwa um hundert Jahre später nach Polen, aber als sie endlich gekommen war, hatte sie in ein paar Jahren mehr bewirkt als in tausend Jahren in anderen Ländern. Im Jahre 1913 gab es nur ein halbes Dutzend sogenannter aufgeklärter Juden im ganzen Dorf Mechev. 1918 hatten fast alle jungen Männer ihre Bärte abrasiert und waren Zionisten, Bundisten und Kommunisten geworden. Das Lehrhaus war verlassen. Die jungen Frauen beschäftigten sich mit Schmuggel. Mechev wurde von den Österreichern besetzt. Die Mädchen schmuggelten Lebensmittel nach Galizien und kamen mit Säcken voll Tabak zurück. In Mechev wurde eine Bibliothek eröffnet, und dort fing ich an, weltliche Bücher zu lesen. Um ehrlich zu sein, ich wollte weder ein Rabbi werden, noch bestand eine Notwendigkeit dafür. Nach dem Tod meines Vaters brach der ganze rabbinische Hof zusammen. Alles, was übrigblieb, war ein halbverfallenes Lehrhaus und einige wenige Anhänger. Meine Mutter war zu meiner verheirateten Schwester gezogen. Ich saß im Arbeitszimmer meines Vaters und lernte Polnisch und Deutsch aus Wörterbüchern. Ich lernte Algebra aus einem achtzig Jahre alten Buch. Es gab niemanden, der mich hätte überwachen können. Die Österreicher hatten die Cholera nach Mechev eingeschleppt, und fast die Hälfte der Dorfbewohner starb. Da viele Angehörige der Bestattungsbruderschaft selbst in der Epidemie gestorben waren, lagen die Toten viele Tage unbegraben.

Ich legte meine Bücher beiseite und wurde Totengräber. Ich ging von Haus zu Haus und rieb die Kranken mit Alkohol ein. Der Arzt hatte strenge Anweisungen gegeben, nur gekochtes Wasser zu trinken und kein rohes Obst zu essen. Aber ich hörte nicht auf ihn. Nicht, weil ich Selbstmord begehen wollte. Weit davon entfernt; ich hänge am Leben, selbst wenn ich es manchmal hasse. Ich hatte die innere Gewißheit, daß ich nicht krank werden würde. Die Leute in Mechev waren überrascht. Ich selbst war über mein Verhalten verblüfft. Ich war bereits ein richtiggehender, emanzipierter Skeptiker. Ich legte auch die Gebetsriemen nicht mehr an. Ich hatte Spinozas ›Ethik‹ auf hebräisch gelesen. Und dennoch verließ ich mich auf geheimnisvolle Mächte. Ich merkte auch, daß ich betete – nicht laut, aber schweigend. Das war die Verneinung all meiner Überzeugungen. Irgendwie wußte ich im voraus, wer von den Kranken sterben und wer überleben würde. Ich hielt mich selbst für fanatisch, verrückt und abergläubisch. Damals war ich noch nicht mit dem vertraut, was wir heute Parapsychologie nennen. Ich war mir klar darüber, daß die weltliche Aufklärung im Widerspruch stand zu dem Glauben an Wunder. Heute könnte man sagen, ich litt an Konflikten und Komplexen. Aber zu der Zeit waren die Freudschen Theorien noch nicht so bekannt, jedenfalls nicht in Mechev. Nachdem die Epidemie abgeklungen war, sollte ich von den Gemeindeältesten zum Rabbi von Mechev ernannt werden.

Aber ich lief davon, um Philosophie an der Warschauer Universität zu studieren.

Ich habe gesagt, ich werde mich kurz fassen. Aber ich könnte drei Tage und drei Nächte hier mit Ihnen sitzen und hätte Ihnen noch nicht ein Zehntel von dem erzählt, was geschehen ist. Ich kam mit fünfzig Mark in der Tasche nach Warschau; damals gab es noch keinen Zloty. Ich hatte keine herkömmliche Schulung hinter mir, ich konnte mich nur auf das stützen, was ich aus ein paar alten Büchern gelernt hatte. Ich konnte jeden Tag zur polnischen Armee eingezogen werden. In der Kaserne zu leben wäre eine Katastrophe für mich gewesen. Ich bin sicher, ich hätte das kaum ein paar Tage ausgehalten; ich wäre entweder zusammengebrochen oder hätte mir das Leben genommen. Gab es für mich eine Möglichkeit, ausgemustert zu werden? Gewiß, ich war schwächlich, aber ich war nicht krank. Größere Schlemihle als ich wurden angenommen. Selbstverstümmelung, um der Rekrutierung zu entgehen, wie es in der russischen Zeit üblich gewesen war, war nutzlos. Die Polen kannten all diese Tricks, und außerdem waren die Militärärzte glühende Patrioten. Bevor ich das Rekrutierungsbüro betrat, sprach ich ein Gebet: ›Herr des Universums, errette mich vor den brutalen Händen.‹ Kaum hatte ich die Halle betreten, war ich von einem Haufen wilder Bauern umringt. Sie schlugen auf die jüdischen Rekruten ein. Einer von den Rowdies kam auf mich zu und schrie: ›Jude, geh zurück nach Palästina.‹ Die Juden drückten sich in einer Ecke zusammen. Wie kann man sein Leben opfern für die, die einen anspucken? Mir wurde befohlen, mich auszukleiden, und auch das war eine Qual für mich. Im Ärztezimmer waren zwei der Ärzte, die mich untersucht hatten, gerade dabei, mich für gesund zu erklären. Einer sagte sogar zu mir: ›Die Armee wird einen Mann aus Ihnen machen.‹ Aber ein älterer Arzt, von dem ich glaubte, er sei ein Hauptmann, war anderer Auffassung. ›Was sollen wir mit so einem Schlappschwanz? Es ist schade, das Brot an ihn zu verschwenden.‹ Die beiden jüngeren Ärzte taten ihr Möglichstes, den alten Mann zu überreden, aber er hatte das letzte Wort. Ich war ausgemustert. Die beiden jungen Ärzte waren verlegen. Ich hätte blind sein müssen, nicht zu merken, daß eine höhere Macht sich für mich verwendet hatte. Aber wer konnte das gewesen sein? Vielleicht mein verstorbener Vater. Ich konnte es ganz bestimmt nicht mir selbst verdanken. Ich hatte alle Arten von Übertretungen begangen. Ich hatte sogar am Sabbat geraucht.

Von dieser Zeit an geschah Wunder auf Wunder. Man könnte allerlei Erklärungen für diese Ereignisse geben – Zufall, Schicksal, was immer. Aber was mir geschah, war nicht in Übereinstimmung mit den Naturgesetzen. Ich betete, und meine Gebete wurden umgehend beantwortet. Ich fing an, mich wie ein verwöhntes Kind zu benehmen, als sei ich das einzige Kind des Allmächtigen. Es steht geschrieben: ›Du sollst den Allmächtigen nicht auf die Probe stellen.‹ Und ich fuhr fort, Ihn auf die Probe zu stellen. Es war fast unmöglich, in Warschau eine Wohnung zu bekommen, es sei denn, man konnte sowohl dem Mieter, der auszog, wie dem Hausverwalter eine große Summe bezahlen. Und mir gelang es, eine unter Mieterschutz stehende Wohnung ohne Extrakosten zu bekommen. Ich traf ein schönes Mädchen, das mir gut gefiel. Anfangs wagte ich nicht, den Himmel um sinnliche Vergnügen zu bitten. Aber früher oder später bat ich darum, daß sie sich in mich verlieben solle. Am folgenden Tag kam sie unter den merkwürdigsten Umständen zu mir. Sie gab später zu, daß eine unbekannte Macht, der sie nicht widerstehen konnte, sie zu mir gezogen hatte. Sie hatte sogar eine Stimme gehört.

Ich hatte nicht die geringste Chance, die Aufnahmeprüfung für die Universität zu bestehen. Trotzdem erhielt ich die Zulassung. Die Wunder hielten nach meiner Zulassung zur Universität an. Einer der Professoren, der als Antisemit bekannt war, wurde ein guter Freund. Der Professor hielt nur eine Vorlesung in der Woche vor einer kleinen Gruppe. Er las über Spinoza, zu der Zeit mein bevorzugter Philosoph. Ich saß in der Bibliothek und blätterte in Orgelbrands Enzyklopädie. Plötzlich berührte eine Hand meine Schulter. Er war es, Professor Chrabowski. Er fragte mich: ›Was suchen Sie, junger Mann?‹ Ich hätte es verstanden, daß er mich fragte, wenn er mich Spinoza oder Descartes hätte lesen sehen. Aber ich blätterte zufällig in einem Essay über Wyspianski. Professor Chrabowski war als zorniger Mann und als Menschenfeind bekannt. Er besaß einen beißenden Humor, der tief verletzen konnte. Alle fürchteten ihn, als sei er der Teufel. Aber hier stand er neben mir, ein alter Mann von achtzig Jahren, und versuchte, mit einem Studienanfänger ins Gespräch zu kommen. Am gleichen Tag lud er mich zu sich ein. Ich glaube, ich war der einzige Student an der ganzen Universität, dem eine solche Ehre zuteil wurde. Und vergessen Sie nicht, ich war ein Jude und nicht einmal sein Schüler. Er brachte mir große Zuneigung entgegen. Er verschaffte mir sogar ein Stipendium. Ich war ganz verblüfft von seinem Verhalten. Die Studenten verbreiteten das Gerücht, daß ich ein Hypnotiseur oder ein Hexer sei. Chrabowski selbst erwähnte, daß er nicht wisse, warum er zu mir so freundlich sei. Dies ist nur ein Beispiel unter Hunderten.«

»Warum haben Sie nicht um eine Million Dollar gebetet?« fragte ich.

»Ich war ein Narr. Ich hatte Angst, zuviel zu verlangen. Aber in Wirklichkeit war Geld nie eine meiner Leidenschaften gewesen. Zu der Zeit interessierte ich mich für Kant und die sogenannte Marburger Schule. Hermann Cohen war mein Idol. Ich ging nach Berlin und dann nach Bonn. Dort ereigneten sich neue Wunder. Deutsch war nicht meine Stärke, ich brachte außer einem Empfehlungsbrief von Professor Chrabowski, der in Deutschland unbekannt war, nichts mit. Ich hätte Hungers sterben können, und niemand hätte sich darum gekümmert. Es war die Zeit der Inflation und der Verzweiflung, die schließlich zum Nationalsozialismus führte. Tatsächlich hatte Hitler damals schon seinen berühmten Putschversuch gemacht. Was konnte es Schlimmeres geben, als ein armer polnischer Jude zu sein, ein Ostjude? Trotzdem machte man mich zum Dozenten an der Bonner Universität. Und ich wurde in Häuser eingeladen, zu denen die Söhne aus den besten Familien keinen Zutritt hatten. Bei einer Vorlesung traf ich Fräulein Annelisa von Freihoff, eine berühmte Schönheit und ein Mädchen aus dem Hochadel. Was sich später zwischen uns abspielte, kann ich Ihnen nicht erzählen. Sie können selbst sehen, daß ich nicht zu den bestaussehenden Männern gehöre, und dennoch verliebte sie sich in mich auf höchst geheimnisvolle Weise. Bitte machen Sie sich nicht lustig über mich. All dies mag Ihnen lächerlich vorkommen, aber ich habe keinen Grund zu lügen. Ich könnte Ihnen sogar Briefe zeigen, um zu beweisen, daß das, was ich sage, wahr ist. Ja, Annelisa von Freihoff! Mit einer Nichtjüdin leben, ist eine Sache, aber sie zu heiraten, eine andere. Ich konnte nicht vergessen, daß ich ein Nachkomme des Rabbi Abraham Malach und des Heiligen Juden bin.

Ich möchte Ihnen sagen, daß ich trotz all dieser Ereignisse, damals und auch heute, ein Ungläubiger bin. Nicht, was die Existenz Gottes und der Vorsehung angeht, aber im Verhältnis zum Dogma. Ich kann nicht glauben, daß jeder Abschnitt im Schulchan Aruch Moses auf dem Sinai gegeben wurde. Da aber Gott den Menschen geschaffen hat, so sind auch die Schöpfungen des Menschen göttlich. Ich weiß, was Sie mich fragen wollen. In dem Fall hätten auch die Werke Feuerbachs und anderer Atheisten einen Anflug von Göttlichkeit. Nun, das ist eine Frage, auf die es in unserer Welt keine Antwort gibt. Wenn Sie noch etwas Geduld haben, so möchte ich Ihnen meine Geschichte weiter erzählen.«

»Ja, tun Sie es.«

»Sie haben irgendwo geschrieben, daß jedes menschliche Wesen eine große Leidenschaft hat. Meine Leidenschaft waren Frauen. Es mag Ihnen komisch vorkommen, daß ich die Rolle eines Don Juan gespielt haben soll. In Wirklichkeit sind Frauen die Leidenschaft aller Schlemihle. Otto Weininger hatte recht: Der hundertprozentige Mann hat keine Geduld mit Frauen. Der hundertprozentige Mann ist ein Krieger, kein Romantiker.

Ich bin kein kranker Mann, aber ich bin auch nicht ausgesprochen gesund. Ich verbringe einen großen Teil der Zeit im Bett, und da das meine Hauptbeschäftigung ist, habe ich gern jemanden bei mir. Natürlich muß die Frau dazu bereit sein. Aber Frauen sind vollkommen unvorhersehbare und boshafte Geschöpfe. Es sieht manchmal aus, als hätten sie nur den einzigen Ehrgeiz, die Schwächen eines Mannes zu entdecken. Wenn ihnen das gelungen ist, dann verachten sie ihr Opfer. Ich habe Riesen in diesem ewigen Kampf zu Fliegen werden gesehen. Ich hatte eine Waffe: das Gebet. Ich nehme an, Sie haben die Geschichte des Rabbi Joseph della Reina gelesen, der versucht hatte, den Messias herbeizuführen, und der, als sein Versuch fehlschlug, weil er dem Satan eine Prise Tabak gewährt hatte, ein Wüstling wurde. Durch Beschwörung gelang es ihm, die Frau des Großwesirs zu sich kommen zu lassen. Ich wurde ein Joseph della Reina. Ich sprach den Wunsch aus, eine bestimmte Frau zu besitzen, und beinahe augenblicklich kam sie zu mir. Das geschah so oft und unter so merkwürdigen Umständen, daß für verstandesmäßige Erklärungen kein Raum war. Wenn ich nicht Ihre knappe Zeit berücksichtigen würde, könnte ich Ihnen viele solcher Fälle berichten. Natürlich hatte ich auch noch eine zweite Leidenschaft – meine Karriere. Obwohl ich die deutsche Sprache nicht wirklich beherrschte, wurde ich Professor in Deutschland. Und ich schrieb für philosophische Zeitschriften, obwohl ich auch die Philosophie nicht wirklich beherrschte.

Warum lachen Sie? Ich lüge nicht. Um in der Philosophie zu Hause zu sein – eigentlich in der Geschichte der Philosophie –, muß man sehr viel lesen, und dazu habe ich keine Geduld. Wie bedeutend ein Philosoph auch sein mag, er hat doch nur eine kleine, wenn auch aufgeblasene Idee, und manchmal nicht einmal das. Wenn ich eines der philosophischen Bücher in die Hand nehme, so überfliege ich die Seiten. Das genügt, um die Neugier zu stillen, aber nicht, um den Posten eines Professors auszufüllen. Ich war ständig in Gefahr, meine Unwissenheit zu verraten. Aber Jahre vergingen, und mein Ruf nahm keinen Schaden. Wenn ich beim Schreiben meiner Essays einen bestimmten Philosophen zitieren mußte, so schlug ich einfach eines seiner Bücher auf und fand das gewünschte Zitat. Ich wurde als Gelehrter bekannt, während ich in Wirklichkeit ein Ignorant war. Wann immer ein Student mich etwas fragte, das philosophisches Wissen voraussetzte, wollte es der Zufall, daß ich am vorhergegangenen Tag beim Durchblättern eines Buches gerade diese Antwort gefunden hatte. Es kann schon sein, daß diese Dinge auch anderen Menschen geschehen, aber sie schenken dem keine Beachtung. Außerdem liebt es die Vorsehung nicht, ihre Technik zu enthüllen, und trägt die Maske der Kausalität. Könnte man sie an der Arbeit sehen, so würde es den freien Willen nicht mehr geben. Übrigens würde auch der Einblick in die Mittel und Wege der Vorsehung nicht zum absoluten Glauben führen. Das Gehirn ist so angelegt, daß der Mensch gleichzeitig gläubig und ungläubig sein kann. Im Talmud heißt es, daß die Verruchten nicht einmal am Tor zur Hölle bereuen, und das ist eine tiefe psychologische Wahrheit. Man kann in der Hölle schmoren und noch immer Atheist sein. Ich vermute, daß selbst Gott Seine eigene Existenz bezweifelt.

Anfang der dreißiger Jahre wurde Deutschland eine gefährliche Gegend für Leute meiner Art. Das einzige Land, in das ich flüchten konnte, war Frankreich. Aber ich konnte kein Französisch. Ich war polnischer Bürger und Jude dazu. Es gab keinen Grund für den französischen Konsul, mir ein Visum zu erteilen. Ich betete und ging zum französischen Konsulat. Ich bekam das Visum sofort. Ich kam fast ohne einen Heller in Paris an. Ich bin nicht besonders sparsam und hatte meine kleinen Einnahmen so gut wie verbraucht. Ich nahm ein Zimmer in einem billigen Hotel und rechnete mir aus, daß ich es bestenfalls vier Wochen bezahlen konnte. Aber was sollte ich dann tun? Ich durfte nicht arbeiten. Nach all meinen Triumphen war mir nichts geblieben. Gewiß, ich war an Wunder gewöhnt, aber der vernünftige Teil meines Gehirns behauptete: ›Es sind schon bessere Menschen als du verhungert.‹ Ich kannte niemanden in Paris. Die Deutsche Botschaft wimmelte von Nazis. Ich machte einen Spaziergang und kam an den Place de l'Opera. Ich sah ein Straßencafé und setzte mich an einen Tisch. Ich bestellte einen Aperitif, nicht, weil ich einen wollte, sondern weil ich jemand anderen sah, der ihn bestellte. Der Kellner brachte den Aperitif, und dann saß ich dort und wartete auf ein Wunder. Ich saß drei Stunden, und es geschah nichts. Ich wurde müde und entschloß mich, ins Hotel zurückzukehren. Nun, selbst Manna ist nicht länger als vierzig Jahre vom Himmel gefallen. Ich wußte aus Erfahrung, wenn die Antwort von ›oben‹ nicht sofort kam, würde sie überhaupt nicht kommen. In den Dramen meines Lebens trug sich alles immer in der ersten Szene des ersten Aktes zu. Ich verirrte mich auf dem Weg zum Hotel und wurde todmüde von dem Herumlaufen auf den Pariser Boulevards. In einer Nebenstraße fiel mir ein kleines Café mit ein paar Tischen auf der Straße auf. Ich war hungrig und durstig. Ich setzte mich, und eine Kellnerin mit schmutziger Schürze kam heraus. Die Speisekarte, die sie mir gab, war unleserlich. Ich bestellte etwas, ohne zu wissen, was es war. Sie murmelte etwas und ging hinein. Nach kurzer Zeit kam sie aus der Küche zurück und fing an, mit typisch französischem Wortschwall auf mich einzureden. Ich verstand, daß das von mir bestellte Gericht ausgegangen sei, und ich bestellte etwas anderes. Ein paar Schritte von mir entfernt saß ein Paar. Ich hatte nicht auf sie geachtet. Aber sie hatten offenbar meine schwierige Lage bemerkt. Die Frau fragte mich: ›Sprechen Sie Deutsch?‹

Um es kurz zu machen, die beiden waren Flüchtlinge aus Deutschland, und da sie Französisch sprachen, wollten sie mir helfen. Ich dankte ihnen, und die junge Frau übersetzte mir das Menü. Ich sah sie an und war überrascht. Sie war eine Kopie von Annelisa von Freihoff, nur etwas älter. Sie kam mir aristokratischer vor, obwohl sie mir sagte, sie sei jüdisch. Sie fragte, ob ich aus Deutschland sei. Ihr Mann kam auch an meinen Tisch, und so saßen wir alle zusammen. Er war ein Riese, sechs Fuß groß oder noch mehr, sah gut aus, ein Athlet mit rundem Gesicht, rotbackig und mit braunen Augen. Es war Sommer, und trotzdem trug er Gamaschen. Als er hörte, daß ich in Bonn Professor gewesen war, wurde er ganz aufgeregt. Er hatte dort studiert und das Studium als Elektroingenieur abgeschlossen. Selbst wenn seine Frau nicht einen Ring mit einem riesigen Diamanten getragen hätte, hätte ich sie für wohlhabende Leute gehalten. Sie stellten sich vor: Herr und Frau Eggschwinger – ein merkwürdiger Name für Juden, aber sie schienen vollkommen assimiliert zu sein. Der Mann, Hans, erzählte mir, daß er Inhaber einer Fabrik für elektrische Geräte sei. Er hatte sie einem Vetter übergeben und wollte mit seiner Frau nach Brasilien gehen, wo ein anderer Vetter Kaffeeplantagen besaß. Er war stolz darauf, den größeren Teil seines Vermögens aus Deutschland herausbekommen zu haben. Seine Frau Gretel lächelte genauso, wie Annelisa es getan hatte. Ich fragte mich: ›Ist dies die Antwort auf mein Gebet? Hat der Himmel mir eine verheiratete Frau geschickt?‹ Nach einiger Zeit ging das Paar an seinen Tisch zurück und sprach französisch. Er schalt sie für irgend etwas, und als Antwort lächelte sie schüchtern wie ein Schulmädchen. Ihr Gesicht strahlte eine Vornehmheit aus, die schwer in Worte zu fassen ist. Sie war blond, hatte blaue Augen und war überdurchschnittlich groß. Sie sah nordischer aus als die Nordländer selbst. Etwas erstaunte mich: Warum sollte ein wohlhabendes Paar sich ein so bescheidenes Restaurant ausgesucht haben? Andererseits gab es in Paris kleine Restaurants, die für ihre Küche berühmt waren und von Feinschmeckern besucht wurden.«

»Haben Sie sich in sie verliebt?« fragte ich.

»Sie war die größte Liebe meines Lebens.«

»Warum haben sich die beiden gezankt?«

»Er war krankhaft geizig. Er war mit ihr in dieses Restaurant gegangen, weil das Essen dort ein paar Centimes billiger war. Das war eine seiner Idiosynkrasien. Er war auch ein schrecklicher Hypochonder und schlief mit ihr nur einmal alle drei Monate. Er nahm viele Medikamente und fastete einen Tag in der Woche. Sie zählte mir eine ganze Liste seiner Eigenheiten auf; das war natürlich später.

Ich war mir klar darüber, daß ich in etwas hineingestolpert war, mit dem ich nicht fertig wurde. Bis dahin waren mir die Zehn Gebote heilig gewesen. Aber ein Gott, der einem Mann hilft, die Frau eines anderen Mannes zu stehlen, ist wie ein Gott, der einem beim Töten hilft. Hitler war nahe daran, die deutsche Regierung zu übernehmen, und in seinen Reden blubberte er von dem Allmächtigen, der den Nazis helfen werde, die Welt zu unterjochen. Ein Gott, der einem Mann hilft beim Ehebruch, kann auch den SS-Männern helfen, Unschuldige ins Konzentrationslager zu bringen. Aber die Leidenschaft, die uns verband, war stärker als alle Überzeugungen. Hans Eggschwinger gehörte nicht zu denen, die so etwas tolerieren würden. Als er von unserer Affaire erfuhr, zog er einen Revolver aus der Tasche und hielt ihn an meine Schläfe. Er schwor, er werde Gretel und mich umbringen. Er zeigte mich bei der Polizei an und sagte, daß ich versuche, sein Familienleben zu zerstören. Ich hätte ganz leicht deportiert werden können. Frankreich hatte bereits Überfluß an polnischen Juden. Ich hatte einen Posten als Lehrer in einer Talmudschule bekommen, aber nach dem Gesetz durfte ein Tourist in Frankreich kein Geld verdienen. Jeden Tag ereigneten sich Wunder zu meiner Rettung, und diese Wunder verwirrten mich. Ich vermochte mich nicht an den Gedanken zu gewöhnen, daß Gott auf der Seite des Bösen stehen konnte. Ein bösartiger Gott: Das ist etwas für die alten Griechen oder die Teutonen, aber nicht für einen Urenkel des Heiligen Juden. Andererseits glaubten zwei jüdische Philosophen an einen amoralischen Gott – Spinoza und Schestow.

In den Jahren 1935 bis 1938 trug sich vieles zu. Aus unserer

Affaire wurde eine Krankheit. Wir versuchten uns zu trennen, aber konnten nicht voneinander lassen. Telepathie und Hellsehen waren tägliche Vorkommnisse. Als ich eines Morgens aufwachte, befahl mir eine Stimme, zu einer bestimmten Ausstellung zu gehen. Als ich hinkam, fand ich Gretel dort. Einmal trafen wir uns ganz ›zufällig‹ unter den merkwürdigsten Umständen beim Rennen, viele Kilometer von Paris entfernt. Wir waren beide dorthin gelangt, weil wir den falschen Autobus genommen hatten. Ich wurde auch ein Meister der Verschwörung. In dem Augenblick, in dem Hans das Haus verließ, kam ich und nahm seinen Platz ein. Sehr oft verfehlten wir uns um Sekunden. Unter solchen Umständen werden die Sinne äußerst scharf, und alle Gedanken kreisen um ein Ziel. Ich wurde ein auf der Lauer liegendes Tier.

Und dann gab es immer Scherereien wegen Geld. Obwohl wir vorsichtig gewesen waren, wurde Gretel schwanger, und wir mußten die Abtreibung bezahlen. Hans war so geizig, daß er es merkte, wenn sie auch nur ein Glas Sodawasser bezahlt hatte. Wenn ich etwas gegen Spinoza habe, so deshalb, weil er die Leidenschaften unterschätzte. Sie sind stärker als alles andere in der Welt.

Ich wohnte immer noch in dem kleinen Hotel in Belleville, einem fünfstöckigen Haus ohne Fahrstuhl, in dem Huren und Idealisten lebten, die eine bessere Welt errichten wollten. Der Krieg in Spanien brach aus, und junge Juden eilten dorthin, um die Demokratie zu verteidigen. Ich bin seit langem davon überzeugt, daß in jedem Juden ein versteckter Messias lebt. Der Jude selbst ist ein großes Wunder. Der Haß auf den Juden ist der Haß gegen Wunder, denn der Jude widerspricht den Naturgesetzen.

Eines Tages, als ich keinen Unterricht zu geben hatte, klopfte jemand an meine Tür. Ich fragte, wer es sei, und glaubte, Gretels Stimme gehört zu haben. Ich öffnete die Tür, und da stand Annelisa von Freihoff. Sie hatte einen Offizier geheiratet, der später Nazi wurde. Er war in diplomatischer Mission nach Paris gekommen und hatte seine Frau mitgenommen. Während ihr Mann mit den Politikern verhandelte, war Annelisa mich besuchen gekommen. Wie sie meine Adresse herausgefunden hatte, habe ich nie erfahren. Ich konnte ihr nichts anbieten, nicht einmal ein Glas Wasser. Sie war eine Nazigegnerin und wollte in Paris bleiben. All ihre Pläne hingen von mir ab. Nachdem ich ihr von meiner Beziehung zu Gretel berichtet hatte, kehrte sie zu ihrem Mann zurück. Jahre später erfuhr ich, daß Annelisas Mann in das Attentat auf Hitler verwickelt war und erschossen wurde. Annelisa starb nur wenig später.

1938 stellte Hans Eggschwinger seiner Frau ein Ultimatum: Entweder kehre sie zu ihm zurück, oder er werde alle drei Beteiligten erschießen. Er schwor das auf seine deutsche Bibel. Weder sie noch ich hatten irgendwelche Mittel. Er hatte ihr den Schmuck weggenommen. Sie hatte nicht einmal ihren Paß. Wir mußten uns trennen. Hans hatte nichts zu tun und tat nichts anderes, als seine Frau zu beobachten. Nach einiger Zeit zwang er sie, mit ihm an die französische Riviera zu ziehen. Nur eine deutsche Frau erlaubt ihrem Mann, sie derart zu terrorisieren. Jetzt war ich allein in Paris. Es war schwierig für Gretel, mir zu schreiben. Der Krieg stand vor der Tür. Ich versuchte, mich mit anderen Frauen zu trösten, aber meine Sehnsucht nach Gretel hörte keinen Augenblick auf. Ich betete zu Gott, mir dabei zu helfen, sie zu vergessen. Aber ich muß nicht ernsthaft genug gebetet haben, denn ich konnte sie nicht eine Minute vergessen. Ab und zu gelang es ihr, einen

Brief zu schreiben, und jede Zeile strahlte ihre Leidenschaft aus. Ich kann verstehen, daß Sie sich darüber wundern, was sie in mir gesehen haben mag. Aber Sie kennen die Antwort: Liebe spielt sich zwischen Seelen ab, nicht zwischen Körpern.

Und hier komme ich zum Wesentlichen meiner Geschichte. Mir wurde klar, daß ich Hans den Tod wünschte. Vorher hatte ich niemals jemandem den Tod gewünscht. Der Gedanke an Mord machte mich schaudern. Selbst als Kind war ich entsetzt, als ich im zweiten Buch Samuel las, auf welche Weise König David Bathseba und Abigail bekommen hatte. Der jüdische Teil von mir, der Talmudjude, wie die Nazis jemanden wie mich nannten, konnte solche Taten nicht dulden. Ich verstehe gut, daß die Chassidim diejenigen, die zuviel die Bibel studiert haben, mißtrauisch betrachten. Es gibt etwas Primitives in der Bibel, das der Jude der Diaspora – der echte Jude – nicht schlucken kann. Ich hatte selbst Mitleid mit Goliath. Als mir bewußt wurde, daß ich Hans den Tod wünschte, fing ich an, für ihn zu beten. Ich sprach ein besonderes Gebet für sein Leben, seine Gesundheit und sein Wohlbefinden. Aber während ich für ihn betete, wollte ein winziger Teil meines Gehirns – Sie können es das Unterbewußte nennen – das Gegenteil. Ich konnte nachts nicht mehr schlafen. Inzwischen war es 1939 geworden. Die hebräische Schule, an der ich unterrichtet hatte, wurde geschlossen. Ich hatte ein wenig Geld, und obwohl ich wußte, ich sollte es nicht tun, machte ich eine Reise in den Süden Frankreichs. Ich betrog mich selbst, indem ich mir sagte, ich nähme diesen Weg, um nach Palästina zu gelangen. Aber natürlich war es Gretel, zu der ich fuhr. Nach ihrem letzten Brief wohnte sie mit ihrem Mann in Nizza. Als ich dort ankam, hörte ich, daß sie fortgezogen seien. Ich erkundigte mich bei den Nachbarn, wohin die Eggschwingers wohl gezogen seien, aber niemand wußte etwas. Wieder war ich ohne Geld, und wieder wartete ich auf ein Wunder. Ich nahm ein Zimmer in einem fünftklassigen Hotel und fing an, die Stellenangebote in der Zeitung zu studieren. Jemand wie ich wurde nirgends gesucht. In meiner Verzweiflung schrieb ich einen Brief an den Portier des Hotels, in dem ich in Paris gewohnt hatte, und bat ihn, alle für mich eingegangene Post nachzusenden. Ich hätte bei meiner Abreise aus Paris das Postamt darum bitten können, aber ich wußte meine Adresse in Nizza noch nicht. Außerdem tue ich immer alles einer plötzlichen Eingebung folgend. Der Portier war faul und ein Säufer. Ich hatte bei ihm Haufen von Briefen an ehemalige Gäste gesehen, die er nie nachgeschickt hatte. Als ich den Brief an den Portier aufgegeben hatte, überfiel mich ein Gefühl von Melancholie und Niedergeschlagenheit. In der Vergangenheit hatte ich immer gebetet, wenn ich in eine Sackgasse geraten war, aber diesmal waren meine Lippen versiegelt, und meine Gedanken wendeten sich vom Gebet ab. Mein einziger Wunsch war, zu sterben.

Eine Woche war vergangen, vielleicht auch zwei. Mein weniges Geld war ausgegeben. Ich hätte mich an die Jüdische Gemeinde wenden können um Unterstützung, aber betteln war mir immer zuwider gewesen. Ich erinnere mich ganz deutlich: Ich hatte nur noch ein Paket mit Keksen und eine halbe Flasche sauren Wein. Ich war die Miete schuldig. Ich legte mich auf mein Bett und wartete auf den Tod, nicht mehr auf Wunder.

Plötzlich klopfte jemand an meine Tür. Es war ein Bote mit einem Expreßbrief. Der Brief war aus Paris, und die Adresse war von meinem früheren Portier gekritzelt worden. Ich öffnete den Umschlag und fand darin ein Telegramm. Hans Eggschwinger war an einer Lungenentzündung gestorben. Während ich das Telegramm las, wurden mir zwei Dinge klar. Erstens, daß ich für Hans' Tod verantwortlich war, und zweitens, daß ich nie wieder fähig sein würde zu beten.«

»Wo ist er gestorben?« fragte ich.

»In der Schweiz, in St. Moritz.«

Gretel bat mich im Telegramm, in die Schweiz zu kommen.

Aber ich hatte das Fahrgeld nicht. Außerdem hätte ich nie ein Visum bekommen. Das Telegramm war an dem Tag gekommen, als ich Paris verließ. Wäre ich eine Stunde länger dort gewesen, hätte ich es in Empfang nehmen können. Ich hatte nicht mehr genug Geld, um Gretel zu telegrafieren, aber ich konnte noch ein paar Marken kaufen und einen Brief schreiben. Aber was konnte ich ihr schreiben? Wie Nathan, der Prophet, zu David nach dem Tod Urias, des Hethiters, sagte: ›Uria, den Hethiter, hast du erschlagen mit dem Schwert; und sein Weib hast du dir zum Weib genommen.‹ Ich wußte, mein Schicksal hing von den Nazihenkern ab. Trotzdem schrieb ich einen Brief an Gretel, und sie schickte mir fünfhundert Franken. Ich sollte versuchen, ein Touristenvisum zu bekommen. Aber als man beim Konsulat meinen polnischen Paß sah, wollten sie überhaupt nicht mit mir reden. Gretel versuchte, nach Frankreich zu kommen, aber die Schweizer wollten ihr keine Wiedereinreiseerlaubnis geben. Das war zu der Zeit, als Hunderttausende versuchten, Asyl in der Schweiz zu finden. Alle Hotels waren überbelegt. Ich kann Ihnen das nicht in allen Einzelheiten schildern. Vieles habe ich auch vergessen. 1939 bekam Gretel die Zusicherung, nach der Schweiz zurückkehren zu dürfen. Sie kam nach Paris, um mich zu treffen. Zu der Zeit schien mir alles unwichtig zu sein. Die Mächte des Universums hatten die Verbindung zu mir abgeschnitten.

Ich wußte, daß sie mich ärgern wollten. Im Himmel gibt es keine Neutralität. Ich hatte ein Privileg mißbraucht, und es verwandelte sich in einen Fluch. Millionen Menschen waren zum Exil, zum Hunger und zum Tod verurteilt, und ich war einer von ihnen. Bis zu jener Zeit hatte ich nie unter Impotenz gelitten. Im Gegenteil – ich war außerordentlich potent gewesen. Die Frauen, mit denen ich zu tun gehabt hatte, waren immer überrascht, denn meine äußere Erscheinung stand im Widerspruch dazu. Hans Eggschwinger war eine athletische Erscheinung, aber in der Liebe war er schwach. An diesem Abend, auf dem Weg nach Paris, überfiel mich die Furcht vor Impotenz. Je näher wir Paris kamen, desto größer wurde meine Furcht. Als ich am Morgen am Gare de l'Est aus dem Zug stieg und Gretel auf dem Bahnsteig entdeckte, war ich überzeugt davon, sie zu enttäuschen. Sie war mir nie so schön und elegant erschienen wie an diesem Morgen. Sie trug einen breitrandigen Hut und einen schwarzen Schleier. Was mich anging, ich fühlte mich häßlich und geschrumpft. Bevor der Zug anhielt, hatte ich mich im Spiegel der Toilette betrachtet. Ich sah abgemagert, runzlig und gealtert aus. Das wenige Haar, das mir geblieben war, war jetzt grau. Meine Kleidung hing an mir wie Lumpen. Ich genierte mich derartig, daß ich etwas tat, was nur ein Verrückter tun kann. Ich sah Gretel ein letztes Mal an und verlor mich in der Menge der Reisenden. Ich wollte die Enttäuschung in Gretels Augen nicht sehen und fürchtete mich vor ihrem Mitleid.

Das Resultat dieser plötzlichen Entscheidung, oder nennen Sie es Impuls, war ein neuerliches Jahr des Hungers in Paris und danach in deutschen Konzentrationslagern mit all ihren Schrecken. Der kleine Mann, der hier neben Ihnen sitzt, war in Dachau, Stutthoff und Majdanek. Selbst jetzt wiege ich nur hundertzehn Pfund. Als die Amerikaner die Konzentrationslager befreiten, wog ich noch genau sechsundsechzig Pfund. Die Ärzte glaubten nicht, daß ich überleben würde. Ganz kurz vor der Befreiung, während der letzten Tage, war ich in ein Koma gefallen. Ich hatte schon den Tod gekostet. Ich möchte Ihnen jetzt sagen, daß es nichts Angenehmeres gibt. Alle Vergnügen dieser Welt können sich nicht mit der Friedlichkeit des Todes messen. Wie seltsam, daß die Menschen das am meisten fürchten, was ihnen die größte Seligkeit bringt. Offenbar ist diese Furcht notwendig, ohne sie würden die Menschen nicht am Leben hängen. Ich muß Ihnen noch sagen, daß sich in den Jahren 1941 bis 1945 kein einziges Wunder ereignete. Ich durchlitt alle Qualen und Martern dieser Zeit.«

»Wann sind Sie nach Amerika gekommen?« fragte ich.

»1950.«

»Haben Sie hier geheiratet?«

»Ich bin ganz allein.«

»Arbeiten Sie?«

»Eine Zeitlang unterrichtete ich Hebräisch. Jetzt mache ich gar nichts. Ich lebe von meiner Wiedergutmachungsrente. Leute, die eine höhere Schulbildung gehabt haben, bekommen eine größere Zuteilung von den Deutschen. Dazu habe ich noch eine Zahlung von tausend Dollar bekommen. Ich komme schon durch.«

»Womit beschäftigen Sie sich den ganzen Tag?« fragte ich.

»Mit nichts. Also, mit fast nichts. Im Sommer miete ich einen kleinen Bungalow in den Catskills. Das kostet mich nicht mehr als hundertfünfzig Dollar, und dort bleibe ich von Juni bis Ende September. Ich koche mir selbst und lese Zeitungen. Manchmal nehme ich ein Buch in die Hand. Im Winter mache ich es ebenso in der Stadt.«

»Keine Liebe mehr?«

»Keine Liebe mehr.«

»Was ist aus Gretel geworden?«

»Gretel hat den Besitzer des Hotels in der Schweiz geheiratet, wo sie zuletzt gewohnt hat. Er ist kein Jude.«

»Hören Sie von ihr?«

»Ich habe sie 1948 in München getroffen.«

Eine Weile schwiegen wir beide. Dann fuhr er fort: »Ich habe Ihnen nicht ein Tausendstel von dem erzählt, was sich ereignet hat. Einmal ging ich auf die Straße mit der Absicht, Geld zu finden. Und auf dem Pflaster fand ich, inmitten all der Vorübergehenden, einen Fünfzigfrankenschein. Meine Beine hatten mich genau zu diesem Punkt geführt. Eine Zeitlang habe ich mich tatsächlich auf diese Weise über Wasser gehalten, obwohl ich kurzsichtig und halbblind bin.«

»Hat Sie das nicht zu Schlußfolgerungen geführt?«

»Was für Schlußfolgerungen? Es gibt Mächte dort oben, die mit uns spielen. Kürzlich fiel mir ein, daß diese Erde von einem göttlichen Wunderkind regiert wird, das mit kleinen Soldaten und Puppen spielt. Wenn es ihrer überdrüssig geworden ist, reißt es ihnen die Köpfe ab. Es steht sogar in den Psalmen geschrieben: ›Da sind Walfische, die Du gemacht hast, daß sie drinnen scherzen.‹«

»Ein Wunderkind hat einen Vater.«

»Es kann eine Waise sein. Und außerdem kann der Vater mit anderen Welten beschäftigt sein.«

Er schwieg eine Weile. Dann sagte er: »Sie spielen auch. Das ist der Grund, weshalb ich Sie lese.«

»Und wie geht das mit Ihren Wundern zusammen?« fragte ich.

Er schnitt eine Grimasse, griff an seinen Bart, runzelte die

Stirn und bewegte sich vor und zurück, als lese er die Gemara. »Leben, Spiel und Wunder sind identisch. Auch der Tod ist ein Wunder, aber kein Spiel.«

»Was ist er denn?«

»Das eigentliche Wesen des Seins«, antwortete er.

DIE PROZESSPARTEIEN

Man unterhielt sich über Prozesse, und die alte Genendl, eine entfernte Verwandte von uns, eine, wie es heißt, im Kleingedruckten bewanderte Frau, sagte: »Es gibt Leute, die gerichtliche Streitereien lieben. Selbst unter uns Juden gibt es welche, die bei jeder Gelegenheit zum Rabbi laufen und ein Urteil nach dem Recht des Talmud verlangen. In vergangenen Zeiten waren die polnischen Gutsbesitzer ganz verrückt auf Duelle und Prozesse. Nicht weit von unserer Stadt lebten zwei Gutsbesitzer, Zbigniew Piorun und Adam Lech, kleine Gutsbesitzer, nicht solche wie die Radziwills oder die Zamoyskis. Piorun besaß ein paar hundert Leibeigene. Das war vor der Bauernbefreiung. Ihm gehörten Felder, Wälder und ein Stall mit Rennpferden. In seinen jüngeren Jahren war er Reiter und Jäger gewesen und hatte alle Pferderennen besucht. Damals gab es noch den Sejm in Warschau, und Piorun war bei allen Sitzungen anwesend. In der polnischen Verfassung gab es eine Klausel, die besagte: Wenn die Adligen ein bestimmtes Gesetz oder eine Steuer durchbringen wollten, genügte es, wenn nur ein Delegierter sein Veto einlegte, das ganze Projekt war dann zum Scheitern verurteilt. Das war das Vetum separatum. So konnten sie nie zu einer Entscheidung kommen. Aufgrund dieser unmöglichen Situation wurde Polen schließlich in Stücke gerissen. Piorun war fast immer unter denen, die das Veto benutzten. Er liebte es, lange Reden zu halten und jedes Programm, das jemand vorschlug, herunterzumachen. Zu Hause forderte er alle paar Wochen jemanden zum Duell. Er hatte einen Hofjuden, Reb Getz, der das ganze Gut verwaltete und, unter anderem, auch für das Melken der Kühe verantwortlich war. Piorun hatte den Ehrgeiz, Reb Getz zu beweisen, daß Jesus der wahre Messias gewesen sei. Als Piorun einmal eine Debatte mit Reb Getz angefangen hatte, die bis zum Abend dauerte, sagte Reb Getz: ›Exzellenz, wer immer der Messias ist oder sein wird, er wird nicht Eure Kühe melken.‹

Piorun und seine Frau hatten Söhne und Töchter. Sie waren alle gutaussehend und hatten in die Hocharistokratie geheiratet. Jedes Jahr gab er einen Ball, und aus ganz Polen kamen dazu Angehörige der besten Gesellschaft. Der andere Gutsbesitzer, Adam Lech, war klein und schwarz wie ein Zigeuner, er hatte weder Frau noch Kinder. Er war der Besitzer eines kleinen Gutes mit ein paar hundert Leibeigenen. Er hatte keinen Hofjuden. Er verwaltete alles selbst. Er war ein zorniger Mann, und wenn ein Bauer etwas tat, das ihm mißfiel, prügelte er ihn mit eigener Hand. Zwischen Zbigniew Piorun und Adam Lech bestand eine lange Feindschaft. Ihre Güter grenzten aneinander, und seit vielen Jahren stritten sie wegen eines Stückes Land, das Lech als seinen Besitz betrachtete. Piorun hatte es in seinen Grund eingeschlossen und umzäunt. Der Streit kam vor Gericht, und wie alle Prozesse in Polen schleppte er sich über Jahre hinweg. Ein Richter fällte ein Urteil, ein anderer fällte ein anderes. Jeder Antrag erforderte teure Stempelmarken. Alle Schreiber mußten mit

Geld oder Geschenken bestochen werden. Piorun konnte sich dies alles leisten, aber Lech nicht. Wie heißt es? ›Ehe der Dicke mager wird, stirbt der Magere.‹ Benachbarte Gutsbesitzer versuchten zu vermitteln. Beide Seiten blieben hartnäckig. Mit der Zeit verlor Lech alles. Sein Haar wurde vor der Zeit weiß. Vor lauter Kummer, vielleicht auch vom Trinken, wurde er so mager, als ob er die Schwindsucht hätte. Nach und nach verkaufte er all seine Felder, seine Wälder und sogar seine Leibeigenen. Man erwartete täglich seinen Tod, aber irgendeine Macht hielt ihn am Leben. Adam Lech soll gesagt haben, er werde diese Welt nicht verlassen, ehe die Gerichte ihm nicht wiedergegeben hätten, was Piorun gestohlen habe, denn die Wahrheit müsse hervorkommen wie Öl auf dem Wasser.

Eines Tages erhielten beide Gutsbesitzer aus Warschau die Mitteilung, daß sie an einem bestimmten Tag vor dem höchsten Gericht zu erscheinen hätten, wo sie das endgültige Urteil erhalten würden. Piorun war die ganze Sache gleichgültig geworden. Seine Frau war gestorben, die Kinder nicht mehr bei ihm. Er konnte sich gar nicht mehr an Einzelheiten des Streites erinnern, aber da der Sejm in Warschau zusammentreten würde, hatte Piorun den Wunsch, noch einmal sein Veto einzulegen. Er hatte einen alten Wagen und einen alten Kutscher mit Namen Wojciech. Pioruns alte Haushälterin gab dem Gutsbesitzer Reiseproviant mit, und auch ein paar Flaschen Wodka. Sie waren erst eine kurze Strecke gefahren, als der Wagen plötzlich hielt. ›He, Wojciech, warum hast du angehalten?‹ fragte Piorun, und Wojciech sagte: ›Adam Lech steht mitten auf der Straße und läßt mich nicht vorbei.‹ – ›Was? Lech, der alte Leichnam!‹ sagte Piorun. Er verstand sofort, warum. Lech hatte oftmals gedroht, Piorun wie einen tollen Hund zu erschießen, und jetzt würde er es tun. ›Es ist gut, daß ich meine Pistole nicht vergessen habe‹, sagte Piorun. Die Sonne war untergegangen, und im Dämmerlicht begann Piorun mit seiner rostigen Pistole zu schießen. Er sah kaum, wohin er zielte. Seine Hand zitterte. Wojciech stieg vom Kutschersitz herunter und fing an zu schreien: ›Exzellenz, Adam Lech hat keine Waffe. Er winkt mit leeren Händen.‹

›Keine Waffe, was ist denn das für ein Duell?‹ rief Piorun. Ich will die Geschichte nicht in die Länge ziehen. Lech hatte ebenfalls die Aufforderung bekommen, in Warschau zu erscheinen, aber er hatte weder Wagen noch Pferde, so daß er nach langem Überlegen sich entschlossen hatte, seinen langjährigen Feind zu bitten, ihn nach Warschau mitzunehmen.

Ihr lacht, was?« fragte Genendl. »Und so geschah es. Was macht ein Gutsbesitzer, der zu einer Gerichtsverhandlung aufgerufen wird und weder Pferd noch Wagen besitzt? Lech kam zu Pioruns Wagen und begann, sich zu verneigen und Kratzfüße zu machen, zu stottern und Piorun zu bitten, ihm den Gefallen zu tun, ihn nach Warschau mitzunehmen.

Als Piorun diese Worte hörte und seinen Erzfeind gebeugt, runzlig und wie ein Skelett zusammengeschrumpft sah, in einen alten Mantel gekleidet, mit einem Sack über der Schulter wie ein Bettler, da vergaß er alle ihre Streitereien. Er fing an, zu lachen und zu weinen, und sagte: ›Mein lieber Nachbar, mein Freund, warum seid Ihr denn nicht gleich zu mir gekommen? Ich hätte Euch ja um ein Haar erschossen. Gewiß, wir waren einmal Feinde, aber wir sind Polen, Brüder einer Nation, und ich werde Euch nicht zu Fuß nach Warschau gehen lassen. Kommt, mein lieber Herr, steigt ein.‹ Die beiden Gutsbesitzer umfaßten einander, küßten und umarmten sich wie alte Freunde. Piorun holte eine Flasche Wodka heraus, und sie tranken gegenseitig auf ihre Gesundheit, brachten Trinksprüche auf den Erfolg des jeweils anderen in dem Prozeß aus. Dann sagte Piorun: ›Was will ich denn mit Eurem Stück Land? Wem soll ich es hinterlassen? Meine Erben sind reicher als ich. Alles, was man in unserem Alter braucht, ist ein Grab.‹ Lech sprach in gleichem Ton. ›Der ganze Krieg zwischen uns war ein Fehler, eine Laune, ein dummer Ehrgeiz‹, sagte er. ›Vielleicht war es der Teufel, der immer hinter den Kindern Gottes lauert und ihren Geist verwirrt, der uns verderbt hat. Exzellenz, wozu brauche ich das Land? Ich habe ja nicht einmal jemanden, der sich um meine Blumentöpfe kümmert.‹

Beide Gutsbesitzer reisten gemeinsam nach Warschau, sprachen von alten Zeiten, machten sich über die polnischen Gerichte lustig, über ihre Anwälte, ihre Ankläger, die falschen Zeugen, die beide Prozeßparteien angestiftet hatten, und die Sprache des Gerichts, die in einem Latein geschrieben wurde, das niemand verstehen konnte. Lech sagte: ›Mein Freund, ich glaube nicht mehr daran, daß die Warschauer Schmarotzer und Vampire ein endgültiges Urteil fällen werden. Kein Kläger in Polen hat jemals lang genug gelebt, um das Ende eines Prozesses zu erleben. Das Ende kommt für die Prozeßparteien, nicht für die Prozesse.‹

Adam Lech hatte recht. In Warschau erfuhren die Prozeßgegner, daß das Gericht noch weit davon entfernt war, ein endgültiges Urteil zu fällen. Es wurde ihnen auferlegt, nochmals Landvermesser zu beauftragen, das Land zu vermessen, das in all den Jahren mit Unkraut überwuchert war und von Schlangen, Feldmäusen und allen Arten von Ungeziefer wimmelte. Diese Vermessungen würden einen Haufen Geld kosten. Sie sollten mit anderen Vermessungen in Archiven verglichen werden, von denen nur Gott wußte, ob sie noch existierten.

Sowohl Piorun wie Lech beschimpften die Gerichtsbeamten und nannten sie Diebe, Tellerlecker, Ratten und Aasgeier. Dann gingen sie in ein Wirtshaus, um etwas zu trinken.

In den Korridoren des Sejm wurde viel über diese ungewöhnliche Vereinbarung geredet, und als beide Gutsbesitzer zur Sitzung in den Sejm kamen, wurde ihnen von allen Bänken Beifall zuteil. Um den Friedensschluß zu bekräftigen, legte Piorun bei dieser Gelegenheit kein Veto ein. Zum erstenmal in seinem Leben stimmte er mit allen anderen Gesetzgebern überein, als Zeichen, daß die Polen von nun an wie ein vereintes Volk handeln würden.

Zu spät! Nicht lange danach teilten die Könige von Österreich, Rußland und Preußen Polen unter sich auf. Piorun und Lech starben und wurden nicht weit voneinander beerdigt. Und noch viele Jahre später erzählten sich die Gutsbesitzer in ganz Polen die Geschichte von den befreundeten Prozeßgegnern.«

EIN TELEFONANRUF AM JOM KIPPUR

Ich werde oft von Lesern angerufen, die mir versichern, sie hätten eine wahre Geschichte, die mich aufregen würde. Gewöhnlich werde ich solche Vorschläge mit irgendwelchen Ausreden los. Ich bin dabei, zu verreisen, ich fühle mich nicht wohl, ich habe eine Terminarbeit. Wenn ich aber meiner Neugier nachgebe, werde ich fast immer enttäuscht. Die Geschichten sind die üblichen Erzählungen von verräterischen Ehemännern, untreuen Ehefrauen und undankbaren Kindern. Diesmal rief ein Mann an, der schwor, er habe eine phantastische Geschichte zu erzählen – ein Stück Wirklichkeit mit allen Merkmalen der Phantasie. Nach einigem Zögern traf ich eine Verabredung mit ihm. Am Telefon klang seine Stimme wie die eines Mannes mittleren Alters, aber als er in mein Büro kam, sah ich, daß er ein Siebziger war, groß, mit weißem Haarschopf und verrunzeltem Gesicht. Nur aus seinen Augen sprach jugendlicher Eifer. Er erzählte mir, daß er in Warschau, seiner Geburtsstadt, zu einem Kreis von Studenten gehört hatte, die sich als Jiddischisten betrachteten. In den frühen zwanziger Jahren war er nach Amerika ausgewandert – schon als erwachsener Mann. Und hier praktizierte er als Zahnarzt und Kieferchirurg seit mehr als vierzig Jahren. Ich fragte nach seiner Familie, und er antwortete: »Es tut mir leid, ich habe keine nahen Verwandten. Ich habe nie geheiratet. In Warschau pflegte man zu sagen, ein alter Junggeselle wird ohne Gebetsmantel beerdigt, aber ich habe nie einen besessen. Ich habe mich immer als Atheist betrachtet. Aber wenn Sie die Geschichte hören, die ich Ihnen jetzt erzählen werde, werden Sie sehen, daß der richtige Atheist nie existiert hat. Irgendwo glauben wir alle an das Übernatürliche. Wer hat das gesagt: ›Kratz einen Ungläubigen an, und ein Gläubiger wird sichtbar‹?«

Nach einer Weile fing mein Besucher an, seine Geschichte zu erzählen: »Wie ich schon gesagt habe, bin ich nicht religiös. Das mag auch der Grund sein, weshalb ich nie den Wunsch hatte, zu heiraten. Ich zweifelte nicht nur an Gott, sondern auch an den Frauen. In meiner Jugend hatte ich Affairen mit einer Reihe verheirateter Frauen und kam zu dem Schluß, daß das Sprichwort ›Jede Frau hat ihren Preis‹ wahr ist. Ich bin kein Frauengegner. Alles, was ich über Frauen sagen kann, ist, daß sie weder besser noch schlechter sind als Männer. Unsere Großmütter waren treue Ehefrauen, weil sie an Gott und die Tora glaubten und Angst hatten, auf einem Nagelbrett in der Hölle schmoren zu müssen. Und aus dem gleichen Grund waren unsere Großväter treue Ehemänner. Aber wenn die Angst vor Bestrafung nicht mehr da ist, was hält dann die Menschen noch vom Betrug ab? Ich bin jetzt ein alter Mann, aber ich habe noch eine Geliebte. Als ich jung war, war ich ein Playboy, wie man so sagt. In meinem Beruf war ich erfolgreich. Ich lehrte sogar Zahnheilkunde an der Universität. Ich verdiente viel Geld; ich hatte eine Praxis an der Park Avenue und eine komfortable Wohnung. Obwohl ich kein Zutrauen zu Frauen hatte, liebte ich sie, und ich prahle nicht, wenn ich sage, daß ich Erfolg bei ihnen hatte. Was ist daran so schwer?

Ja, ich hatte Affairen – jonglierte immer mit mehreren Frauen gleichzeitig. Meine Regel war, keine von ihnen zu ernst zu nehmen. Natürlich gelang mir das nicht immer. Es gab Fälle in meinem Leben, wenn meine Liebe zu einer Frau sehr heftig war, daß ich sie beinahe ins Rathaus oder unter den Hochzeitsbaldachin geführt hätte. Aber im letzten Augenblick hatte ich noch die Kraft, nein zu sagen, und dennoch verließen sie mich nie. Ich habe riesige Alben mit Fotos meiner Lieben und Kästen voller Liebesbriefe.

Die wichtigste von all diesen Frauen war Helena. Sie kam aus Warschau, wo sie aufs Gymnasium gegangen war – eine Seltenheit zu der Zeit für ein jüdisches Mädchen in Polen. Wir trafen uns in New York – genauer gesagt in meiner Praxis. Jemand hatte mich ihr als Zahnarzt empfohlen. Sie war eine schöne Frau, intelligent, belesen, mit gutem Geschmack. Ihr Mann war Vertreter für optische Instrumente, der durch ganz Amerika reiste und gute Geschäfte machte. Als wir anfingen, uns zu treffen, hatte sie eine Tochter von acht Jahren, Mildred. Sie brachte sie zu mir, da sie eine Zahnspange brauchte. Noch heute ist mir nicht klar, warum ihr Mann sich einen Beruf erwählt hatte, der ihn die meiste Zeit von zu Hause fernhielt. Er war manchmal wochenlang fort – sogar monatelang. Ich habe mir oft gedacht, daß Vertreter und Seeleute von Natur aus nicht eifersüchtig sein können. Wer weiß? Vielleicht sind sie mit einem übertriebenen Glauben an das andere Geschlecht auf die Welt gekommen. Vielleicht teilen sie unbewußt ihre Frauen gern mit anderen Männern.

Ich komme zum springenden Punkt. Ja, der Mann reiste viel herum und verdiente gut. Er schickte seine Tochter auf eine Privatschule. Und zwischen Helena und mir entwickelte sich eine unheimliche Leidenschaft. Wir malten uns oft aus, daß sie ihren Mann verlassen und mich heiraten würde, aber ich wußte, daß ich das nie tun würde. Ich hatte kein Verlangen, das Kind eines anderen Mannes aufzuziehen, nicht einmal ein eigenes Kind. Frauen haben mir oft vorgeworfen, ein Zyniker zu sein. Vielleicht war ich es, aber was waren sie? Männer meiner Art sollen sich nicht binden, und ich tat es auch nicht. Ich bin von Natur aus so weit von der Monogamie entfernt wie der Himmel von der Erde. Ich glaube, es war Maupassant, der gesagt hat: ›Warum ein Mann eines Morgens aufstehen soll mit dem Entschluß zu heiraten, werde ich nie verstehen.‹ Er hat auch gesagt, daß er nicht einsehen könne, warum zwei Frauen nicht besser seien als eine, drei besser als zwei und zehn besser als drei. Es ist möglich, daß seine Biographen ihm Worte zuschreiben, die er nie gesagt hat. Ich habe jedenfalls seine Ansicht geteilt.

Meine Affaire mit Helena ging über Jahre und schien im Verlauf der Zeit immer stärker zu werden. Um nicht übermäßig gebunden zu sein, versuchte ich mein Bestes, noch andere Frauen nebenbei zu haben. Helena wußte von ihnen, und es erbitterte sie. Manchmal drohte sie, sich mit anderen Männern einzulassen, aber ich wußte, daß ihr das nicht lag. Wir stritten uns viel. Doch wenn wir uns trennten, starben wir fast vor Sehnsucht. Ich hörte sie mich telepathisch rufen, und ich antwortete ihr auf die gleiche Art. Wenn einer von uns beiden es nicht mehr aushalten konnte und nachgab, fielen wir übereinander her mit einem derartigen Verlangen und einem solchen Entzücken, daß es uns fast umbrachte. Sie sagte immer, daß nur der Tod unsere Liebe beenden könne. Gleichzeitig wußte ich, daß Helena sich nie an meine Untreue gewöhnen würde. Ihre Rebellion wurde mit der Zeit immer stärker; unsere Streitereien hielten länger an. Wir führten den Krieg der Geschlechter, wie man das heute nennt.

Das Unvermeidliche geschah – wir trennten uns. Mildred war schon erwachsen und lebte im College. Der Grund für unsere Trennung war der Entschluß ihres Mannes, nach Kalifornien zu ziehen. Ob das in irgendeinem Zusammenhang mit mir stand, habe ich nie erfahren. Es kam alles sehr unerwartet und geschah sehr schnell. Eines Tages sagte sie mir, daß sie weggehen werde, und eine Woche später war sie reisefertig. Sie verkauften ihre Möbel für fast nichts. Heute fliegt man, aber damals fuhr man mit der Bahn. Helena fürchtete sich vor dem Fliegen. Sie erzählte mir einmal, daß ihre Angst vor dem Fliegen so groß sei, daß sie überzeugt war, ihre Furcht könne das Flugzeug in der Luft auseinanderbrechen lassen. Helena glaubte an all die Dinge, über die Sie schreiben – Geister, Vorahnungen, Hellsehen. Ich habe vergessen zu erwähnen, daß Mildred mich nie mochte. Sie wurde meine Feindin, als sie älter wurde und unser Spiel durchschaute.

Als Helena ihre Koffer packte und die Reise vorbereitete, behauptete sie steif und fest, daß ihr Umzug eine Art Selbstmord sei. Ich mußte schwören, daß ich sie bald in Kalifornien besuchen würde. Sie weinte derart, daß ich nicht böse mit ihr sein konnte. Sie hatte abgenommen, und ihre Gesichtsfarbe gefiel mir nicht. Sie hatte ihr Testament gemacht und bestimmt, verbrannt zu werden. ›Ich will nicht in der Erde verfaulen‹, hatte sie zu mir gesagt. ›Ich wünsche, daß meine Asche im Meer versenkt wird. Ich will nicht, daß du mit einer deiner Huren an mein Grab kommst.‹ Sie redete, als hätte sie den Verstand verloren. Ich litt selbst sehr, und es gab Nächte, in denen ich wachlag und Pläne machte, mit ihr wegzulaufen.

Sie sagte, wenn ich bereit wäre, mit ihr zu gehen, und wenn ich ihr verspräche, sie nach ihrer Scheidung zu heiraten, würde sie auch im Dschungel mit mir leben! Aber wohin hätten wir flüchten können? Ich hatte doch hier meine Praxis, meine Patienten. Ich hielt Vorlesungen an der Universität. Ich hatte andere Liebschaften und hing auf meine Weise auch an diesen Frauen. Helena war nicht mehr jung, und ich hatte im mittleren Alter eine Vorliebe für jüngere Frauen entwickelt. Die Frau, die mit dieser Geschichte eng verbunden ist, war damals Studentin, ungefähr fünfundzwanzig Jahre alt. Sie hieß Martha.«

»Sie war keine Jüdin?« fragte ich.

»Doch, sie war jüdisch. Aber warten Sie, die Geschichte fängt erst an. Helena und ich trennten uns in Liebe und Haß. Ich wußte, daß ihr Mann über mich Bescheid wußte. Man kann so eine Affaire nicht über so lange Zeit geheimhalten. Kaum war Helena abgereist, als aufgeregte Briefe von ihr eintrafen. Sie deutete erst an und bestätigte wenig später, daß sie gefährlich erkrankt sei und ihre Tage gezählt seien. Da ich sie für hypochondrisch hielt, nahm ich das nicht so ernst. Dann läutete mitten in der Nacht das Telefon; es war ihre Tochter. ›Meine Mutter ist gestorben‹, schrie sie. ›Ihre Asche ist bereits im Ozean. Mörder!‹ Sie beschimpfte mich mit den schrecklichsten Ausdrücken. Sie heulte dermaßen, daß mein Trommelfell fast barst. Sie drohte, nach New York zu kommen und mich zu erschießen. Ich versuchte, ihr zu antworten, aber sie ließ mich kein Wort hervorbringen. Mildreds letzte Worte waren: ›Für mich sind Sie schon gestorben. Sie können sich nicht auf lange Zeit verstecken.‹ Sie versicherte mir, daß ihr Vater auch Rache nehmen werde.

Nach dieser Nacht überlegte ich ernsthaft, ob ich nicht die Vereinigten Staaten verlassen sollte – nach Europa oder dem

Land Israel flüchten. Der jüdische Staat war schon gegründet worden. Wer weiß, was hysterische Menschen fertigbringen. Trotzdem, ich blieb in New York, und wie Sie sehen, bin ich noch immer hier. Was sollte ich tun? Helena war tot, und ich war nicht religiös genug, um das Kaddischgebet für sie zu sprechen. Ich muß Ihnen nicht sagen, daß ich erschüttert war. Ich weiß nicht, wie das bei anderen ist, aber ich kann niemals etwas vergessen. Wenn es nach mir ginge, so würde das Wort ›vergessen‹ im Wörterbuch gestrichen werden. Es verging kein Tag, an dem ich nicht an sie gedacht hätte. All ihre Worte, ihre Liebkosungen und all ihr Groll waren in mein Gedächtnis eingegraben. Ich hatte ihr gesagt, daß sie die größte Liebe meines Lebens sei, und das war die Wahrheit.«

Mein Besucher fuhr fort: »Nach einigen Jahren fing ich an, darüber nachzudenken, ob ich Helenas Tochter nicht wiedersehen sollte. Ich konnte sie nicht ewig hassen. Ich sagte mir, wenn Frauen älter werden, können sie vielleicht die Schwierigkeiten der Liebe besser verstehen und verzeihen. In gewisser Weise hatte ich an Mildreds Erziehung teilgehabt. Wenn ich zu Besuch kam, hatte ich ihr oft Schokolade und andere kleine Geschenke mitgebracht. Ich hoffte, daß ich sie eines Tages vielleicht wiedersehen würde. Vielleicht war sie verheiratet und bereits Mutter. Sie wissen, was in einem Kopf vor sich geht, der von der Illusion der Liebe besessen ist. Diejenigen, die das Geld lieben, möchten alles Geld von allen Banken an sich reißen, und diejenigen, die Frauen lieben, möchten das ganze weibliche Geschlecht besitzen. Als ich älter wurde, legte ich von meinem Verdienst etwas beiseite, und ich kam auf den Gedanken, daß ich Mildred in meinem Testament etwas hinterlassen könnte. Aber zwischen Denken und Tun ist es in meinem Fall ein weiter Weg. Von Natur aus schiebe ich gern etwas auf. Es mag paradox klingen, aber obwohl ich die Existenz Gottes bezweifle, vertraue ich seiner Vorsehung, oder nennen Sie es Schicksal. Das ganze Phänomen Mensch ist ein Paradox – biologisch und auf andere Weise.

Jetzt beginnt die eigentliche Geschichte. Meine junge Geliebte, Martha, schrieb damals ihre Doktorarbeit. Sie hatte eine Schwester, Sheryl, zehn Jahre älter und mit einem Professor der Philosophie an der Universität von Kalifornien in La Jolla verheiratet. Der Professor, der viel älter war als seine Frau, hatte sich auf ein Jahr beurlauben lassen und war nach England gegangen. Seine Frau, Marthas Schwester, sollte ihn etwas später in Oxford besuchen. Plötzlich kam ein Telegramm, er sei gestorben, bei einem Autounfall. Nach einem kurzen Aufenthalt in England entschloß sich die Witwe, auf längere Zeit nach Israel zu gehen. Sie wußte, daß Martha und ich Urlaub machen wollten, und sie überredete uns, während ihrer Abwesenheit in ihr Haus in La Jolla zu ziehen. Sie wollte nicht gern an Fremde vermieten. Martha und ich waren nur zu gern bereit, uns um das Haus zu kümmern. Wir sollten den ganzen Monat September und drei Wochen im Oktober dort bleiben. Das Haus lag auf einem Hügel, und viele seiner Fenster gingen auf den Pazifischen Ozean. Wenn Sie je dort gewesen sind, dann wissen Sie, daß es einer der schönsten Plätze der Welt ist – noch wunderbarer als die Riviera. Es war meine erste Reise nach Kalifornien. Früher hatte ich Helenas wegen nicht dorthin gehen wollen.

Rosch haschana, das Neujahrsfest, war vorbei, und Jom Kippur stand kurz bevor. Weder Martha noch ich nahmen von den Hohen Feiertagen Notiz, und es fiel uns auch nicht ein, uns dort nach einer Synagoge umzusehen. Aber aus irgendeinem Grunde fastete ich immer am Jom Kippur – vielleicht um die Verbindung mit meinen Eltern und früheren Generationen von Juden aufrechtzuerhalten. Einen Tag vor Jom Kippur erhielt Martha ein Telegramm von einem Vetter aus New York. Ein Onkel von ihnen, der in einem Vorort von Los Angeles lebte, war gestorben und hatte seine Frau, eine Achtzigjährige, allein zurückgelassen. Sie hatten keine Kinder. Die alte Frau war krank und hilflos, und der Vetter bat Martha, bis zur Beerdigung bei ihr zu bleiben. Ich wollte nicht gern am Jom Kippur allein sein und hatte gehofft, daß niemand unsere Ferien stören würde. Martha schlug vor, ich solle mit ihr nach Los Angeles fahren, aber es bestand die Möglichkeit, daß andere Verwandte kämen, und solche Komplikationen wollte ich vermeiden. Martha bereitete die Mahlzeit vor dem Fasten für mich zu und ging. Der Tod ihres Onkels hatte meine Stimmung gedämpft. Er erinnerte mich daran, daß auch Kalifornien dem Engel des Todes unterstand. Alles, was ich in der Zeitung las oder am Radio hörte, war über Tod, Tod, Tod … Der Professor, in dessen Haus ich wohnte und in dessen Bett ich schlief, war tot. Sein Porträt hing im Wohnzimmer und stand auf dem Schreibtisch. Meine eigenen Verwandten waren im Holocaust umgekommen. Ich aß das kalte Essen für mich allein, dachte an meine verstorbenen Eltern, meine Brüder und Schwestern und deren Schwiegereltern. Einige waren eines natürlichen Todes gestorben, andere waren von den Nazis umgebracht worden oder im russischen Exil gestorben.

Es wurde schnell dunkel. So schön der Anblick des Pazifischen Ozeans im Tageslicht ist, nach Sonnenuntergang wird alles düster und melancholisch. Man blickt auf unendliche Finsternis hinaus. Die heilige Nacht des Jom Kippur war in meinen Gedanken immer mit alter jüdischer Trauer verbunden; die Kol-Nidre-Melodie und andere liturgische Gesänge summten in meinem Kopf. Wenn ich mit Martha zusammen war, schienen die Abende immer zu kurz zu sein, aber ohne sie dehnten sich die Stunden endlos aus. Vom Ozean blies ein kühler Wind, und dichter Nebel lag über allem. Ich versuchte, ein Buch zu lesen, aber es langweilte mich schon nach den ersten paar Zeilen. Ich weiß nicht warum, aber ich öffnete einen meiner Koffer und fing an, dort etwas zu suchen – was, wußte ich selbst nicht. In einer Seitentasche fand ich ein altes Notizbuch mit Adressen und Telefonnummern von vor vielen Jahren. Mich überkam der Wunsch, jemanden anzurufen und ihm oder ihr ein gutes neues Jahr zu wünschen, ein Impuls an diesem heiligen Abend, mich mit jemandem, mit dem ich Streit gehabt hatte, zu versöhnen, wie es in Polen üblich gewesen war. Ich überflog die Namen. Eine ganze Reihe von Leuten, deren Adressen ich aufgeschrieben hatte, waren bereits in der anderen Welt. Nachdem ich eine Zeitlang geblättert hatte, fand ich Helenas Telefonnummer in Los Angeles. Es schien, als hätte ich nie die Absicht aufgegeben, mit ihrer Tochter Verbindung aufzunehmen. Vielleicht, dachte ich, wohnt Mildred noch immer im Haus ihrer Mutter. Ich wußte, die Chance, daß sie dort noch lebte und die Nummer noch die gleiche war, war gering. In Amerika ändert sich alles sehr schnell. Ich war auch nicht sicher, ob ich wirklich die Beziehung zu einem Menschen, der mich Mörder genannt und gedroht hatte, mich umzubringen, erneuern wollte. Aber ich verspürte ein nicht zu beherrschendes Verlangen, die Nummer anzurufen, obwohl man am Jom Kippur, wenn Gott auf dem Thron der Herrlichkeit sitzt und die Entscheidungen über Tod und Leben unterzeichnet, nicht telefonieren soll.

Jetzt kommt das Unglaubliche, das Erschreckende, das mich hier zu Ihnen brachte. Ich rief an, und jemand antwortete. Es war eine Frauenstimme, aber nicht die von Mildred. Es war die Stimme einer älteren Person, und sie sprach mit fremdländischem Akzent. Gott im Himmel, es war Helenas Stimme! Mir war klar, das konnten nur meine überreizten Nerven sein, oder aber meine nie erloschene Liebe. Ich wollte auflegen, aber meine Hand umklammerte den Hörer, als hätte ich einen elektrischen Schock erlitten. Ich hörte mich meinen Namen sagen, und die Stimme am anderen Ende sagte: ›Ja, ich erkenne dich.‹ Ich muß in diesem Augenblick vor Angst verrückt gewesen sein, denn ich fragte: ›Wo bist du?‹ Und die Stimme erwiderte: ›Du weißt, wo.‹

Ich strengte mich an und warf den Hörer fort. Mein Herz schlug wie ein Hammer. Mir wurde schwarz vor den Augen, aber glücklicherweise stand ein Stuhl in der Nähe, auf den ich fallen konnte. In einer Sekunde war ich in Schweiß gebadet. Ich saß zitternd da und wartete darauf, daß mein Herz sich beruhigen würde. Ich sah den Hörer am Boden liegen, und es gelang mir, ihn aufzuheben und aufzulegen. Nach zehn Minuten, als ich meinen Puls fühlte, schlug das Herz noch immer hundertvierzig Mal in der Minute. Ich wankte auf das Sofa zu und legte mich hin. Erst jetzt fiel mir ein, daß ich die Worte ›Wo bist du?‹ auf polnisch gesagt hatte, ›Gdzie jestés?‹, und sie mir geantwortet hatte ›Ty wiesz‹ – ›Du weißt‹. Helena kam aus einer assimilierten Familie, und wir hatten immer Polnisch miteinander gesprochen, nicht Jiddisch. Aber ihre Tochter, wie die meisten Kinder von Emigranten, interessierte sich nicht für das Alte Land und konnte kein Wort Polnisch. Mein Herz, das sich etwas beruhigt hatte, begann wieder zu hämmern. Neue Furcht überfiel mich – ich könnte einen Herzanfall bekommen. Ich lag da und fühlte mich sterbenskrank. ›Es ist Einbildung‹, sagte ich mir. ›Irgend etwas stimmt nicht mit meinem Gehirn.‹ Helenas Antwort ›Ty wiesz‹ klang in meinen Ohren nach. ›Wäre es möglich, daß ich eine Stimme aus der anderen Welt gehört habe?‹ fragte ich mich. ›Ist das ein Vorzeichen, daß ich nicht mehr zu den Lebenden gehöre?‹ Ich konnte nicht allein bleiben in dem verlassenen Haus, aber wohin sollte ich gehen? Mir wurde kalt. Martha hatte versprochen, mich nach ihrer Ankunft in Los Angeles anzurufen, aber das Telefon blieb unheimlich still. In meinem Schrecken beschloß ich, nicht ein Wort von dem verlauten zu lassen, was mir zugestoßen war. Martha würde sich zu Tode erschrecken und mich zu einem Psychiater schleppen. Ich werde dieses Geheimnis mit ins Grab nehmen, beschloß ich.

Nach langer Zeit schlich ich ins Schlafzimmer und ging ins Bett, ohne Kleider und Schuhe auszuziehen. Ich deckte mich mit allem, was ich finden konnte, zu, aber mir war immer noch kalt. Ich lag dort verwirrt und benommen. Ich mußte eingeschlafen sein. Das Telefon auf dem Nachttisch läutete, und ich erwachte zitternd. Ich konnte kaum den Hörer abheben. Es war Martha. Sie entschuldigte sich, so spät noch anzurufen. Ihre Reise hatte länger gedauert, als sie erwartet hatte, und sie hatte ihre alte kranke Tante in schlechtem Zustand vorgefunden. Von der Familie, die über die ganze Welt verstreut lebte, war noch niemand eingetroffen. Martha fragte mich, wie ich den Abend verbracht habe, und ich versuchte, so ruhig wie möglich zu antworten. Ich konnte ihrer Stimme entnehmen, daß auch sie von unserer unerwarteten Trennung mitgenommen war. Sie sagte mir: ›Dies ist meine erste Begegnung mit dem Tod. Der Zug brauchte lange, bis wir in Los Angeles ankamen, dann mußte ich noch auf ein Taxi warten. Meine Tante stürzte sich auf mich und weinte ohne Unterlaß. Die Beerdigung wird übermorgen sein. Mein Onkel gehörte zu dem Verein der ›landsleit‹ und hat auf ihrem Friedhof eine Grabstelle. Ich komme zurück, sobald ich kann. Ich werde dich morgen früh anrufen.‹

Meine Hand zitterte, und ich hatte Schwierigkeiten, aufzulegen. Ich streckte mich wieder auf dem Bett aus, aber löschte das Licht nicht. Zum erstenmal seit meiner Kindheit fürchtete ich mich vor der Dunkelheit. Wenn in der Nacht ein Unfall passiert wäre und die Elektrizität ausgesetzt hätte, würde ich jetzt nicht hier bei Ihnen sitzen. Ich wäre vor langer Zeit auf dem jüdischen Friedhof in La Jolla beerdigt worden – wenn es dort einen gibt.«

Mein Besucher schwieg und wischte sich die Stirn mit einem Taschentuch ab. Seine Hand zitterte, und ich bekam Angst, daß ihm in meinem Büro etwas zustoßen könnte. Ich sagte zu ihm: »Ruhen Sie sich ein wenig aus, Herr Doktor. Soll ich Ihnen ein Glas Wasser bringen?«

»Was? Nein. Ich bin in Ordnung.« Er saß da, bleich, und bedachte seine Erzählung.

Ich sagte: »Helena war also am Leben?«

»Ja.«

»Die Tochter hatte gelogen?«

»Mit Wissen der Mutter.«

»Warum hatte Helena Sie nicht einfach wissen lassen, daß sie mit Ihnen fertig war?« fragte ich.

Ein leises Lächeln zeigte sich um den Mund meines Besuchers. »Wenn man lügen kann, warum soll man dann die Wahrheit sagen?«

Er schwieg wieder eine Minute lang. Dann fragte ich: »Wann haben Sie erfahren, daß sie am Leben war?«

»Nicht an jenem Abend. Ich fand im Medizinschränkchen ein Schlafmittel und schluckte mindestens ein Dutzend Pillen. Das erzeugte eine völlige Stumpfheit, in der ich die ganze Nacht verbrachte. Die Sonne weckte mich. Ein Fenster des Zimmers ging nach Osten. Mir schien, daß mein Verstand arbeitete und nach der Lösung des Rätsels suchte, obwohl ich in völliger Betäubung dagelegen hatte. Wenn die Toten sich zeigen wollen, so brauchen sie dazu kein Telefon. Plötzlich begriff ich die Wahrheit: Helena war noch am Leben. Ich war so schwach, daß an Fasten nicht mehr zu denken war. Ich ging in die Küche und trank ein paar Tassen starken Kaffee. Dann erst fand ich die Kraft und den Mut, dieselbe Nummer nochmals anzurufen.«

»Antwortete Helena wieder?« fragte ich.

»Ja, und wir sprachen über eine Stunde miteinander. Wie unheimlich es war, mit der Frau zu sprechen, die ich einst so heiß geliebt und seit vielen Jahren tot geglaubt hatte. Ich sprach mit ihr, und mir schauderte. War es möglich? War ich in einem Koma und die ganze Geschichte ein langer Alptraum? Ich will Sie nicht mit zu vielen Einzelheiten belästigen. Helena lebte, aber sie sagte mir, daß sie an Leukämie erkrankt sei. Ihr Mann war vor einigen Jahren gestorben. Mildred hatte einen Australier geheiratet, der verlangte, daß sie zum Christentum übertrat. Sie lebte mit ihrem Mann und zwei Kindern in Melbourne. Ich fragte Helena, warum sie mich auf diese Weise getäuscht habe, und sie antwortete: ›Ich wollte unsere Beziehung mit der Axt zerhacken. Ich wußte, wenn du mir geschrieben oder mich angerufen hättest, wäre ich nie zur Ruhe gekommen. Nur der Tod hätte uns trennen können.

Und wenn nicht der wirkliche Tod, dann mußte es der sein, den Mildred und ich vorgaben. Ich wußte, es liegt nicht in deiner Natur, tief in eine Sache einzudringen und darüber zu brüten. Du hattest andere Frauen vor mir, und du hast sie schnell vergessen. Nur etwas ist erstaunlich, daß ich nämlich gestern den ganzen Tag und den ganzen Abend an dich gedacht habe. Ich habe nicht nur gedacht. Ich war in einer Art Trancezustand. Du wirst es mir nicht glauben, und ich kann dich nicht einmal bitten, mir zu glauben, aber als gestern abend das Telefon läutete, wußte ich, daß du es warst. Ich habe keinen Grund mehr, dir etwas vorzulügen. Ich habe einen Zustand erreicht, in dem meine Lüge bald Wahrheit sein wird.‹«

»Haben Sie Helena später getroffen?« fragte ich.

»Nein. Ich hätte es gern getan, aber sie verbot es mir. Sie sagte: ›Ich möchte, daß du mich so in Erinnerung behältst, wie ich gewesen bin, nicht wie ich jetzt bin – eine Ruine. Ich will nicht einmal, daß meine Tochter zu mir kommt. Sie weiß nicht, wie krank ich bin. Es war mein Schicksal, all die Jahre allein zu leben, und ich habe die Absicht, allein zu sterben. Ich hoffe, daß du meinen Wunsch respektieren wirst. Komme nicht und ruf auch nicht an. Wenn es so etwas wie ein Leben nach dem Tod geben sollte, dann werden wir uns in der anderen Welt wiedersehen.‹«

»Haben Sie nie mehr angerufen?«

»Nein, aber ich habe sie gesehen. In Wirklichkeit – nicht in einem Traum.«

»Wie kam das?«

»Nach diesem Gespräch überfielen mich wieder Zweifel. Ich konnte nicht mehr allein bleiben in dem Haus. Ich fürchtete mich vor der nächsten Nacht. Um sicher zu sein, daß ich noch da war und nicht in meinem Grab, rief ich Martha an.

Sie rief: ›Ich habe seit einer Stunde versucht, dich zu erreichen, aber das Telefon war die ganze Zeit besetzt.‹ Und hier ist wieder etwas ganz Unglaubliches. Martha fragte mich: ›Mit wem hast du denn so lange gesprochen? Mit deiner toten Geliebten?‹ Sie sagte das, weil sie wußte, daß Helena in Kalifornien gelebt hatte. Aber ich werde den Schauder, den diese Worte mir verursachten, nie vergessen. ›Warum sagst du das? Was denkst du dir dabei?‹ schrie ich.

›Ich mache nur Spaß‹, sagte Martha. ›Sag mir die Wahrheit – wer war so lange am Telefon?‹

›Es war wirklich meine tote Geliebte‹, sagte ich.

›Du wirst nie begreifen, was ich in der letzten Nacht durchgemacht habe‹, sagte Martha. ›Es stimmt schon, daß mein Onkel gestorben ist und daß meine Tante in schlechter Verfassung ist und mich das nervös gemacht hat. Trotzdem, ich habe meinen Onkel gar nicht gekannt und meine Tante kaum. Sie sind alte Leute und haben ihr Leben gelebt. Nachdem meine Tante mich mit ihrem Jammern fast verrückt gemacht hat, schlief sie ein. Ich rief dich an, wie du weißt, dann ging ich ins Bett, todmüde von der Reise und der ganzen Geschichte. Ich schlief etwa zwei Stunden. Plötzlich wachte ich mit dem Gefühl auf, daß jemand oder etwas mich an den Haaren gezogen und mir ins Ohr geflüstert hatte. Ich wachte auf mit einem Druck auf der Brust und schrecklicher Sehnsucht nach dir. Ich sagte mir, das sei lächerlich. Wir waren oft auf ein paar Tage oder Wochen getrennt gewesen, ohne viel Aufhebens davon zu machen. Außerdem hatte ich dich ja vor dem Einschlafen gesprochen. Aber ich konnte mich nicht beruhigen. Mir war nach Weinen zumute, und du weißt, ich bin keine Heulsuse. Ich hätte dich sehr gern nochmals angerufen, aber ich wollte dich nicht wecken. Jetzt höre ich, daß du auch eine schlechte Nacht verbracht hast. Komm und bleibe hier bei mir. Von den Verwandten ist noch niemand erschienen. Ich habe meiner Tante von dir erzählt. Sie wird nichts dagegen haben.‹

Ein paar Stunden später«, sagte mein Besucher, »saß ich im Zug von San Diego nach Los Angeles. Dort angekommen, sagte ich dem Taxifahrer, er solle auf dem Weg zu Martha an der Straße, in der Helena lebte, vorbeifahren. Ich wollte zumindest das Haus sehen, in dem sie lebte. Vielleicht konnte ich auch einen Vorwand finden, sie zu sehen. Ich sollte das nicht sagen, aber vieles hat sich in meinem Leben ereignet, nur weil ich gewünscht habe, es möge sich ereignen. Wie so etwas zustande kommt, weiß ich nicht. Meine Theorie ist, daß Ursachen und Wirkungen zwei Seiten der gleichen Münze sind. Wenn man etwas sehr stark wünscht, dann beginnen Ursache und Wirkung sich einander anzupassen und zusammenzuarbeiten. Tatsache ist, wir fuhren durch ihre Straße, einen schmalen Weg mit alten Häusern, und ich bat den Fahrer zu halten. Es war schon dämmrig. Das Taxi hielt etwa fünf Minuten. Ich wollte dem Fahrer gerade sagen, er solle weiterfahren, als ich eine alte Frau aus Helenas Haus kommen sah, und sie war es. Ich hätte sie nie wiedererkannt, wäre ich ihr zufällig auf der Straße begegnet. Aber ich bin hundertprozentig sicher, daß sie es war. Spuren ihres früheren Selbst waren geblieben. Sie warf einen Blick auf das Taxi und drehte sich schnell um. Vielleicht hat auch sie mich erkannt. Das ist die ganze Geschichte.«

»Haben Sie nie wieder von ihr gehört?« fragte ich.

»Wer hätte mir schreiben und ihren Tod mitteilen oder mich anrufen sollen, es sei denn, sie selbst aus dem zukünftigen Leben –«

Die letzten Worte schienen von selbst dem Mund des alten Mannes entschlüpft zu sein. Er sah sowohl erschrocken wie beschämt aus. Ich hörte ihn sagen: »Lachen Sie nicht über mich. Ich fürchte mich noch immer, wenn ich spätabends einen Telefonanruf machen muß.«

FREMDE

Es geschah alles im geheimen. Selbst die Töchter von Reb Eljakim wußten bis zur letzten Minute nicht, was zwischen ihrem Vater und ihrer Mutter, Blümele, vorgegangen war. Plötzlich hörte man die erstaunliche Nachricht: Das alte Paar ließ sich scheiden. Reb Eljakim, ein alter Mann von fünfundsiebzig Jahren, wollte seine letzten Jahre im Land Israel verbringen und auf dem Ölberg begraben werden. Blümele brachte es nicht übers Herz, ihre Töchter, ihre Schwiegersöhne, ihre Enkel und Urenkel, die große Wohnung mit den Möbeln und Teppichen zu verlassen. Mann und Frau hatten alles in Ruhe geplant. Blümele würde das ganze Vermögen bekommen; Reb Eljakim behielt nur seine Kleidung, ein paar seltene Bücher, die er in Jerusalem vielleicht nicht finden würde, und genügend Geld, selbst wenn er neunzig werden sollte.

Die Scheidung fand in unserem Haus statt. Reb Eljakim hatte einen milchweißen Bart, ein frisches Gesicht mit hoher Stirn, blaue Augen unter weißen Augenbrauen. Er importierte Tee aus China, und ihm gehörten einige Häuser. Man kannte ihn als Gelehrten und engen Freund des Rabbi von

Alexandrow. Blümele war von der Vaterseite her eine Enkelin des berühmten Philanthropen Reb Samuel Zbitkower.

Reb Eljakim hatte fünf Töchter, alle waren gut verheiratet. Keine der Töchter war von dem modernen Denken angesteckt. Es ist richtig, Reb Eljakim und seine Frau bedauerten, keinen Sohn zu haben, der nach ihrem Tod das Kaddisch sagen würde, aber sich an die Tora halten und Wohltaten erweisen war noch besser als das Kaddisch. Reb Eljakim unterstützte eine Jeschiwa und gab dem Rabbi von Alexandrow alljährlich tausend Rubel.

Als der Schreiber die Scheidungspapiere vorbereitete und die Zeugen die besondere hebräische Schrift übten, mit der sie ihre Unterschrift zu schreiben hatten, blätterte Reb Eljakim ein chassidisches Buch durch. Er trug ein silbernes Käppchen mit einem hohen Kopf im alten chassidischen Stil. Von Zeit zu Zeit nahm er eine goldene Uhr aus der Westentasche, um zu sehen, wie spät es war. Vor ein paar Tagen erst hatte ich ihn zu meinem Vater sagen hören: »Ich habe genug vom Geschäft. Ich möchte meine letzten Tage mit der Tora und im Gebet verbringen. Wenn ich jetzt in das Land Israel gehe, müssen meine Knochen nicht unterirdisch dorthin reisen, wenn der Messias kommt. Ich möchte die heilige Luft atmen.«

»Ihr seid ein glücklicher Mann, Reb Eljakim«, hatte mein Vater gesagt. »Ich hoffe, Ihr werdet noch die Erlösung erleben.«

»Alles kommt vom Himmel.«

Mein Vater wollte wissen, warum sie überhaupt eine Scheidung brauchten, da beide schon über siebzig waren. Aber Reb Eljakim antwortete: »Blümele ist jünger als ich. Eine Frau allein ist hilflos. Falls sie wieder heiraten will, möchte ich ihr nicht im Wege stehen.«

»Nu.«

Es war keine einfache Sache, eine Familie, gute Freunde, den Rabbi von Alexandrow zu verlassen und über das Meer in ein Land unter türkischer Herrschaft zu fahren, aber nicht ein einziger Seufzer war von ihm zu vernehmen. Die Chassidim von Alexandrow hielten viel vom Schweigen. Blümele, klein, rund, mit einer seidenen, bebänderten Haube und in einem altmodischen Cape, saß auf einer Bank und wischte sich die Tränen mit einem Batisttaschentuch ab. Ihr Gesicht war gelblich und schien mir aus zusammengeleimten Stücken Lehm gemacht. Sie schüttelte den Kopf, bestätigte damit eine Wahrheit, die so alt und so traurig ist wie das ganze weibliche Geschlecht. Ich hatte sie zu meiner Mutter sagen hören: »Meine gute Frau, ich wünschte, ich wäre tot.«

»So Gott will, werdet Ihr im Paradies wieder zusammenkommen«, tröstete meine Mutter sie.

Im Arbeitszimmer meines Vaters ging jetzt alles nach dem Gesetz. Mein Vater sah in ein großes Buch und sprach Reb Eljakim in der zweiten Person Einzahl an: »Höre du, Eljakim, Sohn des Elieser Zalman. Hast du Worte gesprochen, diese Scheidung zu bestreiten?«

»Nein.«

»Bist du gewillt, dich von deiner Frau, Blümele, Tochter des Nathan Meir, zu trennen, in deinem Namen, ihrem Namen und im Namen des Gesetzes?«

»Ja.«

Als mein Vater Blümele sagte, sie solle an den Tisch kommen und ihre Hände wie einen Becher formen, so daß er die Scheidungsurkunde hineinlegen könne, brach die alte Frau zusammen. Meine Mutter und eine andere Frau halfen ihr, sich aufrecht zu halten. Nachdem Reb Eljakim die Dokumente in

Blümeles faltige Hände gelegt hatte, sagte mein Vater, was er immer in solchen Fällen sagte: »Ihr beide dürft jetzt nicht mehr unter dem gleichen Dach bleiben. Wenn die Frau wieder heiraten will, muß sie neunzig Tage warten.«

Ein Mädchen und Blümeles jüngste Tochter brachten sie in einer Droschke nach Hause. Reb Eljakim ging in das Haus eines früheren Partners, der auch ein Anhänger des Rabbi von Alexandrow war. Ein paar Tage später verließ Reb Eljakim die Stadt, um in das Land Israel zu ziehen. Ich, mit ein paar anderen Burschen aus unserer Straße, schaute zu, wie das Gepäck in zwei Droschken verladen wurde. Der Rabbi war aus Alexandrow gekommen, um Reb Eljakim an den Zug zu begleiten. Die Straße war voller Chassidim. Blümele war krank geworden. Die Töchter waren böse auf ihren Vater; nur die Schwiegersöhne und die männlichen Enkel waren gekommen. In der ersten Droschke befanden sich Reb Eljakim, der Rabbiner und zwei Synagogendiener. Ihnen folgte eine Prozession von Droschken, die mit Chassidim vollgepackt waren. Die jungen Männer sangen chassidische Lieder. Wir Jungen liefen mit bis zum Wiener Bahnhof.

Viele Wochen waren vergangen, und ich hörte nichts von Reb Eljakim. Mein Vater meinte, daß er wahrscheinlich im Heiligen Land angekommen sei. Er war mit der Bahn nach Rumänien gefahren, wo er ein Schiff nach Jaffa nehmen sollte. Blümele war wieder gesund geworden. Ich sah sie oft im koscheren Metzgerladen gegenüber von unserem Haus. Sie ging mit kleinen Schritten, und die Magd ging hinter ihr mit dem Korb.

Eines Tages erhielt mein Vater einen Brief von Reb Eljakim. Er schrieb hebräisch, mit vielen jiddischen Worten vermischt, daß er – Gott sei Dank! – bereits in Jerusalem sei und in der

Mea-Schearim-Gegend wohne. Er bete jeden Tag an der Klagemauer. Er hatte bereits das Grab Rahels besucht und viele andere heilige Gräber. Jerusalem sei voller Rabbis, Gelehrter und Chassidim. Natürlich gehe es den Armen schlecht, aber für Geld könne man alles haben. Es gebe nur wenige Anhänger des Rabbi von Alexandrow, aber diejenigen, die gekommen seien, hielten zusammen.

Ein paar Tage später erhielten wir ein Paket aus Jerusalem. Ein Geschenk von Reb Eljakim. In dem Paket war ein Gebetbuch mit hölzernen Buchdeckeln, in die – auf dem vorderen und rückwärtigen Deckel – die Klagemauer und die Machpela-Höhle geschnitzt waren. Mein Vater gab es mir. Ich hielt es an meine Nase und bildete mir ein, es röche nach Tannenholz, Nelken, Nardenöl, Myrrhe und anderen Gewürzen, die in der Tora erwähnt sind.

Wieder verging einige Zeit, und ich hatte Reb Eljakim fast vergessen. Eines Abends hörte ich meines Vaters eilige Schritte auf der Treppe – immer ein Zeichen, daß er im Lehrhaus interessante Neuigkeiten gehört hatte. Draußen schneite es, und sein roter Bart war von Schneeflocken weiß geworden. Sein Samthut und sein langes Gewand waren auch weiß verziert. Meine Mutter ermahnte ihn, seine Schuhe auf der Matte abzuputzen. Im Licht der Öllampe schienen seine Augen blauer denn je. Er sagte: »Könnt ihr das glauben? Reb Eljakim hat in Jerusalem geheiratet.«

Meine Mutter empörte sich: »So sind die Männer.«

»Er heiratete eine Jungfrau. Es sieht so aus, als wolle er noch immer einen Sohn, der Kaddisch für ihn sprechen werde.«

»Es sieht so aus, daß eine junge Jungfrau besser ist als eine alte Frau«, korrigierte ihn meine Mutter. Wenn sie ärgerlich war, geriet ihre Perücke von selber in Unordnung. Ich stellte mir oft vor, daß die Perücke meiner Mutter etwas Lebendiges war. Ihre eingefallenen Backen, gewöhnlich bleich von der Blutarmut, röteten sich. Meine Mutter hatte immer gefürchtet, vorzeitig zu sterben, und daß mein Vater an ihrer Stelle eine junge Frau nehmen würde. Meine Mutter beschrieb sie sogar. Sie würde klein und rund sein, mit rosa Backen und einem zuckersüßen Lächeln. Meine Mutter glaubte, daß dies der Geschmack meines Vaters sei. Jetzt sagte sie: »Ich glaube nicht, daß es das Heilige Land war, was er suchte. Das war nur ein Vorwand, um sich von Blümele scheiden zu lassen. Es war nicht Gottesfurcht, nur Lust. Pfui!«

»Da sie geschieden sind und er keinen Sohn hat, was ist daran so schlimm?« fragte mein Vater. »Die Bibel sagt: ›Frühe säe deinen Samen und laß deine Hand des Abends nicht ab.‹ Der Talmud legt es folgendermaßen aus: Heirat kann auch im Alter eine Tugend sein, nicht nur in der Jugend. Und …«

»Ich weiß, was der Talmud sagt«, unterbrach ihn meine Mutter. »Die Wahrheit ist, daß Frauen treu sind, sich ihren Männern anschließen, Männer aber herzlos sind. Mehr als fünfzig Jahre hat er mit der Frau und ihren Kindern und den Kindern ihrer Kinder gelebt, und jetzt heiratet er ein fremdes Mädchen. Und warum heiratet sie ihn? Sie wartet wahrscheinlich darauf, daß er sterben wird und sie sein Geld bekommt.«

Mein Vater zuckte die Achseln. Er konnte die Wut meiner Mutter nicht verstehen, und auch nicht das Gerede über Liebe und Erbschaft. Sie war ihm zu weltlich. Sie las Zeitungen und die gottlosen Romane, die dort in Fortsetzungen erschienen. In den heiligen Büchern meines Vaters wurde Liebe nicht erwähnt. Und was Erbschaft anging, erbten nach dem mosaischen Gesetz die Söhne, nicht die Frau. Nach einem Weilchen ging mein Vater in sein Zimmer für die abendlichen Studien. Es lag ihm nicht, über solche Dinge nachzudenken.

Da die älteren Kinder nicht zu Hause waren, sprach meine Mutter zu mir: »Man soll niemanden verleumden. Da Gott Männer und Frauen geschaffen hat, muß es so sein. Du bist auch ein Mann, und wenn du erwachsen sein wirst, wirst du auch nicht besser sein als die anderen. Aber diese Art Heuchelei macht mich krank. Dieser Reb Eljakim benahm sich wie ein Heiliger. Als ich hörte, daß er ein Großteil seines Geldes Blümele gab, damit er im Heiligen Land leben konnte, hatte ich großen Respekt vor ihm. Aber jetzt habe ich meinen Glauben an ihn verloren. Und kannst du dir vorstellen, was dein Vater tun würde, wenn ich plötzlich verschwunden wäre? Sobald die vorgeschriebenen dreißig Tage der Trauer vorbei wären, würde er mit einer anderen unter dem Hochzeitsbaldachin stehen. Ich bin ihm zu mager und zu unverblümt. Er liebt Honig, und ich bin Meerrettich. Ich bin meinem Vater nachgeraten, und dein Vater seiner Mutter, die über das ganze Gesicht lachte und Gutes tat. Möge Gott mir mein sündiges Gerede vergeben. Wenn ich sterben muß …«

»Mutter, rede nicht so!«

»Warum denn nicht, man lebt nicht ewig. Wenn ich einmal beerdigt sein werde, was geht es mich dann noch an, was er tut? Haben die Heiratsvermittler vielleicht Verstand? Sie machen die dümmsten Kombinationen. In meinem Fall war alles, was sie wußten, daß ich die Tochter des Rabbi von Bilgoraj und dein Vater der Sohn des Rabbi von Tomaszów war. Die Wahrheit ist, daß auch die beiderseitigen Eltern nicht zueinander paßten. Mein Vater war ein Löwe, und dein väterlicher

Großvater war ein Lamm. Den ganzen Tag saß er in einem Dachstübchen und studierte die Kabbala. Wochen vergingen, ohne daß er ein Wort sprach. Wenn dein Vater mehr Verstand gehabt hätte, dann säßen wir nicht hier in der Krochmalnastraße. Andere Rabbis sind ehrgeizig. Sie haben Karriere gemacht. Als deinem Vater gesagt wurde, daß er Russisch lernen müsse und vom Gouverneur geprüft werden würde, rief er aus: ›Nie in meinem Leben könnte ich mit einem Gouverneur reden.‹ Und darum trägst du zerrissene Schuhe.«

»Sie sind nicht zerrissen.«

»Geflickt also. Nun, man darf so nicht reden. Ich habe kein Glück in dieser Welt, und wahrscheinlich werde ich auch noch die zukünftige Welt verlieren.«

»Mama, wenn ich groß sein werde, dann gebe ich dir viel Geld!« rief ich aus.

Meine Mutter lächelte ironisch. »Wo willst du denn so viel Geld hernehmen?«

»Ich werde einen Schatz finden.«

»Nun, du bist der Sohn deines Vaters. Genug davon.«

Meine Mutter nahm die Zeitung zur Hand. Eine Zeitlang las sie das Großgedruckte auf der ersten Seite über den Ministerpräsidenten Stolypin und den Antisemiten Purischkewitsch, der die Juden aus den russischen Dörfern vertrieb. Dann las sie die Lokalnachrichten. Ihre Augen wurden scharf und traurig. Da gab es immer Geschichten über Leute, die von Straßenbahnen überfahren wurden, Morde, Selbstmorde und Dachdecker, die vom Dach stürzten. Es gab eine immer wiederkehrende Überschrift – Ein Mann, ein Tier –, und das war die Geschichte eines Pförtners, der betrunken nach Hause kam und seine eigene Tochter vergewaltigte. Ich wußte nicht recht, was das bedeutete, aber ich verstand, daß es besser war, nicht zuviel zu fragen. Eines Abends, als meine Mutter ein hebräisches Buch las, öffnete Zelda, die Frau unseres Nachbarn Wolf, des Schneiders, die Tür und sagte: »Meine gute Frau, ich habe eine Neuigkeit für Euch.«

»Was ist geschehen?«

»Blümele hat geheiratet. Die frühere Frau von Reb Eljakim.«

Die Augen meiner Mutter leuchteten spöttisch. »So, wirklich? Wen hat sie denn geheiratet?«

»Den Reb Schaje Peltes vom Stoffgeschäft. Seine Frau ist erst vor ein paar Monaten gestorben.«

»Ist das wirklich wahr ...?«

»Sie haben vorgestern geheiratet. Sie verkauft bereits in seinem Laden.«

»Wenn er es konnte, warum nicht auch sie? Ich nehme es ihr nicht übel.«

»Reb Eljakims neue Frau in Jerusalem ist schwanger. Freunde von ihm haben einen Brief bekommen. Die können noch ein Dutzend Kinder bekommen.«

»Das würde mich nicht aufregen.«

»Ach, meine gute Frau, was geschieht nur alles in der Welt? Meine Mutter wurde mit siebenundzwanzig Witwe, und sie wollte nichts von einer zweiten Heirat wissen. Jedesmal, wenn der Heiratsvermittler zu ihr kam, hatte sie die gleiche Antwort: ›Wenn Gott will, werde ich meinen Mann im Paradies heiraten.‹«

»Es gibt alle möglichen Arten von Menschen.«

»Wie kann man mit einem Fremden leben, wenn man fünfzig Jahre zusammen war? Reb Eljakim war so ein sauberer Mann. Reb Schaje ist ein schmutziger. Auch ein Geizhals. Er hat sie ihres Geldes wegen geheiratet.«

»In ihrem Alter kann man nicht wählerisch sein«, sagte meine Mutter.

»Wozu braucht sie ihn? Ich höre, daß ihre Töchter vor Kummer außer sich sind.«

Die Frauen redeten weiter, schüttelten den Kopf. Zelda hatte angefangen, auf Sachen anzuspielen, die ich nicht verstehen konnte. Sie bedeckte ihren Mund mit der Hand und sagte: »Ich sollte lieber schweigen.« Meine Mutter nickte. »Was sind Mann und Frau?« fragte sie. »Fremde. Sie sind als Fremde geboren und sterben als Fremde.«

»Wer ist denn kein Fremder?« fragte Zelda. »Kinder werden erwachsen und gehen ihre Wege.«

Meine Mutter warf einen Seitenblick auf mich. »Laßt sie gehen. Es ist nicht unsere Welt.«

Am nächsten Tag ging ich nach dem Frühstück in Reb Schajes Geschäft, um Blümele zu sehen. Sie stand hinter dem Ladentisch und zeigte einer Kundin Garnrollen. Sie trug ein einfaches Werktagskleid und eine Haube ohne Bänder. Sie sah aus, als sei sie immer dort gestanden. Sie sprach mit der Kundin mit ihrem eingefallenen Mund. Reb Schaje saß vor der Ladenkasse auf einem hohen Stuhl, sein einst weißer Bart war braun von Tabak. Sein Käppchen war verfleckt und sein grauer Rock zerrissen. Er zählte Banknoten, die er nah an seine kurzsichtigen Augen hielt. Seine Augenbrauen standen vor wie zwei Bürsten. Ich fühlte Abscheu vor Reb Schaje, vor Blümele, vor Reb Eljakim in Jerusalem mit seiner schwangeren Frau. Alle Erwachsenen sind Lügner, dachte ich bei mir. Ich erinnerte mich an Reb Schajes Frau, Deborah Itta, bei der ich Knöpfe, Nadeln und Baumwolle gekauft hatte. Wo war sie jetzt? Wußte sie, daß Blümele ihren Platz eingenommen hatte? Nein, sie wußte nichts. Sie war im Paradies. Ich beschloß sofort, von zu Hause wegzulaufen und Kabbalist und Einsiedler zu werden, falls meine Mutter sterben sollte – Gott behüte! – und mein Vater die runde, kleine Frau mit den roten Backen heiraten würde.

DER FEHLER

Es war ein heißer, sommerlicher Sabbatnachmittag, und Tante Jentl saß mit ihren Freundinnen auf der Veranda. Sie klatschten ein wenig und erzählten Geschichten. Sie trug ihr gemustertes Kleid und eine Haube mit farbigen Bändern und Perlen. Sie sagte: »Es ist leicht zu sagen: ›Ich habe einen Fehler gemacht.‹ Aber ein Fehler ist nicht immer eine Kleinigkeit. Gott behüte! – ein kleiner Fehler kann ein Leben ruinieren, besonders bei denjenigen, die stolz und eingebildet sind. In unserer Stadt lebte ein Jude, Reb Schachne – ein reicher Mann, ein gelehrter Mann. Er pflegte nach Belz zu fahren, nicht zu dem jetzigen Rabbi, sondern zu seinem Vater, um den Segen zu erbitten und eine Spende zu machen. Der Rabbi rückte selbst einen Stuhl für ihn zurecht. Reb Schachne hatte ein Eisenwarengeschäft – Schlösser, Schlüssel, Hammer, Zangen und alles andere, das im Haushalt oder in der Werkstatt gebraucht wird. Bei ihm bekam man Sachen, die selbst in einer großen Stadt schwer zu finden waren. Hatte er etwas nicht vorrätig, bestellte er es in Lublin und sogar in Warschau. Man hat mir erzählt, daß ein Pächter bei ihm einen Geldschrank gekauft hat, dessen Schlösser auch der gerissenste Einbrecher nicht hätte aufbrechen können. Reb Schachne verkaufte in seinem Laden Kupfer- und auch Messinggegenstände: Mörser und Stößel, Kronleuchter, alle Arten Töpfe und Pfannen. Gutsbesitzer kauften bei ihm, und er verlangte nie mehr als einen angemessenen Preis. Er ließ aber auch nicht mit sich handeln. Ich sehe ihn vor mir – kein großer Mann, untersetzt, mit einem roten Bart, der sich von seinem Kinn fächerartig ausbreitete. Es hieß von ihm, er sei gelehrter als der Rabbi. Seine Frau, Lifsche, war entfernt verwandt mit uns.

Lifsche schenkte Reb Schachne vier Söhne und drei Töchter, aber nur zwei der Kinder überlebten, und dem Paar waren nur ein Sohn und eine Tochter geblieben – Tewel und Gnesia, zwei hoffnungsvolle Kinder. Tewel war als anständiger Junge bekannt, der gern lernte und seine Eltern verehrte. Mit sechzehn wurde er der Schwiegersohn eines reichen Mannes aus Kielce, weit weg von unserer Gegend. Er kam selten auf Besuch nach Hause. Zu der Zeit gab es wenig Züge, und eine Fahrt mit dem Wagen dauerte mehrere Tage. Als Tewel heiratete, war Gnesia dreizehn Jahre alt. Sie galt schon als Schönheit: groß, mit zwei blonden Zöpfen. Mädchen gingen damals selten in religiöse Schulen, aber wir hatten einen Lehrer, der auch Mädchen in seine Schule aufnahm. Seine Frau war sehr gebildet, sie lehrte die Mädchen beten und ein paar jiddische Worte schreiben. Gnesia half ihren Eltern im Laden, und sie sprach Polnisch und Russisch. Die Nichtjuden, die in dem Geschäft einkauften, priesen ihre Schönheit und ihre Eleganz. Es wurde davon geredet, daß ein polnischer Graf sich in sie verliebt hätte, der ihr geschrieben habe, er würde sie heiraten, wenn sie zum Christentum übertreten würde. Ich war nicht dabei, aber so hat man es mir erzählt.

Gnesia war noch sehr jung, als ihr viele Heiratsvorschläge

gemacht wurden. Bei Tewels Hochzeit in Kielce wurde eine reiche Dame auf sie aufmerksam, die ganz offen zu Lifsche sagte, sie hätte Gnesia gern als Schwiegertochter. Lifsche sagte ihr, sie solle einen Heiratsvermittler schicken, und die Dame sagte: ›Ich nehme Ihre Tochter, wie sie ist. Ich will nicht wegen der Mitgift verhandeln.‹ Vielleicht hatte ihr Sohn das Mädchen gesehen und sich in sie verliebt. Auch damals haben sich Leute ineinander verliebt. Es wurde nichts daraus, aber danach liefen die lokalen Heiratsvermittler Reb Schachne und Lifsche das Haus ein. So jung sie war, zeigte Gnesia bald, daß sie wählerisch war. Wer immer ihr vorgeschlagen wurde, sie hatte etwas an ihm auszusetzen. Einer war nicht tüchtig genug, ein anderer zu klein, ein Dritter schlurfte beim Gehen. Lifsche kam oft zu meiner Mutter und beklagte sich. ›Ich bete zum Allmächtigen‹, sagte Lifsche, ›daß sie zur Vernunft kommen wird und nicht mehr nach der Vollkommenheit sucht. Auch die Sonne hat Flecken.‹ Meine Mutter tröstete sie: ›Regt Euch nicht auf, Eure Gnesia wird keine alte Jungfer werden.‹ Das Mädchen war damals gerade erst fünfzehn Jahre alt, aber sie war gut gewachsen, und aus ihren Augen sprach ein wissender Blick. Sie liebte Späße und machte sich oft über Leute lustig. Jemand hat gesagt, wenn sie in Warschau leben würde, hätte sie Schauspielerin werden können.

Als Gnesia sechzehn wurde und noch immer nicht verlobt war, begann auch Reb Schachne sich zu beunruhigen. Er rief seine Tochter in sein Arbeitszimmer und sprach mit ihr. ›Man soll sich nicht selbst zu hoch einschätzen‹, sagte er. ›Wir sind alle nur Fleisch und Blut.‹ Gnesia soll geantwortet haben: ›Es kommt darauf an, aus welchem Fleisch und welchem Blut. Ich kann alles ertragen, nur nicht, mein Leben mit einem Dummkopf zu verbringen.‹ Jedesmal, wenn ihr eine Heirat vorgeschlagen wurde, verlangte sie, den jungen Mann zu sehen und mit ihm sprechen zu können. Damals war das etwas ganz Unerhörtes. Eine Braut durfte ihren Zukünftigen vor der Hochzeit nicht sehen, erst, wenn der Bräutigam den Schleier hob. Nun, die einzige Tochter bekam ihren Willen. Sie hätte den Mond verlangen können.

Jetzt kommt die Geschichte. Eines Tages lernte Gnesia einen jungen Mann aus Lublin kennen. Er kam aus einem reichen Haus, und wie sich herausstellte, war er ›aufgeklärt‹, trug einen kurzen Kaftan mit Schlitz, ein kleines Käppchen, einen gestärkten Kragen, einen Schlips und geputzte Stiefel. Der Heiratsvermittler hatte ihn nur zu dem Zweck, Gnesia zu treffen, aus Lublin mitgebracht. Als er durch die Zamośćstraße ging, liefen alle Mädchen an die Fenster, um ihn zu sehen. Sie stimmten alle überein: schön wie ein Prinz. Wenn Gnesia mit einem ihrer Anwärter sprach, so ließ sie gewöhnlich die Tür ein wenig offen, damit niemand durch das Schlüsselloch gukken oder hinter der Tür lauschen konnte. Die beiden waren eine Stunde lang allein, und die ganze Zeit konnte man Gnesias Lachen hören. Es schien, daß er ein Spaßmacher war. So viel Gelächter hörte man in einem jüdischen Haushalt selten, und Reb Schachne war nicht damit einverstanden. Er sagte zu Lifsche: ›Was gibt es für Gründe, so lustig zu sein? Der Heilige Tempel ist noch immer eine Ruine, und die Juden sind im Exil. Aber was geht es die Jungen an, was im Heiligen Land geschehen ist?‹ Nach einer Stunde kam Gnesia zu ihrer Mutter in die Küche, sie strahlte und rief aus: ›Mutter, dieser ist tüchtig, hell wie der Tag.‹ Das waren ihre Worte.

Ich will es kurz machen. Die Heirat wurde sofort beschlossen und ein Telegramm an die Eltern in Lublin geschickt, sie möchten zur Unterzeichnung des Ehekontrakts kommen. Sie waren wohlhabend und wollten nicht im Haus von Reb Schachne, sondern in einem Hotel absteigen. In unserer Stadt gab es nur ein Hotel, das meistens von Nichtjuden benutzt wurde, und dort ließen sich die Eltern des Bräutigams nieder. Reb Schachne und Lifsche gaben eine Verlobungsgesellschaft für ihre Tochter, die fast so prächtig war wie ein Ball. Eine große Anzahl Gäste war eingeladen. Wein, Met und Liköre gab es im Überfluß. Der Bräutigam erhielt eine reichliche Mitgift und dazu noch eine goldene Uhr. Die Mutter des Bräutigams war mit einem Hut mit Straußenfedern und einem Reifrock herausgeputzt. Ich glaube, der Vater des Bräutigams hatte eine Brauerei. Die Mutter des Bräutigams schenkte Gnesia zur Verlobung eine Perlenkette. Viele junge Männer waren zu dem Fest gekommen. Der Bräutigam – er hieß Mully, wahrscheinlich von Schmuel abgeleitet – bot allen Zigaretten an. Er selbst rauchte eine Zigarette aus einer Bernsteinspitze. Er unterschrieb den Verlobungsvertrag in verschnörkelter Schrift. Es war üblich bei einer Verlobungsfeier, daß der Bräutigam einen Abschnitt aus dem Talmud kommentierte, aber Mully erzählte Witze. Wieder und wieder brachen die Mädchen und Frauen in Gelächter aus. Später erzählte uns Lifsche, daß Reb Schachne nach der Verlobung zu Gnesia gesagt hatte: ›Tochter, was immer dein Bräutigam sein mag, schwermütig ist er nicht. Aber denke dran, mein Kind, daß die Welt kein Witz ist.‹ Und Gnesia antwortete: ›Was ist sie denn?‹

Beide Seiten wollten die Hochzeit gern möglichst bald feiern. Gnesia war siebzehn geworden, was man damals schon fast eine alte Jungfer nannte. Mully war einundzwanzig. Er war gerade vom Militärdienst befreit worden, und es hatte viel Geld gekostet, ihn freizubekommen.«

Tante Jentl machte eine Pause und fuhr dann fort: »Da beide Seiten sich einig waren und über die Mitgift und die Geschenke nicht zu verhandeln war, gab es keinen Grund, die Hochzeit aufzuschieben. Ja, die Hochzeit. So eine Hochzeit habe ich weder vorher noch je danach wieder gesehen. Lifsche hatte alle eingeladen. Im Hof war eine lange Tafel für die Armen aufgestellt worden. Aus dem Armenhaus kamen alle, und wer nicht laufen konnte, wurde getragen. Die Hochzeit fand am dreiunddreißigsten Tag des Omer statt – der einzige Tag zwischen Pessach und Schawuot, an dem Hochzeiten erlaubt sind. Es war ein warmer, sonniger Tag. Später erzählte man sich, daß Reb Schachne ein Vermögen für die Hochzeit ausgegeben hatte und fast pleite gegangen war. Aber es kam nicht dazu. Zwei Kapellen waren für die Hochzeit bestellt worden. Seit Wochen hatten Schneider und Näherinnen und Schuhmacher die Nächte durchgearbeitet. Die Mädchen kamen am Abend zusammen, sie tanzten und trugen die neuen Schuhe ein. Die Friseure kämmten wer weiß wie viele Perücken aus. Gnesias Brautkleid hatte eine Schleppe, die vier Armlängen lang war. Die Leute fingen an zu murren, daß solches Benehmen die Nichtjuden herausfordere. So sind die Juden. Wenn die Zeiten schlecht sind, jammern sie. Wenn sie sich bessern, und auch wenn es nur ganz kurz ist, holen sie ihren ganzen Putz heraus – und die uns verachten, knirschen mit den Zähnen. Aber wir hören nicht immer auf den Verstand. Lifsches Dienstmädchen waren nicht gut genug für diese Gelegenheit, und sie hatte Köche und Kellner aus Lublin kommen lassen. Gnesias Mutter hatte ihr den ganzen Familienschmuck – Ketten und Broschen und Ringe, die sie geerbt und gekauft hatte – gegeben.

Wer Gnesia nicht in ihrem weißen Seidenkleid gesehen hat,

als der Schleier über ihrem Gesicht befestigt wurde, weiß nicht, was Vornehmheit ist. Aber in ihren Augen zeigte sich keine Freude. Die Mädchen fragten sie, warum ihr Gesicht nicht glühe vor Glück, und Gnesia antwortete: ›Ein Gesicht ist kein Glühwürmchen.‹ So war Gnesia – schlau wie ein Fuchs und scharf wie eine Rasierklinge. Die Hochzeit wurde die ganze Nacht durch gefeiert: Man tanzte und hüpfte, Polkas, Mazurkas, den Zorntanz und den Scherentanz. Zwei Spaßmacher übertrafen einander mit ihren Spottliedern, Wortspielen und Witzen, und der Bräutigam warf auch noch einen Witz oder zwei ein. Daß ein Bräutigam bei seiner eigenen Hochzeit Scherze machte, das hatte man noch nie erlebt, aber es wurde geklatscht. Ich tanzte auf dieser Hochzeit bis zum Morgengrauen. Ich war dabei, als Braut und Bräutigam die goldene Brühe aßen. Als die Zeit für das Brautpaar gekommen war, sich zurückzuziehen, und die beiden Mütter die Braut fortführten, muß Mully einen Witz gerissen haben, denn die ihn Umgebenden brachen in lautes Gelächter aus.

Ich war damals sehr jung, aber ich dachte mir, genug ist genug. Was sagt das Heilige Buch? ›Ein jegliches hat seine Zeit … weinen, lachen, klagen und tanzen.‹ Kinder, ich war nicht dabei, aber meine Mutter – sie möge Fürsprache für uns einlegen – hat mir erzählt, daß am Tag nach der Hochzeit oder vielleicht dem übernächsten Tag Gnesia in Lifsches Zimmer kam, bleich wie der Tod, und sagte: ›Mutter, ich habe einen Fehler gemacht.‹

Lifsche begann zu zittern. ›Tochter, was sagst du da? Warum?‹ Und Gnesia antwortete: ›Er ist ein Narr.‹

Lifsche sagte: ›Ausgerechnet, ein Narr? Die ganze Zeit hast du uns erzählt, wie klug er ist.‹

Und Gnesia rief aus: ›Mein Leben ist zerstört.‹

Es dauerte nicht lange, bis die ganze Stadt es bemerkte. Die ganze Zeit, während der sieben Segenstage tat Mully nichts anderes als Späße machen. Er benahm sich auch anmaßend. Er war Reb Schachne, Lifsche und dem Rabbi gegenüber respektlos. Er machte sich über alle lustig, ahmte Leute nach. Als ihm ein Fleischgang serviert wurde, sagte er, das Fleisch sei halbroh oder zu lange gekocht. Er wollte die Köche ihren Beruf lehren. Gnesia saß da, kalkweiß, ihre Augen loderten vor Wut. Sie konnte sich nicht länger bezwingen und rief aus: ›Mully, du gehst zu weit.‹ Später sagte sie zu ihrer Mutter: ›Er hat so ein dummes Lachen. Wo habe ich meine Augen gehabt? Ich muß blind gewesen sein.‹

Jetzt war die Katze aus dem Sack, und alle sahen plötzlich die Wahrheit. Reb Schachne war sprachlos. Er rief Gnesia zu sich und sagte: ›Tochter, als ich deinen Mann zum erstenmal sah, hat er mir nicht gefallen, aber da du so entzückt warst von ihm, habe ich den Mund gehalten. Was wissen wir, die ältere Generation, von der heutigen Welt? Ich möchte dich daran erinnern, Tochter, daß es bei den Juden eine Scheidung gibt. Irren ist menschlich.‹

Gnesia hörte ihn und antwortete: ›Vater, es wird keine Scheidung geben.‹

›Warum nicht?‹ fragte Reb Schachne, und Gnesia antwortete: ›Es ist mein Fehler, nicht seiner. Mir scheint, ich bin auch eine Närrin.‹

Wie es üblich war, hatte Reb Schachne sich verpflichtet, Mully auf einige Jahre zu unterstützen und ihn studieren zu lassen, wie andere junge Männer, die bei ihren Schwiegereltern lebten. Aber Mully war kein Gelehrter. Ihn zog der Marktplatz an. Er stand bei den Ladenbesitzern, umringt von Nichtstuern, und schwatzte drauflos. Er verlangte die Mitgift, die sein Schwiegervater behalten hatte, und machte ein Geschäft auf. Aber dafür war er auch nicht geeignet. In unserer Stadt gab es eine Zollbrücke, die der Gutsbesitzer einem blöden Burschen, Leibusch Knüppel, verpachtet hatte. Die Bauern und Fuhrleute, die über die Brücke fuhren, mußten zwei Groschen bezahlen. Es war eine armselige Arbeit, damit das tägliche Brot zu verdienen. Die Bauern versuchten andere Wege, um den Zoll nicht zahlen zu müssen. In einiger Entfernung gab es noch eine Brücke, und viele gingen dort über den Fluß. Leibusch war unehrlich; er betrog den Gutsbesitzer und wurde schließlich entlassen. Plötzlich verbreitete sich die Neuigkeit, daß Mully die Zollbrücke übernommen hatte. Es war eine Schande. Lifsche ging nicht mehr aus und wurde eine Einsiedlerin. Reb Schachne sagte zum Rabbi: ›Ich muß ein Unrecht begangen haben, um so eine Schande zu verdienen.‹ Die ganze Angelegenheit war grotesk. Wenn die Bauern den jungen eleganten Stadtbummler sahen, schimpften sie. Einer versuchte, nicht zu zahlen, ein anderer sagte, er werde morgen, später zahlen. Einer von den groben Kerlen versetzte Mully einen Peitschenhieb.

Alle warteten darauf, daß das Paar sich scheiden ließe. Aber niemand weiß, was in den Köpfen anderer vorgeht. Ganz plötzlich verbreitete sich das Gerücht, Gnesia säße mit ihrer blonden Perücke in der Zollbude und nähme den Zoll ein. Ich traute meinen Ohren nicht und wollte mir das selbst ansehen. Liebe Leute, die schwangere Gnesia trug eine dicke Jakke mit einer tiefen Tasche, wie die einer Marktfrau, und war gekommen, um ihrem Mann in der Zollbude zu helfen. Die Bauern brüllten sie an, und sie brüllte zurück. Sie verwünschten sie, und sie gab es ihnen zurück. Einige Leute hatten sich um sie versammelt. Einige lachten, andere kniffen sich bestürzt die Backen. Jemand sagte, ein Dibbuk sei in Gnesia gefahren. Eine Frau rannte zu Lifsche mit der schlechten Nachricht, und Lifsche sagte: ›Ich bin schon tot und begraben.‹

Es dauerte nicht mehr lange, bis sie den Geist aufgab. Reb Schachne litt noch zwei Jahre länger, aber er magerte so ab, daß die Kleider an ihm herunterhingen. Gnesia hatte sich bereits mit ihren Eltern zerstritten und war aus dem Haus ausgezogen. Sie kam nur selten, ihre Mutter während der Krankheit zu besuchen. Das war nicht mehr die alte Gnesia. Ihre Augen blickten immer böse. Ihr Kind, ein Sohn, wurde nach Lifsches Tod geboren. Meine Mutter hatte Lifsche während ihrer Krankheit besucht und versucht, sie zu trösten. Schließlich, sagte sie, Gnesia hat ja niemanden umgebracht. Aber Lifsche sagte zu meiner Mutter: ›Das ist nicht meine Tochter, das ist eine Art Verwandlung.‹ Ein paar Tage vor Lifsches Tod war ihr Sohn Tewel sie besuchen gekommen und blieb bis zum Ende der dreißig Trauertage. Er sagte offen, er erkenne seine Schwester nicht.

Ich habe das Wichtigste vergessen. Gnesia war Mully eine ergebene Frau geworden, so sah es jedenfalls aus. Er versuchte alle möglichen Berufe, und sie war immer an seiner Seite. In Wirklichkeit schlug ihm alles fehl, wenn er es allein unternahm. Wenn sie sagte ›kauf‹, so kaufte er, und wenn sie sagte ›verkauf‹, so verkaufte er. Er gab blöde Witze von sich, und sie lachte und wollte sie nochmals hören. Wenn sie, die kluge Gnesia, einen Fehler gemacht hatte, dann mußte sie beweisen, daß es richtig gewesen war. Es war eine Art Arroganz. Sie ließ niemanden ein böses Wort über Mully sagen. Sie schenkte ihm vier Kinder. Außer dem Erstgeborenen waren alle Mädchen, und sie arteten alle dem Vater nach: gutaussehend, aber dumm. Gnesia prahlte, wie klug sie seien, aber wenn sie sie schalt, schrie sie, daß sie alle Versager seien wie ihr Vater. Eine Nachbarin, die gern nachts hinter den Fensterläden lauschte, hat es mir erzählt. Die Kinder fürchteten sich vor Gnesia. Wenn sie nicht genau das taten, was sie befohlen hatte, schlug sie sie.

Gnesia war eine gute Geschäftsfrau, und sie hatte bald Erfolg. Es hieß, Reb Schachne habe dreiviertel seines Vermögens wohltätigen Organisationen hinterlassen, aber Gnesia hatte offenbar sein Testament gefunden und verbrannt, und was übrigblieb, war ein früheres Testament, in dem Reb Schachne fast alles ihr vermacht hatte. Alles, was ihr Bruder bekam, waren Bücher, eine Schriftrolle, eine Gewürzbüchse und ähnliches. Es gibt ein Sprichwort: Mann und Frau schlafen so lange auf demselben Kissen, daß auch ihre Köpfe gleich werden. In späteren Jahren fing auch Gnesia an, Witze zu machen – nicht ganz so dumme wie Mully, aber zu viele und in der gleichen Art. Sie fing auch an, ihm ähnlich zu sehen – noch immer hübsch, aber billig.

Ich war schon weggezogen, als Mully starb – gefällt wie ein Baum. Gnesia jammerte und klagte, kaufte eine Grabstelle für ihn auf dem teuersten Teil des Friedhofs, hatte auch vor, ein Grabmal für ihn errichten zu lassen, aber die Gemeinde erlaubte es nicht. Ein Grabmal wird für einen heiligen Mann erstellt, nicht für einen Possenreißer. Gnesia zeigte den Gemeindevorsteher bei dem Gutsbesitzer und den russischen Behörden an. Die Gemeindeältesten waren nahe daran, ins Gefängnis zu kommen. Die Art und Weise, wie sie sich aufführte, ließ einen denken, daß es für sie nur einen Gott und einen Mully gab. Trotzdem, eines Tages ging Gnesia nach Kielce – angeblich um ihren Bruder zu sehen, den sie um seine Erbschaft gebracht hatte – und kam mit einem Ehemann zurück, einem kleinen Mann mit grauem Bart. Er hieß Reb Fischele und war ein dreifacher Witwer. Reb Fischele, hieß es, sei früher ein erfolgreicher Geschäftsmann gewesen und Schiedsrichter bei rabbinischen Prozessen. Man habe ihn als Schlichter in weit entfernte Gegenden, sogar bis Warschau, gerufen, behauptete er. Irgendwo hatte er Söhne, Töchter und Enkel. Er sprach von nichts anderem als von seiner Klugheit; er plapperte und prahlte. Die Leute sahen sofort, daß Gnesia den gleichen Fehler noch einmal gemacht hatte. Er langweilte alle mit seinen Erzählungen, wie er die gelehrtesten Rabbis und die gerissensten Kaufleute überlistet hatte. Er hielt sich auch noch für einen Heilkundigen. Für jede Krankheit hatte er sein eigenes Heilmittel. Die Ärzte nannte er alle Kurpfuscher.

Liebe Leute, das Unterste wurde zuoberst gekehrt. Nach den paar Monaten, die Gnesia mit Reb Fischele verbracht hatte, war sie wie von der Schwindsucht verzehrt. Ihre Hände zitterten, und sie fing an, am Stock zu gehen. Reb Fischele ging zum Rabbi und beschwerte sich, daß seine Frau ihn nicht in ihrem Bett haben wollte. Sie nannte ihn – vor dem Dienstmädchen und sogar vor Fremden – einen Tunichtgut. Sie versuchte, ihn aus dem Haus zu werfen, und er lud sie vor das rabbinische Gericht. Sie hatte alle Scham verloren. Es stellte sich heraus, daß sie ihn auch geschlagen hatte. Eines Morgens erschien er in der Synagoge mit dem halben Bart. Man fragte ihn, was der anderen Hälfte geschehen sei, und er antwortete: ›Meine Hure hat ihn ausgerissen.‹ Man riet ihm, sich in Sicherheit zu bringen, und er sagte: ›Nicht ohne eine Abfindung.‹ Aber sie bekam ihren Willen. Eines Tages mietete er einen Wagen, um von ihr wegzugehen. Man hielt ihn auf dem Marktplatz an, und er rief aus: ›Sie ist kein menschliches Wesen, sie ist ein Dämon. Und es ist verboten, mit dem Übel unter einem Dach zu wohnen.‹ Der Wagen hielt vor Gnesias Haus, und Gnesia warf von der Türschwelle aus seine Habseligkeiten auf die Straße. Trotz allem wollte er sich noch von ihr verabschieden, aber sie rief dem Fuhrmann zu: ›Fort mit ihm!‹«

»Das war aber eine bösartige Frau!« sagte eine der Frauen, die zugehört hatten.

»Wenn man von anderen und von sich selbst genug hat, dann verliert man seine Würde«, antwortete Tante Jentl.

»Und was geschah dann?« fragte eine andere Frau.

Tante Jentl schreckte auf. »Sie starb im Haß. Legte sich zu Bett und stand nie mehr auf. Das Mädchen brachte ihr Essen, aber sie rührte es kaum an. Ihr Sohn lebte weit entfernt. Zwei ihrer Töchter kamen, um zu sehen, wie es ihr gehe, aber sie verbot dem Mädchen, sie hereinzulassen. ›Ich habe genug von Dummköpfen. Ich will meine letzten Tage ohne sie verleben.‹ Sie ließ auch den Arzt nicht herein. Sie befahl dem Mädchen, die Rouleaus herunterzuziehen, und lag im Dunkeln. Die Frauen von dem Bestattungsverein kamen, um mit ihr das Bekenntnis zu sprechen, aber sie schickte sie fort.«

»Ist sie gestorben, ohne ihre Sünden bekannt zu haben?« fragte eine Frau.

»Ohne Bekenntnis und ohne einen Letzten Willen«, antwortete Tante Jentl.

»Was ist aus ihrer Erbschaft geworden?«

»Was immer bei Erbschaften geschieht. Die Töchter bekämpften sich deswegen und verfeindeten sich. Der Sohn kam nicht zur Beerdigung. Der Bestattungsverein verlangte eine Riesensumme für die Grabstelle, und die Töchter weigerten sich zu zahlen. Sie wurde nahe am Zaun beerdigt, zwischen den Armen und den Selbstmördern. Nur der Totengräber sagte Kaddisch für sie.«

Tante Jentl schwieg. Ihre Haube, mit allen Bändern, zitterte. Die Perlen spiegelten die Flammen der untergehenden Sonne wider. Tante Jentl erhob ihren Zeigefinger und sagte: »Ein kleiner Fehler wird zu einem großen Fehler, und ein großer Fehler kann eine offene Tür zur Hölle sein, möge es uns erspart bleiben, Vater im Himmel.«

VERWIRRT

1

Im Taxi vom Kennedy-Flughafen döste ich und dachte gleichzeitig nach. Nach einer Reihe von Vorlesungen in Universitäten und Synagogen kehrte ich nach New York zurück. Sogar in einem katholischen Mädchencollege hatte ich gesprochen. Ich war erschöpft von dem ständigen Herumreisen, Vorträge-Halten, Leuten-Begegnen, deren Namen und Gesichter ich sofort wieder vergaß, und von vielen schlaflosen Nächten.

In meiner Wohnung war alles von einer Staubschicht bedeckt. Ich hatte in der Kleiderkammer das Licht brennen lassen, und es hatte den Motten beim Auffressen meiner Anzüge und Mäntel geleuchtet. Aber haben Motten Augen, mit denen sie das Licht wahrnehmen? Ich beschloß, dies im Lexikon nachzuschlagen. Inzwischen streckte ich mich, ohne meinen Mantel oder die Überschuhe abzulegen, auf dem Sofa aus und versuchte mich auszuruhen. Ich hatte kein Licht gemacht, aber von einem hohen Gebäude an der West End Avenue fiel Licht in mein Wohnzimmer. Ich nahm aus meinen Brust- und Hosentaschen die halbzerdrückten Schecks, die ich nach jedem Vortrag erhalten hatte. Ich muß sie einzahlen, ehe sie unlesbar werden. Bald würde ich gut die Hälfte der Gesamtsumme als Bundes-, Staats- und Stadtsteuer abliefern müssen. Aber was sollte ich mit dem Rest des Geldes anfangen? Im Lauf der Jahre brauchte ich weniger Geld fürs Essen. Ich brauchte auch keine neuen Anzüge. In Wirklichkeit arbeitete ich nur für die Steuerbehörden.

Das Telefon läutete, und obwohl ich geschworen hatte, dieses Jahr keine Vorträge mehr anzunehmen, hörte ich mich zu meinem Agenten »ja« sagen für Vorträge in so weit entfernten Orten wie San Francisco und Winnipeg.

Dann rief eine Frau an und sagte zu mir in Jiddisch: »Sie kennen mich nicht, aber ich kenne Sie von Ihren Büchern und Geschichten. Ich weiß, Sie sind ein vielbeschäftigter Mann, aber da ich Ihre Telefonnummer im Telefonbuch gefunden habe, kann ich der Versuchung nicht widerstehen, Ihnen zu sagen, wie sehr ich Sie bewundere, und Sie zu fragen, ob Sie mich vielleicht treffen wollen. Nur für kurze Zeit. Ich bin sicher, daß Sie oft darum gebeten werden, und wenn Sie es mir abschlagen, so werde ich nicht beleidigt sein.«

»Ich werde es Ihnen nicht abschlagen.«

»Ich wußte, daß Sie ein Mann mit Herz sind. Wann kann ich zu Ihnen kommen?«

Ich schwieg und versuchte, ein Datum zu finden, aber ohne meinen Terminkalender (wo war er?) konnte jedes Datum, das ich ihr gab, ungeeignet sein. Ich fragte sie: »Was sind Sie? Was tun Sie?«

»Ach, ich war lange Lehrerin in einer jiddischen Schule in Chicago. Ich interessiere mich sehr für Spiritismus. Und das hat mich in Ihren Arbeiten ganz besonders angezogen. Wie

Sie glaube auch ich, daß Telepathie, Hellsehen, Vorahnungen Talente sind, die jeder entwickeln kann ...«

»Darf ich fragen, wie alt Sie sind?«

»Zweiundvierzig. Ich hatte vorgestern Geburtstag.«

»Ich gratuliere. Wo wohnen Sie?«

»Hier, im Westen der Stadt. Ich bin sogar Ihre Nachbarin.«

Wieder so eine Verrückte, dachte ich. Ich werde mich nicht um sie kümmern. Statt dessen sagte ich: »Kommen Sie gleich herüber. Aber ich sage schon jetzt, nicht auf lange. Ich bin gerade von einer Vortragsreise zurückgekommen und muß früh schlafen gehen.«

»Ich werde in einer Viertelstunde an Ihre Tür klopfen. Ich danke Ihnen von ganzem Herzen. Ich verehre Sie nicht umsonst.«

Es hatte Zeiten gegeben, da ich in meiner Wohnung etwas Ordnung machte, ehe ein Besuch, besonders eine Frau, kam, aber jetzt hatte ich weder die Kraft noch den Ehrgeiz, es zu tun. Ich zog nur meinen Mantel und die Überschuhe aus, dann legte ich mich wieder auf das Sofa. Ich schloß die Augen und schlief sofort ein. In den letzten paar Jahren waren meine Träume außerordentlich lebendig geworden. Ich träume fast ausschließlich von Verstorbenen. Folgender Traum wiederholte sich mehrfach in vielen Variationen: Ich besuche meine verstorbene Geliebte Ethel in Brooklyn in der Ocean Avenue. Es ist dämmerig. Sie öffnet mir die Tür, und im Korridor frage ich sie: »Ist Leon hier?« Ethel murmelt: »Ja, er erwartet dich.« Wir betreten das Schlafzimmer, und Leon liegt im Bett. Im Traum erinnere ich mich daran, daß sowohl Ethel wie Leon schwer krank gewesen waren, aber sie waren nicht gestorben. Obwohl es im Schlafzimmer dunkel ist, kann ich Leons Gesicht sehen – es ist mager, bleich, mit weißen Augenbrauen.

Er schaut mich mit einer Mischung von Dankbarkeit und Vorwurf an. Ich höre Ethel sagen: »Freunde, ich gehöre euch.«

Wenn ich erwache, habe ich die letzten Teile des Traums stets vergessen. Der Traum endet jeweils, als habe der Herr der Träume beschlossen, das Ganze in einen Spaß zu verwandeln. Manchmal singt Leon eine liturgische Melodie, die in einem Mißklang endet. Ethel trägt Verse vor wie ein Hochzeitsspaßmacher, in einer Mischung aus Jiddisch, Hebräisch und Polnisch, und sie lacht ausgelassen. Wie immer, so hing ich auch an diesem Abend den verblassenden Bildern nach, bis nichts als der feierliche Anfang und das verrückte Ende übrigblieben – und der Drang zu urinieren. Die Toilette hat wie alle Einrichtungen in diesem alten Haus ihre Launen. Manchmal ergießt sich das Wasser in einem Strom, den ich nicht abstellen kann, und ich muß den Hausmeister rufen. Und dann wieder kommt überhaupt kein Wasser. Es quietscht, gurgelt und wimmert, als sei eine lebende Kreatur in den Röhren gefangen. Diesmal fing die Dusche an zu fließen, obwohl ich sie nicht berührt hatte. Während ich auf dem Badewannenrand stand, um die Dusche abzustellen, fiel etwas aus dem Medizinschränkchen – ein Salzfaß, von dem ich mich nicht erinnerte, es dorthin gestellt zu haben (wozu auch?). Leblose Dinge trieben boshafte Späße mit mir.

2

Es läutete, und ich lief, um die Tür zu öffnen. Draußen stand eine kleine Frau, die jünger aussah als vierzig, in einer schäbigen Pelzjacke, Stiefeln und mit einem Tuch über dem schwarzen Haar. Ihr Gesicht war hell, klein, mädchenhaft, mit hohen

Backenknochen. Sie war nicht geschminkt. In ihren dunklen Augen schimmerte eine Mischung aus provinzieller Schüchternheit und Großstadtwissen. Sie hielt einen kleinen Korb unter dem Arm. Ich hatte das Gefühl, sie zu kennen, aber woher? Sie war kaum eingetreten, da erzählte sie mir schon, daß sie alle meine Vorträge in New York gehört habe, und sogar die in der Umgebung. Sie nannte sich selbst meinen weiblichen Chassid. Ich half ihr aus der Jacke. Ihre Figur war mädchenhaft. Sie sei nach Amerika gekommen, sagte sie, 1948, aus einem deutschen DP-Lager. Während des Krieges hatte sie in Rußland gelebt. Als sie das Wohnzimmer betrat, öffnete sie den Korb und nahm drei meiner Bücher heraus, zwei auf Englisch und eins auf Jiddisch. Sie sagte: »Sie haben mir Widmungen in diese Bücher geschrieben – natürlich erinnern Sie sich nicht daran. Unberufen, Sie sehen unverändert wohl aus. Hier ist ein Buch. Sehen Sie es sich an.«

Sie schlug eines der Bücher auf, und ich las auf dem Innendeckel: »Der lieben Pessl in Freundschaft und mit der Hoffnung auf ein Wiedersehen.«

Sie sagte: »Das war eigentlich eine Einladung, aber ich war damals in Chicago, und in meiner Lage war es nicht so einfach, nach New York zu fahren. Ich heiße Pesche, aber man ruft mich Pessl. Hier in Amerika schämt man sich solcher altmodischer Namen. Sogar in Polen schämte man sich. Aber für mich ist es ein guter jüdischer Name. Meine Urgroßmutter hieß Jente Pesche. Sie war reich, und sie schenkte dem Rabbi von Rizin bei meiner Geburt einen goldenen Kelch.«

»Meine Wohnung ist in schrecklicher Unordnung«, sagte ich. »Ich hoffe, daß Sie das nicht stört.«

»Mich stört? Nichts kann mich mehr stören. Nebenbei, wenn Sie jemanden brauchen zum Saubermachen, ich tue es gern.«

»Gott behüte!«

»Warum Gott behüte? Hier in New York arbeitete ich als Reinemachefrau und als Babysitter. In Warschau bin ich aufs Gymnasium gegangen und habe sogar angefangen zu studieren, aber dann brach der Krieg aus, und ich wurde ›gleichgeschaltet‹, wie die Deutschen es nannten. Ich kam mit einer kranken Tochter nach Amerika. Es ist eine lange Geschichte.«

»Haben Sie einen Mann?«

»Mein Mann kam in dem polnischen Aufstand 1945 um. Seien Sie nicht entsetzt, er war kein Jude.«

»Sie stört nichts mehr, und mich entsetzt nichts mehr.«

»Halina ist fast zwanzig Jahre alt. Sie ist in ihrem Gefühlsleben gestört. Sie muß in einer Klinik leben. All meine Energie und alles, was ich verdiene, geht für diese Tochter drauf. Sie wuchs bei ihrer Tante, einer Schwester meines Mannes, auf, während ich in Rußland dahinvegetierte. Sie wußte nicht, daß sie jüdisch war, bis ich nach Warschau zurückkam. Was ich in Rußland durchmachte, ist eine zu lange Geschichte, um sie jetzt zu erzählen.«

»Worin besteht denn ihre Störung?«

»Meine Schwägerin Stasia ist eine Antisemitin, und sie erzog Halina zum Judenhaß. Ich kann Ihnen nicht sagen, wie traumatisch es für sie war, als sie erfuhr, daß ihre Mutter Jüdin sei. Sie ging mit den Fäusten auf mich los. In den vielen Jahren, die seitdem vergangen sind, hat sie sich nicht mit ihrem jüdischen Blut abfinden können. Und das ist noch nicht alles. Es vergehen Tage, manchmal Wochen, und sie sagt kein einziges Wort. Sie ist immer depressiv. Außerdem hat sie aufgehört zu wachsen. Als ich sie in Warschau im Hause ihrer Tante fand, war sie ziemlich groß für ihr Alter, aber dann entwickelte sie sich nicht so, wie ein Kind sich normalerweise entwickelt.«

»Vielleicht fehlen ihr Hormone.«

»Ach, man hat alles versucht, selbst eine Schockbehandlung. Mit dem, was ich verdiente, konnte ich ihr nicht viel helfen. Aber ich fand einen Anwalt, der auf Wiedergutmachungszahlungen von den Deutschen spezialisiert ist, und er erreichte, daß sie eine Rente bekommt und daß ihre ärztliche Behandlung bezahlt wird. Auch daß ich von Chicago nach New York gekommen bin, hat mit ihr zu tun. Hier habe ich die richtige Klinik für sie gefunden und auch einen wunderbaren Arzt. Ich möchte irgend etwas für Sie tun.«

»Was möchten Sie für mich tun?«

»Ach, irgendwas. Ich könnte ein- oder zweimal die Woche Ihre Wohnung besorgen. Ich wäre auch bereit, Ihre Wäsche zu waschen. Ich möchte Ihnen sagen, daß dieser Arzt erreicht hat, daß meine Tochter mich ab und zu besuchen und ein paar Tage bleiben kann. Deswegen habe ich die Schule aufgegeben, da ich nie weiß, wann sie zu mir kommen wird. Jetzt ist Babysitting meine Beschäftigung. Ich kann meine Tochter dazu mitnehmen. Für sie ist es eine Art Erholung. Sie haßt mich, aber sie liebt Kinder. Sie würde einem Kind nie etwas tun. Ach, mein Leben ist so verrückt, was immer ich Ihnen erzähle, ist nur ein Bruchteil von dem, was ich durchmache. Ich habe als Babysitter einen guten Namen. Junge Paare verlassen sich auf mich, wenn sie verreisen. Ich habe in Warschau in einem Kindergarten unterrichtet, und einige Zeit habe ich in einem Kinderspital in der Slizkastraße gearbeitet. Viele Ehepaare haben Bars in ihrer Wohnung, und sie lassen sie für mich offen. Ich sollte es Ihnen nicht sagen, aber ich bin schon lange, ehe ich Rußland verlassen habe, zur Trinkerin geworden. Ohne

Alkohol wäre ich während des Holocaust nicht am Leben geblieben. Ich werde nicht betrunken, nur schläfrig, aber wenn ein Baby nur piepst, bin ich in einer Sekunde hellwach. Warum belästige ich Sie mit all diesen Einzelheiten? Sie sind selbst schuld daran, weil Sie mich fragen. Da ich schon mal hier bin, werde ich ein bißchen Ordnung in der Wohnung machen.«

»Auf keinen Fall.«

»Auf jeden Fall.«

3

Ich döste auf dem Sofa, und Pessl bereitete das Abendessen für mich. Ich wollte mit ihr in ein Restaurant gehen, aber sie bestand darauf, einzukaufen und zu kochen.

Ich mußte ihr Geld aufdrängen. Ich war so müde, daß ich, nachdem sie in den Supermarkt gegangen war, einschlief. Als ich die Augen öffnete, erkannte ich die Wohnung nicht wieder. Kein Staub mehr. Sie hatte in dem Haufen von Briefen, Büchern und Telegrammen, die sich in meiner Abwesenheit angesammelt hatten, Ordnung gemacht. Wie sie in anderthalb Stunden alles erledigt hatte, war mir unbegreiflich. Wir setzten uns an den Küchentisch und aßen zusammen wie ein altes Paar. Ich stellte Pessl Fragen, und sie erzählte mir, daß sie außer ihrem verstorbenen Mann, Piotr Trapinski, und einem Liebhaber in Rußland keine anderen Männer gehabt habe. Sie hatte zehn Jahre ohne Mann gelebt, nicht aus Sittsamkeit, sondern weil sie all ihre Kraft für die Tochter brauchte. Außerdem hätten die Männer, die sie in Chicago kannte, Jiddischlehrer, kein Verlangen in ihr erweckt.

Nach dem Essen wusch Pessl ab. Dann legten wir uns auf

das Sofa. Wir küßten uns, und Pessl schwor, daß sie mich, seit sie mich bei einem Vortrag in Chicago zum erstenmal gesehen hatte, liebte. Sie gelobte feierlich, mich nicht nur in dieser Welt, sondern auch in der zukünftigen und in all ihren Reinkarnationen zu lieben. Mir erschien solch Enthusiasmus bei einer über vierzigjährigen Frau, die durch die Hitlerhölle und den Stalinterror gegangen war, etwas seltsam, aber ich hatte in meinem Leben allerhand Erfahrungen gemacht, so daß mich auch das seltsamste menschliche Verhalten nicht erstaunen konnte. Plötzlich rief sie: »Wie spät ist es? Ich muß gehen!«

»Wohin?«

»Komm mit. Es ist zehn Minuten vor zehn.«

Pessl erzählte mir in Eile, daß sie an diesem Abend eine Babysitterverabredung hatte, nur ein paar Straßen entfernt von mir. Bei einer Frau, die wegen eines Liebhabers von ihrem Mann getrennt lebte. Der Mann hatte einen Detektiv auf ihre Spur gesetzt, und sie mußte sich davonstehlen, damit er ihr nicht folgen konnte. Sie ließ ihr zweijähriges Kind immer bei Pessl. »Komm mit«, sagte Pessl, »es wird die erste Nacht unserer Flitterwochen sein.«

Ich sagte zu Pessl, ich könne nicht mitkommen und ich sähe mich auch nicht als Babysittergehilfe, aber nach einiger Überredung erklärte ich mich bereit, nachzukommen, wenn die Mutter gegangen war. Ich würde in einem nahegelegenen Restaurant warten und Pessl anrufen, um zu erfahren, ob die Mutter gegangen sei. Während wir eilig zu dem Restaurant liefen, sagte Pessl: »Du kannst mich in zehn Minuten anrufen oder sogar noch eher. Sie wartet schon auf mich. Ich hätte früher dort sein sollen, und sie wird ärgerlich sein. Na, wenn schon.«

Sie blieb gerade lange genug im Restaurant, um die Telefonnummer und die Wohnungsnummer auf eine Serviette zu schreiben, dann lief sie davon. Ich setzte mich an die Theke, bestellte eine Tasse Kaffee und las die Abendzeitung, die ein Gast liegengelassen hatte. Nach einer Viertelstunde rief ich an, und Pessl rief: »Komm gleich!«

Das Haus hatte keinen Portier, und der Fahrstuhl war automatisch. Ich fuhr zum vierzehnten Stock. Pessl erwartete mich in der offenen Tür. Ich betrat die Wohnung, die mit rotem Spannteppich, passenden Tapeten und modernen Möbeln eingerichtet war. Im Wohnzimmer stand der Fernsehapparat und eine als Bücherschrank verkleidete Bar. Am Fenster hing ein Käfig mit einem Wellensittich. Im Badezimmer hing das Bild eines urinierenden Knaben, dem ein kleines Mädchen zuschaute und sich wunderte. Alles war billig und kleinbürgerlich. Pessl öffnete den falschen Bücherschrank, auf dessen Tür die Namen Shakespeare, Milton und Edgar Allan Poe zu sehen waren, und begann zu trinken und zu rauchen. Sie nötigte mich, auch etwas zu trinken. Sie ergriff mein Handgelenk, führte mich ins Schlafzimmer und zeigte mir den schlafenden Jungen, Nicky, seine Spielsachen, darunter einen Teddybären, der fast so groß war wie ein richtiger Bär. Das Kind hatte lockiges blondes Haar und gerötete Backen. Es hatte einen Schnuller im Mund.

Im Wohnzimmer legten wir uns auf das Sofa. Es kam mir vor, als kennte ich Pessl schon seit langer Zeit. Der Alkohol hatte sie fröhlich gemacht, und sie versicherte mir, dies sei die glücklichste Nacht ihres Lebens. Sie erzählte mir Geschichten von ihren Wanderungen in Rußland. Sie war an Typhus und Lungenentzündung erkrankt. Sie war in Zügen gereist, die tagelang auf freiem Feld gehalten hatten und die so überfüllt waren, daß die Reisenden ihre Notdurft in einem Nachttopf verrichten mußten, den sie bei sich trugen. Sie hungerte, lief in zerschlissener Kleidung herum und rauchte Zigaretten aus getrockneten Eichenblättern. Jahrelang lebte sie mit dem Tod. Und jetzt war sie hier, in einer warmen Wohnung, trank Cognac, rauchte amerikanische Zigaretten, und wer war bei ihr? Ihr geliebter Schriftsteller. Konnte es etwas Schöneres geben? Während sie dies sagte, küßte sie mein Gesicht, meinen Hals, selbst die Ärmel meiner Jacke. Ich sträubte mich, und sie rief: »Misch dich nicht ein, wenn ich den Mann, den ich liebe, küsse.«

Nach einiger Zeit überwältigte mich die Müdigkeit. Auch Pessl fing an zu gähnen. Sie holte eine Decke und breitete sie über uns. Sie umarmte mich und kuschelte sich an mich. Ich lag still und wollte gerade einschlafen, als der Traum von Ethel und Leon zurückkehrte. Ich hörte Ethel sagen: »Freunde, ich gehöre euch.«

4

Ich hatte lange und tief geschlafen. Ich wurde von lauten Schlägen und Läuten und Männerstimmen geweckt.

Pessl setzte sich in Verwirrung auf. »Weh mir. Dem Kind ist etwas zugestoßen!«

Sie lief in das Schlafzimmer, wir begriffen aber schnell, daß der Lärm von der Tür herkam. Pessl lief, um aufzumachen. Feuerwehrleute sagten ihr, auf unserem Flur sei ein Feuer ausgebrochen, und befahlen uns, sofort die Treppe hinunter in die Halle zu gehen. Pessl lief in das Schlafzimmer zurück und nahm den schlafenden Jungen auf, mir rief sie zu, den Wellensittich zu nehmen. Es war ein Wunder, daß wir beide angekleidet waren. Im Korridor stiegen wir über einen riesigen Schlauch. Die Luft war voller Rauch. Das Kind erwachte und weinte. Pessl schrie: »Sie werden alles stehlen! Beatrice wird mich beschuldigen!«

Wir rannten die Treppe hinunter. Der Wellensittich hüpfte in seinem Käfig vor und zurück und versuchte, durch die Stäbe ins Freie zu gelangen.

»Wo ist meine Uhr?« fragte ich. Ich suchte in all meinen Taschen. »Wo ist mein Füllfederhalter?«

Wir stiegen so viele Treppen hinunter, daß ich fürchtete, wir hätten uns in einem unterirdischen Labyrinth verlaufen. Aber endlich erreichten wir die Halle, die von Hausbewohnern wimmelte. Die Sofas und Stühle waren von Frauen und Kindern mit Beschlag belegt worden. Männer liefen in Pyjamas, Bademänteln oder Morgenröcken herum. Einige hatten es noch geschafft, Hausschuhe anzuziehen, andere waren barfuß. Schläuche ringelten sich über den Boden. Feuerwehrleute mit schwarzen Helmen rannten hin und her, trugen Äxte, Stangen, Gasmasken und Gegenstände, für die ich keinen Namen wußte. Einige der Hausbewohner waren ärgerlich, andere lachten. Ich hatte den Käfig mit dem Wellensittich auf den Boden gestellt und fand noch Platz auf einem Sofa, neben Pessl, die den kleinen Jungen in ihren Armen wiegte und versuchte, ihn zum Schlafen zu bringen. Gleichzeitig sprach sie zu mir: »Ich wußte, daß irgendein Unheil geschehen würde. Leuten wie mir ist es nicht erlaubt, auch nur eine glückliche Minute zu erleben. Liebster, warum mußte ich dich in diese Sache verwickeln? Geh nach Hause. Ich werde schon alles finden, was du verloren hast. Du sollst nicht durch mich Pech leiden müssen.«

»Pessl, nimm es doch nicht so tragisch. Sie werden das Feuer bald unter Kontrolle haben.«

»Wenn es nicht dieses Feuer ist, so wird es andere Feuer geben. Gerade an dem Abend, als ich aus vollem Herzen sagen konnte, ich bin glücklich, verrückt vor Glück, muß dies passieren. Nu, es ist ein Witz. Das Schicksal lacht mich und meine Illusionen aus. Wenn Beatrice zurückkommt und dieses Durcheinander sieht, wird sie sich aufhängen. Beatrice, Frau Klapperman, ist die Besitzerin der Wohnung. Sie läßt ein Kind allein und läuft die ganze Nacht mit einem Scharlatan herum. Sie zittert um jedes Stück von ihrem Kram. Schlaf, mein Schatz, schlaf. Mama wird bald dasein. Mach die Äuglein zu!« Plötzlich rief sie: »Meine Handtasche, wo ist meine Handtasche?« Sie gab mir das Kind und schrie: »Ich muß meine Handtasche finden; alles, was ich besitze, ist darin. Mein Gott! Oh, was für ein Unglück!«

Ich saß da und hielt einen schweren kleinen Jungen, in eine Decke gewickelt, im Arm. Ich sah Pessl auf eine Tür zulaufen, die zu den Treppen führte. Sie stolperte und fiel fast über einen der Schläuche. Das Kind blinzelte und fing mit aller Kraft an zu schreien. Frauen versuchten, es zu beruhigen. Sie legten den Jungen auf das Sofa, wiegten ihn, pusteten über ihn, riefen ihn Babylein, Engel, Liebling, aber seine Wut steigerte sich nur. Er bleckte seine Zähne wie ein kleines Tier. Pessl blieb lange fort. Die Frauen begannen mich zu fragen, wer ich sei und in welcher Wohnung ich lebe. Ich mußte gestehen, daß ich eine Babysitterin besucht hatte. Sie fragten mich nach der Nummer der Wohnung, aber ich konnte mich weder an das Stockwerk noch an den Namen der Besitzerin erinnern. Die Frauen sahen sich an, murmelten etwas und blinzelten sich zu. Ich suchte in meinen Taschen. Ich hatte die Nummer der Wohnung aufgeschrieben, aber das Stückchen Papier war verschwunden. Mein Gott! Hier saß ich mit einem fremden Kind, das man mir aufgehalst hatte. Man konnte mich beschuldigen, das Kind entführt zu haben. Ich wollte Pessl suchen gehen, aber bei wem konnte ich das Kind lassen, das nicht aufhören wollte zu schreien?

Eine kleine Frau mit einem feuerroten Schopf, die ein grünes Nachthemd und Pantoffeln in der gleichen Farbe trug, kam zu mir herüber und sagte in überraschtem Ton: »Wohnen Sie hier?«

Die Frauen um mich herum wurden still. Das Kind hörte auf zu weinen.

Ich sagte: »Ich habe eine Babysitterin besucht, und sie ist ihre Handtasche suchen gegangen.«

»Sie erinnern sich nicht an mich, wie ich sehe, aber wir haben einmal zusammen gegessen, als Sie bei unserer Gruppe einen Vortrag hielten. Ich habe Sie eingeführt.«

»Ein Redner?« sagte eine der anderen Frauen.

In diesem Augenblick kam Pessl zurück. »Meine Handtasche ist verschwunden! Hier ist deine Uhr. Ich hatte alles bei mir, mein Geld, meine Lesebrille, mein Bankbuch. Nu, das ist eine Komödie.«

»Vielleicht hast du die Handtasche bei mir gelassen«, sagte ich und war mir sofort bewußt, daß ich das nicht hätte sagen sollen.

»Ich gehe nie ohne meine Handtasche weg. Aber heute ist eine dieser Nächte …«

»Feuerwehrleute sind keine Diebe«, sagte die kleine rothaarige Frau. »Sie haben Ihre Handtasche wahrscheinlich irgendwo anders gelassen oder –«

»Wo steht das geschrieben, daß Feuerwehrleute keine Diebe sind?« sagte Pessl. »Wenn sie eine Handtasche mit Geld finden, dann nehmen sie sie. Wenn deutsche Offiziere, Männer, die studiert haben und Goethe und Schiller lesen, sich nicht geschämt haben, einem armen Juden das Hemd wegzureißen, einem Kind den letzten Bissen zu nehmen und ihm dann den Kopf abzuschlagen, warum sollten dann einfache Feuerwehrmänner nicht eine Handtasche stehlen? Jeder grapscht. Sie wollten mich nicht in die Wohnung lassen, angeblich wollten sie mich vor dem Feuer schützen. Aber es brennt nicht in der Wohnung. Sie zerstören einfach –«

Pessl konnte den Satz nicht beenden. Eine stattliche Frau kam herüber und hielt zwei Handtaschen in der Hand. »Fräulein, ist das Ihre Handtasche?« fragte sie.

Pessls Augen traten aus den Höhlen. »Wo haben Sie sie gefunden?«

»Sie lag gerade dort drüben bei der Wand.« Die Frau deutete auf die Stelle, wo Pessl gesessen hatte. Pessl öffnete die Handtasche, sah hinein und schloß sie sofort wieder. Sie sagte: »Irgendwie bin ich durch all die schlimmen Erfahrungen meines Lebens hindurchgekommen, aber meine Nerven sind zerrüttet.«

In dem ganzen Tumult war der Junge wieder eingeschlafen. Ein Feuerwehrmann rief laut: »Meine Damen und Herren, Sie können wieder schlafen gehen. Aber stürmen Sie nicht den Fahrstuhl!«

Alles rannte zum Fahrstuhl, man stieß und schubste sich, die kleine rothaarige Frau mittendrin.

»Wer ist dieses rothaarige Geschöpf?« fragte Pessl. »Ich laß dich nur fünf Minuten allein, und schon bist du von diesen Megären umringt. Kennst du sie vielleicht?«

»Sie sagt, ich hätte vor vielen Jahren einmal mit ihr geluncht.

Sie gehört irgendeiner Frauengruppe an, wo ich einen Vortrag gehalten habe. Sie behauptet, mich eingeführt zu haben.«

»Jaja, ich weiß schon. Sie haben immer irgendeinen Grund, um Bekanntschaften zu machen. Sie hat die Augen eines Falken. Die Männer arbeiten schwer, werden herzkrank, und diese Nutten haben nur eine Beschäftigung – anderen Frauen die Männer wegzunehmen. Von heute an gehörst du mir. Ich wollte sterben, nicht einmal, sondern hundertmal. Aber eine innere Stimme befahl mir: ›Pessl, warte!‹ Ich bin sicher, du glaubst nicht an solche Vorahnungen, obwohl du darüber schreibst. Schriftsteller sind gespaltene Seelen. Sie schreiben und schreiben über die Liebe, aber sie glauben nur an Sex. Sie erzählen Geschichten über Geister und sind selbst die schlimmsten Materialisten. Du hast sicher gedacht, daß ich das Kind dir in den Schoß geworfen und mich davongemacht hätte. Stimmt's?«

»Ich hatte keine Ahnung, daß ein Kind so einen Lärm machen kann.«

»Was ist denn ein Kind? Es hat alle Eigenschaften eines Erwachsenen. Es hat es eilig, erwachsen zu werden und seinen Teil am Bösen zu tun. Ich bin eine Närrin. Wirklich, das bin ich.«

»Warum sagst du das?«

»Wozu brauchte ich die Handtasche, wenn ich dich habe? Ich würde sechs Handtaschen für deinen kleinsten Nagel geben. Schau mich nicht so an. Das sind nur meine verfluchten Nerven. Die geringste Kleinigkeit wirft mich aus dem Gleichgewicht. Eben bin ich noch der glücklichste Mensch auf dieser Welt, und dann brennt es plötzlich, und für mich ist ein Feuer nicht ein Feuer, sondern ein Verbrennungsofen der Nazis. Ich bin von Natur aus recht mutig – wie hätte ich auch ohne Mut überleben können? Aber ich bin gleichzeitig von

Angst erfüllt. Ich hatte einen Mann, und sie haben ihn umgebracht; ich habe eine Tochter, und sie sagt zu mir, daß ich nicht ihre Mutter sei; du begegnest mir, und plötzlich bricht ein Feuer aus. Das ist kein Zufall. Die bösen Mächte arbeiten gegen mich. Schau! Da steht sie, die rothaarige Nutte. Sie kommt zurück.«

Die rothaarige Frau näherte sich uns. Sie sagte: »Ich wohne im obersten Stock, und es war unmöglich, in den Fahrstuhl zu kommen. Man schubst und stößt einander wie verrückt. Ich will Sie nicht stören, aber ich möchte Ihnen sagen, welche Überraschung es war, Sie unter diesen Umständen zu treffen.«

»Darf ich bekannt machen?« fragte ich. »Dies ist meine Freundin Pessl. Und dies ist –«

»Ich bin Terry. Terry Bickman.« Sie machte eine Bewegung, Pessl die Hand zu reichen, aber Pessl trat einen Schritt zurück.

»Sie scheinen sich nicht mehr an mich zu erinnern.« Die rothaarige Frau wandte sich an mich. »Sie hielten in unserer Gruppe einen Vortrag, und nachher gingen Sie mit mir in ein vegetarisches Restaurant. Damals war mein Mann dabei. Wir sind jetzt geschieden.«

»Ja, Sie haben mein Gedächtnis aufgefrischt.«

»Sie wohnen nicht hier?«

»Nein, ich besuchte diese Dame und blieb länger, als ich beabsichtigt hatte.«

»Ich verstehe. Unsere Gruppe würde Sie gern wieder einladen. Ich bin jetzt die Präsidentin. Können Sie mir Ihre Adresse und Telefonnummer geben?«

»Ich stehe im Telefonbuch.«

»So? Daran habe ich nie gedacht. Die meisten Schriftsteller haben Geheimnummern.«

»Ich verstecke mich nicht vor meinen Lesern.«

»Gut. Ich werde Sie anrufen. Gute Nacht.«

Terry Bickman nickte Pessl zu. Sie war kaum drei Schritte entfernt, als Pessl laut sagte: »Nu, habe ich recht oder nicht? Sie lauerte da wie ein Wolf auf sein Opfer. Sie wand sich wie eine Schlange. Du kannst ganz sicher sein, daß sie dich anrufen wird, und du wirst wieder mit ihr lunchen und wer weiß, was noch. Was mich angeht, so habe ich kein Recht auf dich – wir sind uns heute das erstemal begegnet. Du sagtest, ich solle kommen, und ich kam. Trotzdem will ich dir sagen, wenn du daran denkst, diese rothaarige Hure zu treffen, so ist zwischen uns alles aus. Ich habe einen Instinkt, und ich empfange Schwingungen. Du wirst nie verstehen, wie weit sie reichen.«

5

Nachdem alle Mieter in ihre Wohnungen zurückgekehrt waren und der Lift leer war, fuhren Pessl und ich mit dem schlafenden Kind und dem Wellensittich hinauf. Sobald der Lift sich in Bewegung setzte, schlug sich Pessl mit der Hand, an der ihre Handtasche hing, vor die Stirn. Sie hatte keinen Wohnungsschlüssel. Ihr Gesicht verzerrte sich. Ihre Augen drückten Verzweiflung aus und auch eine Art masochistischen Triumphs: Ihre Voraussage unmittelbar bevorstehenden Unglücks war eingetroffen. Sie gab mir das Baby und hämmerte an die Tür, als erwarte sie, daß ein Feuerwehrmann drinnen sei. Sie trat sogar ein paar Schritte zurück, um mit erneuter Kraft gegen die Tür zu stoßen. Ich sagte zu ihr, wir müssen zum Portier gehen und dort um einen Schlüssel bitten, aber sie sagte: »Wo soll ich den finden? Ich glaube, er wohnt nicht einmal in diesem Haus. Die bösen Mächte sind immer noch hinter mir her. Sie denken sich jeden Augenblick neue Katastrophen aus.«

»Warte du hier mit dem Kind, und ich werde den Portier suchen gehen«, schlug ich vor.

In diesem Augenblick tauchte aus dem Nichts die rothaarige Frau auf. Sie trug einen anderen Morgenrock und andere Hausschuhe.

»Was ist denn hier los?«

»Wohnen Sie auf diesem Stock?« fragte Pessl in feindseligem Ton.

»Nein, ein Stockwerk höher. Aber ich hörte den Lärm und dachte, es sei wieder ein Feuer ausgebrochen.«

»Sie haben die Tür verschlossen, diese blöden Feuerwehrleute, und ich habe keinen Schlüssel.«

»Sie könnten einen Schlüssel vom Portier bekommen, aber er wohnt im Nebenhaus. Er ist ein Säufer und kommt nie vor dem Morgengrauen nach Hause. Kommen Sie lieber zu mir hinauf. Wenn ich mal wach bin, dann ist die ganze Nacht zum Teufel. Ich habe ein Bett, in dem seit meiner Scheidung niemand schläft. Wir können das Baby dort hinlegen und eine Tasse Kaffee oder Tee trinken. Sie sind auch eingeladen, mein lieber Schriftsteller. Ich hoffe, Ihre Freundin wird nicht eifersüchtig sein. Es scheint, es war vorausbestimmt, daß Sie mir einen Besuch machen. Es ist mir eine Ehre und ein Vergnügen, Sie bei mir zu sehen.«

»Wenn Beatrice Klapperman zurückkommt und uns nicht in der Wohnung findet, wird sie einen hysterischen Anfall bekommen.«

»Ach, sie wird schon erfahren, daß es gebrannt hat. Heften

Sie einen Zettel an die Tür, daß Sie das Baby zu Mrs. Bickman im obersten Stock gebracht haben. Sie kennt mich, das Flittchen. Kommt sie immer so spät nach Hause?«

»Manchmal kommt sie erst am Morgen.« Pessls Augenbrauen zogen sich zusammen, und sie schien die Situation zu überdenken. Das Baby begann zu wimmern. Es gab keine Wahl. Wir stiegen ein Stockwerk hinauf. Ich trug den Käfig. Der Wellensittich saß auf seiner Stange, erstarrt in einer Vogelversion des Nirwana. Terry Bickman führte uns in eine Wohnung, die im Schnitt der ähnlich war, in der Pessl das Kind hütete, aber eleganter, mit Perserteppichen, seidenen Wandbespannungen und Ölgemälden. Beide Frauen beschäftigten sich damit, das Kind zu Bett zu bringen. Ich ging zum Fenster hinüber, zog den Vorhang weg und blickte auf die Straße hinaus. Ich konnte den Hudson sehen, der von den Lichtern New Yorks und New Jerseys erleuchtet war. Hinter mir fand eine Diskussion wegen des Zettels statt. Pessl hatte Mühe, englisch zu schreiben, und schließlich bat sie Terry Bickman, den Zettel für sie abzufassen. Terry nahm eine goldene Füllfeder aus einer Schublade, ein Blatt rosa Papier und eine mit Straß verzierte Brille. Sie schrieb jedes Wort mit einem Schnörkel am letzten Buchstaben. Sie gab Pessl das Papier und ein Stückchen Tesafilm, um es an die Tür zu kleben. Pessls Augen schienen auszudrücken: ›Ich kenne Ihre schlauen Wege, aber ich habe keine Wahl.‹ Kaum war sie gegangen, sagte Terry Bickman mit einem wissenden Blick: »Sie ist wohl ein Flüchtling?«

»Ja, vom Holocaust.«

»Warum ist sie so ängstlich? Ich werde Sie nicht auffressen. Wie lange kennen Sie sie schon?«

»Noch nicht lange.«

»Ich sollte das nicht sagen, aber mir scheint, Sie haben keinen guten Kauf gemacht. Babysitting ist doch kein Beruf. Und warum bringt sie Sie in diese Situation? Das tut Ihrem Ruf bestimmt nicht gut.«

»Ich mache mir nichts aus meinem Ruf.«

»Woraus machen Sie sich denn etwas?«

Pessl kam zurück. »Ich habe den Zettel an der Tür befestigt, aber wenn sie anruft und keine Antwort bekommt, wird sie der Schlag rühren.«

»Wo treiben die sich die ganze Nacht herum? Eine Mutter sollte zu Hause sein und nicht mit Gigolos herumstrabanzen. Was möchten Sie trinken?« fragte sie Pessl. »Ich kann Ihnen alles anbieten – sogar Champagner. Wenn man sich mit ›Lechajim‹, ›zum Leben‹, zutrinkt, vergißt man sein Elend.« Sie wandte sich an mich. »Wie steht es mit Ihnen? Alle amerikanischen Schriftsteller trinken, aber Sie sehen nicht so aus wie einer von ihnen. Möchten Sie einen Kirschlikör? Einen Screwdriver? Eine Bloody Mary? Ich habe alle Arten, wie in der Arche Noah. Ich habe das alles für andere, nicht für mich. Wenn mir jämmerlich zumute ist, dann backe ich einen Kuchen. Auch ein gutes Buch ist hilfreich. Aber wo bekommt man gute Bücher? Ich gehe oft mit Ihnen ins Bett, mit Ihren Büchern, meine ich. Für jede Nacht, die ich mit Ihnen im Bett verbracht habe, möchte ich eine Million Dollar steuerfrei haben. Plötzlich erscheinen Sie in Person, und wann? – mitten in der Nacht, bei einem Brand. Das Schicksal geht sonderbare Wege, um Leute zusammenzubringen. Was sagten Sie, Fräulein, was Sie gerne trinken möchten?«

»Wodka, Whisky, was immer Sie mir anbieten, vielleicht Gift.«

»Mit Eis?«

»Kein Eis. Das Eis habe ich im Herzen«, sagte Pessl.

»Seien Sie nicht so dramatisch, trinken Sie was, und es wird Ihnen warm werden. Da diese Frau die ganze Nacht herumläuft, hat sie kein Recht, sich zu beklagen. Haben Sie Familie?«

»Eine Tochter.«

»Ich habe niemanden. Eine Tochter ist besser als ein Sohn. Wenn ein Sohn erwachsen wird und anfängt, sich mit Mädchen einzulassen, dann vergißt er seine Mutter. Eine Tochter bleibt einem nahe. Ich habe noch meine Mutter, sie ist in einem Heim – senil. Ich besuche sie jede Woche. Ich sage zu ihr: ›Ich bin deine Tochter, Tirza, Terry‹, und sie fragt mich: ›Sind Sie die Krankenschwester oder die Frau des Doktors? Man gibt mir nichts zu essen hier. Man stiehlt mir alles.‹ Plötzlich spricht sie russisch zu mir. Ich sage: ›Mutter, ich verstehe dich nicht‹, aber sie spricht weiter russisch. Sie bekommt reichlich zu essen. Sie hat dort zwanzig Pfund zugenommen. Niemand stiehlt ihre Wäsche oder die paar Kleider. Ich sehe sie an und denke, ist das das Alter, das alle zu erreichen hoffen? Aber was tue ich in meinen verhältnismäßig jungen Jahren? Ich möchte nichts lieber als einen Mann finden, ich kann nachts nicht schlafen, aber wenn ich einen treffe und sein dummes Gewäsch höre, widert es mich an. Ich kann nicht mit einem Dummkopf ins Bett gehen.« Sie wandte sich an mich. »Was wollten Sie zu trinken haben?«

»Haben Sie eine Coca-Cola?«

»Was Sie wünschen. Irgendwie gehen die Tage vorüber. Ich gehe hierhin und dorthin. Ich gehe in die Warenhäuser und probiere Kleider und Pelzmäntel an, die ich nie kaufen würde. Ich habe Papiere, und hie und da gehe ich zu meinem Börsenmakler, um zu hören, wie es mit dem Markt steht. Aber die

Nächte sind fürchterlich. Ich schlafe zwei Stunden, und dann ist es vorbei. Ich grüble über Dinge, die nur zum Wahnsinn führen können. Als man an meine Tür klopfte, um zu sagen, daß im Haus Feuer ausgebrochen war, war ich glücklich. Ein Brand ist besser als gar nichts.«

Terry Bickman ging in die Küche, um mir eine Coca-Cola zu holen. Pessl trank ein halbes Glas Whisky. Sie schnitt eine Grimasse und sagte: »Sie wird dich mir wegnehmen. So ist es mir immer im Leben gegangen. Nu, da muß ich lachen.«

6

Für einen ganzen Monat ging ich wieder auf eine Vortragsreise. Ich reiste in so vielen Flugzeugen, Zügen und Autobussen, daß mir alles verschwamm. Ich gewann Stunden, und ich verlor Stunden. Ich mußte dauernd meine Uhr umstellen. Fast überall schloß sich eine Verehrerin mir an, fuhr mich in ihrem Wagen herum, lud mich am Tag nach der Vorlesung zum Frühstück ein und brachte mich schließlich zum Flughafen oder zum Bahnhof. Aus irgendeinem Grunde verrieten mir alle ihre Geheimnisse. Sie schrieben meine Adresse und Telefonnummer in ihre Adreßbücher und in mein Adreßbuch ihre Adressen und Telefonnummern. Oft hatte ich eintägige Liebesaffairen mit ihnen. Wir küßten uns zum Abschied, und ich versprach zu schreiben. Aber sobald sich das Flugzeug, der Zug oder der Autobus in Bewegung setzte, konnte ich die eine nicht von den anderen unterscheiden. An einem kühlen Maiabend kehrte ich nach Hause zurück und streckte mich auf dem Sofa aus. Ich schlief ein und wurde vier Stunden später vom Läuten des Telefons geweckt. Auf meiner Armbanduhr war es zwölf Uhr fünfunddreißig. Ich zögerte, ob ich abnehmen sollte. Ich erwartete, das Läuten würde aufhören, aber als es nicht enden wollte, nahm ich den Hörer ab. Die Stimme, die ich hörte, war die einer Frau – eine kräftige Stimme.

»Hier spricht Frau Bickman.«

Ich hatte nicht die leiseste Ahnung, wer Frau Bickman war. Aber ich ließ nicht merken, daß mir der Name nichts sagte. Statt dessen sagte ich: »Ja, Frau Bickman.«

»Ich versuche Sie seit drei Tagen zu erreichen. Heute nacht sagte mir mein Herz, daß Sie zu Hause sein werden. Sie haben mich ohne Absicht in eine Situation gebracht, daß ich nicht weiß, ob ich lachen oder weinen soll. Sollte ich Sie geweckt haben, so ist meine Entschuldigung, daß ich Ihretwegen drei Nächte nicht habe schlafen können.«

»Meinetwegen? Wie kann das sein?«

»Frau Trapinski hat einen Selbstmordversuch begangen. Sie tat dies unter unglaublichen Umständen. Frau Klapperman war mit ihrem Liebhaber in die Ferien gefahren, oder vielleicht waren es Flitterwochen – Sie können das nennen, wie Sie wollen –, und Frau Trapinski sollte eine Woche lang bei dem kleinen Jungen, bei Nicky bleiben. Sie müssen wissen, daß wir uns vor kurzem ziemlich angefreundet haben, obwohl wir so verschieden sind, wie es zwei Frauen nur sein können. Aber wir haben etwas gemeinsam – wir leiden beide an Schlaflosigkeit. Die Tatsache, daß Sie für so lange Zeit fortgingen und es nicht einmal nötig fanden, ihr eine Karte zu schreiben oder sie anzurufen, hat sie ganz zerschmettert. Ich wollte Frau Klapperman sagen, daß es ein Risiko sei, das Kind so lange allein zu lassen, aber es liegt mir nicht, mich in anderer Leute Angelegenheiten zu mischen. Zufällig kam am Tag, nachdem Frau Klapperman verreist war, Halina nach Hause. Sie fand die Tür verschlossen und verbrachte die Nacht auf der Treppe. Wie das Mädchen am nächsten Tag ihre Mutter fand, ist eine Geschichte für sich. Ich will es kurz machen. Als sie sie schließlich fand, spuckte sie ihr ins Gesicht und schlug sie. Sie nannte sie eine grindige Jüdin und sagte, Hitler habe recht gehabt. Frau Trapinski bat mich, in Frau Klappermans Wohnung zu kommen, so sah ich, was das Mädchen getan hatte. Bis ich hinkam, war sie verschwunden. Nicky ist ein süßes Kind, ich war ganz verliebt in ihn, aber ich mußte auf eine halbe Stunde weggehen, weil ein Handwerker mit einer Leiter kommen sollte, um im Flur eine Birne auszuwechseln. Als ich in Frau Klappermans Wohnung zurückkehrte, fand ich Frau Trapinski mit aufgeschnittenen Pulsadern in der Badewanne. Ich mußte eine Ambulanz rufen, auch die Polizei kam. Frau Trapinski ist im Hospital, und ich mußte den Babysitterjob übernehmen. Halina kam am nächsten Tag wieder, und ob Sie es glauben oder nicht, sie ist nun auch bei mir. Ich hoffte, daß Frau Klapperman anrufen würde, aber sie hat es nicht getan, und ich kann sie nicht erreichen. Diese Halina ist nicht nur verrückt, sie ist auch voller Bosheit. Ich rede mit ihr englisch, und obwohl sie es ganz gut kann, antwortet sie mir polnisch. Daß ich noch nicht den Verstand verloren habe, beweist, daß ich stärker als Eisen bin. Aber ich will Ihnen ganz offen sagen, wenn Sie nicht sofort kommen und mich aus diesem Irrenhaus befreien, werde ich mich an den Staatsanwalt wenden. Unter Druck sind Menschen zu allem fähig. Hören Sie mich?«

»Ja, ich höre. Von wo sprechen Sie?«

»Aus meiner Wohnung. Wie ich Ihnen schon sagte, sind Halina und das Baby bei mir.«

»Meine Liebe. Ich bin in einer solchen Verfassung, daß ich nirgends hingehen kann. Ich bin einen ganzen Monat unterwegs gewesen. Ich habe viele Nächte nicht geschlafen. Rufen Sie mich morgen früh an.«

»Woher weiß ich, daß Sie morgen früh nicht wieder verschwunden sein werden? Ich habe Sie nach Kräften bei Frau Trapinski in Schutz genommen, aber jetzt werde ich Ihnen sagen, was ich von Ihnen halte. Warten Sie einen Augenblick, jemand läutet an der Tür. Legen Sie nicht auf.«

Ich stand und hielt den Hörer ans Ohr gepreßt, ich war zu müde, um beleidigt zu sein oder mich schuldig zu fühlen. Ich war immer der Ansicht gewesen, daß Erzählungen über Gedächtnisschwund von Filmdrehbücher schreibenden Menschen erfunden worden seien, aber jetzt erlebte ich selbst diesen Gedächtnisschwund. Keiner dieser Namen – Trapinski, Bickman, Halina, Klapperman – war mir vertraut. Ich tastete mit der Hand in der Brusttasche nach meinem Notizbuch, aber es war nicht da. Ich hatte gehofft, darin einen Hinweis zu finden. Statt dessen fand ich einen Eilbrief, den ich nie geöffnet hatte. Er mußte vor meiner letzten Vortragsreise gekommen sein. Von draußen hörte ich plötzlich das Geräusch der Feuerwehrsirenen. Wie immer, wenn ich diese Sirenen hörte, dachte ich an die elende Lage der Opfer. Und augenblicklich erkannte ich alle Namen wieder: Frau Bickman, die kleine rothaarige Frau; Pessl; Halina, Pessls psychopathische Tochter; und Frau Klapperman, die Mutter des Kindes, um das sich Pessl kümmerte. Es verwirrte mich, diese Namen nicht sofort erkannt zu haben. Ich wartete lange, aber anstatt Terry Bickmans Stimme hörte ich nur das Amtszeichen. Ich legte den Hörer auf und wartete auf das erneute Läuten des Telefons, aber es blieb still. Ich hatte Terry Bickmans Nummer nicht. Ich mußte sie irgendwo aufgeschrieben haben, aber danach zu suchen war hoffnungslos. Ich kehrte auf mein Sofa zurück und lag dort wie betäubt von Müdigkeit.

7

Ich erwachte, als der Morgen graute. Im Flur wie im Wohnzimmer brannte Licht. Ich erinnerte mich daran, daß jemand angerufen hatte, ehe ich einschlief, und daß die Rede von einem Skandal gewesen war, einer Krise, einem Selbstmord, aber wer mich angerufen und wer Selbstmord begangen hatte, daran konnte ich mich nicht erinnern. Ich steckte meine Hand in die Brusttasche meines Jacketts, nahm den Eilbrief heraus und öffnete ihn. Der Poststempel ließ erkennen, daß der Brief vor fünf Wochen aus Chicago gekommen war. Eine Carol Brill schrieb, daß sie ihren Mann verlasse und nach New York komme, um dort einen Job zu suchen. Der Ton war vertraulich. »Fürchte nicht, mein Lieber, daß ich Dir zur Last fallen werde«, schrieb sie, »aber da Du mich wissen ließest, Du bräuchtest eine Sekretärin, so möchte ich Dir sagen, obwohl das unbescheiden klingen mag, daß Du keine bessere Sekretärin als mich bekommen könntest. Ich bin bereit, Dich auf Deinen Vortragsreisen zu begleiten, mich um Dich und Deine Angelegenheiten zu kümmern, als Freund und mehr als das.«

Wer ist diese Carol Brill? fragte ich mich. Aus dem Brief ging hervor, daß sie mich nach meinem Vortrag zum Flughafen gebracht hatte. Wie alle anderen war sie mir aus dem Gedächtnis entschwunden. Zum Schluß des Briefes bat sie mich um sofortige Antwort. All ihre Pläne hingen von meiner raschen Antwort ab – dreimal unterstrichen. Aber der Brief hatte über fünf Wochen in meiner Tasche gesteckt. Sie hatte keine Adresse angegeben, nur ein Postschließfach in Chicago. Ich hatte einmal irgendwo gelesen, daß all unsere Erlebnisse in dem Archiv unseres Gedächtnisses gespeichert werden. Mit Hilfe von Willensstärke, Konzentration und Entspannung kann man sie ins Bewußtsein zurückholen. Aber wie sehr ich auch mein Gehirn marterte, ich konnte mich an diesen Vortrag in Chicago nicht erinnern. Hätte sie nur soviel Verstand gehabt, mir ihr Foto zu schicken!

Ich hätte mich ausziehen und ins Bett legen sollen, statt hier auf dem Sofa in den Kleidern herumzuliegen, aber jetzt war es zu spät, die Nacht einzuholen. Ich schaute vom Fenster auf den Broadway hinunter. Alle Geschäfte waren geschlossen. Nur in dem »Chock Full O'Nuts« auf der anderen Seite, wo jemand die Theke für das Frühstück der eiligen Kunden vorbereitete, brannte Licht. An dem Zeitungskiosk bei der Untergrundbahn knotete ein kleiner Mann die Bündel der Morgenzeitungen auf. Ein einziger Fußgänger, dessen Gesicht ich nicht sehen konnte, kam vorbei. Er blieb bei dem »Chock Full O'Nuts« stehen, und der Mann drinnen machte ihm ein Zeichen, daß noch geschlossen sei. Was würde geschehen, dachte ich, wenn er einen Revolver hervorziehen und durch die Glastür den Mann erschießen würde? Würde ich mich freiwillig als Zeuge melden? Amerika ist ein Land, in dem die Mörder mit Kaution freigelassen und die Zeugen ins Gefängnis geworfen werden. Plötzlich erinnerte ich mich daran, daß es einen Himmel gibt, und ich blickte hinauf. Er schwebte dort ohne Mond und ohne Sterne – Teil des Raumes, der nach Newton grenzenlos ist, und selbst nach Einstein nicht weniger als zehn Billionen Lichtjahre in jeder Richtung beträgt. Das Licht aus dem »Chock Full O'Nuts« hatte bereits Millionen Meilen zurückgelegt, seit ich an das Fenster getreten war, und würde noch weitere zurücklegen, lange nachdem es keinen Broadway, kein New York mehr geben würde, keine Menschen, keine Erde und vielleicht sogar keine Sonne. Welch Geheimnis! Ich wandte mich um und warf einen Blick auf meinen Schreibtisch. Zu meinem Erstaunen bemerkte ich, daß Carol Brill mir noch zwei später geschriebene Briefe gesandt hatte. In einem drückte sie ihr Erstaunen darüber aus, daß ich ihr nicht geantwortet hatte. Sie schrieb, sie habe eine Freundin in New York, eine Frau, mit der sie an der Washington-Universität in St. Louis studiert hatte. Sie hatte vor, zu ihr in die Bronx zu ziehen. Sie gab mir die Telefonnummer dieser Freundin. Der zweite Umschlag enthielt ein Foto. Sowie ich es gesehen hatte, fiel mir mein Vortrag ein, der Saal, in dem ich gesprochen hatte, sogar die Tatsache, daß ich am nächsten Morgen mit Carol Brill in meinem Hotel gefrühstückt hatte. Sie hatte mir damals erzählt, daß ihr Mann, ein Anwalt, ein grober Patron sei und sie in den neun Jahren ihrer Ehe keinen glücklichen Moment gekannt hatte. Ich entschloß mich, ihr noch diesen Vormittag zu schreiben. Sie war jung und hübsch. Sie sollte ruhig nach New York kommen. Sie sah nicht aus, als ob sie ein Parasit werden würde. Ja, aber wer hatte mich gestern so spät abends angerufen? Warum hatte dieser Anruf ein so unbehagliches Gefühl in mir hinterlassen? Ich beschloß, von jetzt an in meinem Notizbuch alles aufzuschreiben, was ich tat, und den Namen jedes Menschen, den ich traf. Ich würde Pura, dem Engel des Vergessens, nicht gestatten, mich zu verschlingen.

Ich entschloß mich, ins Schlafzimmer zu gehen und mich auszukleiden. Ich hatte ein großes Schlafdefizit. Meine Armbanduhr zeigte fünf Uhr. Wenn mich das Telefon in Ruhe ließe, so konnte ich noch eine halbe Stunde schlafen. Vielleicht sollte ich den Hörer abnehmen. In dieser Sekunde läutete es. Ich war ganz sicher, daß es Carol Brill sein würde. Ich nahm den Hörer ab und sagte »Hallo« und hörte die Worte: »Hier ist Terry, Terry Bickman.«

Die Stimme schien mir bekannt, auch der Name. Aber ich wußte nicht, wohin sie gehörte. »Ja, Terry«, sagte ich.

Eine Zeitlang schwieg sie. Dann sagte sie: »Ich weiß, es ist nicht richtig, so früh anzurufen. Aber ich habe keine Wahl.«

»Ja, ich verstehe.«

»Ich habe Sie geweckt, aber ich habe die ganze Nacht nicht schlafen können – das ist nun schon die vierte Nacht.«

»Warum?« fragte ich.

Sie schwieg wieder. »Sie wissen nicht, wer ich bin, stimmt's? Sie klingen so verwirrt.«

»Ja«, sagte ich. »Sie sprechen mit der verwirrtesten Kreatur auf dieser Welt.«

Ein paar Tage später war ich bei Frau Bickman zu einem vegetarischen Lunch, Spinat mit rohen Pilzen, eingeladen, zusammen mit Pessl Trapinski und Halina, ihrer Tochter. Frau Klapperman war von der Reise mit ihrem Liebhaber zurückgekehrt und hatte ihr Baby wieder übernommen. Pessl war gerade aus dem Hospital gekommen. Sie zeigte mir die Narben ihrer aufgeschnittenen Handgelenke. Soweit ich das beurteilen konnte, war Halina nicht im Wachstum zurückgeblieben, wie Pessl behauptet hatte. Sie war nur klein. Ich bemerkte auch keine Anzeichen eines pathologischen Antisemitismus. Ich konnte es kaum glauben, aber sie sagte, sie würde gern Jiddisch lernen, damit sie meine Bücher im Original lesen könne. Ich hatte Frau Carol Brill in Chicago geschrieben. Ich hatte ihr gesagt, sie solle nach New York kommen und meine Sekretärin werden. Ihre Freundin aus der Bronx rief mich an, um mir zu sagen, Carol habe beschlossen, bei ihrem Mann zu bleiben, da er sich bereit erklärt habe, einen Psychiater aufzusuchen.

Ich habe selbst einen Psychiater nötig, aber da ich weder an Freud noch an Adler oder Jung glaube, wer könnte mich dann heilen? Irgendwie werde ich mich weiter durchwursteln. Ich habe meine eigene Theorie entwickelt: Nicht alle Krankheiten müssen geheilt werden. Oft schmeckt die Krankheit besser als das Heilmittel. Ich bin vierzig Prozent taub, dreißig Prozent blind, sechzig Prozent senil, aber ich kann noch immer meine Vorträge halten, meine alten Witze erzählen, ein schönes Gesicht wahrnehmen und den vielen Geheimnissen zuhören, die mir Frauen am Morgen nach meinem Auftritt erzählen, während wir Kaffee trinken und Toast mit Marmelade essen. Und wenn sie mich küssen, bevor ich den Rückflug antrete oder zu einem anderen Vortrag reise, so küsse ich sie auch und sage allen das gleiche: »Sollten Sie nach New York kommen, so besuchen Sie mich, falls ich noch am Leben bin.«

DAS PHANTOM

Die Frauen unterhielten sich über Scheidungen, gebrochene Eheversprechen, verlassene Bräute, und meine Tante Jentl sagte: »Man darf über eine jüdische Tochter keine Schande bringen. Es gibt ein Sprichwort: ›Es ist besser, Pergament zu schneiden, als Papier zu zerreißen.‹ Ihr wißt wahrscheinlich, was das heißt. Ehekontrakte werden auf Papier geschrieben, aber Ehescheidungen auf Pergament. Es ist eine geringere Sünde, sich scheiden zu lassen, als einen Ehekontrakt zu brechen.«

Meine Mutter, die dabei war, sagte: »Entschuldige, Jentl, aber auch die Scheidung wird auf Papier geschrieben, nicht auf Pergament. Es ist ein dickeres Papier, und es wird mit einem Gänsefederkiel darauf geschrieben und mit Galläpfeltinte.«

»Das höre ich zum erstenmal«, sagte Tante Jentl.

»Ich weiß es. In unserer Gerichtsstube sind viele Scheidungsurkunden geschrieben worden«, sagte meine Mutter.

»Wenn du es sagst, wird es so sein, Bathseba.«

Eine Nachbarin, Chaja Riva, war auch dabei, und sie fragte: »Warum ist es eine geringere Sünde, sich scheiden zu lassen, als den Ehekontrakt zu brechen?«

»Ich weiß es nicht«, sagte Tante Jentl. »Sag du es, Bathseba.«

Meine Mutter überlegte ein Weilchen und sagte dann: »Wenn ein Paar sich zur Scheidung entschließt, so kennen sie einander – sie haben Streit miteinander gehabt, haben ihre gegenseitigen Fehler kennengelernt – und es kann gut sein, daß beide eingesehen haben, nicht zusammenleben zu können. Aber ein verlobtes Paar kennt sich ja nicht. Der Teil, der die Verlobung rückgängig machen will, tut das aus Geldgründen oder weil über den anderen Teil geklatscht wurde, und deshalb muß derjenige, der die Verlobung auflösen will, eine Strafe in Höhe der halben Mitgift bezahlen.«

»Ja, ja, ja, wo die Tora ist, da ist Weisheit«, sagte Tante Jentl.

»Wolltest du nicht eine Geschichte erzählen?« fragte Chaja Riva.

Tante Jentl rieb sich die Stirn, als ob sie vergessen hätte, daß sie eine Geschichte erzählen wollte. »Was? Ja. Das ist in Krasnik geschehen. Wir haben dort eine Zeitlang gewohnt. Mein Großvater war der Hofjude des dortigen Gutsbesitzers, und meine Eltern lebten noch in seinem Haus. Sie lebten dort so lange, daß es meiner Mutter gelang, fünf Kinder in seinem Haus zu bekommen. Ich war das jüngste, und ich muß ungefähr sieben Jahre gewesen sein, als sich dieses Ereignis zutrug. Heutzutage bleiben die Kinder viel länger als damals Kinder – die Buben, bis sie dreizehn sind, wenn sie anfangen die Gebetsriemen anzulegen, und die Mädchen bis zwölf, wenn sie am Jom Kippur fasten müssen. Damals wurden Kinder früher erwachsen. Meine Mutter – Friede sei mit ihr! – nannte mich ›altklug‹. Ich wollte alles wissen. Ich hörte zu, wenn die Erwachsenen sich unterhielten, und ich verschlang jedes Wort. Wir hatten ein Dienstmädchen in meinem Alter, und wir konnten uns völlig auf sie verlassen beim Einlegen und Salzen des

Fleisches, beim Kochen und sogar beim Backen. Sie kümmerte sich um meine kleinen Brüder und Schwestern wie eine Mutter, und alles, was sie dafür bekam, waren zwei Gulden im Halbjahr. Als sie vierzehn geworden war, heiratete sie einen Schuhmacher – einen Witwer, Vater von sechs mutterlosen Kindern –, aber das ist eine andere Geschichte.

Zu der Zeit gab es in Krasnik eine kleine Jeschiwa – nicht mehr als ein Dutzend Studenten, meist arme Jungen aus anderen Dörfern. Im allgemeinen war der Leiter einer Jeschiwa ein Rabbi, aber unser Rabbi wurde oft bei Prozessen außerhalb unserer Stadt als Richter eingesetzt und auch als Anwalt eines reichen Geschäftsmannes in Lublin. Der Leiter der Jeschiwa war ein Talmudgelehrter, Reb Pinchos. Er hatte einen Sohn, der bereits verheiratet war, und zwei Töchter. Er lebte in äußerster Armut. Reb Pinchos' Frau, Grünchen, buk Brezeln, und die Burschen kauften sie von ihr für einen Groschen das Stück. Sie ging auch in wohlhabende Häuser zum Teigkneten und sogar zum Waschen, denn einen Mann zu unterstützen, der ein Gelehrter ist, ist eine gute Tat, und zu jener Zeit legten die Juden noch Wert auf gute Taten. Die beiden Mädchen waren sieben Jahre auseinander. Wahrscheinlich waren in der Zwischenzeit einige Kinder gestorben. Die ältere Tochter, Zilka, war eine Schönheit – dunkel und reizvoll wie Königin Esther. Sie hatte große schwarze Augen und gemeißelte Züge. Wenn man Töchter hat, will man sie verheiraten, aber die Mädchen mußten eine Mitgift bekommen, und wo sollte ein so armer Mann wie Reb Pinchos das Geld für eine Mitgift hernehmen? Da geschah ein Wunder. Aus Lublin kam ein junger Mann, der Sohn aus einem reichen Haus, mit Namen Jakir. Warum sollte ein reicher junger Mann aus einer großen Stadt wie Lublin im kleinen Krasnik studieren wollen? Es ging ein

Gerücht, daß er als sehr junger Mensch eine Leidenschaft fürs Kartenspiel gezeigt hatte. Karten können eine Leidenschaft wie jede andere sein. Es ist üblich, Kinder am Chanukkafest Würfel und auch Karten spielen zu lassen. Für die meisten ist es nichts als Unterhaltung, aber in einigen Fällen wird eine Leidenschaft daraus. Dieser Jakir hatte sich völlig in das Kartenspiel vernarrt und hatte angefangen, mit Gutsbesitzern und russischen Offizieren zu spielen, und die spielen mit hohen Einsätzen. Ich weiß von einem Fall, in dem ein Gutsbesitzer sein ganzes Vermögen, und seine Frau dazu, beim Kartenspiel verloren hat, aber das ist eine andere Geschichte. Jakir brachte seine Eltern in große Verlegenheit, und sie schickten ihn nach Krasnik, wo es keine russischen Offiziere gab. Außerdem stand Reb Pinchos im Ruf eines Gelehrten und Heiligen. Er lehrte nicht nur den Talmud, sondern predigte jeden Tag aus der Sittenlehre.

Jakir kam nicht wie ein armes Waisenkind nach Krasnik. Er kam mit dem Wagen in das Dorf wie ein Graf. Es gab nur ein Hotel in Krasnik, in dem hauptsächlich Nichtjuden abstiegen, aber Jakir nahm sich das größte Zimmer. Er brachte viele kostbare Besitztümer mit – zum Beispiel eine Spieldose, die ›Ich danke Dir‹ spielte, ein Vergrößerungsglas, mit dem man eine Zigarette anzünden konnte, Manschettenknöpfe aus Goldstücken – und elegante Kleidung. Alle gingen diesen Gast aus Lublin bestaunen. Ich bin jetzt eine alte Frau, aber – Gott verzeih mir! – ich habe in meinem ganzen Leben nicht so einen gutaussehenden Mann gesehen – schlank, groß, angezogen wie ein Prinz. Ich war noch ein Kind, aber wenn die älteren Mädchen ihn sahen, waren sie erschlagen. Er war auch klug. Er stand auf dem Marktplatz und machte Späße mit allen – mit Männern, Frauen, Mädchen, sogar mit den Kindern aus dem Cheder. Es fehlte nicht an Bettlern in Krasnik, und er verteilte Almosen rechts und links. Die Jeschiwastudenten hatten auch von ihm gehört und kamen, um ihn zu treffen. Er war kein großer Gelehrter, aber er zitierte hie und da aus der Bibel und der Gemara. Sie fragten ihn, wie er denn nach Krasnik verschlagen worden sei, und er antwortete: ›Ich schulde einem General zehntausend Rubel, und er bedroht mich mit einem Revolver.‹ Er lachte, als hätte er einen Witz erzählt.

Vom Marktplatz ging Jakir direkt zum Haus von Reb Pinchos, und dort sah er Zilka. Solche Männer machen alles in großem Stil. Er blickte das Mädchen an und verliebte sich sofort – wie man sagt, Hals über Kopf. Sie warf nur einen Blick auf ihn, und es schien, als ob ihr das gleiche widerfahren sei. Liebe Leute, sie waren sofort ein Paar. Zilkas Mutter, Grünchen, war so überwältigt, daß sie sprachlos war.

Jakir verlangte nicht mehr noch weniger, als daß die Hochzeit sofort stattfinde, aber Reb Pinchos wollte solchen Unfug nicht erlauben. Zuerst fing er an, den jungen Mann zu befragen, und es stellte sich heraus, daß er nicht genug wußte, um ein Jeschiwastudent zu werden. Was er brauchte, war ein Lehrer. Reb Pinchos lehrte seine Schüler aus großen Büchern mit kleinen Buchstaben. Für diese gelehrten Stunden mußte man gut vorbereitet sein. Er sagte dem jungen Mann auch, daß diese Welt nicht der Ort sei, wo jedermann tut, was ihm gefällt. Es gibt einen Gott im Himmel, und Er gab uns die Tora.

Als Jakir ein Datum für die Verlobung verlangte, sagte Reb Pinchos: ›Das tut man nicht ohne einen Heiratsvermittler und ohne Wissen der Eltern.‹ Er sagte dem Burschen in strengen Worten, daß er sein Haus nur auf Einladung hin betreten dürfe. Grünchen hatte Angst, daß zwischen dem jungen Paar alles aus sein könnte, aber sie wußte auch, daß ihr Mann im

Recht war. Zilka wurde kreideweiß. Ein großes Glück war ihr in den Schoß gefallen, und ihr Vater hatte es ihr entrissen. Ich bin nicht dabeigewesen, aber in Krasnik gab es keine Geheimnisse. Die Leute guckten durch Schlüssellöcher und lauschten hinter den Türen. Wenn eine Frau ihre Grütze anbrennen ließ, sprach man im Metzgerladen darüber. Jakir war so in das Mädchen verliebt, daß er einen Lehrer nahm, der ihn für die Jeschiwa vorbereiten sollte. Er war ein aufmerksamer Schüler, und auch ein fleißiger. Weder Reb Pinchos noch seine Frau erlaubten ihrer Tochter, mehr als ein paar Worte mit ihm zu wechseln oder mit ihm spazierenzugehen, wie junge Leute es heute tun, aber Reb Pinchos lud Jakir am Sabbat und an Feiertagen zum Essen in sein Haus ein, und es dauerte nicht lange, bis klar wurde, daß Jakirs Eltern aus Lublin kommen würden und die Verlobung unterschrieben werden würde.

Ich erinnere mich an Zilka zu jener Zeit. Es war Sommer, und wir Kinder gingen in den Wald zum Pilzesuchen und Heidelbeerenpflücken. Wir sahen sie oft auf dem Weg in den Wald und im Wald. Sie schlenderte durch die Gegend wie im Traum. Wir hatten von ›Liebe‹ reden hören. Wenn ein Schneider und eine Näherin ohne Heiratsvermittler heirateten, sagten die Leute: ›Liebe war der Heiratsvermittler.‹ Unter besseren Leuten war diese Art Heirat eine Schande.

Seine Eltern kamen bald. Sie waren nicht nur reich – sie verhielten sich wie jüdische Gutsbesitzer. Sie kamen in zwei Wagen an und belegten das ganze Hotel mit Beschlag. Reb Pinchos' Haus war klein, aber die Verlobungszeremonie fand dort statt, im Haus der zukünftigen Braut, wie es üblich war. Das Essen wurde im Hof der Synagoge eingenommen und war nichts weniger als eine königliche Mahlzeit, die von Jakirs Vater bezahlt wurde.«

Tante Jentl fing an zu husten und räusperte sich. Sie ging in die Küche und kam mit einem Glas Wasser zurück. »Ja«, sagte sie, »die Verlobungsfeier fand im späten Sommer statt, und die Hochzeit war für einen Sabbat in der Chanukkazeit angesetzt. In der Regel wird in dem Verlobungsdokument die Höhe der Mitgift der Braut festgelegt, aber in diesem Fall sollte der Bräutigam die Mitgift stellen. Die ganze Zeit konnte man Zilkas Mutter murmeln hören: ›Möge uns kein böser Blick treffen, Vater im Himmel. Die Leute sind neidisch. Sie fressen uns mit ihren Augen. So ein Glück, so ein Glücksfall – die Freude darf nicht verdorben werden.‹ Am Tag nach der Verlobung fuhren Jakirs Eltern nach Hause. Man konnte es sehen, diese Heirat war für sie ein Schlag. Aber was können Eltern tun, wenn der Sohn eigensinnig ist? Er hatte mit Selbstmord gedroht, wenn er seine Zilka nicht bekäme.

Nachdem die Eltern abgereist waren, kehrte Jakir in die Jeschiwa zurück, aber die anderen Schüler bemerkten, daß sein Sinn nicht nach Lernen stand. Jakir durfte Zilka nur am Sabbat sehen. Er beschwerte sich, daß es zu lange sei bis Chanukka. Eines Tages ließ er seine zukünftigen Schwiegereltern wissen, daß er auf ein oder zwei Wochen nach Lublin gehen müsse. Liebe Freunde, er brauchte länger als eine Woche, länger als einen Monat, zwei Monate. Er schrieb nicht einmal einen Brief. Zilka ging jeden Tag auf die Post. Man sagte ihr, daß man ihr den Brief schicken würde, wenn er käme. Auf Briefe warten ist eine furchtbare Qual. Meine Mutter sagte mal, daß die Sünder in Gehenna auf ihrem Nagelbett liegen und auf Post warten.

Der Sommer verging, und Regen und Schnee setzten ein. Chanukka stand bevor, aber von Jakir war nicht ein Wort gekommen. Was Zilka durchmachte, könnt ihr euch nicht vorstellen. Sie war von Natur aus eine Einzelgängerin. Sie hatte keine einzige Freundin. Die Leute sagten, sie lese die Bücher ihres Vaters. Wenn die Jeschiwaschüler zu Reb Pinchos' Haus kamen und den Talmud diskutierten, hörte Zilka manchmal zu. Sie soll sich auch selbst Hebräisch beigebracht haben. Sie hatte die Verlobungsurkunde mit einem gelehrten Schnörkel unterschrieben. Jemand in Krasnik hatte gewitzelt, wenn sie heiraten sollte, würde sie nicht wissen, wie man eine Kugel bäckt.

An einem Wintertag – draußen lag tiefer Schnee – kam ein Schlitten nach Krasnik, und eine Dame in einem Zobelmantel stieg aus. Die Dame war niemand anderes als Jakirs Mutter. Sie ging zum Rabbi und berichtete ihm, ihr Sohn wolle die Heirat annullieren – er bitte Zilka um ein schriftliches Zeichen der Vergebung. Seine Eltern waren bereit, Zilka die vereinbarte Strafe in Höhe der halben Mitgift zu bezahlen. Die Hälfte der Mitgift war in diesem Fall eine Summe von mehreren tausend Rubel. Der Rabbi ließ Reb Pinchos kommen und übermittelte ihm die schlechte Nachricht. Reb Pinchos hörte zu und antwortete: ›Wir haben nicht die Absicht, einen widerstrebenden Mann unter den Hochzeitsbaldachin zu zerren. Wenn er seine Ansicht geändert hat, so ist das sein Vorrecht. Eine jüdische Tochter soll vergeben, wenn jemand Schande über sie gebracht hat, und wir werden für die Vergebung keine Belohnung annehmen – Gott bewahre!‹

Der Rabbi erinnerte Reb Pinchos daran, daß die Geldbuße in der Verlobungsurkunde schwarz auf weiß schriftlich festgehalten sei, aber Reb Pinchos sagte: ›Es gibt kein Gesetz, daß wir die Buße annehmen müssen. Da der junge Mann die Heirat rückgängig macht, bedeutet das, es hat nicht sein sollen. Wahrscheinlich hat der Engel jemand anderen bestimmt.‹ Als

Grünchen die traurige Nachricht hörte, fiel sie in Ohnmacht, aber Zilka nahm die gleiche Haltung ein wie ihr Vater: Wenn Jakir sie nicht wollte, so war das bedauerlich, aber sie würde kein Geld annehmen. Jakirs Mutter ging zu Reb Pinchos, und dort kehrte sie nicht mehr die feine Dame heraus, sondern weinte und beklagte das Schicksal ihres Sohnes. Er sei ein Scharlatan und habe die Familie gedemütigt. Er habe sich in die Tochter eines Arztes verliebt, eines Ungläubigen, der seinen Bart abrasiert habe und nicht einmal am Jom Kippur in die Synagoge gehe. Das Mädchen treibe sich mit russischen Offizieren herum. Jakirs Mutter flehte Zilka an, die Buße anzunehmen. So hätte sie eine große Mitgift und könnte den Mann finden, den sie verdiene. Jakirs Mutter sah voraus, daß die neue Verrücktheit ihn und sie ruinieren werde. Sie bat wieder um schriftliche Vergebung, und Zilka sagte: ›Ich werde sie ihm geben, aber unter einer Bedingung – daß Sie den Ring zurücknehmen, den Sie mir für die Unterzeichnung des Verlobungsvertrags gegeben haben.‹ Die Frau traute ihren Ohren nicht. ›Ich habe ihn Ihnen geschenkt‹, sagte sie, ›und ich werde ihn nicht zurücknehmen. Das ist eine Ohrfeige für mich.‹ Zilka sagte: ›Ich kann ihn nicht behalten.‹ Sie nahm den Ring aus einer Schürzentasche. Er hatte einen riesigen Diamanten, der ein Vermögen wert war.

Um es kurz zu machen, die Frau war gezwungen, ihr Geschenk zurückzunehmen, und Zilka schrieb selbst das Vergebungsdokument auf Hebräisch. Diejenigen, die durch das Schlüsselloch gesehen hatten, behaupteten, daß die Frau Zilka kniefällig gebeten habe, den Ring nicht zurückzugeben, aber es half nichts. Zilka soll gesagt haben: ›Ich kann ihn nicht behalten. Ich kann des Nachts nicht schlafen, wenn dieser Ring in unserem Haus bleibt.‹«

»Eine hochmütige Prinzessin«, sagte Chaja Riva.

Meine Mutter bemerkte: »Manche Leute sind bereit, sich für ein paar Groschen zu verkaufen. Sie betrügen, betteln, schwindeln, machen Bankrott und sind gierig, irgend etwas für nichts zu grabschen. Andere sind so fein, daß sie nicht einmal annehmen, was ihnen gehört. Nun, sie war die Tochter eines Gelehrten.«

»Wenn ich sie wäre, ich hätte alles genommen – die halbe Mitgift und den Ring. Mit so einem Schatz hätte sie den besten Bräutigam haben können«, sagte Chaja Riva.

»Ja, jeder hat seine eigenen Pläne«, sagte Tante Jentl. »Sie wollte niemand anderen.«

»Was wollte sie denn?« fragte Chaja Riva.

»Wer weiß? Die Dame aus Lublin stieg in ihren Schlitten und fuhr ab – ein kleiner Schlitten mit zwei großen Pferden. Der Kutscher bedeckte ihre Füße mit dem Fell eines Bären oder eines anderen Tieres. Er knallte mit der Peitsche, und der Schlitten flog davon wie der Pfeil vom Bogen. In Krasnik gab es viel zu reden. Chanukka kam, und es gab andere Hochzeiten. Zilkas Mutter, Grünchen, war krank geworden. Ihr Gesicht war gelb. Die Nachbarn sagten, man höre sie nachts weinen. Es war keine Kleinigkeit. Erst ein Glücksfall, und dann so ein Unglück. Sie bestand darauf, daß Feinde sie mit dem bösen Blick getroffen hatten. Was Zilka anging, sie belästigte niemanden mit ihren Problemen. Zu wem hätte sie auch sprechen sollen? Sie ging viel spazieren, und immer allein. Im Winter, im tiefsten Schnee, sah man sie auf dem Weg in den Wald oder zur Wassermühle. Die Leute sagten, daß sie nicht bei Verstand sei. Sie wollte keine Gesellschaft. Wenn sie angeredet wurde, gab sie keine Antwort.

Jetzt kommt es. In der Jeschiwa ihres Vaters gab es einen

Studenten namens Illisch. Es hieß, er sei ein Wunder. Er kam aus der Stadt Kielce. Er war eine Waise. Warum er in eine Jeschiwa so weit von seiner Stadt entfernt ging, weiß ich nicht. Da niemand ihm sagte, was er tun solle, war er wahrscheinlich zu Fuß ausgezogen und hatte unterwegs über die Jeschiwa in Krasnik sprechen hören. Alles, was er mitbrachte, waren seine Gebetsriemen. Er ging direkt in die Jeschiwa, und als Reb Pinchos ihn prüfte, sah er, der junge Mann hatte das Gehirn eines Genies. Er nahm ihn in die Jeschiwa auf und fand sechs Gönner, die ihn mit Essen zu versorgen hatten – einen für jeden Tag in der Woche. Am Sabbat bekam er alle drei Mahlzeiten in Reb Pinchos' Haus, und ich glaube, auch das Sabbat-Ausgangs-Essen am Samstagabend.

Er war ein gutaussehender Bursche, blond, mit langen Schläfenlocken und blauen Augen. Ich erinnere mich daran, denn er aß jeden Dienstag in unserem Haus. Die anderen Jeschiwastudenten waren nicht schüchtern. Wenn sie nicht genug zu essen bekamen, dann baten sie um mehr. Untereinander schlossen sie allerlei Geschäfte ab: ›Ich gebe dir meinen Donnerstag, gib du mir deinen Mittwoch.‹ Sie wußten, wer eine fette Suppe – eine Suppe mit Goldstücken, wie sie sagten – und wer eine magere Suppe kochte. Sie wußten, welche Frau knauserig und welche großzügig war. Einige Frauen fragten sie gerne aus, weil sie sich für die Privatangelegenheiten anderer interessierten, aber meine Mutter haßte Klatsch. Der Dienstag war ein Feiertag für sie. Sie kochte eine große Mahlzeit für Illisch, aber er war ein kleiner Esser. Er knabberte – schnupperte hier, aß dort etwas und war schon fertig. Er trug immer ein Buch mit sich herum, und während er aß, schaute er hinein. Er vergaß nie, ›danke‹ zu sagen. Ein stiller Bursche, und schüchtern. Wenn ein weibliches Wesen zu ihm sprach, senkte er die Augen. Wir Mädchen liebten ihn wie einen Bruder. Die Heiratsvermittler versuchten, eine Heirat für ihn zu arrangieren. Warum soll ich es leugnen? Meine älteste Schwester, Zyvia, mochte ihn. Aber damals wäre ein Mädchen lieber geplatzt, als einem Mann ein freundliches Wort zu sagen. Ich war die Jüngste, und ich hatte ihn auf meine kindliche Weise auch gern. Meine Schwestern stritten sich, wer ihm das Fleisch, wer die Suppe und wer den Nachtisch auftragen durfte. Ja, meine Mutter machte einen Nachtisch für ihn, obwohl es ein Werktag war. Sie pflegte zu sagen: ›Wer weiß, was er in anderen Häusern bekommt? Laßt ihn eine gute Mahlzeit in der Woche haben.‹

Plötzlich hörten wir die seltsame Neuigkeit, daß Illisch zu Getzl, dem Heiratsvermittler, gegangen sei und ihn mit der Botschaft zu Reb Pinchos geschickt habe, er wolle Zilka heiraten. Er hatte es in aller Heimlichkeit getan, aber in Krasnik gab es keine Geheimnisse. In der Stadt kam es zu einem Aufruhr. Unser Rabbi hatte eine Tochter und auch zwei Söhne, aber die Söhne hatten nicht den Wunsch zu studieren, und es war darüber geredet worden, daß Illisch die Tochter des Rabbiners, Feigele, heiraten und nach dem Tod des Rabbi sein Nachfolger werden könnte. Wer hätte von einer so ruhigen Person wie Illisch erwarten können, daß er einen Heiratsvermittler zu Reb Pinchos schicken würde, um die Zusage seiner Tochter zu erbitten? Zilka war älter als Illisch. Außerdem, wenn ein Verlobungsvertrag rückgängig gemacht worden war, galt das Mädchen als ›beschädigte Ware‹. Da Illisch keine Eltern hatte, die sich darum kümmern konnten, mußte er selbst entscheiden. Ich erinnere mich an dies alles, als sei es gestern passiert. Als die Neuigkeit in unser Haus kam, weinten alle drei Mädchen. Meine Mutter sagte: ›Was heult ihr? Es ist nicht

Jom Kippur‹, und meine Schwester Zyvia rief aus: ›Wenn Illisch heiratet, wird er nicht mehr am Dienstag bei uns essen.‹ – ›Nichts dauert ewig‹, sagte meine Mutter. ›Ein Junge ist nicht dazu geboren, sein Leben lang an den Tischen anderer Leute zu essen.‹

Wir alle dachten, von diesem Teig könne es kein Brot geben. Ein armer Bursch braucht eine Frau, die eine Mitgift mitbringt, und Zilka hatte keinen Groschen. In den anderen Häusern, in denen Illisch aß, versuchte man, ihm die Heirat mit Zilka auszureden. Reb Pinchos sei ein armer Schlucker, seine Frau sei krank, und Zilka sei ein bißchen verrückt. Warum soll man einen gesunden Kopf in ein Krankenbett stecken? Sie versuchten, Illisch mit anderen Mädchen zusammenzubringen. Er hörte alle an und gab niemandem eine Antwort. Alle waren sicher, daß Zilka ihn abweisen würde. Er sei bei ihr am falschen Platz. Sie war größer als er und reifer. Aber niemand weiß wirklich, wie eine Verbindung zustande kommt.

Als Reb Pinchos hörte, daß sein bester Student, Illisch, seine Tochter wolle, war er mehr als bereit dazu. Er gab später zu, daß er ihn von Anfang an als Schwiegersohn gewollt hatte. Jakir hatte ihm immer mißfallen. Als Grünchen vernahm, daß Illisch ihre Tochter heiraten wollte, war sie gleich wieder gesund. Reb Pinchos sprach offen mit Illisch. Er konnte seiner Tochter keine Mitgift geben, aber er konnte die Jungverheirateten auf eine gewisse Zeit in seinem Haus wohnen lassen. Grünchen sagte: ›Wenn ich für vier koche, dann reicht es auch noch für fünf.‹ Alles hing von Zilka ab. Mit einem Mädchen von ihrer Art mußte man vorsichtig umgehen. Reb Pinchos sprach mit ihr, und sie sagte, sie werde ihm eine Antwort geben. ›Wann?‹ fragte Reb Pinchos, und sie sagte: ›Morgen.‹ Am nächsten Tag sagte sie ja, und man setzte einen vorläufigen Vertrag auf. Man mußte vorsichtig mit ihr sein. Die Verlobungsgesellschaft mit Jakir war wie ein Ball gewesen, aber die Unterzeichnung des Vertrages mit Illisch ging nur im Beisein einiger Jeschiwastudenten vor sich. Da Illisch jeden Sabbat im Haus von Reb Pinchos aß, kannte Zilka ihn gut. Sie soll zu einer Nachbarin gesagt haben: ›Er hat mich nie angesehen, und plötzlich will er mich zur Frau.‹ Ob sie das wirklich gesagt hat oder nicht, weiß ich nicht. Es liegt ihr nicht, ihre Gefühle preiszugeben. Vielleicht hat ihre Mutter es gesagt.

Es gab keinen Grund, das verlobte Paar zu beneiden, und trotzdem wurden sie von einigen Leuten beneidet. Viele Mädchen in Krasnik hätten Illisch gern genommen. Man betrachtete ihn als einen seriösen jungen Mann. Feigele, die Tochter des Rabbi, lief herum wie ein kopfloses Huhn. Die Tatsache, daß erst Jakir und jetzt Illisch Zilka heiraten wollten, bedeutete, daß Männer sie begehrten. ›Was finden sie an ihr?‹ fragten die Mädchen, aber wer weiß, was Männer in einer Frau sehen? Sie betrachten sie mit anderen Augen.

Die Hochzeit war auf den dreiunddreißigsten Tag des Omer angesetzt. Das Paar hatte nicht lange zu warten. Reb Pinchos konnte seiner Tochter keine Aussteuer geben. Man erzählte sich in der Stadt, daß ihre Mutter ein einziges Kleid für sie bestellt hatte. Reb Pinchos erlaubte Illisch nicht mehr, in seinem Haus zu essen, denn es galt als ungehöriges Benehmen, wenn ein verlobtes Paar sich am Tisch sehen konnte. Illisch mußte ein anderes Haus finden, wo er am Sabbat essen konnte.«

Tante Jentl hielt einen Augenblick inne, um ihre Haube zu befestigen, und dann fuhr sie fort: »Es vergingen ein paar Monate, und es war wieder Frühling. Ich habe in meinem Leben recht ärmliche Hochzeiten gesehen, aber so etwas Armseliges wie die Hochzeit von Zilka habe ich nie gesehen. Grünchen hatte nicht die Kraft, irgend etwas vorzubereiten. Zilka soll gesagt haben: ›Wenn's nach mir geht, so braucht man den Gästen nichts Besseres vorzusetzen als Pellkartoffeln.‹ Sie war auf ihre Weise klug, aber zu klug zu sein taugt nichts. Es war üblich in Krasnik, daß die zukünftige Frau und zwei ihrer Freundinnen von Haus zu Haus gingen, eine Woche vor der Hochzeit, und die Frauen zur Hochzeitsfeier einluden, aber Zilka weigerte sich, das zu tun, und die Leute waren wütend. Ihrer Mutter hatte Zilka gesagt, daß sie sich alle Leute zu Feinden gemacht habe, aber Reb Pinchos stand auf der Seite seiner Tochter. Er sagte, daß das Herumgehen der Braut, um Leute einzuladen, nichts anderes als ein nichtjüdischer Brauch sei.

Am Tag der Hochzeit ging ich mit den anderen Mädchen zu Reb Pinchos' Haus, um durchs Fenster zu sehen, wie Zilka auf ihrem Brautstuhl saß. Es war ein zerbrochener Stuhl, und Zilka saß auf der Kante, nicht würdevoll, wie Bräute gewöhnlich sitzen, und sie sah ungeduldig und gequält aus. Hoffentlich werde ich für meine Worte nicht bestraft, aber die ganze Hochzeit schien ein Witz zu sein. Es war üblich, am Vorabend der Hochzeit, wenn die Braut ins rituelle Bad geführt wird, daß eine Kapelle sie musizierend begleitet und eine Gute-Nacht-Melodie spielt. Aber Reb Pinchos hatte kein Geld, um die Musikanten zu bezahlen. Die Ältesten der Gemeinde wollten ihm eine Unterstützung zukommen lassen, aber er weigerte sich, das anzunehmen. Er nehme Spenden für die Jeschiwa, aber keine Almosen für sich selbst, sagte er. Es gibt ein Sprichwort: ›Der Apfel fällt nicht weit vom Stamm‹, und der Hochzeitsspaßmacher von Krasnik soll gesagt haben: ›Der Apfelbaum ist nicht weit vom Apfel.‹ Reb Pinchos war ein heiliger Mann, aber übertrieben ehrlich. Die Tochter war zu stolz. Alles, was übertrieben wird, richtet Schaden an.

Man stellte den Hochzeitsbaldachin im Hof der Synagoge auf, und obwohl nur wenige Leute eingeladen worden waren, kam die ganze Stadt, um Zeuge dieses glücklichen Ereignisses zu sein. Grünchen und eine andere Frau führten Zilka zum Hochzeitsbaldachin, aber sie ging zu schnell und zerrte sie beinahe hinter sich her. Einige Rabauken witzelten, daß die Braut es eilig habe. Sie beschimpften sie und pfiffen. Der Rabbi sagte die Segenssprüche mit heiserer Stimme her. Illisch war immer klein gewesen, aber an diesem Abend schien er nicht größer als ein Chederschüler zu sein. Die wenigen Gäste, die zum Hochzeitsessen gegangen waren, berichteten später, daß sie hungrig aufgestanden seien.

Jetzt paßt auf. Es war ein alter Brauch in Krasnik, daß am frühen Morgen nach einer Hochzeit einige ältere Frauen in das Schlafzimmer eindrangen, das Laken unter der Braut fortzogen, es mit hinausnahmen und mit einem Tanz die Jungfräulichkeit der Braut feierten. Sie machten das auch diesmal so, aber auf dem Laken war kein Blut zu sehen. Die Frauen beschwerten sich später, daß Zilka sie angeschrien und beschimpft habe. Liebe Leute, Himmel und Erde verschworen sich, daß kein Geheimnis geheim bleiben sollte. Einige Frauen sagten, Illisch sei ein solcher Schlemihl, daß er nicht wisse, was ein Mann wissen soll, und andere behaupteten, Zilka sei keine Jungfrau gewesen, daß Jakir den Rahm abgeschöpft habe. Als die sieben hochzeitlichen Tage vorüber waren, bestellte der Rabbi das junge Paar zu sich und fing an, Fragen zu stellen. Was war los und warum? Illisch stand verängstigt und bleich wie eine Leiche vor ihm und brachte kein Wort heraus. Der Rabbi hatte dem Synagogendiener befohlen, die Fenster zu verhängen, aber die Straße war schwarz von neugierigen Leuten. Der Rabbi fuhr fort, das Paar zu befragen, bis die Nadel aus dem Heuhaufen auftauchte. Ein Mann hatte zwischen Braut und Bräutigam gelegen und hatte verhindert, daß sie sich einander näherten.

›Ein Mann?‹ rief der Rabbi aus. ›Was versteht ihr darunter, ein Mann?‹ Und Zilka antwortete: ›Jakir, sein Phantom.‹

Was an diesem Tag und den darauf folgenden Tagen und Wochen in Krasnik vor sich ging, könnte man nicht beschreiben, selbst wenn man sieben Tage und sieben Nächte hier sitzen würde. Es war klar, daß es nicht der wirkliche Jakir gewesen war. Jakir trieb sich in Lublin mit Frauen herum, nicht in Krasnik. Es konnte nur ein Dämon sein, aber wie konnte ein Dämon sich des jungen Paares bemächtigt haben? Der Rabbi ließ Reb Pinchos die Mesusa an der Tür untersuchen, aber kein einziger Buchstabe auf dem Pergament war ausgeblichen. Grünchen, die kummervolle Mutter, vermutete, daß irgendein Feind ihre Tochter verhext haben könne, vielleicht einen Knoten in ihr Hochzeitskleid, in die Fransen ihres Schals oder in die Spitzen ihres Schlüpfers oder in ein Laken oder einen Kissenbezug gemacht hatte, aber sie fand nichts, und es gab auch niemanden, den sie hätte verdächtigen können.

Der Rabbi und die Jeschiwastudenten fragten Illisch, ob da wirklich ein Phantom zwischen ihm und Zilka gelegen hätte, als er zu ihr kam, aber er konnte keine klare Antwort geben. Er murmelte: ›Ja, nein, kann sein.‹ Sie untersuchten seinen Gebetsriemen, seinen Gebetsschal. Alles war, wie es sein sollte. Zilka verließ das Haus nicht mehr. Sie lag in dem dunklen Schlafzimmer, in Melancholie versunken. Wenn Illisch für die Abendmahlzeit nach Hause kam, gab ihm seine Schwiegermutter das Essen. Reb Pinchos gehörte nicht zu den Chassidim, trotzdem ging er zu einem Wunderrabbi und brachte ein Bündel Talismane nach Hause. Grünchen ging in ihrer Angst zu einer alten nichtjüdischen Frau, einer Hexe, um Rat bei ihr zu holen. Sie gab ihr alle möglichen Zaubersprüche und Kräuter. Nichts half. Zilka blieb Jungfrau.«

»Bist du sicher, daß sie eine Jungfrau war?« fragte Chaja Riva.

»Was sonst? Es gab niemanden in Krasnik, mit dem sie sich hätte schlecht aufführen können. Es gab kein Versteck in Krasnik. In jedem Winkel lauerten hundert Augen.«

»Ließen sie sich endlich scheiden?« fragte meine Mutter.

Tante Jentl antwortete nicht gleich. Sie sagte: »Eines Tages ging Grünchen zu Zilka in das dunkle Schlafzimmer und sagte: ›Meine Tochter, du kannst dich nicht ewig absondern. Es gibt keine jüdischen Klöster.‹ Zilka sagte: ›Es sollte so etwas geben. Ich wünschte, es gäbe so etwas.‹

Ihre Mutter glaubte, dies sei eine ihrer üblichen scharfen Reden, eine gehässige Antwort. Aber als Grünchen einige Stunden später mit einem Glas Tee zu ihrer Tochter ging, fand sie das Schlafzimmer leer. Die Mutter schrie und rief und suchte ihre Tochter überall, aber in ganz Krasnik gab es keine Zilka mehr – nicht an diesem Tag und nicht in den Tagen und Jahren danach. Zilka war zum katholischen Geistlichen gegangen und hatte ihm gesagt, daß sie ihren Glauben aufgeben wolle.«

»Ist sie übergetreten?« fragte Chaja Riva.

»Sie wurde Nonne und ging ins Kloster.«

»Und wie und wann hat man das erfahren?« fragte meine Mutter.

»Nicht gleich, aber nach einiger Zeit«, sagte Tante Jentl. »Die Gemeinde versuchte, sie zu retten, sie mit Geld freizukaufen, aber der Priester wollte nichts davon hören. Wenn sie einmal eine jüdische Seele gefangen haben, so geben sie sie nicht wieder her.«

»Was ist aus Jakir geworden?« fragte meine Mutter.

»Ich weiß es nicht. Sünder nehmen nie ein gutes Ende«, sagte Tante Jentl. »Was Illisch angeht, er heiratete Feigele, die Tochter des Rabbi, und nach dem Tod des Rabbi übernahm er dessen Amt.«

Die Frauen schwiegen lange. Dann sagte meine Mutter: »Dieses Phantom war kein Dämon.«

»Was war es dann?« fragte Tante Jentl, und meine Mutter sagte: »Eine Illusion, eine Erfindung des Wahnsinns. Du setzt dir etwas in den Kopf und kannst es nicht mehr vertreiben. Es nagt Tag und Nacht an dir, wie die Mücke im Gehirn des verfluchten Titus.«

»War es vielleicht ein Dibbuk?« fragte Chaja Riva.

Meine Mutter überlegte ein Weilchen. »Nein, Chaja Riva«, sagte sie. »Ein Dibbuk spricht, schreit, heult, jammert, und darum kann er beschworen werden. Die Melancholie ist schweigsam, und darauf beruht ihre unheimliche Macht.«

NACHWORT

Seitdem ich schreibe, habe ich viel entmutigende Kritik an meinen Themen und an meiner Sprache zu hören bekommen. Man sagte mir, daß Jüdischkeit und die jiddische Sprache im Aussterben seien, daß die Kurzgeschichte aus der Mode gekommen und im Begriff sei, vom Literaturmarkt zu verschwinden. Einige Kritiker behaupteten, die Kunst des Geschichtenerzählens mit Anfang, Mitte und Ende – wie Aristoteles es verlangte – sei veraltet, sei eine primitive Form des Erzählens. Ähnliche herabsetzende Meinungen hörte ich auch über den Wert der Volkskunst innerhalb der zeitgenössischen Literatur. Ich lebte in einer Zivilisation, die das Alte verachtete und das Neue anbetete. Aber wie auch immer, ich nahm diese schlimmen Bedrohungen nicht ernst. Ich gehöre einem alten Stamm an, und ich wußte, daß die Literatur dann am besten gedeiht, wenn sie auf einem alten Glauben beruht, auf zeitlosen Hoffnungen und Illusionen. Kein Schriftsteller sollte seine Muttersprache und deren Eigentümlichkeiten je aufgeben. Die Literatur soll sich mit der Vergangenheit, nicht mit dem Planen der Zukunft beschäftigen. Sie soll Ereignisse beschreiben, nicht Ideen analysieren; ihr Thema ist das Individuum, nicht die Masse. Sie soll Kunst sein und nicht vorgeben, Wissenschaft zu sein. Darüber hinaus ist der Glaube an Gott und Seine Voraussicht das innerste Wesen der Literatur und lehrt uns, daß Kausalität nichts anderes ist als eine Maske auf dem Gesicht des Schicksals. Der Mensch wird ständig von Mächten beobachtet, die alle seine Wünsche und Schwierigkeiten zu kennen scheinen. Er hat zwar die freie Wahl, aber er wird doch von einer geheimnisvollen Hand geleitet. Literatur ist die Geschichte von Liebe und Schicksal, eine Beschreibung des wilden Sturms menschlicher Leidenschaften und des Kampfes mit ihnen.

Es freut mich zu sehen, daß die Kurzgeschichte dennoch heute sehr lebendig ist. Sie ist noch immer die größte Herausforderung für den Prosaschriftsteller, und wenn es ihm gelingt, sowohl kurz wie phantasievoll zu sein, so hat er die größtmögliche Leistung vollbracht.

Was die jiddische Sprache angeht, so ist sie noch immer nicht untergegangen im Schmelztiegel der Assimilation – was mir ein gutes Omen dafür zu sein scheint, daß das gleiche für andere Minoritäten, ihre Sprache und Kultur zu erwarten ist.

Viele der in diesem Band enthaltenen Geschichten sind in der von Charles McGrath herausgegebenen Zeitschrift ›The New Yorker‹ erschienen. Alle sind von Robert Giroux redigiert worden, mit dem ich seit fünfundzwanzig Jahren in Bewunderung und Freundschaft verbunden bin, seitdem meine Bücher im Verlag Farrar, Straus & Giroux erscheinen. Mein Dank gilt dem Verlag und meinen Übersetzern, die eng mit mir zusammenarbeiten und keine Mühe scheuen, den Geschichten die Genauigkeit und Klarheit zu geben, die ich erhoffe. Die englische Übersetzung ist mir besonders wichtig, denn auf ihr beruhen alle anderen Übersetzungen. Und das ist berechtigt, denn während der Formulierung des englischen nach dem jiddischen Text mache ich noch viele Änderungen. Mir ist ein kabbalistisches Sprichwort immer gegenwärtig, das besagt: Die Aufgabe des Menschen besteht in der Berichtigung der Fehler, die er sowohl in dieser wie auch in früheren Reinkarnationen begangen hat.

I. B. S.

GLOSSAR

Asmodi (Asmodäus) hebr., ein böser Geist, böser Dämon (Buch Tobias 3,8). Im Talmud als »König der Dämonen« bezeichnet.

Aw hebr., der elfte Monat im jüdischen Kalender (Juli-August). Der neunte Tag des Monats Aw ist der größte Trauertag des jüdischen Jahres.

Bar-Mizwa hebr., »Sohn der Pflicht«. Die Festlichkeit, durch die der dreizehnjährige Knabe die religiöse Mündigkeit erlangt und als vollwertiges Mitglied in die Gemeinde aufgenommen wird.

Chanukka hebr., »Einweihung«. Achttägiges Lichterfest zur Erinnerung an die Wiedereinweihung (165 v. u. Z.) des von den Griechen entweihten Tempels, nach deren Vertreibung durch Juda Makkabi.

Chassid hebr., »Frommer« (Plural: *Chassidim*). Hier die Anhänger der religiösen Bewegung, die um 1740 von Israel Baalschem Tow in der Ukraine und in Polen begründet wurde und in Osteuropa weite Verbreitung fand. Die Chassidim betonen das Gefühl in der Religion und den Gesetzesglauben gegenüber der Offenbarung in der Natur.

Cheder hebr., »Stube« (Plural: Chadorim). Lehrstube der Elementarschule für Knaben (4.-13. Lebensjahr).

Dibbuk hebr., wörtlich »Anhaftung«. Im jüdischen Volksglauben ein Totengeist, der in den Körper eines Lebenden eintritt und bei dem so Besessenen ein irrationales Verhalten bewirkt. Nur einem Wundertäter kann es gelingen, die »Dämonen« auszutreiben.

Elul hebr., der zwölfte Monat im jüdischen Kalender (August-September).

Gehenna hebr.: *Gehinnom,* Tal der Söhne Hinnoms. Tal im Süden Jerusalems, wo dem Moloch Kinderopfer dargebracht wurden

(2. Kön. 23,10). Metaphorisch: Stätte der Pein für die Bösen nach dem Tode. Bezeichnung für die Hölle.

Gemara hebr., wörtlich »vervollständigte Erklärung, Erläuterung«. Diskussion der babylonischen und palästinensischen Talmudisten über die Mischna, mit der zusammen die Gemara den Talmud bildet, die ursprünglich mündlich überlieferte Lehre. Gemara bezeichnet auch den Talmud überhaupt.

Gog und Magog hebr. Nach Ezechiel 38 ff. ist Gog König eines Nordlandes (Magog), der in der Endzeit Israel überfällt, aber vernichtet wird. Mythischer Doppelname für den Feind des Volkes Israel.

Hawdala hebr., Weihezeremonie, mit der der Sabbat verabschiedet wird.

Jeschiwa hebr.: *Jeschiwot* (Plural jidd.: *Jeschiwess*), »Sitz«. Höhere Lehranstalt. Hochschule für das Studium des Talmud.

Jom Kippur hebr.: *Jom ha-Kippurium*, »Tag der Sühnungen«. Versöhnungstag, Fasttag, der höchste jüdische Feiertag, der den Abschluß der mit dem Neujahrsfest beginnenden zehn Bußtage bildet (Lev. 23,27 ff.).

Kabbala hebr., wörtlich »das Empfangene«, »Überlieferung«, die Lehre und die Schriften der mittelalterlichen jüdischen Mystik ab ca. 1200. Die Kabbala beschäftigt sich hauptsächlich mit dem geheimen, mystischen Sinn des Alten Testaments und der talmudischen Religionsgesetze, mit Begriffs- und Zahlenkombinatorik, mit der geheimen Bedeutung und mystischen Kraft der verschiedenen Gottesnamen. Hauptwerk: das Buch *Sohar.*

Kaddisch aramäisch, wörtlich »heilig«, »Heiliger«. Gebet mit der Verkündigung der Heiligkeit Gottes und der Erlösungshoffnung, Teil des täglichen Gebets und Gebet bei der Bestattung und an den Gedenktagen der Verstorbenen.

Kaftan arab., langer geknöpfter Oberrock der orthodoxen Juden.

Kol Nidre hebr., wörtlich »Alle Gelübde«. Anfangsworte des jüdischen Gebets, das am Vorabend des Versöhnungstages (Jom Kippur) den Gottesdienst in der Synagoge einleitet und in dem der Widerruf aller Gelübde erklärt wird, die unwissentlich oder unüberlegt gemacht wurden.

Laubhüttenfest hebr.: *Sukkot,* von Sukka, »Hütte«, Herbstfest in Erinnerung an die Wüstenwanderung der Kinder Israel nach dem Auszug aus Ägypten (Deut. 23,41).

Maggid hebr., Erzähler, Prediger.

Matze (Matzen, Mazza), hebr., ungesäuertes Brot, für Pessach vorgeschrieben.

Mesuse hebr.: *mesusa,* wörtlich: »Türpfosten«. Handgeschriebene kleine Pergamentrolle in einer Metall- oder Holzhülse, die am rechten Türpfosten des Hauses angebracht wird. Mit Text aus Deut. 6,4-9; II, 13-21. Schutzsymbol.

Mischna hebr., wörtlich »Wiederholung«. Kern der (ursprünglich) mündlichen Lehre des Judentums, eines der beiden Teile des Talmud, ist ein Sammelwerk von Lehrsätzen und Ausführungsbestimmungen zum Pentateuch. Um 200 n. u. Z.

Mitnaggedim hebr., Plural von Mitnagged, »Feind«. Gegner des Chassidismus.

Omer hebr., Garbe, ein Opfer, das vom 16. Tage des Monats Nissan (März-April) im Tempel während 49 Tagen dargebracht wurde. Diese Tage mußten gezählt werden, und während dieser Periode durften keine Trauungen vorgenommen werden.

Ouija-Brett. Herzförmiges Brett.

Pentateuch griech., die fünf Bücher Moses: Genesis, Exodus, Leviticus, Numeri, Deuteronomion.

Perücke. Ein alter jüdischer Brauch schreibt vor, daß verheiratete Frauen aus Keuschheit ihr Kopfhaar vor fremden Männern bedekken.

Pessach hebr., wörtlich »Vorüberschreiten, Verschonung«. Fest, wird zu Beginn des Frühjahrs zur Erinnerung an den Auszug der Kinder Israel aus Ägypten gefeiert. »Fest der ungesäuerten Brote«.

»Sechs Tage sollst du Ungesäuertes essen und am siebenten Tag ist Festversammlung dem Ewigen deinem Gotte« (Deut. 16,8).

Purim hebr., »Lose«, Freudenfest anläßlich der Errettung der jüdischen Diaspora im Perserreich (Buch Esther). Das Fest wird mit Purimgeschenken, Gebäck (»Hamantaschen«), Verlesung der Esther-Rolle (»Megille«) und auch Schauspielen nach der Esthergeschichte gefeiert.

Rabbi hebr., von raw, »mächtig«, »erhaben«: »mein Lehrer«, »Meister«, Anrede und Amtsbezeichnung, Ehrentitel der jüdischen Schriftgelehrten, des bestallten Rabbiners, des charismatischen Zaddik (Gerechten), mitunter auch des Religionslehrers.

Raschi. Abkürzung für Rabbi Schlomo ben Isaak (1040-1105). Der populärste Kommentator der Bibel und des Talmud im mittelalterlichen Europa. Die Raschi-Schrift ist ein Schrifttyp der hebräischen Quadratschrift, der diese kursiv umbiegt; angeblich von Raschi zuerst angewandt.

Rebbezin. Die Frau des Rabbi.

Rosch haschana hebr., »Anfang des Jahres«. Neujahrsfest am Beginn der zehn Bußtage.

Sabbat hebr. (jidd.: *Schabbes*), »Ruhe«. Beginnt mit Sonnenuntergang am Freitag. Siebter Tag der Woche. Hochheiliger Tag der Ruhe von aller Arbeit. Strenge Vorschriften sichern die Überlieferung der Heiligung und Ruhe (39 verbotene Arbeiten). Endet mit Sonnenuntergang Samstag.

Schammes jidd., Synagogen- oder Gemeindediener.

Schawuot hebr., »Wochenfest«, Ernte- und Wallfahrtsfest. »Und sollst halten das Fest der Wochen dem Herrn, deinem Gotte, daß du eine freiwillige Gabe deiner Hand gebest« (Deut. 16,10).

Schechina hebr., »Einwohnung«. Die in der Welt weilende Herrlichkeit Gottes, eine Art weiblicher Erscheinungsform Gottes, die ebenso wie Israel in Verbannung lebt.

Schema Israel hebr., »Höre Israel, der Herr, unser Gott, der Herr ist Eins« (Deut. 6,4), die im Mittelpunkt der Liturgie stehende Bekenntnisformel, im rabbinischen Judentum Ausdruck der monotheistischen Erkenntnis über Gott.

Schiwe jidd. (hebr.: *schiwa*), die sieben Trauertage, die man nach dem Tod eines Familienangehörigen auf einem Schemel sitzend – und ohne Schuhe – zubringt (»Schiwe sitzen«).

Schofar hebr., althebräisches Blasinstrument aus einem Widderhorn. Wird an den Feiertagen Rosch haschana und Jom Kippur geblasen.

Schowewim hebr., Bußgebete, die an den acht Donnerstagen zwischen Chanukka und Purim gesprochen werden – um Kinderkrankheiten fernzuhalten.

Schulchan Aruch hebr., »Gedeckter Tisch«. Kompendium des jüdischen Religionsgesetzes und Rechts, in systematischer Anordnung und in knappster Form für den praktischen Gebrauch. Verfaßt von Josef ben Ephraim Karo (1488-1575).

Sefiroth. Die 10 Urzahlen. Mit den 22 Buchstaben des hebräischen Alphabets bilden sie die Elemente der Welt. Der Begriff der Sefiroth stammt ursprünglich aus dem Buch der Schöpfung, wo er einfach »Zahlen« bedeutet. In der mystischen Literatur hat er den Sinn von göttlichen Potenzen und Emanationen angenommen. Die Kabbalisten nehmen 10 fundamentale Attribute Gottes an, die zugleich 10 Stufen der Manifestation des Göttlichen sind. Die Emanation der Sefiroth ist ein Vorgang in Gott, der aber den Menschen gleichzeitig die Möglichkeit gibt, Gott zu erreichen. Jede Stufe wird mit einem eigenen Namen bezeichnet, und alle zusammen ergeben ein kompliziertes Gebäude mystischer Symbolik. Sie sind der mystische Baum Gottes oder der Baum der göttlichen Kraft, und dieser Baum Gottes ist zugleich die Struktur aller Welten.

Seir hebr., Berg in Edom, der Landschaft, in der nach biblischem Bericht Esau wohnte.

Simri hebr., erster Sohn Sauls. Wird von der midjanitischen Fürstentochter Kosbi verführt und von *Pinchas,* dem Sohn Eleasars, zusammen mit ihr in seinem Zelt getötet, wodurch der Zorn Gottes beschwichtigt wird.

Sohar hebr., »Lichtglanz«. Hauptwerk der Kabbala; entwickelt in der Form einer Erläuterung zum Pentateuch ein System kabbalistischer Gotteserkenntnis. Wurde wahrscheinlich von Moses de Leon (gest. 1305) in Spanien verfaßt, galt zuerst als Werk des Rabbi Simon ben Jochai.

Talmud hebr., wörtlich »Belehrung«, »Lehre«, »Studium«. Nächst der hebräischen Bibel (Altes Testament) Hauptwerk des Judentums, eine Zusammenfassung der Lehren, Vorschriften und Überlieferung der nachbiblischen Jahrhunderte (abgeschlossen im 5. Jh. n. u. Z.). Die früheren Teile (Mischna) ordnen die biblischen Gesetze und kommentieren sie, die späteren Teile (Gemara) ergänzen, erklären und paraphrasieren die Mischna mit Sagen, Legenden und Erbaulichem. Der babylonische, nicht der jerusalemische Talmud ist maßgebend.

Tammus hebr., der 10. Monat des jüdischen Kalenders (Juni-Juli). Fasttag (Durchbruch der Mauer Jerusalems unter Titus).

Tewet hebr., der 4. Monat, ein Fast- und Trauertag zur Erinnerung an die Befreiung von der Belagerung Jerusalems (586 v. u. Z.) durch Nebukadnezar, König von Babylonien (Dez.-Jan.).

Tora hebr., »Lehre«, die fünf Bücher Moses, der Pentateuch, und dann allgemein das gesamte religiöse Schrifttum oder Wissen. Im Gottesdienst wird ein Abschnitt daraus von einer handgeschriebenen Pergamentrolle verlesen.

INHALT